大学赤本シリーズ

409

明治大学

文学部－学部別入試

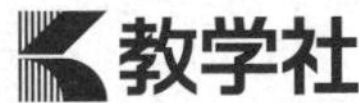

は　し　が　き

おかげさまで，大学入試の「赤本」は，今年で創刊70周年を迎えました。

これまで，入試問題や資料をご提供いただいた大学関係者各位，掲載許可をいただいた著作権者の皆様，各科目の解答や対策の執筆にあたられた先生方，そして，赤本を使用してくださったすべての読者の皆様に，厚く御礼を申し上げます。

以下に，創刊初期の「赤本」のはしがきを引用します。これからも引き続き，受験生の目標の達成や，夢の実現を応援してまいります。

本書を活用して，入試本番では持てる力を存分に発揮されることを心より願っています。

編者しるす

＊　＊　＊

学問の塔にあこがれのまなざしをもって，それぞれの志望する大学の門をたたかんとしている受験生諸君！　人間として生まれてきた私たちは，自己の欲するままに，美しく，強く，そして何よりも人間らしく生きることをねがっている。しかし，一朝一夕にして，この純粋なのぞみが達せられることはない。私たちの行く手には，絶えずさまざまな試練がまちかまえている。この試練を克服していくところに，私たちのねがう真に人間的な世界がはじめて開かれてくるのである。

人生最初の最大の試練として，諸君の眼前に大学入試がある。この大学入試は，精神的にも身体的にも，大きな苦痛を感ぜしめるであろう。あるスポーツに熟達するには，たゆみなき，はげしい練習を積み重ねることが必要であるように，私たちは，計画的・持続的な努力を払うことによって，この試練を克服し，次の一歩を踏みだすことができる。厳しい試練を経たのちに，はじめて満足すべき成果を獲得できるのである。

本書は最近の入学試験の問題に，それぞれ解答を付し，さらに問題をふかく分析することによって，その大学独特の傾向や対策をさぐろうとした。本書を一般の参考書とあわせて使用し，まとはずれのない，効果的な受験勉強をされるよう期待したい。

（昭和35年版「赤本」はしがきより）

挑む人の、いちばんの味方

1954 年に大学入試の過去問題集を刊行してから 70 年。赤本は大学に入りたいと思う受験生を応援しつづけてきました。これからも，苦しいとき落ち込むときにそばで支える存在でいたいと思います。

そして，勉強をすること，自分で道を決めること，努力が実ること，これらの喜びを読者の皆さんが感じることができるよう，伴走をつづけます。

そもそも赤本とは…

受験生のための大学入試の過去問題集！

70年の歴史を誇る赤本は，500点を超える刊行点数で全都道府県の370大学以上を網羅しており，過去問の代名詞として受験生の必須アイテムとなっています。

なぜ受験に過去問が必要なのか？

大学入試は大学によって問題形式や頻出分野が大きく異なるからです。

赤本の掲載内容

傾向と対策

これまでの出題内容から，問題の「**傾向**」を分析し，来年度の入試に向けて具体的な「**対策**」の方法を紹介しています。

問題編・解答編

- 年度ごとに問題とその解答を掲載しています。
- 「**問題編**」ではその年度の試験概要を確認したうえで，実際に出題された過去問に取り組むことができます。
- 「**解答編**」には高校・予備校の先生方による解答が載っています。

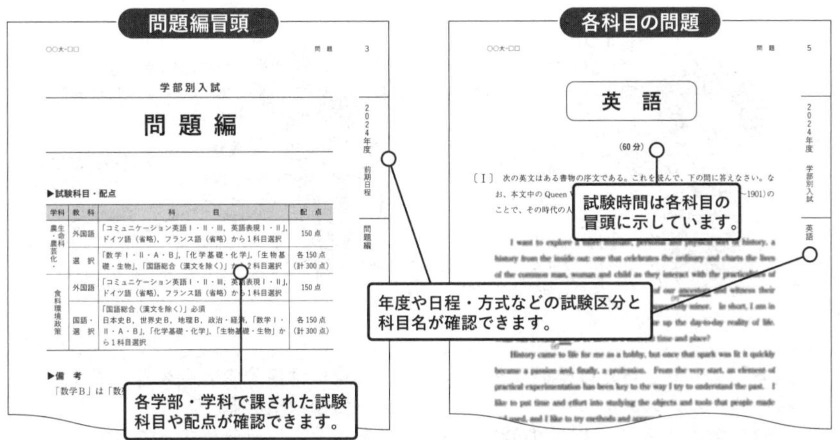

他にも，大学の基本情報や，先輩受験生の合格体験記，在学生からのメッセージなどが載っていることがあります。

掲載内容について

著作権上の理由やその他編集上の都合により問題や解答の一部を割愛している場合があります。なお，指定校推薦入試，社会人入試，編入学試験，帰国生入試などの特別入試，英語以外の外国語科目，商業・工業科目は，原則として掲載しておりません。また試験科目は変更される場合がありますので，あらかじめご了承ください。

受験勉強は

過去問に始まり，

STEP 1

なにはともあれ

まずは解いてみる

しずかに…
今，自分の心と
向き合ってるんだから
ムーン
それは
問題を解いて
からだホン!

過去問は，**できるだけ早いうちに解く**のがオススメ！
実際に解くことで，**出題の傾向，問題のレベル，今の自分の実力**がつかめます。

STEP 2

じっくり具体的に

弱点を分析する

分析の結果だけど
英・数・国が苦手みたい
スリー
必須科目だホン
頑張るホン

間違いは自分の弱点を教えてくれる**貴重な情報源。**
弱点から自己分析することで，**今の自分に足りない力や苦手な分野**が見えてくるはず！

合格者があかす赤本の使い方

傾向と対策を熟読
(Fさん／国立大合格)

大学の出題傾向を調べるために，赤本に載っている「傾向と対策」を熟読しました。

繰り返し解く
(Tさん／国立大合格)

1周目は問題のレベル確認，2周目は苦手や頻出分野の確認に，3周目は合格点を目指して，と過去問は繰り返し解くことが大切です。

過去問に終わる。

STEP 3 志望校にあわせて

苦手分野の重点対策

明日からはみんなで頑張るよ！
参考書も！ 問題集も！
よろしくね！
呼んだ？
なにを!?
どこから!?
グッ
グッ

参考書や問題集を活用して，苦手分野の**重点対策**をしていきます。**過去問を指針**に，合格へ向けた具体的な学習計画を立てましょう！

STEP 1▶2▶3 サイクルが大事！

実践を繰り返す

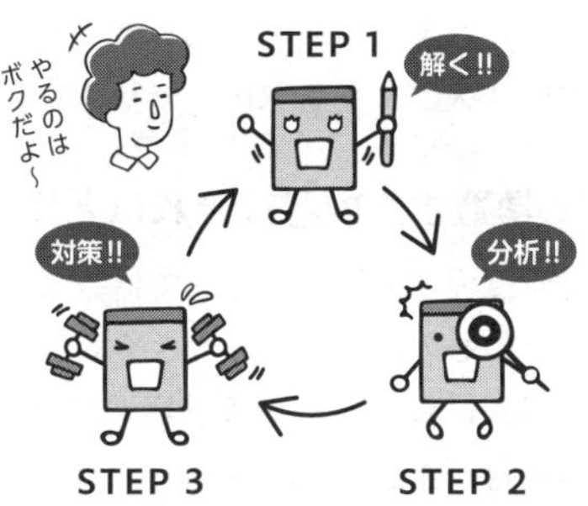

STEP 1～3を繰り返し，実力アップにつなげましょう！
出題形式に慣れることや，**時間配分を考えること**も大切です。

目標点を決める
(Yさん／私立大合格)
赤本によっては合格者最低点が載っているので，それを見て目標点を決めるのもよいです。

時間配分を確認
(Kさん／私立大学合格)
赤本は時間配分や解く順番を決めるために使いました。

添削してもらう
(Sさん／私立大学合格)
記述式の問題は先生に添削してもらうことで自分の弱点に気づけると思います。

新課程入試 Q&A

2022年度から新しい学習指導要領（新課程）での授業が始まり，2025年度の入試は，新課程に基づいて行われる最初の入試となります。ここでは，赤本での新課程入試の対策について，よくある疑問にお答えします。

Q1. 赤本は新課程入試の対策に使えますか？

A. もちろん使えます！

旧課程入試の過去問が新課程入試の対策に役に立つのか疑問に思う人もいるかもしれませんが，心配することはありません。旧課程入試の過去問が役立つのには次のような理由があります。

● 学習する内容はそれほど変わらない

新課程は旧課程と比べて科目名を中心とした変更はありますが，学習する内容そのものはそれほど大きく変わっていません。また，多くの大学で，既卒生が不利にならないよう「経過措置」がとられます（Q３参照）。したがって，出題内容が大きく変更されることは少ないとみられます。

● 大学ごとに出題の特徴がある

これまでに課程が変わったときも，各大学の出題の特徴は大きく変わらないことがほとんどでした。入試問題は各大学のアドミッション・ポリシーに沿って出題されており，過去問にはその特徴がよく表れています。過去問を研究してその大学に特有の傾向をつかめば，最適な対策をとることができます。

出題の特徴の例	・英作文問題の出題の有無 ・論述問題の出題（字数制限の有無や長さ） ・計算過程の記述の有無

新課程入試の対策も，赤本で過去問に取り組むところから始めましょう。

Q2. 赤本を使う上での注意点はありますか？

A. 志望大学の入試科目を確認しましょう。

過去問を解く前に，過去の出題科目（問題編冒頭の表）と 2025 年度の募集要項とを比べて，課される内容に変更がないかを確認しましょう。ポイントは以下のとおりです。科目名が変わっていても，実際は旧課程の内容とほとんど同様のものもあります。

英語・国語	科目名は変更されているが，実質的には変更なし。 ▶▶ **ただし，リスニングや古文・漢文の有無は要確認。**
地歴	科目名が変更され，「歴史総合」「地理総合」が新設。 ▶▶ **新設科目の有無に注意。ただし，「経過措置」（Q3参照）により内容は大きく変わらないことも多い。**
公民	「現代社会」が廃止され，「公共」が新設。 ▶▶ **「公共」は実質的には「現代社会」と大きく変わらない。**
数学	科目が再編され，「数学 C」が新設。 ▶▶ **「数学」全体としての内容は大きく変わらないが，出題科目と単元の変更に注意。**
理科	科目名も学習内容も大きな変更なし。

数学については，科目名だけでなく，どの単元が含まれているかも確認が必要です。例えば，出題科目が次のように変わったとします。

旧課程	「数学Ⅰ・数学Ⅱ・数学 A・数学 B（数列・ベクトル）」
新課程	「数学Ⅰ・数学Ⅱ・数学 A・**数学 B（数列）・数学 C（ベクトル）**」

この場合，新課程では「数学C」が増えていますが，単元は「ベクトル」のみのため，実質的には旧課程とほぼ同じであり，過去問をそのまま役立てることができます。

Q3.「経過措置」とは何ですか？

A. 既卒の旧課程履修者への対応です。

多くの大学では，既卒の旧課程履修者が不利にならないように，出題において「経過措置」が実施されます。措置の有無や内容は大学によって異なるので，募集要項や大学のウェブサイトなどで確認しておきましょう。

◯旧課程履修者への経過措置の例

- 旧課程履修者にも配慮した出題を行う。
- 新・旧課程の共通の範囲から出題する。
- 新課程と旧課程の共通の内容を出題し，共通範囲のみでの出題が困難な場合は，旧課程の範囲からの問題を用意し，選択解答とする。

例えば，地歴の出題科目が次のように変わったとします。

旧課程	「日本史 B」「世界史 B」から 1 科目選択
新課程	「**歴史総合**，日本史探究」「**歴史総合**，世界史探究」から 1 科目選択※ ※旧課程履修者に不利益が生じることのないように配慮する。

「歴史総合」は新課程で新設された科目で，旧課程履修者には見慣れないものですが，上記のような経過措置がとられた場合，新課程入試でも旧課程と同様の学習内容で受験することができます。

要チェックだホン

新課程の情報は WEB もチェック！
より詳しい解説が赤本ウェブサイトで見られます。
https://akahon.net/shinkatei/

科目名が変更される教科・科目

	旧課程	新課程
国語	国語総合 国語表現 現代文A 現代文B 古典A 古典B	現代の国語 言語文化 論理国語 文学国語 国語表現 古典探究
地歴	日本史A 日本史B 世界史A 世界史B 地理A 地理B	歴史総合 日本史探究 世界史探究 地理総合 地理探究
公民	現代社会 倫理 政治・経済	公共 倫理 政治・経済
数学	数学Ⅰ 数学Ⅱ 数学Ⅲ 数学A 数学B 数学活用	数学Ⅰ 数学Ⅱ 数学Ⅲ 数学A 数学B 数学C
外国語	コミュニケーション英語基礎 コミュニケーション英語Ⅰ コミュニケーション英語Ⅱ コミュニケーション英語Ⅲ 英語表現Ⅰ 英語表現Ⅱ 英語会話	英語コミュニケーションⅠ 英語コミュニケーションⅡ 英語コミュニケーションⅢ 論理・表現Ⅰ 論理・表現Ⅱ 論理・表現Ⅲ
情報	社会と情報 情報の科学	情報Ⅰ 情報Ⅱ

大学のサイトも見よう

目　次

解答用紙は，赤本オンラインに掲載しています。

https://akahon.net/kkm/mej/index.html

※掲載内容は，予告なしに変更・中止する場合があります。

掲載内容についてのお断り

- 編集の都合により，下記の内容を省略しています。
  2024 年度「英語」大問Ⅴ

基本情報

 沿革

1881（明治 14）	明治法律学校開校
1903（明治 36）	専門学校令により明治大学と改称
1904（明治 37）	学則改正により法学部・政学部・文学部・商学部を設置
1920（大正　9）	大学令により明治大学設立認可
1949（昭和 24）	新制明治大学設置認可。法学部・商学部・政治経済学部・文学部・工学部・農学部を置く
1953（昭和 28）	経営学部設置
1989（平成元年）	工学部を理工学部に改組
2004（平成 16）	情報コミュニケーション学部設置
2008（平成 20）	国際日本学部設置
2013（平成 25）	総合数理学部設置
2021（令和　3）	創立 140 周年

大学マーク

明治大学には,「伝統を受け継ぎ, 新世紀に向けて大きく飛躍・上昇する明治大学」をイメージした大学マークがあります。この大学マークのコンセプトは, 明治大学の「M」をモチーフとして, 21 世紀に向けて明治大学が「限りなく飛翔する」イメージ, シンプルなデザインによる「親しみやすさ」, 斬新な切り口による「未来へのメッセージ」を伝えています。

学部・学科の構成

大 学

●**法学部** 1・2 年：和泉キャンパス／3・4 年：駿河台キャンパス

法律学科（ビジネスローコース, 国際関係法コース, 法と情報コース, 公共法務コース, 法曹コース）

●**商学部** 1・2 年：和泉キャンパス／3・4 年：駿河台キャンパス

商学科（アプライド・エコノミクスコース, マーケティングコース, ファイナンス＆インシュアランスコース, グローバル・ビジネスコース, マネジメントコース, アカウンティングコース, クリエイティブ・ビジネスコース）

●**政治経済学部** 1・2 年：和泉キャンパス／3・4 年：駿河台キャンパス

政治学科

経済学科

地域行政学科

●**文学部** 1・2 年：和泉キャンパス／3・4 年：駿河台キャンパス

文学科（日本文学専攻, 英米文学専攻, ドイツ文学専攻, フランス文学専攻, 演劇学専攻, 文芸メディア専攻）

史学地理学科（日本史学専攻, アジア史専攻, 西洋史学専攻, 考古学専攻, 地理学専攻）

心理社会学科（臨床心理学専攻, 現代社会学専攻, 哲学専攻）

●**理工学部**　生田キャンパス

電気電子生命学科（電気電子工学専攻，生命理工学専攻）

機械工学科

機械情報工学科

建築学科

応用化学科

情報科学科

数学科

物理学科

●**農学部**　生田キャンパス

農学科

農芸化学科

生命科学科

食料環境政策学科

●**経営学部**　1・2年：和泉キャンパス／3・4年：駿河台キャンパス

経営学科

会計学科

公共経営学科

（備考）学部一括入試により，2年次から学科に所属となる。

●**情報コミュニケーション学部**　1・2年：和泉キャンパス／3・4年：駿河台キャンパス

情報コミュニケーション学科

●**国際日本学部**　中野キャンパス

国際日本学科

●**総合数理学部**　中野キャンパス

現象数理学科

先端メディアサイエンス学科

ネットワークデザイン学科

大学院

法学研究科／商学研究科／政治経済学研究科／経営学研究科／文学研究科／理工学研究科／農学研究科／情報コミュニケーション研究科／教養デザイン研究科／先端数理科学研究科／国際日本学研究科／グローバル・ガバナンス研究科／法務研究科（法科大学院）／ガバナンス研究科（公共政策大学院）／グローバル・ビジネス研究科（ビジネススクール）／会計専門職研究科（会計大学院）

（注）学部・学科・専攻および大学院に関する情報は 2024 年 4 月時点のものです。

大学所在地

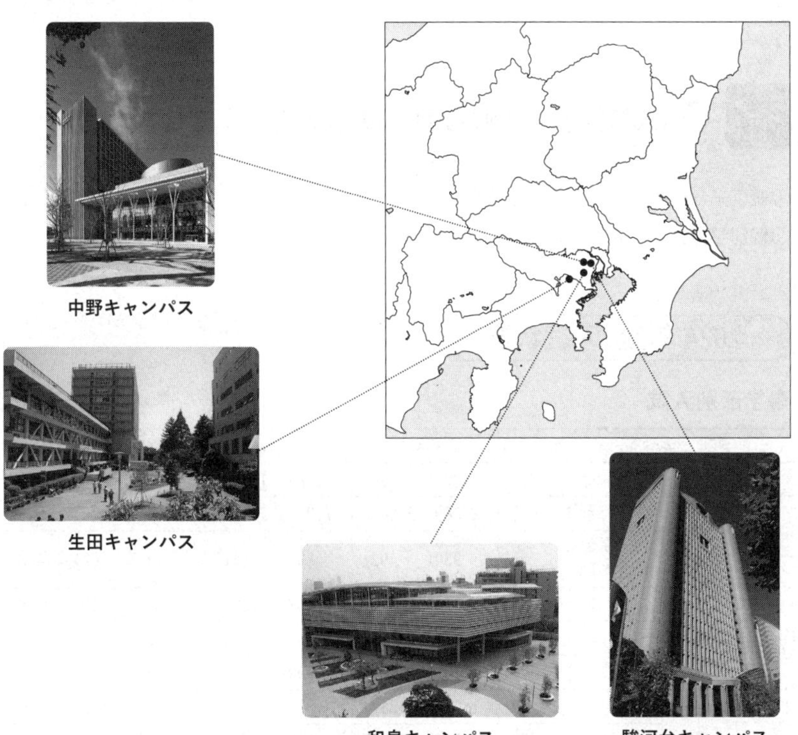

駿河台キャンパス	〒 101-8301	東京都千代田区神田駿河台 1-1
和泉キャンパス	〒 168-8555	東京都杉並区永福 1-9-1
生田キャンパス	〒 214-8571	神奈川県川崎市多摩区東三田 1-1-1
中野キャンパス	〒 164-8525	東京都中野区中野 4-21-1

入試データ

入試状況（志願者数・競争率など）

○競争率は受験者数÷合格者数で算出。

○個別学力試験を課さない大学入学共通テスト利用入試は1カ年分のみ掲載。

2024年度 入試状況

●学部別入試

（　）内は女子内数

学部・学科等			募集人員	志願者数	受験者数	合格者数	競争率
法	法律		315	3,971(1,498)	3,283(1,229)	771(256)	4.3
商	学部別		485	8,289(2,589)	7,251(2,278)	1,301(346)	5.6
商	英語4技能試験利用		15	950(402)	834(351)	173(62)	4.8
政治経済	政治		105	1,132(346)	1,057(321)	453(130)	2.3
政治経済	経済		290	3,779(785)	3,564(740)	1,137(234)	3.1
政治経済	地域行政		70	769(249)	730(240)	223(71)	3.3
文	文	日本文学	70	1,018(587)	896(520)	180(107)	5.0
文	文	英米文学	68	912(440)	833(402)	182(79)	4.6
文	文	ドイツ文学	23	393(177)	359(166)	67(30)	5.4
文	文	フランス文学	24	297(151)	270(139)	62(31)	4.4
文	文	演劇学	29	245(191)	213(167)	44(35)	4.8
文	文	文芸メディア	43	617(388)	547(347)	105(58)	5.2
文	史学地理	日本史学	51	760(250)	683(229)	138(42)	4.9
文	史学地理	アジア史	20	282(115)	249(103)	51(22)	4.9
文	史学地理	西洋史学	32	452(163)	392(143)	69(23)	5.7
文	史学地理	考古学	24	358(133)	321(115)	57(13)	5.6
文	史学地理	地理学	27	318(72)	279(63)	55(13)	5.1
文	心理社会	臨床心理学	24	524(337)	460(288)	58(38)	7.9
文	心理社会	現代社会学	26	606(361)	534(318)	96(53)	5.6
文	心理社会	哲学	20	279(110)	239(94)	48(17)	5.0

（表つづく）

学部・学科等		募集人員	志願者数	受験者数	合格者数	競争率
理工	電気電子生命 電気電子工学	80	835(62)	795(59)	308(28)	2.6
	電気電子生命 生命理工学	27	406(131)	382(125)	123(37)	3.1
	機械工	75	1,784(137)	1,715(128)	413(37)	4.2
	機械情報工	66	754(76)	719(73)	276(27)	2.6
	建築	88	1,542(465)	1,473(448)	340(105)	4.3
	応用化	60	1,509(465)	1,442(442)	472(126)	3.1
	情報科	65	1,853(238)	1,745(222)	418(43)	4.2
	数	32	556(56)	529(52)	192(11)	2.8
	物理	35	908(111)	867(103)	273(22)	3.2
農	農	90	1,240(426)	1,049(351)	266(98)	3.9
	農芸化	84	1,037(647)	860(527)	201(116)	4.3
	生命科	92	1,316(630)	1,060(494)	257(113)	4.1
	食料環境政策	79	1,158(470)	1,037(414)	186(89)	5.6
経営	3科目	342	7,211(2,169)	6,938(2,088)	1,457(404)	4.8
	英語4技能試験活用	40	248(105)	240(100)	64(27)	3.8
情報コミュニケーション	情報コミュニケーション	357	5,014(2,249)	4,855(2,189)	971(422)	5.0
国際日本	3科目	130	2,182(1,389)	2,105(1,347)	554(341)	3.8
	英語4技能試験活用	100	1,079(687)	1,051(669)	536(346)	2.0
総合数理	現象数理	35	678(103)	579(95)	99(11)	5.8
	先端メディアサイエンス	51	931(269)	792(232)	128(36)	6.2
	ネットワークデザイン	27	359(58)	292(47)	62(10)	4.7
合計		3,716	58,551(20,287)	53,519(18,458)	12,866(4,109)	—

（備考）数値には追加合格・補欠合格（農学部のみ）を含む。

●全学部統一入試

( )内は女子内数

学部・学科等			募集人員	志願者数	受験者数	合格者数	競争率
法	法律		115	2,343(894)	2,237(849)	570(208)	3.9
商	商		80	2,310(832)	2,232(808)	349(113)	6.4
政治経済	政治		20	523(172)	502(162)	117(32)	4.3
	経済		50	1,517(335)	1,447(319)	316(59)	4.6
	地域行政		20	495(157)	480(154)	82(23)	5.9
文	文	日本文学	16	409(234)	387(221)	77(46)	5.0
		英米文学	18	441(236)	430(229)	92(37)	4.7
		ドイツ文学	7	125(56)	122(55)	22(10)	5.5
		フランス文学	8	181(85)	169(82)	37(20)	4.6
		演劇学	8	155(124)	150(120)	26(18)	5.8
		文芸メディア	7	268(170)	254(161)	45(25)	5.6
	史学地理	日本史学	15	318(102)	310(99)	66(18)	4.7
		アジア史	6	129(60)	121(58)	24(9)	5.0
		西洋史学	8	232(89)	220(84)	52(17)	4.2
		考古学	7	162(63)	159(63)	29(12)	5.5
		地理学	11	191(48)	186(45)	49(8)	3.8
	心理社会	臨床心理学	11	285(199)	275(193)	42(28)	6.5
		現代社会学	10	371(241)	356(233)	57(32)	6.2
		哲学	8	144(56)	131(53)	35(12)	3.7
理工	電気電子生命	電気電子工学	20	283(28)	263(27)	104(13)	2.5
		生命理工学	10	174(61)	165(59)	67(22)	2.5
	機械工		12	514(35)	451(31)	100(5)	4.5
	機械情報工		17	302(32)	278(28)	99(9)	2.8
	建築		19	513(161)	477(147)	108(35)	4.4
	応用化		12	314(96)	280(84)	92(15)	3.0
	情報科		12	543(84)	495(79)	93(10)	5.3
	数		10	181(26)	172(23)	49(3)	3.5
	物理		5	185(25)	165(22)	51(6)	3.2

(表つづく)

学部・学科等			募集人員	志願者数	受験者数	合格者数	競争率
農	3科目	農	15	501(174)	464(165)	95(38)	4.9
		農芸化	15	399(269)	384(260)	78(49)	4.9
		生命科	10	423(209)	398(196)	74(35)	5.4
		食料環境政策	5	254(106)	241(104)	56(23)	4.3
	英語4技能3科目	農	5	148(67)	140(65)	29(14)	4.8
		農芸化	5	172(121)	167(118)	27(18)	6.2
		生命科	5	171(93)	164(88)	32(17)	5.1
		食料環境政策	3	178(95)	173(93)	28(12)	6.2
経営	3科目		27	1,505(521)	1,454(503)	134(40)	10.9
	英語4技能3科目		3	517(234)	506(228)	55(19)	9.2
情報コミュニケーション	情報コミュニケーション		25	1,469(706)	1,424(684)	166(70)	8.6
国際日本	3科目		10	680(415)	662(401)	59(29)	11.2
	英語4技能3科目		18	774(494)	759(482)	117(64)	6.5
総合数理	3科目	現象数理	4	78(13)	73(12)	8(1)	9.1
		先端メディアサイエンス	2	65(24)	54(22)	2(0)	27.0
	4科目	現象数理	12	207(38)	201(37)	43(4)	4.7
		先端メディアサイエンス	15	326(107)	308(102)	63(10)	4.9
		ネットワークデザイン	26	293(51)	277(46)	82(5)	3.4
	英語4技能4科目	現象数理	1	79(17)	76(16)	12(1)	6.3
		先端メディアサイエンス	2	101(37)	95(35)	18(6)	5.3
		ネットワークデザイン	1	90(15)	87(15)	14(1)	6.2
合計			751	22,038(8,507)	21,021(8,160)	4,042(1,301)	—

●大学入学共通テスト利用入試

(　)内は女子内数

日程	学部	方式	学科等		募集人員	志願者数	受験者数	合格者数	競争率
前期日程	法	3科目	法律		60	2,367(1,017)	2,364(1,016)	927(445)	2.6
		4科目	法律		40	582(251)	581(250)	318(155)	1.8
		5科目	法律		40	1,776(631)	1,774(630)	990(365)	1.8
	商	4科目	商		50	542(203)	539(203)	193(70)	2.8
		5科目	商		45	371(124)	370(123)	147(59)	2.5
		6科目	商		30	1,041(319)	1,037(317)	412(140)	2.5
	政治経済	3科目	政治		8	343(121)	342(121)	80(33)	4.3
			経済		15	640(164)	638(163)	103(28)	6.2
		7科目	政治		15	295(93)	293(92)	165(62)	1.8
			経済		50	1,487(284)	1,469(282)	720(145)	2.0
			地域行政		12	201(68)	199(68)	78(28)	2.6
	文	3科目	文	日本文学	7	434(279)	433(278)	72(49)	6.0
				英米文学	6	235(121)	234(120)	49(24)	4.8
				ドイツ文学	3	78(46)	77(45)	18(10)	4.3
				フランス文学	2	53(26)	52(26)	12(5)	4.3
				演劇学	3	133(101)	133(101)	28(20)	4.8
				文芸メディア	5	250(162)	250(162)	54(37)	4.6
			史学地理	日本史学	6	281(94)	281(94)	54(16)	5.2
				アジア史	3	134(53)	131(52)	27(17)	4.9
				西洋史学	4	213(88)	213(88)	53(18)	4.0
				考古学	4	164(81)	164(81)	32(20)	5.1
				地理学	4	150(39)	150(39)	34(12)	4.4
			心理社会	臨床心理学	4	194(138)	192(136)	36(31)	5.3
				現代社会学	3	246(147)	245(147)	35(25)	7.0
				哲学	4	153(74)	153(74)	37(18)	4.1
		5科目	文	日本文学	3	57(24)	57(24)	20(5)	2.9
				英米文学	3	28(12)	28(12)	14(6)	2.0
				ドイツ文学	2	25(13)	25(13)	6(2)	4.2
				フランス文学	1	6(2)	6(2)	3(0)	2.0
				演劇学	1	15(13)	15(13)	2(2)	7.5
				文芸メディア	2	26(17)	26(17)	11(7)	2.4
			史学地理	日本史学	4	74(18)	74(18)	21(2)	3.5
				アジア史	2	27(7)	26(7)	10(1)	2.6
				西洋史学	1	51(14)	51(14)	10(2)	5.1
				考古学	1	22(6)	22(6)	6(2)	3.7
				地理学	1	55(13)	54(12)	10(3)	5.4

(表つづく)

学部・方式・学科等				募集人員	志願者数	受験者数	合格者数	競争率
前期日程	文	5科目	心理社会 臨床心理学	2	72(42)	71(42)	10(8)	7.1
			心理社会 現代社会学	2	81(53)	81(53)	20(16)	4.1
			心理社会 哲学	2	46(18)	46(18)	15(6)	3.1
	理工	3教科	電気電子生命 電気電子工学	9	297(25)	297(25)	122(10)	2.4
			電気電子生命 生命理工学	3	259(74)	258(73)	78(21)	3.3
			機械工	5	804(70)	802(70)	221(22)	3.6
			機械情報工	6	460(61)	460(61)	168(20)	2.7
			情報科	7	784(100)	783(100)	211(21)	3.7
		4教科	電気電子生命 電気電子工学	5	163(28)	163(28)	69(11)	2.4
			電気電子生命 生命理工学	2	200(89)	200(89)	71(35)	2.8
			機械工	7	639(109)	636(109)	219(46)	2.9
			建築	12	793(292)	792(292)	175(66)	4.5
			応用化	7	762(250)	759(249)	203(76)	3.7
			情報科	7	589(115)	586(115)	171(27)	3.4
			数	6	294(44)	293(44)	136(19)	2.2
			物理	6	573(93)	571(91)	210(35)	2.7
	農		農	12	644(248)	631(245)	192(70)	3.3
			農芸化	12	529(359)	526(357)	186(131)	2.8
			生命科	15	851(427)	839(425)	331(184)	2.5
			食料環境政策	16	446(199)	442(198)	157(78)	2.8
	経営	3科目		25	1,468(540)	1,460(539)	300(128)	4.9
		4科目		25	531(187)	531(187)	171(61)	3.1
	情報コミュニケーション	3科目	情報コミュニケーション	30	1,362(648)	1,344(638)	244(127)	5.5
		6科目	情報コミュニケーション	10	449(177)	449(177)	161(65)	2.8
	国際日本	3科目	国際日本	20	1,277(813)	1,275(812)	350(217)	3.6
		5科目	国際日本	10	313(195)	312(195)	184(119)	1.7
	総合数理		現象数理	7	167(31)	167(31)	55(8)	3.0
			先端メディアサイエンス	10	278(95)	273(92)	68(21)	4.0
			ネットワークデザイン	4	183(48)	180(47)	54(18)	3.3

（表つづく）

学部・方式・学科等			募集人員	志願者数	受験者数	合格者数	競争率
後期日程	商	商	30	138(46)	134(45)	43(13)	3.1
	理工	電気電子生命 電気電子工学	3	72(11)	72(11)	32(4)	2.3
		電気電子生命 生命理工学	2	30(12)	29(12)	14(6)	2.1
		機械情報工	3	45(7)	45(7)	23(4)	2.0
		建築	2	46(18)	46(18)	17(4)	2.7
		応用化	2	23(12)	23(12)	5(2)	4.6
		情報科	2	55(6)	55(6)	23(2)	2.4
		数	2	22(6)	22(6)	4(2)	5.5
		物理	2	22(1)	22(1)	3(0)	7.3
	総合数理	現象数理	1	15(4)	14(4)	3(1)	4.7
		先端メディアサイエンス	1	20(5)	20(5)	5(0)	4.0
		ネットワークデザイン	1	19(9)	19(9)	3(2)	6.3
合計			779	28,570(10,430)	28,426(10,384)	9,514(3,570)	—

2023年度 入試状況

●学部別入試

( )内は女子内数

学部・学科等			募集人員	志願者数	受験者数	合格者数	競争率
法	法律		375	4,325(1,510)	3,637(1,254)	1,027(342)	3.5
商	学部別		485	8,504(2,660)	7,481(2,322)	1,513(433)	4.9
	英語4技能試験利用		15	936(409)	808(352)	151(64)	5.4
政治経済	政治		105	1,642(498)	1,540(466)	450(138)	3.4
	経済		290	4,418(927)	4,204(879)	1,204(225)	3.5
	地域行政		70	534(174)	511(170)	160(49)	3.2
文	文	日本文学	70	1,062(591)	947(515)	203(111)	4.7
		英米文学	68	822(400)	721(360)	220(100)	3.3
		ドイツ文学	23	305(139)	283(127)	87(35)	3.3
		フランス文学	24	291(163)	268(149)	55(32)	4.9
		演劇学	29	275(214)	245(189)	54(40)	4.5
		文芸メディア	43	719(428)	639(382)	123(73)	5.2
	史学地理	日本史学	51	679(225)	610(191)	154(45)	4.0
		アジア史	20	201(77)	171(65)	55(21)	3.1
		西洋史学	32	479(174)	409(148)	93(37)	4.4
		考古学	24	254(89)	220(78)	64(21)	3.4
		地理学	27	268(62)	229(48)	68(14)	3.4
	心理社会	臨床心理学	24	592(373)	528(337)	61(40)	8.7
		現代社会学	26	594(352)	518(308)	111(69)	4.7
		哲学	20	312(122)	266(103)	67(21)	4.0
理工	電気電子生命	電気電子工学	80	817(59)	772(54)	289(23)	2.7
		生命理工学	27	360(96)	331(85)	120(37)	2.8
	機械工		75	1,291(81)	1,239(76)	463(26)	2.7
	機械情報工		66	847(91)	799(83)	250(29)	3.2
	建築		88	1,521(437)	1,447(421)	332(104)	4.4
	応用化		60	1,350(399)	1,293(381)	495(167)	2.6
	情報科		65	1,853(172)	1,752(161)	374(32)	4.7
	数		32	519(67)	484(62)	178(21)	2.7
	物理		35	789(95)	740(85)	276(29)	2.7

(表つづく)

<table>
<tr><th colspan="3">学部・学科等</th><th>募集人員</th><th>志願者数</th><th>受験者数</th><th>合格者数</th><th>競争率</th></tr>
<tr><td rowspan="4">農</td><td colspan="2">農</td><td>90</td><td>1,136(425)</td><td>912(334)</td><td>275(120)</td><td>3.3</td></tr>
<tr><td colspan="2">農芸化</td><td>84</td><td>929(580)</td><td>773(482)</td><td>232(157)</td><td>3.3</td></tr>
<tr><td colspan="2">生命科</td><td>92</td><td>1,381(655)</td><td>1,123(531)</td><td>304(154)</td><td>3.7</td></tr>
<tr><td colspan="2">食料環境政策</td><td>79</td><td>1,106(425)</td><td>1,008(378)</td><td>217(76)</td><td>4.6</td></tr>
<tr><td rowspan="6">経営</td><td rowspan="3">3科目</td><td>経営</td><td rowspan="3">342</td><td rowspan="3">7,428(2,264)</td><td rowspan="3">7,165(2,191)</td><td rowspan="3">1,772(526)</td><td rowspan="3">4.0</td></tr>
<tr><td>会計</td></tr>
<tr><td>公共経営</td></tr>
<tr><td rowspan="3">英語4技能試験活用</td><td>経営</td><td rowspan="3">40</td><td rowspan="3">320(146)</td><td rowspan="3">309(139)</td><td rowspan="3">68(34)</td><td rowspan="3">4.5</td></tr>
<tr><td>会計</td></tr>
<tr><td>公共経営</td></tr>
<tr><td>情報コミュニケーション</td><td colspan="2">情報コミュニケーション</td><td>372</td><td>4,878(2,129)</td><td>4,741(2,075)</td><td>1,005(441)</td><td>4.7</td></tr>
<tr><td rowspan="2">国際日本</td><td colspan="2">3科目</td><td>130</td><td>2,418(1,503)</td><td>2,332(1,449)</td><td>589(372)</td><td>4.0</td></tr>
<tr><td colspan="2">英語4技能試験活用</td><td>100</td><td>1,225(795)</td><td>1,198(778)</td><td>592(387)</td><td>2.0</td></tr>
<tr><td rowspan="3">総合数理</td><td colspan="2">現象数理</td><td>35</td><td>690(115)</td><td>554(91)</td><td>95(18)</td><td>5.8</td></tr>
<tr><td colspan="2">先端メディアサイエンス</td><td>51</td><td>952(245)</td><td>813(214)</td><td>108(23)</td><td>7.5</td></tr>
<tr><td colspan="2">ネットワークデザイン</td><td>28</td><td>521(80)</td><td>416(59)</td><td>31(4)</td><td>13.4</td></tr>
<tr><td colspan="3">合計</td><td>3,792</td><td>59,543(20,446)</td><td>54,436(18,572)</td><td>13,985(4,690)</td><td>—</td></tr>
</table>

（備考）数値には追加合格・補欠合格（農学部のみ）・特別措置を含む。

●全学部統一入試

（　）内は女子内数

学部	学科等		募集人員	志願者数	受験者数	合格者数	競争率
法*	法律		115	2,620(1,011)	2,489(966)	577(217)	4.3
商*	商		80	1,834(632)	1,764(661)	348(116)	5.1
政治経済*	政治		20	467(156)	445(148)	109(36)	4.1
	経済		50	1,281(320)	1,204(303)	263(77)	4.6
	地域行政		20	251(76)	244(73)	60(18)	4.1
文	文	日本文学	16	346(185)	328(172)	71(44)	4.6
		英米文学	18	458(257)	440(248)	108(57)	4.1
		ドイツ文学	7	109(58)	108(58)	30(17)	3.6
		フランス文学	8	138(72)	134(70)	36(19)	3.7
		演劇学	8	180(144)	176(140)	32(23)	5.5
		文芸メディア	7	334(212)	320(204)	58(36)	5.5
	史学地理	日本史学	15	300(102)	292(98)	68(29)	4.3
		アジア史	6	110(49)	109(48)	28(14)	3.9
		西洋史学	8	206(69)	200(67)	64(17)	3.1
		考古学	7	97(37)	93(37)	19(6)	4.9
		地理学	11	141(42)	136(40)	40(11)	3.4
	心理社会	臨床心理学	11	333(210)	324(203)	41(25)	7.9
		現代社会学	10	309(201)	300(196)	75(56)	4.0
		哲学	8	151(57)	147(57)	39(13)	3.8
理工*	電気電子生命	電気電子工学	20	307(22)	281(18)	109(10)	2.6
		生命理工学	10	201(59)	188(56)	71(20)	2.6
	機械工		12	418(35)	362(29)	130(13)	2.8
	機械情報工		17	344(34)	320(29)	113(10)	2.8
	建築		19	489(163)	447(147)	110(39)	4.1
	応用化		12	374(126)	350(119)	110(46)	3.2
	情報科		12	636(90)	585(85)	107(21)	5.5
	数		10	161(19)	151(19)	60(7)	2.5
	物理		5	138(9)	118(6)	41(0)	2.9

（表つづく）

学部・学科等			募集人員	志願者数	受験者数	合格者数	競争率
農	3科目	農	15	378(157)	346(146)	86(35)	4.0
		農芸化	15	290(195)	274(183)	63(41)	4.3
		生命科	10	387(172)	358(162)	69(35)	5.2
		食料環境政策	5	218(110)	210(107)	32(17)	6.6
	英語4技能3科目	農	5	166(83)	159(80)	22(10)	7.2
		農芸化	5	164(115)	161(115)	28(21)	5.8
		生命科	5	162(81)	153(76)	21(9)	7.3
		食料環境政策	3	166(82)	163(81)	24(13)	6.8
経営*	3科目	経営 会計 公共経営	27	1,388(471)	1,343(459)	134(34)	10.0
	英語4技能3科目	経営 会計 公共経営	3	623(271)	605(265)	48(17)	12.6
情報コミュニケーション		情報コミュニケーション	25	1,298(652)	1,260(640)	170(91)	7.4
国際日本		3科目	10	679(433)	661(420)	62(39)	10.7
		英語4技能3科目	18	815(530)	798(520)	123(73)	6.5
総合数理*	3科目	現象数理	4	71(15)	68(15)	12(1)	5.7
		先端メディアサイエンス	3	64(16)	55(15)	4(1)	13.8
	4科目	現象数理	12	199(29)	194(28)	58(9)	3.3
		先端メディアサイエンス	20	400(113)	385(110)	53(9)	7.3
		ネットワークデザイン	27	282(54)	267(51)	85(17)	3.1
	英語4技能4科目	現象数理	1	63(8)	61(8)	15(3)	4.1
		先端メディアサイエンス	2	122(37)	117(36)	13(2)	9.0
		ネットワークデザイン	1	47(9)	45(8)	15(0)	3.0
合計			758	20,715(8,080)	19,738(7,772)	4,054(1,474)	—

(備考)

- ＊印の学部の数値には，追加合格・特別措置を含む。
- 農学部は補欠合格を含む。

2022年度 入試状況

●学部別入試

（　）内は女子内数

学部・学科等			募集人員	志願者数	受験者数	合格者数	競争率
法		法律	375	4,739(1,582)	3,996(1,312)	844(303)	4.7
商		学部別	485	7,568(2,246)	6,664(1,954)	1,628(468)	4.1
		英語4技能試験利用	15	910(425)	798(365)	150(60)	5.3
政治経済		政治	105	1,377(427)	1,284(391)	508(172)	2.5
		経済	290	3,685(685)	3,490(648)	1,329(252)	2.6
		地域行政	70	632(201)	598(189)	189(56)	3.2
文	文	日本文学	70	994(550)	889(492)	216(126)	4.1
		英米文学	68	736(355)	660(317)	210(105)	3.1
		ドイツ文学	23	355(160)	319(146)	85(44)	3.8
		フランス文学	24	325(183)	295(167)	76(45)	3.9
		演劇学	29	317(238)	270(201)	56(40)	4.8
		文芸メディア	43	694(435)	621(394)	138(96)	4.5
	史学地理	日本史学	51	753(232)	672(205)	134(32)	5.0
		アジア史	20	218(81)	187(66)	63(14)	3.0
		西洋史学	32	458(138)	384(108)	98(27)	3.9
		考古学	24	277(100)	242(84)	63(16)	3.8
		地理学	27	312(77)	273(63)	71(15)	3.8
	心理社会	臨床心理学	24	588(363)	512(315)	90(56)	5.7
		現代社会学	26	588(337)	517(298)	108(64)	4.8
		哲学	20	288(114)	251(97)	62(21)	4.0
理工	電気電子生命	電気電子工学	80	1,079(74)	1,028(69)	320(18)	3.2
		生命理工学	27	316(83)	295(77)	131(36)	2.3
		機械工	75	1,377(109)	1,305(103)	480(44)	2.7
		機械情報工	66	706(50)	671(48)	274(19)	2.4
		建築	88	1,669(501)	1,597(482)	326(105)	4.9
		応用化	60	1,259(330)	1,204(316)	472(129)	2.6
		情報科	65	1,706(175)	1,621(168)	375(28)	4.3
		数	32	394(42)	373(39)	155(14)	2.4
		物理	35	673(64)	637(58)	253(18)	2.5

（表つづく）

学部・学科等			募集人員	志願者数	受験者数	合格者数	競争率
農	農		90	1,132(406)	942(323)	297(110)	3.2
	農芸化		90	852(524)	698(420)	250(166)	2.8
	生命科		92	1,081(467)	916(404)	306(133)	3.0
	食料環境政策		79	1,108(430)	996(376)	211(91)	4.7
経営	3科目	経営	342	6,316(1,781)	6,041(1,693)	1,638(435)	3.7
		会計					
		公共経営					
	英語4技能試験活用	経営	40	337(135)	327(129)	96(34)	3.4
		会計					
		公共経営					
情報コミュニケーション	情報コミュニケーション		392	4,887(2,143)	4,741(2,100)	1,078(460)	4.4
国際日本	3科目		130	2,420(1,525)	2,335(1,475)	681(441)	3.4
	英語4技能試験活用		100	1,516(992)	1,476(962)	664(421)	2.2
総合数理	現象数理		35	717(132)	574(107)	97(13)	5.9
	先端メディアサイエンス		51	889(216)	749(173)	101(14)	7.4
	ネットワークデザイン		28	494(74)	414(62)	55(5)	7.5
合計			3,818	56,742(19,182)	51,862(17,396)	14,378(4,746)	—

(備考) 数値には追加合格・補欠合格・特別措置を含む。

●全学部統一入試

( )内は女子内数

学部・学科等			募集人員	志願者数	受験者数	合格者数	競争率
法	法律		115	2,348(818)	2,224(772)	687(215)	3.2
商	商		80	1,674(569)	1,607(546)	332(109)	4.8
政治経済	政治		20	427(134)	407(128)	101(33)	4.0
	経済		50	1,399(316)	1,330(291)	253(55)	5.3
	地域行政		20	458(154)	443(149)	68(29)	6.5
文	文	日本文学	16	356(196)	343(190)	70(42)	4.9
		英米文学	18	281(165)	272(158)	93(55)	2.9
		ドイツ文学	7	118(56)	113(54)	24(12)	4.7
		フランス文学	8	201(113)	191(104)	39(17)	4.9
		演劇学	8	152(115)	145(109)	40(29)	3.6
		文芸メディア	7	279(187)	265(180)	61(38)	4.3
	史学地理	日本史学	15	325(102)	314(98)	78(27)	4.0
		アジア史	6	82(30)	78(29)	30(17)	2.6
		西洋史学	8	176(62)	171(60)	43(15)	4.0
		考古学	6	133(51)	128(50)	30(10)	4.3
		地理学	11	236(58)	231(56)	40(12)	5.8
	心理社会	臨床心理学	11	313(200)	302(192)	63(39)	4.8
		現代社会学	10	296(184)	287(181)	55(29)	5.2
		哲学	8	140(50)	133(47)	30(8)	4.4
理工	電気電子生命	電気電子工学	20	404(24)	366(24)	120(13)	3.1
		生命理工学	10	153(55)	141(50)	55(19)	2.6
	機械工		12	347(28)	318(23)	109(11)	2.9
	機械情報工		17	289(26)	270(24)	96(9)	2.8
	建築		19	514(152)	473(144)	99(33)	4.8
	応用化		12	327(103)	306(97)	105(44)	2.9
	情報科		12	532(69)	482(63)	76(11)	6.3
	数		10	158(20)	149(19)	52(6)	2.9
	物理		5	189(18)	177(17)	52(1)	3.4

(表つづく)

学部・学科等			募集人員	志願者数	受験者数	合格者数	競争率
農	3科目	農	15	411(163)	385(149)	90(41)	4.3
		農芸化	15	336(222)	314(211)	62(44)	5.1
		生命科	10	341(133)	311(127)	58(23)	5.4
		食料環境政策	5	245(103)	239(98)	34(15)	7.0
	英語4技能3科目	農	5	119(52)	114(50)	25(9)	4.6
		農芸化	5	163(116)	156(110)	31(23)	5.0
		生命科	5	142(76)	135(75)	21(16)	6.4
		食料環境政策	3	196(106)	190(103)	22(14)	8.6
経営	3科目	経営	27	833(282)	792(265)	158(54)	5.0
		会計					
		公共経営					
	英語4技能3科目	経営	3	480(202)	461(194)	59(20)	7.8
		会計					
		公共経営					
情報コミュニケーション	情報コミュニケーション		25	1,204(615)	1,154(595)	151(83)	7.6
国際日本	3科目		10	750(474)	722(454)	60(29)	12.0
	英語4技能3科目		18	940(596)	915(578)	120(71)	7.6
総合数理	3科目	現象数理	4	63(19)	57(17)	13(1)	4.4
		先端メディアサイエンス	4	58(29)	53(28)	5(3)	10.6
	4科目	現象数理	12	174(37)	166(36)	56(12)	3.0
		先端メディアサイエンス	20	332(92)	313(89)	57(14)	5.5
		ネットワークデザイン	27	265(44)	249(42)	77(21)	3.2
	英語4技能4科目	現象数理	1	52(11)	51(11)	14(5)	3.6
		先端メディアサイエンス	2	99(32)	96(31)	11(3)	8.7
		ネットワークデザイン	1	76(20)	72(18)	5(1)	14.4
合計			758	19,586(7,479)	18,611(7,136)	4,030(1,440)	−

（備考）数値には特別措置を含む。

合格最低点（学部別・全学部統一入試）

2024 年度　合格最低点

●学部別入試

学部・学科等			満点	合格最低点	合格最低得点率
法	法律		350	241	68.9
商	学部別		350	241	68.9
	英語4技能試験利用		550	378	68.7
政治経済	政治		350	237	67.7
	経済		350	242	69.1
	地域行政		350	235	67.1
文	文	日本文学	300	209	69.7
		英米文学	300	207	69.0
		ドイツ文学	300	196	65.3
		フランス文学	300	195	65.0
		演劇学	300	201	67.0
		文芸メディア	300	212	70.7
	史学地理	日本史学	300	216	72.0
		アジア史	300	207	69.0
		西洋史学	300	214	71.3
		考古学	300	211	70.3
		地理学	300	208	69.3
	心理社会	臨床心理学	300	216	72.0
		現代社会学	300	214	71.3
		哲学	300	205	68.3

（表つづく）

学部・学科等			満点	合格最低点	合格最低得点率
理工	電気電子生命	電気電子工学	360	243	67.5
		生命理工学	360	257	71.4
	機械工		360	269	74.7
	機械情報工		360	252	70.0
	建築		360	274	76.1
	応用化		360	266	73.9
	情報科		360	275	76.4
	数		360	255	70.8
	物理		360	276	76.7
農	農		450	317	70.4
	農芸化		450	318	70.7
	生命科		450	320	71.1
	食料環境政策		450	328	72.9
経営	3科目	経営	350	231	66.0
		会計			
		公共経営			
	英語4技能試験活用	経営	230	128	55.7
		会計			
		公共経営			
情報コミュニケーション	情報コミュニケーション		300	189	63.0
国際日本	3科目		450	332	73.8
	英語4技能試験活用		250	170	68.0
総合数理	現象数理		320	192	60.0
	先端メディアサイエンス		320	190	59.4
	ネットワークデザイン		320	173	54.1

●全学部統一入試

学部・学科等			満点	合格最低点	合格最低得点率
法	法律		300	197	65.7
商	商		450	304	67.6
政治経済	政治		350	238	68.0
	経済		350	232	66.3
	地域行政		350	232	66.3
文	文	日本文学	300	202	67.3
		英米文学	300	195	65.0
		ドイツ文学	300	191	63.7
		フランス文学	300	192	64.0
		演劇学	300	196	65.3
		文芸メディア	300	210	70.0
	史学地理	日本史学	300	205	68.3
		アジア史	300	199	66.3
		西洋史学	300	207	69.0
		考古学	300	201	67.0
		地理学	300	197	65.7
	心理社会	臨床心理学	300	201	67.0
		現代社会学	300	206	68.7
		哲学	300	200	66.7
理工	電気電子生命	電気電子工学	400	234	58.5
		生命理工学	400	247	61.8
	機械工		400	260	65.0
	機械情報工		400	243	60.8
	建築		400	264	66.0
	応用化		400	257	64.3
	情報科		400	280	70.0
	数		400	243	60.8
	物理		400	255	63.8

（表つづく）

学部・学科等			満点	合格最低点	合格最低得点率
農	3科目	農	300	184	61.3
		農芸化	300	187	62.3
		生命科	300	195	65.0
		食料環境政策	300	192	64.0
	英語4技能3科目	農	300	231	77.0
		農芸化	300	227	75.7
		生命科	300	225	75.0
		食料環境政策	300	231	77.0
経営	3科目	経営	350	244	69.7
		会計			
		公共経営			
	英語4技能3科目	経営	350	292	83.4
		会計			
		公共経営			
情報コミュニケーション	情報コミュニケーション		350	240	68.6
国際日本	3科目		400	285	71.3
	英語4技能3科目		400	343	85.8
総合数理	3科目	現象数理	400	266	66.5
		先端メディアサイエンス	400	274	68.5
	4科目	現象数理	500	317	63.4
		先端メディアサイエンス	500	333	66.6
		ネットワークデザイン	500	297	59.4
	英語4技能4科目	現象数理	400	297	74.3
		先端メディアサイエンス	400	305	76.3
		ネットワークデザイン	400	294	73.5

2023年度 合格最低点

●学部別入試

学部・学科等			満点	合格最低点	合格最低得点率
法	法律		350	222	63.4
商	学部別		350	238	68.0
	英語4技能試験利用		550	388	70.5
政治経済	政治		350	240	68.6
	経済		350	233	66.6
	地域行政		350	227	64.9
文	文	日本文学	300	209	69.7
		英米文学	300	201	67.0
		ドイツ文学	300	196	65.3
		フランス文学	300	198	66.0
		演劇学	300	204	68.0
		文芸メディア	300	213	71.0
	史学地理	日本史学	300	211	70.3
		アジア史	300	202	67.3
		西洋史学	300	211	70.3
		考古学	300	200	66.7
		地理学	300	200	66.7
	心理社会	臨床心理学	300	216	72.0
		現代社会学	300	214	71.3
		哲学	300	211	70.3
理工	電気電子生命	電気電子工学	360	233	64.7
		生命理工学	360	243	67.5
	機械工		360	236	65.6
	機械情報工		360	245	68.1
	建築		360	257	71.4
	応用化		360	244	67.8
	情報科		360	259	71.9
	数		360	235	65.3
	物理		360	247	68.6

（表つづく）

学部・学科等			満点	合格最低点	合格最低得点率
農	農		450	263	58.4
	農芸化		450	263	58.4
	生命科		450	268	59.6
	食料環境政策		450	300	66.7
経営	3科目	経営	350	211	60.3
		会計			
		公共経営			
	英語4技能試験活用	経営	230	128	55.7
		会計			
		公共経営			
情報コミュニケーション	情報コミュニケーション		300	203	67.7
国際日本	3科目		450	354	78.7
	英語4技能試験活用		250	186	74.4
総合数理	現象数理		320	228	71.3
	先端メディアサイエンス		320	238	74.4
	ネットワークデザイン		320	235	73.4

●全学部統一入試

学部・学科等			満点	合格最低点	合格最低得点率
法	法律		300	211	70.3
商	商		450	312	69.3
政治経済	政治		350	251	71.7
	経済		350	243	69.4
	地域行政		350	234	66.9
文	文	日本文学	300	212	70.7
		英米文学	300	206	68.7
		ドイツ文学	300	209	69.7
		フランス文学	300	202	67.3
		演劇学	300	207	69.0
		文芸メディア	300	218	72.7
	史学地理	日本史学	300	211	70.3
		アジア史	300	209	69.7
		西洋史学	300	214	71.3
		考古学	300	205	68.3
		地理学	300	205	68.3
	心理社会	臨床心理学	300	218	72.7
		現代社会学	300	207	69.0
		哲学	300	215	71.7
理工	電気電子生命	電気電子工学	400	237	59.3
		生命理工学	400	249	62.3
	機械工		400	246	61.5
	機械情報工		400	250	62.5
	建築		400	269	67.3
	応用化		400	270	67.5
	情報科		400	284	71.0
	数		400	234	58.5
	物理		400	248	62.0

（表つづく）

<table>
<tr><th colspan="3">学部・学科等</th><th>満点</th><th>合格最低点</th><th>合格最低得点率</th></tr>
<tr><td rowspan="8">農</td><td rowspan="4">3科目</td><td>農</td><td>300</td><td>190</td><td>63.3</td></tr>
<tr><td>農芸化</td><td>300</td><td>198</td><td>66.0</td></tr>
<tr><td>生命科</td><td>300</td><td>196</td><td>65.3</td></tr>
<tr><td>食料環境政策</td><td>300</td><td>208</td><td>69.3</td></tr>
<tr><td rowspan="4">英語4技能3科目</td><td>農</td><td>300</td><td>241</td><td>80.3</td></tr>
<tr><td>農芸化</td><td>300</td><td>233</td><td>77.7</td></tr>
<tr><td>生命科</td><td>300</td><td>241</td><td>80.3</td></tr>
<tr><td>食料環境政策</td><td>300</td><td>241</td><td>80.3</td></tr>
<tr><td rowspan="6">経営</td><td rowspan="3">3科目</td><td>経営</td><td rowspan="3">350</td><td rowspan="3">258</td><td rowspan="3">73.7</td></tr>
<tr><td>会計</td></tr>
<tr><td>公共経営</td></tr>
<tr><td rowspan="3">英語4技能3科目</td><td>経営</td><td rowspan="3">350</td><td rowspan="3">310</td><td rowspan="3">88.6</td></tr>
<tr><td>会計</td></tr>
<tr><td>公共経営</td></tr>
<tr><td>情報コミュニケーション</td><td colspan="2">情報コミュニケーション</td><td>350</td><td>250</td><td>71.4</td></tr>
<tr><td rowspan="2">国際日本</td><td colspan="2">3科目</td><td>400</td><td>300</td><td>75.0</td></tr>
<tr><td colspan="2">英語4技能3科目</td><td>400</td><td>353</td><td>88.3</td></tr>
<tr><td rowspan="8">総合数理</td><td rowspan="2">3科目</td><td>現象数理</td><td>400</td><td>250</td><td>62.5</td></tr>
<tr><td>先端メディアサイエンス</td><td>400</td><td>287</td><td>71.8</td></tr>
<tr><td rowspan="3">4科目</td><td>現象数理</td><td>500</td><td>303</td><td>60.6</td></tr>
<tr><td>先端メディアサイエンス</td><td>500</td><td>350</td><td>70.0</td></tr>
<tr><td>ネットワークデザイン</td><td>500</td><td>301</td><td>60.2</td></tr>
<tr><td rowspan="3">英語4技能4科目</td><td>現象数理</td><td>400</td><td>291</td><td>72.8</td></tr>
<tr><td>先端メディアサイエンス</td><td>400</td><td>314</td><td>78.5</td></tr>
<tr><td>ネットワークデザイン</td><td>400</td><td>275</td><td>68.8</td></tr>
</table>

2022 年度　合格最低点

●学部別入試

学部・学科等			満点	合格最低点	合格最低得点率
法	法律		350	238	68.0
商	学部別		350	243	69.4
	英語 4 技能試験利用		550	401	72.9
政治経済	政治		350	221	63.1
	経済		350	216	61.7
	地域行政		350	217	62.0
文	文	日本文学	300	183	61.0
		英米文学	300	177	59.0
		ドイツ文学	300	176	58.7
		フランス文学	300	174	58.0
		演劇学	300	182	60.7
		文芸メディア	300	187	62.3
	史学地理	日本史学	300	190	63.3
		アジア史	300	184	61.3
		西洋史学	300	194	64.7
		考古学	300	178	59.3
		地理学	300	183	61.0
	心理社会	臨床心理学	300	184	61.3
		現代社会学	300	192	64.0
		哲学	300	186	62.0
理工	電気電子生命	電気電子工学	360	246	68.3
		生命理工学	360	236	65.6
	機械工		360	248	68.9
	機械情報工		360	241	66.9
	建築		360	265	73.6
	応用化		360	240	66.7
	情報科		360	261	72.5
	数		360	239	66.4
	物理		360	255	70.8

（表つづく）

学部・学科等			満点	合格最低点	合格最低得点率
農	農		450	257	57.1
農	農芸化		450	257	57.1
農	生命科		450	262	58.2
農	食料環境政策		450	295	65.6
経営	3科目	経営	350	225	64.3
経営	3科目	会計	350	225	64.3
経営	3科目	公共経営	350	225	64.3
経営	英語4技能試験活用	経営	230	132	57.4
経営	英語4技能試験活用	会計	230	132	57.4
経営	英語4技能試験活用	公共経営	230	132	57.4
情報コミュニケーション	情報コミュニケーション		300	187	62.3
国際日本	3科目		450	338	75.1
国際日本	英語4技能試験活用		250	173	69.2
総合数理	現象数理		320	191	59.7
総合数理	先端メディアサイエンス		320	195	60.9
総合数理	ネットワークデザイン		320	181	56.6

●全学部統一入試

学部・学科等			満点	合格最低点	合格最低得点率
法	法律		300	222	74.0
商	商		450	350	77.8
政治経済	政治		350	275	78.6
	経済		350	274	78.3
	地域行政		350	268	76.6
文	文	日本文学	300	226	75.3
		英米文学	300	216	72.0
		ドイツ文学	300	221	73.7
		フランス文学	300	218	72.7
		演劇学	300	219	73.0
		文芸メディア	300	230	76.7
	史学地理	日本史学	300	231	77.0
		アジア史	300	222	74.0
		西洋史学	300	227	75.7
		考古学	300	224	74.7
		地理学	300	225	75.0
	心理社会	臨床心理学	300	224	74.7
		現代社会学	300	230	76.7
		哲学	300	224	74.7
理工	電気電子生命	電気電子工学	400	280	70.0
		生命理工学	400	276	69.0
	機械工		400	286	71.5
	機械情報工		400	286	71.5
	建築		400	302	75.5
	応用化		400	290	72.5
	情報科		400	321	80.3
	数		400	293	73.3
	物理		400	299	74.8

（表つづく）

<table>
<tr><th colspan="3">学部・学科等</th><th>満点</th><th>合格最低点</th><th>合格最低得点率</th></tr>
<tr><td rowspan="8">農</td><td rowspan="4">3科目</td><td>農</td><td>300</td><td>219</td><td>73.0</td></tr>
<tr><td>農芸化</td><td>300</td><td>225</td><td>75.0</td></tr>
<tr><td>生命科</td><td>300</td><td>228</td><td>76.0</td></tr>
<tr><td>食料環境政策</td><td>300</td><td>230</td><td>76.7</td></tr>
<tr><td rowspan="4">英語4技能3科目</td><td>農</td><td>300</td><td>232</td><td>77.3</td></tr>
<tr><td>農芸化</td><td>300</td><td>243</td><td>81.0</td></tr>
<tr><td>生命科</td><td>300</td><td>250</td><td>83.3</td></tr>
<tr><td>食料環境政策</td><td>300</td><td>250</td><td>83.3</td></tr>
<tr><td rowspan="6">経営</td><td rowspan="3">3科目</td><td>経営</td><td rowspan="3">350</td><td rowspan="3">264</td><td rowspan="3">75.4</td></tr>
<tr><td>会計</td></tr>
<tr><td>公共経営</td></tr>
<tr><td rowspan="3">英語4技能3科目</td><td>経営</td><td rowspan="3">350</td><td rowspan="3">303</td><td rowspan="3">86.6</td></tr>
<tr><td>会計</td></tr>
<tr><td>公共経営</td></tr>
<tr><td>情報コミュニケーション</td><td colspan="2">情報コミュニケーション</td><td>350</td><td>274</td><td>78.3</td></tr>
<tr><td rowspan="2">国際日本</td><td colspan="2">3科目</td><td>400</td><td>326</td><td>81.5</td></tr>
<tr><td colspan="2">英語4技能3科目</td><td>400</td><td>353</td><td>88.3</td></tr>
<tr><td rowspan="8">総合数理</td><td rowspan="2">3科目</td><td>現象数理</td><td>400</td><td>270</td><td>67.5</td></tr>
<tr><td>先端メディアサイエンス</td><td>400</td><td>300</td><td>75.0</td></tr>
<tr><td rowspan="3">4科目</td><td>現象数理</td><td>500</td><td>363</td><td>72.6</td></tr>
<tr><td>先端メディアサイエンス</td><td>500</td><td>383</td><td>76.6</td></tr>
<tr><td>ネットワークデザイン</td><td>500</td><td>344</td><td>68.8</td></tr>
<tr><td rowspan="3">英語4技能4科目</td><td>現象数理</td><td>400</td><td>318</td><td>79.5</td></tr>
<tr><td>先端メディアサイエンス</td><td>400</td><td>330</td><td>82.5</td></tr>
<tr><td>ネットワークデザイン</td><td>400</td><td>324</td><td>81.0</td></tr>
</table>

募集要項（出願書類）の入手方法

一般選抜（学部別入試・全学部統一入試・大学入学共通テスト利用入試）はWeb出願となっており，パソコン・スマートフォン・タブレットから出願できます。詳細は一般選抜要項（大学ホームページにて11月上旬公開予定）をご確認ください。

問い合わせ先

明治大学　入学センター事務室
〒101-8301　東京都千代田区神田駿河台1-1
月曜～金曜：9：00～11：30，12：30～17：00
土　　　曜：9：00～12：00
日曜・祝日：休　業
TEL　03-3296-4138
https://www.meiji.ac.jp/

合格体験記 募集

2025 年春に入学される方を対象に，本大学の「合格体験記」を募集します。お寄せいただいた合格体験記は，編集部で選考の上，小社刊行物やウェブサイト等に掲載いたします。お寄せいただいた方には小社規定の謝礼を進呈いたしますので，ふるってご応募ください。

応募方法

下記 URL または QR コードより応募サイトにアクセスできます。
ウェブフォームに必要事項をご記入の上，ご応募ください。
折り返し執筆要領をメールにてお送りします。

※入学が決まっている一大学のみ応募できます。

応募の締め切り

総合型選抜・学校推薦型選抜 …… 2025年 2 月 23日
私立大学の一般選抜 …… 2025年 3 月 10日
国公立大学の一般選抜 …… 2025年 3 月 24日

受験にまつわる川柳を募集します。
入選者には賞品を進呈！
ふるってご応募ください。

応募方法　http://akahon.net/senryu/　にアクセス！

気になること、聞いてみました！

在学生メッセージ

大学ってどんなところ？　大学生活ってどんな感じ？
ちょっと気になることを，在学生に聞いてみました。

以下の内容は 2020～2023 年度入学生のアンケート回答に基づくものです。ここで触れられている内容は今後変更となる場合もありますのでご注意ください。

メッセージを書いてくれた先輩　［商学部］N.S. さん　A.N. さん　［政治経済学部］R.S. さん
［文学部］R.Y. さん　［経営学部］M.H. さん
［情報コミュニケーション学部］I.M. さん

Message from current students

大学生になったと実感！

自由になったのと引き換えに，負わなければならない責任が重くなりました。例えば，大学では高校のように決められた時間割をこなすということはなくなり，自分が受けたい授業を選んで時間割を組むことができるようになります。時間割は細かいルールに従って各々で組むため，さまざまなトラブルが発生することもありますが，その責任は学生個人にあり，大学が助けてくれることはありません。大学に入ってから，高校までの手厚い支援のありがたみに気づきました。（N.S. さん／商）

自由な時間が増えたことです。それによって遊びに行ったりバイトをしたりとやりたいことができるようになりました。その反面，自由なので生活が堕落してしまう人もちらほら見られます。やるべきことはしっかりやるという自制心が必要になると思います。（R.S. さん／政治経済）

自分から行動しないと友達ができにくいことです。高校まではクラスが存在したので自然と友達はできましたが，私の所属する学部に存在するのは便宜上のクラスのみで，クラス単位で何かをするということがなく，それぞれの授業でメンバーが大幅に変わります。そのため，自分から積極的に話しかけたり，サークルに入るなど，自分から何かアクションを起こさないとなかなか友達ができないなということを実感しました。（I.M. さん／情報コミュニケーション）

大学生活に必要なもの

持ち運び可能なパソコンです。パソコンが必須の授業は基本的にありませんが，課題でパソコンを使わない授業はほとんどありません。大学には借りられるパソコンもありますが，使用できる場所や時間が決まっていたり，データの管理が難しくなったりするので，自分のパソコンは必要です。私の場合はもともとタブレットをパソコン代わりにして使っていたので，大学では大学のパソコン，自宅では家族と共用しているパソコン，外出先では自分のタブレットとキーボードというふうに使い分けています。（N.S. さん／商）

パソコンは必要だと思います。また，私は授業のノートを取ったり，教科書に書き込む用の iPad を買いました。パソコンを持ち歩くより楽だし，勉強のモチベーションも上がるのでおすすめです！（M.H. さん／経営）

この授業がおもしろい！

演劇学という授業です。グループのなかで台本，演出，演者の役割に分かれて，演劇を作成し発表します。自分たちで演劇を作り上げるのは難しいですが，ああでもない，こうでもない，と意見を交換しながら作り上げる作業はやりがいを感じられて楽しいです。また，1，2年生合同のグループワーク形式で行うため，同級生はもちろん，先輩や後輩とも仲良くなれます。（I.M. さん／情報コミュニケーション）

ビジネス・インサイトという，ビジネスを立案する商学部ならではの授業です。この授業の最大の特徴は，大学の教授だけでなく，皆さんも知っているような大企業の方も授業を担当されるということです。金融や保険，不動産，鉄道など，クラスによって分野が異なり，各クラスで決められた分野について学んだ後，与えられた課題についてビジネスを立案し，その内容を競うというアクティブな授業です。準備は大変でしたが，グループの人と仲良くなれたり，プレゼンのスキルが上がったりと，非常に充実した授業でした。（N.S. さん／商）

ネイティブスピーカーによる英語の授業です。発音などを教えてくれるので，高校まででではあまり学べなかった，実際に「話す」ということにつながる内容だと思います。また，授業中にゲームや話し合いをすることも多いので，友達もたくさん作れます!!（M.H. さん／経営）

大学の学びで困ったこと＆対処法

時間の使い方が難しいことです。私は，大学の授業と並行して資格試験の勉強に力を入れているのですが，正直，今のところうまくいっていません。特に空きコマの時間の使い方が難しいです。やっと大学の仕組みがわかってきたので，これからは課題や自習も時間割化して，勉強のペースを整えたいと思います。（N.S. さん／商）

「大学のテストはどのように勉強すればよいのだろうか？　高校と同じような方法でよいのか？」ということです。サークルに入るなどして，同じ授業を履修していた先輩から過去問をゲットしたり，アドバイスをもらったりするのが最も効果的だと思います。（I.M. さん／情報コミュニケーション）

困ったのは，履修登録の勝手がわからず，1年生はほとんど受けていない授業などを取ってしまったことです。周りは2年生だし，友達同士で受講している人が多かったので課題やテストで苦しみました。しかし，違う学年でも話しかければ「最初，履修全然わかんないよね～」と言って教えてくれました。何事も自分から動くことが大切だと思います。（M.H. さん／経営）

部活・サークル活動

マーケティング研究会という，マーケティングを学ぶサークルに入っています。基本的には週1回1コマの活動なので，他のサークルを掛け持ちしたり，勉強やバイトに打ち込んだりしながら，サークル活動を続けることができます。他大学との合同勉強会やビジネスコンテストもあり，とても刺激を受けます。（N.S. さん／商）

バドミントンサークルに所属しています。土日や長期休みに，長野や山梨などに合宿に行くこともあります！（R.Y. さん／文）

運動系のサークルに入っています。週1，2回活動しています。サークルなので行けるときに行けばよく，それでも皆が歓迎してくれるし，高校の部活のように厳しくなくてマイペースに活動できているので，とても楽しいです。友達も増えるので何かしらのサークルに入るのはとてもおススメです。（I.M. さん／情報コミュニケーション）

交友関係は？

自分の所属するコミュニティはそこまで広くなく，クラスとしか関わりはありません。クラスは高校のときとほとんど変わりありません。先輩と交友関係をもちたいのであれば，やはりサークルに入ることをおススメします。入学して2カ月ほどは新入生歓迎会をやっているサークルがほとんどなので，ぜひ参加してみてください。（R.S. さん／政治経済）

SNS で「＃春から明治」を検索して同じ専攻の人と仲良くなりました。

また，専攻ごとに交流会があるので，そこでも仲良くなれます。先輩とはサークルや部活で知り合いました。（R.Y. さん／文）

経営学部にはクラスがあり，特に週に 2 回ある語学の授業で毎回会う友達とはかなり仲が良くて，遊びに行ったり，空きコマでご飯に行ったりします。なお，サークルは男女関係なく集団で仲良くなれるので，高校までの友達の感覚とはちょっと違う気がします。サークルの先輩は高校の部活の先輩よりラフな感じです。気楽に話しかけることが大切だと思います！（M.H. さん／経営）

いま「これ」を頑張っています

英語の勉強です。やりたい職業は決まっているのですが，少しでも夢に近づきたいのと，やりたいことが現在所属している学部系統から少し離れるので，進路選択に柔軟性をもたせたいという意味でも，英語の勉強に力を入れています。（N.S. さん／商）

高校野球の指導です。自分は少しですが野球が得意なので現在母校で学生コーチをやらせてもらっています。大学生になると本気で何かに打ち込むということは少なくなるので，選手が必死に球を追いかけている姿を見るととても刺激になります。（R.S. さん／政治経済）

普段の生活で気をつけていることや心掛けていること

授業にしっかり出席するということです。高校生からすると当たり前と思うかもしれませんが，大学は欠席連絡をする必要もないし，大学から確認の電話がかかってくることも基本的にはありません。どうしても夜寝る時間が遅くなってしまう日もあると思いますが，そんなときでも授業には絶対に出席するようにして生活が乱れないようにしています。（R.S. さん／政治経済）

提出物の期限やテストの日程などを忘れないようにすることです。一人ひとり時間割が違うので，自分で気をつけていないと，忘れてしまって単位を落としてしまうということにもなりかねません。また，バイトやサークルなどの予定も増えるので，時間をうまく使うためにもスケジュール管理が大切です。（M.H. さん／経営）

おススメ・お気に入りスポット

ラーニングスクエアという施設です。とてもきれいで近未来的なデザインなので，気に入っています。（R.Y. さん／文）

明治大学周辺には，美味しいご飯屋さんが数多く存在し，大抵のものは食べることができます。特に，「きび」という中華そば屋さんがとても美味しいです。こってり系からあっさり系まで自分好みの中華そばを食べることができます。（I.M. さん／情報コミュニケーション）

食堂がお気に入りです。お昼休みの時間に友達と話をするためによく使っています。３階建てで席数も多く，綺麗なので快適です。Wi-Fi もあるので，パソコン作業をすることもできます。また，隣にコンビニがあるので食べたいものが基本的に何でもあり便利です。（A.N. さん／商）

入学してよかった！

施設が全体的に新しく，充実していることです。快適に過ごせるので，大学に行くモチベーションになったり，勉強が捗ったりしています。また，各キャンパスが大きすぎないのも，移動時間の観点から効率が良くて気に入っています。（N.S. さん／商）

厳しい受験を乗り越えてきた人たちばかりなので，「やるときはちゃんとやる」人が多いように感じます。テスト前に「一緒に勉強しよう！」と誘ってきてくれたり，わからないところを教え合ったりできるので，「真面目なことが恥ずかしいことではない」と感じることができ，毎日とても楽しいです。（I.M. さん／情報コミュニケーション）

たくさんの友達と出会えることです。明治大学では，自分でチャンスを探せばたくさんの人と出会えるし，コミュニティも広がると思います。また，図書館が綺麗で空きコマや放課後に作業するにも快適で気に入っています。ソファ席もたくさんあるので，仮眠も取れてとてもいいと思います。（M.H. さん／経営）

高校生のときに「これ」をやっておけばよかった

写真や動画をたくさん撮っておきましょう。文化祭や体育祭など，行事の際はもちろんですが，休み時間や，皆で集まって試験勉強をしているときなど，高校での日常の１コマを残しておくことも，後で見返したときにとても良い思い出になります。今になってそれらを見返して，ああ制服って愛おしかったな，とノスタルジーをおぼえます。（I.M. さん／情報コミュニケーション）

英語の勉強をもっとしておけばと思いました。英語は大学生になっても，社会人になっても必要です。大学では英語の授業だけでなく，他の授業でも英語を読まなければならないときがあるので，とても大事です。高校生のときにちゃんと勉強しておくだけでだいぶ変わってくると思います。（A.N. さん／商）

みごと合格を手にした先輩に，入試突破のためのカギを伺いました。
入試までの限られた時間を有効に活用するために，ぜひ役立ててください。

（注）ここでの内容は，先輩方が受験された当時のものです。2025 年度入試では当てはまらないこともありますのでご注意ください。

・アドバイスをお寄せいただいた先輩・

Message

M.O. さん　文学部（文学科文芸メディア専攻）
全学部統一入試 2024 年度合格，栃木県出身

合格のポイントは，反復を行うこと。単語であっても問題集であっても，繰り返し解くことで身につき，長期記憶にも定着するので，反復を「無意味」と切り捨てず，根気よく続けることが大切です。

その他の合格大学　法政大（文〈日本文〉），日本大（文理〈国文〉共通テスト利用）

N.S. さん　商学部
学部別入試 2023 年度合格，東京都出身

合格のポイントは，どんなことがあっても常にいつもの自分でいたことです。受験生だからといって，特別何かを我慢するということはしませんでした。また，自分を責めたり過信したりすることもせず，ありのままの自分を受け入れました。精神的に不安定になると，体調を崩したり勉強に手がつかなくなったりしたので，勉強すること以上に精神の安定を大切にして，勉強の効率を上げることを意識していました。模試や入試の結果がどうであれ，その結果を次にどう活かすかが一番大切です。結果に一喜一憂せず，次につなげるものを一つでも多く探して，それを積み重ねていった先に合格があります。

何があるかわからない受験ですが，意外とどうにかなります。だから，多少の緊張感は持っていても，受験を恐れる必要はありません！

その他の合格大学　東京女子大（現代教養）

R.K. さん　文学部（史学地理学科地理学専攻）
全学部統一入試 2023 年度合格，埼玉県出身

自分の限界まで勉強したことがポイントだと思います。浪人が決まり受験勉強を始めた頃は，何度も勉強が嫌になってスマホに逃げてしまいそうになりましたが，「ここでスマホをいじったせいで不合格になったら一生後悔する」と自分に言い聞かせているうちに，だんだん受験勉強のみに専念できるようになりました。また，1日の生活を見直して無駄にしている時間はないかを考えて，勉強に充てられる時間を作り出しました。次第に参考書がボロボロになり，ペンがよく当たる指は皮が剝けたりペンだこになったりしました。自分で努力した証こそ試験会場で一番のお守りになると思うので，皆さんも頑張ってください！　応援しています！

その他の合格大学　明治大（政治経済，農），法政大（文），日本大（文理），駒澤大（文〈共通テスト利用〉）

R.S. さん　政治経済学部（地域行政学科）
学部別入試 2023 年度合格，東京都出身

合格した先輩や先生の意見を取り入れることが合格のポイントです。スポーツや楽器のように，勉強も初めから上手くできる人などいません。受験を経験した先輩や先生の意見は，失敗談も含めて合格への正しい道を教えてくれると思います。全てを取り入れる必要はなく，多様な意見をまずは聞いてみて，試しながら取捨選択をしていくと，自ずと自分にとって最適な勉強法が確立できると思います。

その他の合格大学　明治大（文・経営），法政大（人間環境），東洋大（福祉社会デザイン〈共通テスト利用〉）

S.O. さん　情報コミュニケーション学部
一般入試 2023 年度合格，埼玉県出身

この大学に絶対受かるぞ！という強い意志が合格のポイントだと思います。私は最後の模試がＥ判定でした。「このままだと受からないかもしれない」と何度も不安に思いました。しかし他の大学に行くことが考えられなかったので，必死で勉強しました。試験当日は緊張しすぎて一睡もできないまま本番を迎えることになったのですが，「自分が一番ここに行きたい気持ちが強いし，誰よりも過去問も解いた！」と自分に言い聞かせて，何とか緊張を乗り越えることができました。受験は先が見えず不安ばかりだと思いますが，それは周りの受験生も同じです。今までやってきたことを信じて，最大限の結果が出せるように頑張ってください！　応援しています。

その他の合格大学　明治大（文），中央大（文），武蔵大（社会〈共通テスト利用〉），東洋大（社会〈共通テスト利用〉），東京女子大（現代教養〈共通テスト利用〉）

入試なんでもQ&A

受験生のみなさんからよく寄せられる，
入試に関する疑問・質問に答えていただきました。

Q 「赤本」の効果的な使い方を教えてください。

A 過去問対策として使っていました。過去の赤本にも遡って，合計6年分の問題を解きました。一度解いてから丸付けをして，その後すぐにもう一度解き，時間が経った頃に3回目を解くようにしていました。すぐにもう一度解くことで定着を図り，また時間が経った後に解くことで定着度の確認ができます。入試本番の前日にも解いて，最後の仕上げにしました。また，入試データを見ながら，どのくらいの得点率が必要なのかを計算し，その得点率のプラス5～10%を目標に定めて解くようにしていました。（M.O. さん／文）

A 私は科目によって赤本の使い方を変えていました。英語は，単語・文法がある程度固まったら，どんどん赤本を解いていきました。具体的なやり方としては，初めは時間を意識せずに何分かかってもいいから100点を取るんだという意識で解いていきました。最初は思ってる以上に時間がかかって苦しいと思うかもしれませんが，これを続けていくうちに時間を意識していないにもかかわらず，自然と速く正確に読むことが可能になっていきます。社会と国語は参考書を中心におき，その確認として赤本を使用していました。（R.S. さん／政治経済）

Q どのように学習計画を立て，受験勉強を進めていましたか？

A 計画は2週間単位で立てていました。内訳は，前半1週間で，できればやりたいという優先順位の低いことまで詰め込んでできる限り消化し，残った分は後半1週間に持ち越して，時間が余ればまた別の課題を入れました。私は達成できそうもない計画を立てる割には，計画を少しでも守れないと何もやる気が出なくなってしまうタイプだったので，計画には余裕をもたせることを強く意識しました。また，精神の安定のために，まとまった休憩時間を積極的に取るようにして，効率重視の勉強をしていました。（N.S. さん／商）

Q 明治大学を攻略する上で，特に重要な科目は何ですか？ また，どのように勉強しましたか？

A 圧倒的に英語だと思います。とにかく英文が長く難しいので，まずは長文に慣れておくことが必要不可欠です。そのため日頃から，「受験本番では3ページ程度の長文を2つ読むことになるんだ」と意識しながら，英語の学習を行うとよいと思います。また，速読力はもちろん大切ですが，表面を大まかに理解するだけでなく，隅々まで読まないと解答できないという選択肢も多いので，精読力も必要になります。『速読英単語』（Z会）や音読を通して速読力と英文理解力を高めておくことが重要です。（M.O. さん／文）

A 世界史などの暗記科目だと思います。特に私が受けた情報コミュニケーション学部は，国語が独特な問題が多く点数が安定しなかったので，世界史で安定した点数を取れるように対策しました。具体的には一問一答の答えをただ覚えるのではなく，問題文をそのまま頭に入れるつもりで覚えました。MARCH レベルになると，ただ用語を答えるのではなく思考力を問う問題が多いので，日頃から出来事や人物の結びつきを意識して覚えました。（S.O. さん／情報コミュニケーション）

学校外での学習はどのようにしていましたか？

A 個別指導塾に週一で通って英語の授業を受けていたのと，季節ごとの特別講習と受験直前期は週二で授業を受けていました。また，学校の授業が早く終わる水曜日は塾の自習室で赤本を解くと決めていました。個人的に苦手な範囲のプリントや，授業ではやらなかったものの「欲しい人は言ってください」と先生に言われたプリントなどは絶対にもらうようにして，解かないということがないようにしました。

（M.O. さん／文）

時間をうまく使うためにしていた工夫を教えてください。

A 1日のうちのどのタイミングでどの勉強をするか，ルーティン化して決めてしまうといいと思います。私の場合，朝起きたら音読，登校中は古典単語と文学史，食事中は地図帳，下校中は英単語をやることにしていました。本番ではできるだけ解答用紙から情報を集めることが大切です。問題の詳細はわからなくても，大問の数や記述の型が過去問と違っていたとき，試験開始までに心を落ち着かせ，解くスピードや順番を考えておけば焦らなくてすみます。　（R.K. さん／文）

苦手な科目はどのように克服しましたか？

A 私は国語がとても苦手でした。自分の実力より少し上の大学の問題を解いて，間違えた原因や，どうすれば解けたのかを徹底的に復習して克服しました。国語は，面倒ではあるけれど復習が一番大事だと思います。ただダラダラたくさん問題を解くよりも，一つの問題を徹底的に復習するほうが合格への近道になると思います。私は復習することを怠っていたので，ずっと現代文の成績が伸びませんでした。けれど1月末に復習方法を理解してから，私大入試直前の2月になって正答率が一気に上がったので，面倒だとは思うけれどしっかり復習することをオススメします。
（S.O. さん／情報コミュニケーション）

 **スランプに陥ったとき，どのように抜け出しましたか？**

A 焦らないことです。誰にでもくるもので自分だけだと思わないようにして，焦って方法を変えると逆効果だと言い聞かせました。あまり気にしすぎないほうがよいです。気にせずに同じように勉強を続けていたら，そのうち元通りになっていました。ただ，あまりにも点数の落ち方がひどいときや期間が長いときは，塾の先生に相談をしました。問題は何なのか，どこで躓いているのかを一緒に考えてもらうことで，安心感を得られたり，不安が解消されたりしました。（M.O. さん／文）

 **模試の上手な活用法を教えてください。**

A 模試ごとに試験範囲が設定されている場合には，その試験範囲に合わせて勉強するとペースがつかみやすいです。また，模試は復習が命です。模試の問題以上にその解説が大切です。間違えた問題は必ず，できれば曖昧な問題も解説を確認して，１冊のノートにポイントとして簡単に書き留めておくと，直前期に非常に役立ちます。特に社会系科目はその時の情勢などによって出題のトレンドがあるので，それの把握と演習に役立ちます。判定に関しては，単純に判定だけを見るのではなく，志望校内での順位を重視してください。特にＥ判定は幅があるので，Ｄ判定に近いのか，そうでないのかは必ず確認するべきです。（N.S. さん／商）

 **併願をする上で重視したことは何ですか？
また，注意すべき点があれば教えてください。**

A 自分の興味のある分野を学べる大学であること，第一志望の選択科目で受験できること，３日以上連続にならないことの３点を重視して選びました。私は地理選択で，大学では地理を勉強したいと思っていたので，明治大学以外で併願校を選ぶ時に選択肢が少ない分，割と簡単に決められました。あと，第一志望の大学・学部の前に，他の大学や学部で試験会場の雰囲気を感じておくと，とてもいい練習になると思います。明治大学の全学部統一入試は２月の初旬に行われますが，その前に他の大学を受験したことで新たに作戦を立てることができました。

（R.K. さん／文）

Q 試験当日の試験会場の雰囲気はどのようなものでしたか？緊張のほぐし方，交通事情，注意点等があれば教えてください。

A 試験会場は，とても静かで心地良かったです。荷物は座席の下に置くように指示があったので，それを見越した荷物の量やバッグにするとよいでしょう。また，携帯電話を身につけていると不正行為になるので（上着のポケットに入っているのもだめです），しまえるようにしておきましょう。また，新宿行きの電車はすごく混むので，ホテルなどを取る場合はなるべく新宿寄りの場所にして，当日は新宿と逆方向の電車に乗るようにするほうが賢明です。電車内では身動きが取れないので，参考書などはホームで待っている間に手に持っておくほうがよいです。

（M.O. さん／文）

受験生のときの失敗談や後悔していることを教えてください。

A 基礎を疎かにしてしまったことです。単語・文法など基礎の勉強は私にとっては楽しくなく，演習のほうをやりがちになっていました。しかし，基礎が固まっているからこそ演習の意義が高まるのであり，基礎を疎かにすることは成績が伸びづらくなる要因になっていました。12月頃に学校の先生にこのことを言われて，もう一度基礎を徹底させ，なんとか受験までには間に合わせることができましたが，勉強をし始めた時期にもっと徹底的に固めていれば，と後悔しています。

（R.S. さん／政治経済）

受験生へアドバイスをお願いします。

A　受験報告会などで先輩たちはたくさんの勉強をしていたと聞いて，「自分には無理だ」と思ってしまうかもしれません。しかし，そのハードワークも毎日続けてルーティンにすると辛くなくなります。習慣化するまでがしんどいと思いますが，せいぜい1，2カ月で習慣は出来上がります。辛いのは最初だけなので，少しだけ歯を食いしばってください。きっと，少ししたらハードワークに慣れている自分に気づくと思います。計画を立て，目の前のことに全力で取り組んでがむしゃらに進めば，1年はあっという間なので，あまり悲観せずに頑張ってください。

（M.O. さん／文）

科目別攻略アドバイス

みごと入試を突破された先輩に，独自の攻略法や
おすすめの参考書・問題集を，科目ごとに紹介していただきました。

英　語

ポイントは長文に慣れること。速読力と英文理解力を高めておかないと，問題を解き終わらないうちに試験時間が終了してしまった，なんてこともあり得るので，早くから長文対策をするべきです。　(M.O. さん／文)

おすすめ参考書　『UPGRADE 英文法・語法問題』（数研出版）
『イチから鍛える英語長文』シリーズ（Gakken）
『英文法・語法 良問 500＋4技能』シリーズ（河合出版）

日本史

ポイントは，まんべんなく問題が出されるので，ヤマをはらないこと。本番では「誰も解けないだろ，これ」という難問が 2， 3 問あるので，そのつもりで臨むとよい。　(M.O. さん／文)

おすすめ参考書　『時代と流れで覚える！日本史 B 用語』（文英堂）
『入試に出る 日本史 B 一問一答』（Z 会）

世界史

単語力と思考力がポイントです。用語は，教科書レベルの用語はもちろん，一問一答の星１レベルまで幅広く出題されているので，しっかり対策をする必要があると思います。あとは正誤問題などで細かいひっかけが多いので，物事の結び付きをいかに理解しているかがカギになると思います。

（S.O. さん／情報コミュニケーション）

おすすめ参考書　『時代と流れで覚える！　世界史B用語』（文英堂）

地　理

自分の知識として足りなかったことは全て地図帳に書き込みました。毎日決まった時間（私の場合は昼食中）と，新たに書き込みをするときに，前に書いたメモを見ると何度も復習でき，知識が定着します。また，地図帳に掲載されている表やグラフはかなり厳選された大事なものなので，丁寧に目を通しておくことをおすすめします！　（R.K. さん／文）

おすすめ参考書　『新詳高等地図』（帝国書院）

国　語

近年は明治大学に絡んだ人物が問われているので，明治大学に関係する文学者，特に教壇に立った経験がある人物などは知っておいたほうがよいかもしれません。問題としてはそこまで難しくはないので，落ち着いて解くことが一番大切でしょう。　（M.O. さん／文）

おすすめ参考書　『古文単語 FORMULA600』（ナガセ）
『漢文早覚え速答法』（Gakken）

現代文は，どの文にも共通した論理展開をつかむことが重要になってきます。場当たり的な解法ではなく，文章の本質をつかむ勉強を多くすべきだと思います。　（R.S. さん／政治経済）

おすすめ参考書　『現代文読解力の開発講座』（駿台文庫）

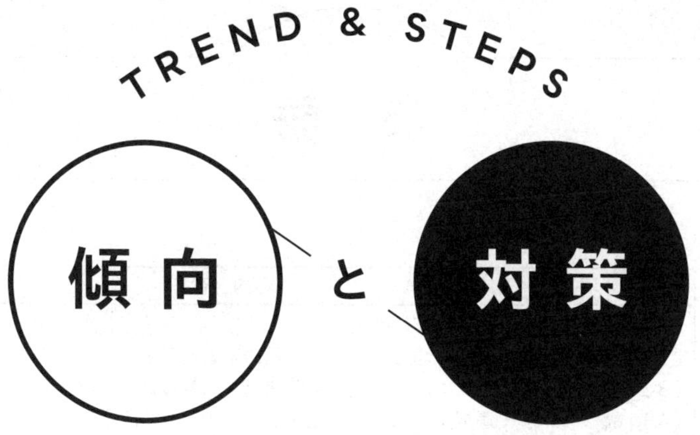

科目ごとに問題の「傾向」を分析し，具体的にどのような「対策」をすればよいか紹介しています。まずは出題内容をまとめた分析表を見て，試験の概要を把握しましょう。

注　意

「傾向と対策」で示している，出題科目・出題範囲・試験時間等については，2024年度までに実施された入試の内容に基づいています。2025年度入試の選抜方法については，各大学が発表する学生募集要項を必ずご確認ください。

英　語

年度	番号	項　目	内　容
2024 ◑	〔1〕	文法・語彙	記述：空所補充
	〔2〕	文法・語彙	記述：語形変化・派生語による空所補充
	〔3〕	読　　解	選択：同意表現，空所補充，内容真偽，内容説明
	〔4〕	読　　解	選択：同意表現，空所補充，内容真偽，語句整序，内容説明
	〔5〕	会 話 文	選択：空所補充
2023 ◑	〔1〕	文法・語彙	記述：空所補充
	〔2〕	文法・語彙	記述：語形変化・派生語による空所補充
	〔3〕	読　　解	選択：同意表現，空所補充，内容真偽，内容説明，主題
	〔4〕	読　　解	選択：同意表現，空所補充，内容説明，語句整序，主題
	〔5〕	英 作 文	選択：空所補充
2022 ◑	〔1〕	文法・語彙	記述：空所補充
	〔2〕	文法・語彙	記述：語形変化・派生語による空所補充
	〔3〕	読　　解	選択：同意表現，空所補充，内容説明，内容真偽，主題
	〔4〕	読　　解	選択：同意表現，内容真偽，内容説明
	〔5〕	会 話 文	選択：空所補充

（注）●印は全問，◑印は一部マークシート方式採用であることを表す。

読解英文の主題

年度	番号	主　題
2024	〔3〕	光害から身を守るために暗闇を愛そう
	〔4〕	音楽技術の変遷と音楽の楽しみ方の変化
2023	〔3〕	言論の自由は本当に自由か
	〔4〕	軽視されている人間の嗅覚の重要性
2022	〔3〕	本の過去，現在，未来：本への郷愁に対抗して
	〔4〕	視覚・言語的要素に関するテレビコマーシャルの比較

正確な文法・語彙の知識と一気に読み通せる読解力が必要！

01 出題形式は？

出題数は2022・2023年度同様に5題であった。試験時間は60分。例年，文法・語彙問題の10問程度が記述式である以外は，すべてマークシート法による選択式となっている。

02 出題内容はどうか？

文法・語彙問題では，動詞句や慣用表現の空所補充が出題されている。動詞句および慣用表現の知識を増やすとともに，多義語の知識の蓄積にも日頃から努める必要がある。また，語形変化・派生語による空所補充も出題されている。これは，短文の空所に当てはまるように，与えられた単語の活用形や派生語を答えるものである。文法の知識，熟語や慣用表現などの語彙力，正確なスペリングの力が必要となる。いずれも標準的なものであるが，記述式での出題であるので，正確な知識が必要である。

読解問題は，2題出題されている。長文のテーマは，環境・言語・心理・歴史・社会・物語など多岐にわたっている。文章自体は比較的素直で読み取りやすいものが多い。設問では，同意表現，内容説明，内容真偽，主題などがよく出題されている。同意表現は本文中の語句や文と似た意味のものを選ぶものであるが，語彙力に加え，本文の内容を正確に理解する読解力・判断力が要求される。内容真偽は各段落の内容理解に関わるもの。本文のどこに該当箇所があるかをきちんと見極めて的確に判断していかなければならない。そのほか，空所補充の出題もみられる。文法・語彙の知識，部分把握，全体把握と，バランスよく英語力が問われている。

03 難易度は？

各設問はどれも標準的だが，試験時間が60分と比較的短いため，どの問題でもあまり考え込まず即答できるくらいの知識と読解力が必要になる。

一朝一夕につく力ではないので，その点で努力が求められるだろう。文法・語彙問題を手早くすませ，長文読解問題そして近年形式変化の多い〔5〕の問題にしっかりと時間を確保できるような時間配分を考えたい。

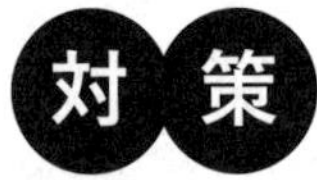

01 文法・語彙の正確な知識を蓄える

文法・語彙は，単独の大問として出題されるほか，読解問題を解く際の基礎ともなるので，標準的な知識をきちんと身につけておきたい。特に，熟語・慣用表現や頻出構文などはしっかり覚えておく必要がある。10問程度の記述式問題も出題されているので，単語の綴り・語形変化・派生語などにも気を配って，ひとつひとつ正確に書いて覚えることを心がけたい。『大学入試 すぐわかる英文法』（教学社）などの標準レベルの文法・語法の問題集を1冊選び，2，3回繰り返して演習しておくとよい。また，読解問題で頻出の同意表現などに対応するために，普段の学習から英英辞典や類義語辞典を用いるなどして，語彙を増やしていくようにするのもよいだろう。さらに，文法の知識を体系的に身につけるために，文法の参考書を座右に置き，教科書学習や問題集演習で出てきた項目を，そのつど確認するようにしよう。

02 読解力の養成

長文読解問題の英文はそれほど長いものではないが，試験時間にあまり余裕がないので，何度も読み直さなくても素早く的確に理解できるだけの力が必要となる。ただ，単語のおおよその意味だけで内容の見当をつけるような読み方では，思わぬ勘違いをしてしまう恐れがある。文字どおりに英文を解釈していたのでは答えられず，行間から意味をつかむ読みの深さが求められるような問題が出題されることもある。速読力に加えて精読力が必要である。

学習の初期の段階では，時間をかけて文型や文の構造（句・節の区切りとその役割など）を確認しながら訳をつけていく精密な読み（精読）を心がけよう。それに慣れたら，『大学入試 ぐんぐん読める英語長文』（教学社）など，入試頻出の英文やテーマが掲載された問題集を活用して，ある程度まとまった量の英文を一気に読んで内容を把握する読み（速読）の練習もしておこう。

具体的には，英文の構造を的確にとらえ，「何が・どうした」「何を」「どこで」「どのように」「いつ」といったまとまりごとに正しく意味をつかみ，次にどんな種類の情報がくるか予測しながら読めるようになればよい。そのようにして，一文単位で正確に読み進み，１つの段落が終わったらその段落の要点と前の段落との関係を，文章の最後まできたら文章全体のテーマを考えてみること。文学部では，内容説明，内容真偽，主題などが出題されているので，こうした練習が効果的である。また，最後まで読んだら，もう一度最初から最後まで通読することを心がけるとよい。試験場では一気に読むことが求められるので，文章の展開を考えながら読み通す感覚を養っておくことは役に立つ。

03 過去問演習を

文学部の問題は，出題形式に過去問との共通点があることが多いので，過去問を演習しておくのが効果的である。過去問演習の際には，単に答え合わせで終わるのではなく，間違えた問題を必ず復習し，正しい知識をそのつど補っていくようにしたい。関連する知識にも細かく目配りし，最大限に過去問を利用するつもりで演習するとよい。仕上げの段階ではあらかじめ各大問の時間配分を決めた上で時間を計って挑戦し，試験時間内に答える練習もしておこう。

明治大「英語」におすすめの参考書

Check!

✓『大学入試 すぐわかる英文法』(教学社)
✓『大学入試 ぐんぐん読める英語長文』(教学社)
✓『明治大の英語』(教学社)

日本史

年度	番号	内　容	形　式
2024 ◑	〔1〕	原始～古代の道具	選　択
	〔2〕	「新補率法」「応仁の乱」ほか－中世の兵乱・政変　⊘史料	選択・配列
	〔3〕	近世の対外関係と宗教	記　述
	〔4〕	岩倉具視に関係する幕末から明治初期の政治	選　択
	〔5〕	「日ソ共同宣言」「日中共同声明」「サンフランシスコ平和条約」－アジア・太平洋戦争後の外交　⊘史料	記述・配列
2023 ◑	〔1〕	原始・古代の疫病と宗教的儀礼	選　択
	〔2〕	中世の対外関係（20字）	記述・論述
	〔3〕	「楽市令」「大塩平八郎の蹶起趣意書」ほか－近世の社会　⊘史料	正誤・選択・配列
	〔4〕	「日朝修好条規」「樺太・千島交換条約」「日清修好条規」－明治初期に締結された条約　⊘史料	記述・配列
	〔5〕	1930年代～1940年代前半の経済と戦争，占領期	選択・配列
2022 ◑	〔1〕	原始・古代の遺物・遺構・税，古代の文化	選　択
	〔2〕	「今川仮名目録」「観応の半済令」ほか－中世の守護　⊘史料	選択・配列
	〔3〕	近世の政治・経済（20字）　⊘史料	記述・配列・論述
	〔4〕	19世紀後半の政治状況	記　述
	〔5〕	「国際連盟脱退ニ関スル措置案」「日中共同声明」－近現代の外交・政治・社会経済　⊘史料	選択・正誤・配列

（注）●印は全問，◑印は一部マークシート方式採用であることを表す。

全体的には標準レベルだが一部に難問も
史料問題に注意を

01　出題形式は？

出題数は大問5題で一定している。解答個数は50個程度で，そのうち大問3題30個がマークシート法による選択式の問題である。選択問題は，正文・誤文を選択するものや，歴史的語句や人名，史料中の語句を選択するものなどがある。ほかに歴史的事件の正しい年代配列を選択する問題も出題される。また，2，3の事柄について正誤の組み合わせを選択する出題もある。記述問題では，歴史的語句や人名は漢字で解答するよう指定されており，正確な漢字表記が求められる。2024年度は出題されなかったが，論述問題も1問出題されている。2022年度は〔3〕で政策の内容説明の出題，2023年度は〔2〕で用語説明の出題があり，いずれも20字以内の字数指定があった。試験時間は60分。

なお，2025年度は出題科目が「歴史総合，日本史探究」となる予定である（本書編集時点）。

02 出題内容はどうか？

時代別では，原始・古代1題，中世1題，近世1題，（近世・）近代1題，近現代1題の出題構成である。年度により若干の異同があるものの，各時代を均等に出題しようとの意図は，一貫して汲みとれる。例年，出題比率が高いのは近代（幕末〜昭和戦前）で，全体の3割程度を占める。2022〜2024年度は戦後史が出題された。また，他学部と異なり，原始の出題もよくみられる。複数の時代にまたがるテーマ史の出題は比較的少ない。

分野別では，おおむね各分野から均等に出題されている。

史料問題は毎年出題されており，注意が必要である。特に近年では史料対策の有無が得点差に結びつく問題が多い。史料の空所を埋める問題や史料の読解・理解力をみる設問も見受けられる。また，受験生にとっては初見と思われる史料の出題もあるが，その場合は設問などにヒントがあるので落ち着いて対処すればよい。

03 難易度は？

問題の多くは通常の教科書学習で対処できる標準的な知識レベルのものである。しかし，一部に教科書の脚注や用語集・図版の解説にあるような詳細な事項や，教科書記載の内容を超えた難問の出題もあるので注意が必要である。年代配列問題にも注意しておきたい。年代幅が狭いものも見受けられるが，その場合は個々の事項の年代に関する知識が問われているのではなく，相互の関連性など時代の流れについての理解が問われていることに留意しよう。また2，3の事柄について正誤の組み合わせを選択する形式も出題されている。この出題形式は消去法で正解を導くことができないため，苦手とする受験生が多い。このような出題が含まれると難度が上がる傾向にあるが，大多数の問題は教科書学習で十分に得点できるので，動揺せずに取り組んでほしい。問題の難易を見極め，標準的な問題から手早く解き進め，一部の難問の検討に十分な時間を割くなど，時間配分を工夫したい。

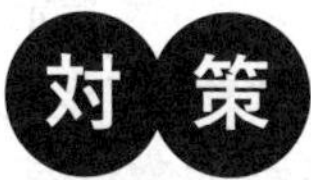

01 教科書内容の徹底的理解

まず教科書を読み，内容をよく理解していくことが大切である。『詳説日本史Ｂ』（山川出版社）などの教科書を精読して，内容を確実に把握するように心がけよう。その際に教科書の本文だけでなく，脚注や写真・地図・図表とその解説部分に至るまで目を通すのを忘れないこと。その上で，年代配列問題や正誤判定問題の出題を意識しながら，歴史的事件の内容・背景や影響・因果関係を正確に理解するよう心がけよう。流れの整理には，『時代と流れで覚える！　日本史Ｂ用語』（文英堂）などを利用するのもよい。なお，文化史学習では図説集などで図版を，外交史学習では教科書記載の地図などを丹念に見ておきたい。記述問題の解答は，正しい漢字で書くことが必須であるから，学習の際は実際に書いて覚え，確認を怠らないこと。

02 史料問題対策

史料問題は毎年大問2，3題で出題されており，その中には読解力を要する問題も含まれている。教科書に掲載されている史料を手始めに，『詳説日本史史料集』（山川出版社）などの史料集を活用して史料学習を進めたい。その際，空所補充問題や複数の史料の年代配列問題などに対処するため，出典が何か，キーワードが何かを意識して，史料集の解説や注釈も精読しよう。史料問題集を活用して学習することも効果的である。要は史料問題に慣れることである。史料問題を苦手とする受験生は多いので，早めに取りかかっておこう。

03 論述対策

2024 年度は出題がなかったものの，今後も論述対策は軽視できない。2022 年度は〔3〕で上米の内容を述べる問題，2023 年度は〔2〕で異国警固番役の内容を述べる問題が出題され，いずれも 20 字以内という字数指定があった。歴史用語の説明，事件の要因や背景，その結果や意義などを，字数を設定して書く練習を積んでおくと，論述の練習になるだけでなく，その事項を深く理解することにもつながる。書き上げた論述は学校の先生などに添削してもらい，よくなかった部分を改善していくことも必要である。

04 過去問研究

文学部では出題形式や出題内容に一定の傾向がみられるので，過去問の分析は非常に効果的である。また他学部の問題にも類似問題がみられるので，本シリーズを利用して広く過去問に当たっておくことをすすめる。そうすれば，明治大学独自の出題内容の傾向を読み取ることができるはずである。傾向や特色を把握した上で，自分の弱点をしっかり克服できるように計画的に学習を進めよう。

世界史

年度	番号	内　容		形　式
2024 ◑	〔1〕	古代の地中海・オリエント世界の諸史料	⊘史料	選択・正誤・配列
	〔2〕	故宮博物院の成立と展示物	⊘地図・視覚資料	選　択
	〔3〕	近世イスラーム帝国の共通性	⊘視覚資料	記述・選択・配列
	〔4〕	時計の歴史からみた近現代社会の特質		記述・選択・配列
2023 ◑	〔1〕	秦・漢代の中国（20字）	⊘史料・地図	記述・選択・論述
	〔2〕	中国の臣下から皇帝への文章	⊘史料	選択・配列
	〔3〕	壁をめぐる歴史		選　択
	〔4〕	自由主義に関する歴史		記述・正誤
2022 ◑	〔1〕	古代ローマ		記述・選択・配列
	〔2〕	万里の長城をめぐる歴史	⊘視覚資料	選　択
	〔3〕	近世ヨーロッパ諸国の海外進出	⊘地図	選択・配列
	〔4〕	中国における留学（20字）		記述・選択・論述

（注）●印は全問，◑印は一部マークシート方式採用であることを表す。

幅広い地域・時代からの出題　基本事項をしっかりと押さえた丁寧な学習を

01　出題形式は？

例年，大問4題の出題で，解答個数は50個前後。試験時間は60分。

解答形式は，マークシート法による選択式と記述式の併用である。選択式では，語句選択のほか，正文・誤文選択問題も出題されている。年代配列問題は，2022・2023年度は1問，2024年度は3問出題された。地図・視覚資料などを用いた問題が例年みられる。2022・2023年度は論述法（20

字）が出題された。また，2023 年度に引き続き，2024 年度も史料を用いた大問が 1 題出された。

なお，2025 年度は出題科目が「歴史総合，世界史探究」となる予定である（本書編集時点）。

02 出題内容はどうか？

地域別では，アジア地域・欧米地域に加え，多地域混合の出題が続いている。**アジア地域**では，中国史から 1 題，中国以外の東南アジア・西アジア・インド・朝鮮などから 1 題の出題となることが多い。ただし，2023 年度は大問 2 題が中国史となった。また，中国およびその周辺領域を含めた幅広い地域からの出題がよくみられる。2024 年度は〔1〕〔2〕〔3〕で西アジア・中央アジア・台湾・朝鮮に関する小問が，2023 年度は〔2〕で中央アジアに関する小問が，2022 年度は〔2〕で西アジア・朝鮮に関する選択肢がみられた。**欧米地域**では，2024 年度〔4〕のようにイギリス・フランス・ドイツといった一国史よりもヨーロッパ全体を対象とする大問が目につく。また，アメリカ・ラテンアメリカ・アフリカからの出題も目立っている。2024 年度〔3〕近世イスラーム帝国の共通性や，2023 年度〔3〕壁をめぐる歴史のように，あるテーマについて幅広い地域・時代にわたって考察させる問題が多いのも特徴である。

時代別では，数世紀にわたるような比較的長い時代の出来事を問う通史の大問が毎年出題されている。また例年，年代に関連した問題が目立つため，今後も注意が必要であろう。

分野別では，政治・外交史を中心としながら，文化・社会・経済史からも出題されている。特に文化史は，2024 年度〔1〕でゾロアスター教が，〔2〕で北宋や清の文化が小問で出題されたように，例年多くの小問が出題されている。また，東西交易や民族独立運動などのテーマも繰り返し出題されているので，注意しておきたい。

03 難易度は？

地域・時代・分野とも広範囲にわたるが，リード文や設問が一見難しくても，他の設問文にヒントがあるなど，決して太刀打ちできない問題ではない。正文・誤文の選択や語句の記述などで難問も散見されるが，標準レベルの問題が大半で，それらを確実に得点していきたい。また，年代が手掛かりとなる問題も多く，用語集を利用した緻密で丁寧な学習が望まれる。慎重に検討すれば対応可能な問題が多いが，１つの問題に時間をかけすぎないよう，効率的な時間配分を心がけたい。

対策

01 教科書・用語集中心の学習を

地域的・時代的に広範囲からの出題であり，まずは教科書を１冊しっかりと精読することが重要である。ただし，「教科書学習」といっても，教科書は各社から何種類も出版されており，自分の使用している教科書に言及されていない歴史事項も数多くある。こうした歴史事項を確認・理解するためにも『世界史用語集』（山川出版社），『詳解世界史用語事典』（三省堂）などの用語集は必ず利用したい。その際には説明文中に記述されている人名や出来事にも注意を払おう。

02 地図・視覚資料・史料を用いた問題への意識を高めよう

明治大学文学部では，地図・視覚資料・史料を用いた問題が特徴となっているため，対策を考えておきたい。

●地　図

歴史上登場する都市や王朝の領域，著名な戦いの場所などは必ず地理的位置とともに覚えておこう。現代の地図で古代の遺跡や歴史上の都市の位置が問われる場合もあり「歴史事項と地理」を意識的に確認するようにしたい。また過去には現在の国の位置を問う問題もみられたので，現在の国の位置を押さえておくことも不可欠である。図説の各時代ごとの世界地図を利用し，地理的理解を深める必要がある。

●視覚資料

2022・2024 年度と，視覚資料問題が出題されている。教科書の写真・図版などに対して，本文と同じくらい注意深く接する姿勢をもつこと。さらに，併用している図説でより多くの写真・図版を意識的に覚えておこう。美術作品・建造物など，文化史関連の写真・図版にも要注意である。これらは楽しんで覚えるとより効果的なので，ぜひ楽しみながら学んでほしい。

●史料問題

2023・2024 年度と，史料を用いた大問が 1 題出題された。2024 年度〔1〕のように，当該地域の重要史料が出されることもあるので，教科書や図説に記載されている史料については広く目を通しておきたい。

03 年代に強くなろう

年代を知っていれば明確に判断できる問題や，年代配列問題がよく出題されている。重要年代を歴史の流れを確認しながらきちんと覚えておくことは大切であり，問題にあたる際の大きな助けとなってくれる。

04 文化史対策

例年，文化史が出題されている。文化史は出題された場合，踏み込んで問われるので，人物と作品・業績を単純に暗記するような学習では不安が残る。可能なかぎり政治や経済などの背景と結びつけて理解する必要がある。文化はその時代のあり方をもっともよく表現しているとも言えるので，ぜひ興味をもって学んでほしい。また，記述式の出題もあり，漢字の表記に注意したい。問題集としては，『体系世界史』（教学社）など，歴史の流れと文化史の両方が学習できるものに取り組むとよいだろう。

05 現代史対策

学校の授業では時間的制約から現代史が割愛される場合が多く，学習量が少ないため受験生の弱点となりがちである。年度によっては現代史が高いウエートを占めることもあるので，第二次世界大戦後まで含めて，早めに教科書をまとめあげておきたい。また，21世紀の事柄やごく最近の出来事についても問われる可能性があるため，日頃から新聞などに目を通して現在の国際情勢にも注意を払っておく必要がある。

06 本シリーズで過去問研究を

明治大学では多くの学部で似た形式で出題されているので，他学部の過去問も参照しておくとよいだろう。本シリーズを活用して過去問の研究を早めに行い，明治大学の問題の特徴・レベルを知っておこう。入試直前になって初めて過去問に取り組むのでは，過去問の価値を活かしきれているとは言いがたい。早めに過去問に触れることで自分の弱点を早期に発見し，余裕をもって確実に弱点克服に努めることが重要である。

地　理

年度	番号	内　容	形　式
2024 ◑	〔1〕	Ⓐ石川県白山市の地形図読図，Ⓑ広島市周辺の自然災害と地形図読図 ⊘地形図	選択・記述・計算
	〔2〕	中華人民共和国の地誌 ⊘統計表・グラフ	選択・論述
	〔3〕	Ⓐ地球温暖化，Ⓑ難民問題 ⊘統計表	選択・記述
2023 ◑	〔1〕	Ⓐ地形図と海図の特色，Ⓑ沖縄県竹富町（西表島）の地形図読図，Ⓒ東京都青ヶ島村（青ヶ島）の地形図読図 ⊘地形図	選択・論述・記述・計算
	〔2〕	アメリカ合衆国の地誌 ⊘地図・統計表・図・グラフ	配列・選択・論述・記述
	〔3〕	東南アジアの地誌 ⊘グラフ・統計表	選択・記述
2022 ◑	〔1〕	Ⓐ香川県三豊市の地形図読図，Ⓑ岡山県新見市の地形図読図 ⊘地形図	選択・論述・記述・計算
	〔2〕	Ⓐ日本の観光・交通，Ⓑ東京都心の特色 ⊘グラフ・統計表・視覚資料・地形図	選択・記述
	〔3〕	南アメリカ大陸の地誌 ⊘グラフ・統計表	選択・記述

（注）●印は全問，◑印は一部マークシート方式採用であることを表す。

基礎知識をもとに地理的思考力が問われる地形図読図問題・論述問題が必出！

01 出題形式は？

例年，大問が3題出題され，解答個数は全体で50個程度である。マークシート法による選択法が多くを占めるが，これに記述法・論述法・計算法・配列法など多様な形式が加わる。論述法は必出であるが，字数指定はなく，解答欄の枠内に記述するものである。地図・地形図・統計表・グラフなどを利用した問題が目立つのも特徴である。試験時間は60分。

なお，2025年度は出題科目が「地理総合，地理探究」となる予定である（本書編集時点）。

02 出題内容はどうか？

例年は大問３題のうち，地形図の読図，系統地理，地誌がおおむね１題ずつという構成になっている。2023 年度は地誌が２題で，地誌の比重が大きい年もある。地形図の読図問題はこれまで必ず出題されており，地形や土地利用，集落立地などの読み取りが主に問われるが，断面図の選択・作成や距離・面積・傾斜（勾配）などの計算も出題される。2023 年度には地形図や海図の特色に関する出題もあった。**系統分野**では，気候・地形などの自然環境のほか，エネルギーや農業・食料生産，人口に関する問題，環境問題や民族問題のような地理的課題や，生活文化など幅広い内容が取り上げられることが多い。**地誌分野**では，世界各地から満遍なく出題地域が選ばれており，北アメリカ，南アメリカ，中国・東南アジアといった広範な地域が扱われることが多い。いずれも自然・産業・都市・国家・民族など多角的な内容をまとめた総合問題である。統計やグラフの読み取りを求め，事象の分布・位置関係を問い，地域の特色をその他の地域と比較しながら考えさせる内容の問題が中心となっている。

03 難易度は？

全体としては標準レベルであるが，一部の問題では，あまり見かけない資料類が示されたり，紛らわしい選択肢が用意されていたりして難しい場合がある。基礎的事項は確実に正答しつつ，差がつく細かな知識を問う問題でどこまで正答できるかがカギになる。思考力を問う問題や論述法が数問出題されているので，基礎的な知識問題を手早く片づけ，論述問題や地形図読図など，検討を要する問題に時間を回せるよう，時間配分に注意が必要である。

対策

01 基本事項の完全なマスターを

問題の多くは地理の基本知識と基本技能を身につけていれば対応できる。そこで，教科書を何度も読みその内容を理解して，基本知識の習得を図ろう。教科書記載の地理用語，地名を覚えるだけでなく，その意味について『地理用語集』（山川出版社）などを利用して正確に理解しておくこと。その上で，『新編 地理資料』（東京法令出版）や『新詳地理資料COMPLETE』（帝国書院）などの副読本で知識の幅を広げてほしい。

02 地理的に考える力と，それを的確に表現する力を身につける

さまざまな知識を組み合わせ，地理事象が「どこに」「なぜ」「どのように」みられるのかを考え，関連を見いだせる力を養っておこう。それには，事象相互の結びつきや事象の背後にある因果関係，いくつかの地域の共通点と相違点などに注目して学習を深めていくことが大切である。図表などを読み取って，そこに現れる地域的特色を考えるのもよい学習法である。さらに，それらを30〜90字程度で的確に表現できるように練習しておくことも重要だ。

03 地形図の読図に強くなる

地形図の読図問題は必出。等高線の見方や地図記号の意味に精通するとともに，地形や土地利用が判断でき，地形図から地域の特徴がわかるよう地理的技能を高めてほしい。標高の読み取りや断面図の作成，距離・面積・傾斜（勾配）の計算などの作業にも慣れておくこと。過去問などを活用しながら，多くの地形図に当たっておこう。

04 地図帳を活用した地誌学習を

特定の地域に偏らないよう目配りしながら，世界の各地域について特徴をまとめていこう。この場合，つねに地図帳を手元に置いて，それぞれ地名の位置や地理事象の分布などを確認するよう心がけたい。国別・地域別の特色を一覧表にまとめることや，白地図に地名や事象を記入してみることもよい学習法となる。さらに，統計地図や模式図など地図帳に記載されている主題図を繰り返し確認しておくことも大切である。

05 統計に強くなる

統計表やグラフを使った問題，統計的理解を前提とした問題もよく出題されている。統計集を用意して，普段から各種統計に慣れ親しんでおこう。市販の統計集では，主要統計のほか，国ごとの地誌的情報も記載されている『データブック オブ・ザ・ワールド』（二宮書店）が便利である。統計学習では，統計数値やその順位などから，地域の特色や地理事象の意味を判断する能力，つまり統計を読み取る地理的技能を高めるよう努力したい。そのためには『共通テスト過去問研究 地理総合，地理探究』（教学社）などを利用して，統計問題が多く出題されている共通テストの問題で十分演習量を確保するとよい。

06 現代的諸問題に関心を

環境問題，民族問題，経済のグローバル化，国家間の結びつきなど現代的な課題に注目しておいてほしい。また，2024 年度では 2018 年 7 月の広島の豪雨災害に関する出題があった。平素からニュース報道や新聞の解説記事に親しむとともに，「公共」や「政治・経済」の教科書にも目を通しておきたい。

国　語

年度	番号	種類	類別	内　容	出　典
2024 ◑	〔1〕	現代文	評論	選択：内容説明，空所補充，内容真偽 記述：書き取り，読み，箇所指摘	「敵討の話」 三田村鳶魚
	〔2〕	古　文	紀行	選択：古典常識，内容説明，和歌解釈，和歌修辞，段落区分，文学史 記述：口語訳，文法	「花のしたぶし」 中島広足 「菅笠日記」 本居宣長
	〔3〕	漢　文	歴史書	選択：読み，空所補充，内容真偽 記述：訓点，口語訳	「近古史談」 大槻磐渓
2023 ◑	〔1〕	現代文	評論	選択：内容説明，空所補充 記述：書き取り，読み，箇所指摘	「非規範的な倫理生成の技術に向けて」 ドミニク=チェン
	〔2〕	古　文	歌集	選択：古典常識，空所補充，内容説明，人物指摘，和歌解釈，内容真偽，文学史 記述：口語訳	「出羽弁集」
	〔3〕	漢　文	説話	選択：読み，四字熟語，内容真偽 記述：訓点，口語訳	「世説新語」 劉義慶
2022 ◑	〔1〕	現代文	評論	選択：空所補充，内容説明，慣用的表現，内容真偽 記述：書き取り，読み，箇所指摘	「法は人間を幸福にできるか？」 井上達夫
	〔2〕	古　文	歌学論 歌論	選択：空所補充，和歌技巧，文法，内容説明，文学史 記述：口語訳	「国歌八論」 荷田在満 「古今和歌集仮名序」 紀貫之
	〔3〕	漢　文	笑話	選択：読み，語意，内容真偽 記述：返り点，口語訳	「奇談一笑」 岡白駒

(注)　●印は全問，◑印は一部マークシート方式採用であることを表す。

標準的な国語力を試すバランスのよい問題 確かな読解力を身につけよう

01 出題形式は？

現代文・古文・漢文各１題の大問３題構成で，試験時間は60分。

解答形式は，記述式とマークシート法による選択式の併用である。記述式は現代文で３問程度，古文・漢文では各２問程度出題されることが多い。解答用紙は１枚で，マークシートと記述式が片面ずつとなっている。

02 出題内容はどうか？

現代文は，例年評論が出題されている。設問は，空所補充や内容説明を通して主旨の把握を試すものが中心である。記述式では漢字の書き取り，読み，箇所指摘（抜き出し）が必出である。箇所指摘は，近くから抜き出せばすむようなものではなく，指示文をきちんと読んで，要求されていることは何なのかをしっかり見きわめる必要がある。

古文は，他の大学ではあまり見かけないような珍しい出典が取り上げられる傾向にある。設問は，記述式での口語訳が必出で，和歌の解釈を問う設問が出題されることも多い。文学史は毎年出題されており，和歌修辞や古典常識などにも対応できる幅広い学習が必要であろう。

漢文は，史伝・説話などから出題されている。日本漢文から出題されることもある。文章は比較的短めで読みやすいが，表現を補っての口語訳や，表現の裏に隠されていることへの理解などが求められる。設問は，読み，返り点，口語訳，内容真偽などのオーソドックスなものが中心である。返り点と口語訳は記述式で問われることが多いが，基本的な句形が問われている。

03 難易度は？

現代文・古文・漢文とも読みにくい文章が出題されることは少ないが，60分の試験時間で大問３題はやや厳しいことを考えると，標準ないしやや難のレベルである。本文を読解するときも，設問に解答するときも，効率よく取り組む必要がある。

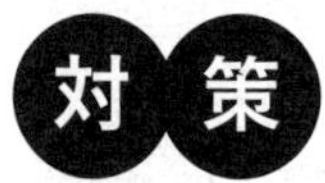

01 現代文

文章のテーマは，文学・社会科学関係の評論や文化論が比較的多い。選択式と記述式とが両方入っていて，著名な書き手の文章が多く収められている標準レベルの問題集を１冊用意して，練習を積んでおくとよい。選択式の設問の場合には，解答の根拠を確認することと，誤答の正確な排除が大切である。他学部を含めた明治大学の過去問での演習が効果的である。難関校過去問シリーズ『明治大の国語』（教学社）を利用して，できるだけ多くの過去問にあたっておきたい。

漢字の設問も例年出題されている。読み，書き取りはもちろんのこと，広く漢字・語彙力を身につけていく必要がある。日常の学習や読書で，意味が曖昧な言葉が出てきたら，辞書を引いて確かめる習慣をつけるようにしよう。さらに，国語便覧などで近現代の著名な作品や文学史の流れを確認しておくと，文学評論を理解したり，文学史の設問に答えたりする上で役立つだろう。

02 古　文

まずは文法・基本古語・敬語・古典常識などの古文の土台となる部分を確実にしておきたい。そして，標準的な問題集で読解練習を積んでいこう。口語訳を求められることが多いので，訳をノートに書いてみて，解答についている口語訳と比較して誤りをチェックする，といった練習もしておこう。また，和歌に関する設問が出題されることも多い。掛詞や枕詞などの和歌の修辞を押さえた上で，丁寧に解釈する練習を積んでおく必要がある。『大学入試 知らなきゃ解けない古文常識・和歌』（教学社）で和歌を含む問題に集中的に取り組んでおくとよいだろう。文学史や古典常識なども出題されているので，国語便覧などで復習しておこう。

03 漢　文

基本的な設問が大半を占める。句形を中心に，重要語の読み・意味などをしっかりと学習しておくことが大切である。返り点を付ける設問も必ずあるので，教科書を復習しておこう。その上で，『大学入試 全レベル問題集 漢文〈3　私大・国公立大レベル〉』（旺文社）などの問題集を用意して練習するとよいだろう。問題を解くだけでなく，本文を自分で全文書き下し文になおし，さらには句法に注意して，主語，目的語，補語などもすべて補いながら口語訳をつけてみる，といった学習ができればなおよい。

04 時間配分

大問 3 題を 60 分という試験時間で解いていくのは，受験生にとって難しいところである。過去問を用いて，現代文，古文，漢文のどれから手をつけるのかも考えながら，現代文 25 分，古文 20 分，漢文 15 分を目安に時間配分を意識して設問を解いていく練習をしておこう。

明治大「国語」におすすめの参考書

- ✓『明治大の国語』（教学社）
- ✓『大学入試 知らなきゃ解けない古文常識・和歌』（教学社）
- ✓『大学入試 全レベル問題集 漢文〈3　私大・国公立大レベル〉』（旺文社）

2024年度

問題と解答

学部別入試

問題編

▶試験科目・配点

教　科	科　　　目	配　点
外国語	「コミュニケーション英語Ⅰ・Ⅱ・Ⅲ，英語表現Ⅰ・Ⅱ」，ドイツ語（省略），フランス語（省略）から1科目選択	100点
地　歴	日本史B，世界史B，地理Bから1科目選択	100点
国　語	国語総合・現代文B・古典B	100点

英　語

（60 分）

〔Ⅰ〕 次の(あ)〜(う)の各組にはそれぞれ三つ空欄があり、同じつづりの一語が入る。その語を解答欄に記入しなさい。

(あ)

・If you (　　　) the rules, you will be punished.

・There is only a five-minute (　　　) before the next class.

・The night is almost over and day is about to (　　　).

(い)

・The field should be kept (　　　) for the next match.

・The situation is not completely hopeless.　At least, the chances are (　　　).

・2, 4, 6, and 8 are called (　　　) numbers.

(う)

・The government is going to (　　　) a statement about the emergency.

・The magazine celebrated the publication of its hundredth (　　　).

・The pay was bad, but that was not the (　　　) that caused me to quit the job.

〔Ⅱ〕 次の英文を完成させるために、かっこ内の語を適当な活用形(例 pay→paid)または派生語(例 music→musical, important→unimportant)に変えて、解答欄に記入しなさい。変える必要のない場合には、かっこ内の語をそのまま記入しなさい。いずれの場合も、解答欄に記入する語は一語のみとする。

(ア) The TV program featured an (exclude) interview with the movie star.

(イ) President Abraham Lincoln's most important achievement was helping to grant (free) to American slaves.

(ウ) The watch is water-(prove), so you can swim with it on.

(エ) It is highly likely that the restaurant is going to close permanently, but there are still some options (leave) on the table.

(オ) There was great (disappoint) on hearing the bad news.

(カ) This is a rare (species) that has been recently discovered.

(キ) According to the scientific research, there are some (wolf) still surviving in the country.

〔Ⅲ〕 次の英文を読んで、それに続く設問に答えなさい。

1 "Light pollution" refers to the harmful effects caused by artificial light; in particular, the brightening of the night sky by street lights and lights from buildings. Astronomers first began using the term in the 1960s. Nowadays, it is used most often to describe the constant glow that shines from cities in the evening, (あ) the night-sky white or orange and blocking out the stars. According to a 2016 study, 80 percent of the world's population live under light-polluted skies. Seen from space, the earth is now so lit up that it glows like a Japanese lantern. The strongest source of illumination on Earth is the "sky beam" atop the Luxor Hotel in Las Vegas. This pole of brilliant light is intended to attract tourists and is visible 270 miles away. In fact, it is so bright that it is used by aircraft flying over Los Angeles to check whether they are on the correct route. In 2019, it attracted huge numbers of flying grasshoppers, causing panic(ア) among tourists. Such incidents have drawn increasing attention to light pollution's negative effects on both animals and people.

2 For instance, the effect of illuminated light on newborn sea turtles shows how artificial light can damage the natural world. These creatures are typically born on beaches. Immediately after their birth, they will stay beneath the sand and wait to emerge until night time after the temperature has cooled down. When they do so, they will instinctively move towards the brightest area, which should be the moonlit sea. Increasingly, however, baby turtles are following the light shining from streetlights and buildings, where they are at an increased risk of mortality from fatigue, thirst, being eaten by other animals, or being hit by passing vehicles. Light pollution also has a bad effect on many mammal populations. For instance, female wallabies'* reproduction is normally triggered by the summer daylight. However, the lighting on one Australian island was so (い) that the wallabies ended up giving birth so much later in the season that food had run out.

3 Light pollution can also have a negative impact on human beings. For

instance, night vision — the ability to see in low-light conditions — can be damaged by artificial lighting. Humans already have poor night vision compared with other animals, such as foxes and rabbits. Cities such as Tokyo, Singapore and Hong Kong are illuminated so brilliantly that their inhabitants scarcely call on (イ) night vision at all and so find it difficult to see in the dark. It is possible that these city residents' descendants may only be able to see in brightly lit environments. Besides, exposure to artificial light at night can interfere with the body's natural sleep-wake cycle, leading to problems such as sleep disorders and even cancer. For instance, women exposed to the highest levels of outdoor light at night had an (う) 14 percent increased risk of breast cancer. Light pollution is a threat not only to people's natural abilities to see in darker environments, but also to human health.

4 In response to the numerous dangers light pollution poses to human beings and nature, many projects have been devised to (え) artificial light. For instance, Earth Hour is an annual event newly promoted by the European Union, in which electric lights are kept off for 60 minutes, both to discourage power consumption and to remind us of the old-fashioned joys of candlelight. France has adopted a national policy that imposes time limits on outdoor lighting and drastically reduces the amount of light that can be projected into the sky. And around the globe, some countries, especially those with regions less polluted by city lights, are embracing "dark sky tourism," which includes activities like night-sky-watching walks or trips to see the Northern Lights.

5 Across the world, people have become alerted to the dangers of light pollution and have devised new projects to decrease it. Of course, artificial light has many benefits (ウ). It has allowed people to work and carry out activities during night-time hours, increasing productivity and extending the hours available for work and other activities. It has also improved safety and security by providing illumination for public areas, making it easier to see and (a) at night and reducing the (b) of accidents (1) and crimes. However, the bad consequences of artificial light are prompting people to find ways to reduce

usage. (2) To overcome the problems caused by artificial light, we will have to learn to love the darkness.

*wallabies　ワラビー(オーストラリアに生息するカンガルー科の中型哺乳類)。

References

Lisa Abend, "A Manifesto for Loving the Darkness, and Not Metaphorically," *New York Times*, February 15, 2023.

Steve Bittenbender, "Migrating Grasshoppers Swarming Across Las Vegas Strip Causing Panic Among Tourists," *Casino.org*, July 28, 2019, accessed May 1, 2023, https://www.casino.org/news/grasshoppers-swarming-las-vegas-strip-cause-panic-among-tourists/.

Marge Dwyer, "Outdoor light at night linked with increased breast cancer risk in women," *Harvard School of Public Health,* August 17, 2017, accessed May 1, 2023, https://www.hsph.harvard.edu/news/press-releases/outdoor-light-night-breast-cancer/.

Charles Foster, "End of the Night?" *Literary Review*, 514, December 2022, https://literaryreview.co.uk/end-of-the-night, accessed May 1, 2023.

問 1　下線部(ア)〜(ウ)と最も近い意味の語句をそれぞれ(A)〜(E)の中から一つ選び、解答欄の記号をマークしなさい。

(ア) panic

(A) alarm　　(B) arm

(C) charm　　(D) farm

(E) war

(イ) call on

(A) make under　　(B) make unified

(C) make upon　　(D) make up to

(E) make use of

(ウ) <u>benefits</u>

(A) additions
(B) adjustments
(C) admirers
(D) advantages
(E) adventures

問 2 本文中の空欄(あ)〜(え)に入るのに最もふさわしい語句をそれぞれ(A)〜(E)の中から一つ選び、解答欄の記号をマークしなさい。

(あ)

(A) coloring
(B) continuing
(C) cooking
(D) copying
(E) costing

(い)

(A) dignified
(B) discussed
(C) dishonest
(D) disturbing
(E) dividing

(う)

(A) escaped
(B) estimated
(C) excepted
(D) excited
(E) excluded

(え)

(A) reason
(B) reduce
(C) remind
(D) revise
(E) reward

問 3　段落 [1] の内容と一致するものを(A)〜(E)の中から一つ選び、解答欄の記号をマークしなさい。

(A) A 2016 study demonstrates that most of the world's population does not live under light-polluted skies.

(B) In the modern world, too much artificial light is used.

(C) Lights from buildings are more harmful than street lights.

(D) Since the 1960s, people have never used artificial light in harmful ways.

(E) The "sky beam" atop the Luxor Hotel in Las Vegas attracts neither humans nor insects.

問 4　段落 [2] に示されている限りにおいて、人工光が生まれたばかりのカメに与える脅威の説明として最も適切なものを(A)〜(E)の中から一つ選び、解答欄の記号をマークしなさい。

(A) Newborn turtles are born in the moonlit sea, where they risk drowning, due to artificial light.

(B) Newborn turtles end up being born later when food has run out under artificial light.

(C) Newborn turtles have a greater chance of dying because they are attracted to the artificial light of towns and cities.

(D) Newborn turtles have more chance to survive in artificial light.

(E) Newborn turtles suffer from the heat created by artificial light.

問 5　段落 [2] の内容と一致するものを(A)〜(E)の中から一つ選び、解答欄の記号をマークしなさい。

(A) Animals live in brighter areas, and are therefore at risk from light pollution.

(B) Ecosystems have been disturbed by the decrease of artificial light.

(C) Many creatures in the natural world have benefitted from artificial light.

(D) Natural cycles that have existed for many centuries have been damaged by light pollution.

(E) Summer daylight has been extended by artificial light, causing animals to die from the heat.

問 6　段落 3 の内容と一致するものを(A)〜(E)の中から一つ選び、解答欄の記号をマークしなさい。

(A) Human beings' health and their night vision is impacted negatively by higher levels of artificial light.

(B) People who live outside cities are affected by the negative impact of light pollution, unlike people who live in cities.

(C) The benefits of artificial light are that it can help improve night vision and combat insomnia.

(D) The effect of artificial light on human beings is more significant than its impact on animals.

(E) Too little artificial light weakens human beings' ability to see in brightly lit conditions.

問 7　段落 4 の内容と一致するものを(A)〜(E)の中から一つ選び、解答欄の記号をマークしなさい。

(A) A number of different projects have been devised to reduce light pollution, like encouraging tourism in less polluted areas and setting limits on outdoor lighting.

(B) Countries should impose policies to stop artificial light and ban tourism in areas polluted by city lights.

(C) Many projects to limit light pollution have had a bad impact on the health of both human beings and animals.

(D) Projects have been devised to raise awareness of the environmental pollution caused by people taking flights to far-away places for "dark-sky" tourism.

(E) The negative effects light pollution has had on human health, wildlife, and the environment have caused France to reject time limits on outdoor lighting.

問 8 段落 5 下線部(1)の空欄(a)(b)に入るのに最も ふさわしい語句の組み合わせを(A)〜(E)の中から一つ選び、解答欄の記号をマークしなさい。

(1) "see and (a) at night and reducing the (b) of accidents"

(A) (a) divert (b) moment
(B) (a) divert (b) risk
(C) (a) forget (b) risk
(D) (a) navigate (b) moment
(E) (a) navigate (b) risk

問 9 段落 5 下線部(2)"To overcome the problems caused by artificial light, we will have to learn to love the darkness"という主張を支えるのに最も適切な選択肢を(A)〜(E)の中から一つ選び、解答欄の記号をマークしなさい。

(A) Compared with other animals such as foxes and rabbits, human beings have poor night vision.

(B) From Tokyo to New York, artificial lighting is an important part of the identity of many cities.

(C) Initiatives such as "dark sky tourism" and limitations on the use of light help us adapt to a world with less artificial light.

(D) The Luxor casino hotel in Las Vegas has the strongest beam of light in the world, which is called the "Luxor Sky Beam."

(E) We should end time limits on outdoor lighting and increase the amount of light that can be projected into the sky.

問10　文章の内容と一致しないものを(A)〜(E)の中から一つ選び、解答欄の記号をマークしなさい。

(A) Artificial light has a bad effect on nature, but not on humans.

(B) Light pollution is experienced by most people in the world.

(C) People are becoming more aware of the disadvantages of artificial light.

(D) People are taking action to combat the problems created by light pollution.

(E) The environment is being negatively affected by artificial light.

〔Ⅳ〕 次の英文を読んで、それに続く設問に答えなさい。

1 While many have argued that music has been a communal — or shared — experience, music listening has now become a solitary activity for many of us, largely due to digital-music distribution services which have made music completely portable. Now reproduced music is everywhere, because every piece of music we hear without actual performers playing it live is, in one way or another, a reproduction. Besides, music listening is not the same when you are alone, and when you are with other people, say, in a concert or a live show. How has music technology changed the nature of our shared musical experience?

2 Let's look at the United States. It was technologically possible to record musical performance for reproduction by the late nineteenth century. In 1906, the Victor Talking Machine Company released Victrola, a home-use record player which became by far the most popular type of its kind, selling in great numbers until the end of the 1920s. Records grew steadily in popularity with sales going from 4 million per year in 1900 to over 100 million per year by 1920.

[3] During the same period, though, sheet music, or printed musical scores, consistently(ア) outsold records of the same hit songs, which seems to suggest that music was still very much for playing, and not just for listening. Live performances, sheet music, and records (あ) each other. For instance, someone could come home from a show, and want to buy records, or sheet music, or both, of the same songs. Sales (1)[a. everything / b. increasing / c. kept / d. of / e. through] the 1920s.

[4] The 1920s was the time of economic boom and the Golden Age of radio in the US. With sales of radio equipment growing almost (い) between 1922 ($60 million) and 1924 ($358 million), middle-class Americans could enjoy information and entertainment in a new way: from the comfort and privacy of their homes. The radio, and the musical entertainment it offered for free, began to occupy(イ) a central place in almost every household. (2)The radio and the record industries were initially quite (a) of each other, but they soon (b) for mutual benefit.

[5] The Great Depression in 1929, which had a major negative effect on the American economy, almost totally destroyed the record industry in the early 30s. However, soon came a new distribution channel(ウ) for popular music that almost single-handedly pulled the record business out of the catastrophic economic crisis: the jukebox, or the automatic, coin-operated, record-playing machine that could hold multiple hit songs. From 1934 to 1937, production of jukeboxes in America rose over ten-fold, and in 1939, the number of them operated in places where adults came for drinks and other entertainments increased to 250,000.

[6] Amazingly, 60 percent of the record industry's output in 1939 was purchased by jukebox operators, which demonstrates that, even without musicians playing music, music listening was still largely a shared experience. The jukebox also revealed to record companies and media which record titles were most popular in each area, as customers' selections were registered by the jukebox and collected by record providers.

[7] In the 1950s, the opportunity for enjoying mass-reproduced music as a

shared experience stretched to teens, who flocked to the jukebox for the new kind of music that became a (う) among them: rock 'n' roll. Rock 'n' roll helped create teenage social life and culture, and unlike the adults of the 1930s and 40s, the youth of the 1950s did not need to go to bars, because diners and restaurants had begun to operate jukeboxes to draw them in, although these youngsters could sometimes annoy(エ) other customers. (3)Teenagers would hang out at the diners with the best jukeboxes.

8 The short glance we have had thus far at early twentieth-century America seems to suggest that the communal nature of music did not disappear even after mass reproduction of musical performances had set in. And music still seems to retain its collective nature even today, when a smartphone (え) as a portable jukebox. In Japan, for instance, songwriter Gen Hoshino released online the song "Uchide Odorou [Let's dance at home]," which he made during his stay-at-home time in April 2020. He played and sang the song solo, inviting others to perform together online, copyright free. Many musicians answered his call: dancers, actors, TV personalities, comedians, and even the Prime Minister at the time joined in, placing themselves in a frame side by side with Hoshino's Instagram movie. Perhaps it is too early to conclude that music listening has now become a totally solitary activity. Although the communal nature of music may have come to take different and more diverse forms, it has not disappeared, its strength more keenly felt particularly in hard times.

問 1 下線部(ア)〜(エ)と最も近い意味の語句をそれぞれ(A)〜(E)の中から一つ選び、解答欄の記号をマークしなさい。

(ア) consistently

(A) collectively　(B) curiously

(C) scarcely　(D) slightly

(E) steadily

(イ) occupy

(A) dine (B) hold

(C) obscure (D) play

(E) please

(ウ) channel

(A) challenge (B) protest

(C) regulation (D) risk

(E) route

(エ) annoy

(A) update (B) upgrade

(C) uphold (D) uplift

(E) upset

問 2 本文中の空欄(あ)〜(え)に入るのに最もふさわしい語句をそれぞれ(A)〜(E)の中から一つ選び、解答欄の記号をマークしなさい。

(あ)

(A) criticized (B) destroyed

(C) ignored (D) imitated

(E) promoted

(い)

(A) three-fold (B) five-fold

(C) six-fold (D) eight-fold

(E) ten-fold

(う)

(A) credit (B) crime

(C) passion
(D) suffering
(E) torture

(え)

(A) exactly
(B) named
(C) received
(D) same
(E) serves

問 3 段落 [1] の内容と一致するものを(A)〜(E)の中から一つ選び、解答欄の記号をマークしなさい。

(A) Music listening has always been a solitary activity in history.
(B) Music streaming caters to those who want to carry music around.
(C) Musicians' physical presence is essential in today's musical entertainment business.
(D) Technological reproduction has made music portable.
(E) The music business today could not have survived without technological means for reproduction.

問 4 段落 [2] の内容と一致するものを(A)〜(E)の中から一つ選び、解答欄の記号をマークしなさい。

(A) In the 1900-1920 period, the sales of records increased more than 25 times.
(B) In the United States, equipment for music reproduction was invented with its home use in mind.
(C) Just over 100 million people had purchased Victrola players by 1920.
(D) The popularity of music grew mainly due to the spread of home-use record players in the early twentieth century.
(E) Victrola won over the other record players in the market because of its

engineering company's generous customer service.

問 5 段落 3 下線部(1)の語句を並び替えて英文を作り、3番目と5番目にくる語句の組み合わせとして最も適切なものを(A)～(E)から一つ選び、解答欄の記号をマークしなさい。

Sales [a. everything / b. increasing / c. kept / d. of / e. through] the 1920s.
(1)

(A) 3番目 a　5番目 e
(B) 3番目 b　5番目 a
(C) 3番目 b　5番目 d
(D) 3番目 c　5番目 a
(E) 3番目 c　5番目 e

問 6 段落 4 下線部(2)の空欄(a)(b)に入るのに最も ふさわしい語句の組み合わせを(A)～(E)の中から一つ選び、解答欄の記号をマークしなさい。

(2) The radio and the record industries were initially quite (a) of each other, but they soon (b) for mutual benefit.

(A) (a) cautious　(b) began to criticize each other
(B) (a) hopeful　(b) decided to cooperate
(C) (a) hopeful　(b) stopped working together
(D) (a) suspicious　(b) learned to work together
(E) (a) suspicious　(b) started to fight each other

問 7 (設問省略)

問 8 段落 7 下線部(3)の理由として、本文に示されている限りにおいて最も適切なものを(A)〜(E)の中から一つ選び、解答欄の記号をマークしなさい。

(3) Teenagers would hang out at the diners with the best jukeboxes.

(A) Adults in the 1950s did not like rock 'n' roll.

(B) Teenagers in the 1950s cherished the joy of being together more than the adults of the 1930s-40s.

(C) Teenagers in the 1950s could not afford to buy rock 'n' roll records.

(D) The jukebox in the 1950s held many rock 'n' roll titles which fascinated teenagers of the period.

(E) The youth of the 1950s knew that jukeboxes in diners and restaurants had more rock 'n' roll titles than adult-only bars.

問 9 段落 8 の内容と一致するものを(A)〜(E)の中から一つ選び、解答欄の記号をマークしなさい。

(A) After the arrival of online music, music lovers have come to prefer solitude.

(B) Digital music will kill the communal nature of music unless music is made copyright free.

(C) Gen Hoshino was asked by none other than the Prime Minister at the time to perform together online.

(D) Mass reproduction of musical performances is threatening many musicians today.

(E) While music reproduction may change how musical experience is shared, it is unlikely to destroy the communal nature of music.

〔V〕 (大問省略)

日本史

(60分)

〔Ⅰ〕 原始・古代に関する次の文章A・Bを読み、下の設問に答えよ。解答はマーク解答欄に記入せよ。

A 道具の使用は動物から人類への進化をもたらし、その後の発展も道具の発明や改良に負うところが大であった。日本における文明の発展も、黒曜石などを打ちかいて製作した打製石器を中心とした旧石器時代を、その始まりとしている。群馬県の岩宿遺跡が、日本における旧石器時代の存在を証明したとされる。

骨角器や木器も比較的成形しやすいので、早くから用いられていた。これらを使用した旧石器時代における食物の獲得法には［ a ］があった。

弥生時代以降は青銅器が導入されるが、すぐ後にはより硬質である鉄器が導入され、並行して用いられるようになる。しかしながら青銅器は、鉄器が普及するにつれて、利器ではなく祭器(ア)として利用されるようになっていった。鉄は武器や武具としても多用されたが、農具としても鋤や鍬の先端に鉄製の刃を取り付けて利用されるようになった。鉄は貴重だったため、その所有量の多寡は、富裕さや権力にも結びついていた。

古墳時代には武器である鉄剣・鉄刀に銘文を入れて、その所有者の来歴を記したり、事績を記したりして顕彰した。このような鉄剣・鉄刀が古墳の副葬品としていくつか出土しており、なかでも熊本県の［ b ］古墳出土鉄刀銘文は銀で象嵌されており、当時の政治制度などを類推することができる貴重な事例の一つである。

刀は、小刀としても使用される。帯刀する武官に対して、文官においてはとくに小刀特有の用途として、文房具の一つとして扱われた(イ)。とりわけ下級の文官人の重要なアイテムでもあり、文官人の通称として「刀筆の吏」とも呼ばれるように標章ともなった。

設 問

1 空欄aに補充する語句として**適当ではないもの**を、次の①～④のうちから一つ選べ。

① 狩猟 ② 耕作 ③ 漁猟 ④ 採集

2 空欄bに当てはまる語句として**正しいもの**を、次の①～④のうちから一つ選べ。

① 岡田山 ② 稲荷山

③ 五条野丸山 ④ 江田船山

3 下線部(ア)の事例として**誤っているもの**を、次の①～④のうちから一つ選べ。

① 銅鉢 ② 銅戈 ③ 銅矛 ④ 銅鐸

4 下線部(イ)に関して、主に考えられる用途として**正しいもの**を、次の①～④のうちから一つ選べ。

① 文書といった紙類を切り貼りして資料を作成するため。

② 木簡の使用済みの表面部分を削って再利用するため。

③ 封をされている資料を開封してから上官に提出するため。

④ 墨をすりやすいように先端を削って整えておくため。

B 言葉、そして文字もまた重要な道具の一つである。言葉や文字を獲得したことにより、人類はコミュニケーションをとることが容易になったが、様々な文献として知識の蓄積・継承などにも役立つことになった。

文字の使用は、記録や伝達などの政治手段としても重視される。官人や貴族の能力として、文章力なども必要となってくるが、単なる漢字の習書だけではなく、論語や九九なども学習していたことが知られている。

文字の普及は、「尾張国の郡司と百姓らが太政官の裁決を申請する事」の題名から始まる31箇条の不法行為を訴えられた守の藤原元命(ウ)の事例のように、立場が下の者にも政治手段に文字が用いられるようになっていった。

文字の使用が広まると、和歌や漢詩が詠まれるようになり、文学的な発展も遂げていくが、すでに『 c 』には防人の歌なども採録されていることから、奈良時代には下層の人々にまである程度文字の普及が知られるところである。

文学的な発展はその後もめざましいものがある。文字でいえば漢字から片仮名や平仮名を生み出すことにより、より多彩な表現をするための道具を獲得したと言える。

女性に仮託して書き始められた d の『土佐日記』は、その後の女流文学の興隆を示唆しているようであった。とりわけ物語の分野でも、作者不詳の『 e 』を嚆矢として、紫式部の『源氏物語』によって古代文学の頂を見ることになった。

文章や文学作品が記されるようになると、文字の巧拙も注目されるようになってくる。書道の分野で今なお名声を集める三筆が知られるが、その後も三蹟(エ)と称される人物が現れて、その筆跡が珍重された。

言葉・文字は単なる実用的な道具から、様々な文化的な特徴を現出させるツールとなっているが、これは現在にも通じる傾向であろう。

設 問

5 空欄cに当てはまる語句として**正しいもの**を、次の①～④のうちから一つ選べ。

① 懐風藻 ② 古事記 ③ 万葉集 ④ 性霊集

6 空欄d・eに当てはまる語の組み合わせとして**正しいもの**を、次の①～⑥のうちから一つ選べ。

① d・菅原道真 e・栄華物語
② d・菅原道真 e・竹取物語
③ d・小野篁 e・栄華物語
④ d・小野篁 e・竹取物語
⑤ d・紀貫之 e・栄華物語
⑥ d・紀貫之 e・竹取物語

7　下線部(ウ)に関して、守の藤原元命は一般的にどのように呼称される肩書きだったか。**正しいもの**を、次の①～④のうちから一つ選べ。

①　受領　②　大領　③　遙任　④　里長

8　下線部(ウ)に関して、藤原元命が訴えられた際の文書の形式として**正しいもの**を、次の①～④のうちから一つ選べ。

①　符　②　勅　③　解　④　牒

9　下線部(エ)に関して、該当する人名として**誤っているもの**を、次の①～④のうちから一つ選べ。

①　藤原行成　②　橘逸勢　③　藤原佐理　④　小野道風

10　下線部(エ)に関して、三蹟の人物が活躍した時期を説明した文章として**誤っているもの**を、次の①～④のうちから一つ選べ。

①　末法思想が浸透したことにより、自分の邸宅内に阿弥陀如来像を祀る阿弥陀堂を造立する貴族も現れた。

②　藤原忠平が摂政、次いで関白となり、その地位をめぐって藤原北家の親族同士での権力争いが激化していった。

③　東北地方において、蝦夷を征討するため都から遠征軍がしばしば派遣され、多賀城が拠点として設けられた。

④　貴族層は妻問婚が行われていたが、女性側の苦悩が右大将藤原道綱の母によって『蜻蛉日記』として著された。

〔Ⅱ〕 中世の兵乱や政変に関する次の史料A～Eを読み、下の設問に答えよ。解答はマーク解答欄に記入せよ。なお、史料は書き改めたところがある。

A 去々年の兵乱以後、諸国の庄園郷保に補せらるる所の地頭、沙汰の条々

一、得分の事

右、宣旨の状の如くば、仮令、田畠各十一町の内、十町は領家・国司の分、一丁は地頭の分、広博狭小を嫌はず、此の［ a ］を以て免給の上、［ b ］は段別に五升を充て行はるべしと云々。尤も以て神妙。……加之、(ア)新補の中、本司の跡、得分尋常の地に至っては、又以て成敗に及ばず。只得分無き所々を勘注し、宣下の旨を守って計らひ充てしむべきなり。

（『新編追加』）

B 応仁丁亥ノ歳、天下大ニ動乱シ、ソレヨリ永ク五畿七道悉ク乱ル。其起ヲ尋ルニ、……鹿苑院殿御代ニ倉役四季ニカカリ、普広院殿ノ御代ニ成、一年ニ十二度カカリケル。(イ)当御代臨時ノ倉役トテ、大嘗会ノ有リシ十一月ハ九ヶ度、十二月八ヶ度也。又彼借銭ヲ破ラントテ、前代未聞(ウ)徳政ト云事ヲ此御代ニ十三ヶ度迄行レケレバ、倉方モ地下方へ皆絶ハテケリ。

（『応仁記』）

C 契約す 一族一揆子細の事

右、元弘以来、一族同心せしむるに依り、将軍家より恩賞に預かり、当知行相違無き者なり。爰に去年の秋比より、両殿御不和の間、世上今に静謐に属さず。而るに或は宮方と号し、或は将軍家ならびに錦小路殿方と称し、(エ)国人ら所存まちまちたりと雖も、この一族に於いては、武家御恩に浴するの上は、争か彼の御恩を忘れ奉るべきや、然らば早く(オ)御方に於いて軍忠を致し、弓箭の面目を末代に揚げんと欲す。此の上は更に二心有るべからざるか。

（『山内首藤家文書』）

D 又伝へ聞く。(カ)謀叛の賊義朝の子、年来配所伊豆国に在り。而るに近日凶悪を事とし、去んぬる比、新司の先使を凌礫す。時忠卿(キ)知行の国なり。凡そ伊豆

・駿河両国押領し了んぬ。又為義の息、一両年来熊野辺に住む。而るに去んぬる五月乱逆の刻、坂東方に赴き了んぬ。彼の義朝の子に与力し、大略謀叛を企つるか。宛も将門の如しと云々。

（『玉葉』）

E　昨日の儀粗聞く。一献両三献、猿楽初時分、内方どゝめく。何事ぞと御尋ね有るに、雷鳴かなど三条申さるるの処、御後の障子引あけて、(カ)武士数輩出て則ち公方を討ち申す。……所詮、赤松討たるべき御企露顕の間、遮って討ち申すと云々。自業自得果して無力の事か。将軍此の如き犬死、古来其の例を聞かざる事なり。

（『看聞御記』）

設　問

1　史料Aの空欄a・bに当てはまる語の組み合わせとして**正しいもの**を、次の①～⑥のうちから一つ選べ。

①　a－率法　　b－段銭

②　a－率法　　b－加徴

③　a－率法　　b－正税

④　a－式目　　b－半済

⑤　a－式目　　b－兵粮

⑥　a－式目　　b－番役

2　（設問省略）

3　史料Bの下線部(イ)の時期における文化の説明として**誤っているもの**を、次の①～④のうちから一つ選べ。

①　二条良基が『菟玖波集』を撰して正風連歌を確立した。

②　明から帰国した雪舟が日本的な水墨画の様式を創造した。

③　花道や茶道に秀でた同朋衆が将軍の周囲に集められた。

④　賤民身分の河原者といわれる善阿弥らが作庭で活躍した。

4　史料Bの下線部(ウ)に関連して、中世の徳政に関する説明として**正しいもの**を、次の①〜④のうちから一つ選べ。

①　鎌倉幕府は御家人が買得した所領を有償で取り戻させた。

②　将軍が交代する直前には、代替わりの徳政が慣例化した。

③　近畿地方とその周辺では、実力による私徳政もみられた。

④　室町幕府は朝廷の乱発する分一徳政令の実施を抑制した。

5　史料Cの下線部(エ)に関連して、中世の国人に関する説明として**誤っているもの**を、次の①〜④のうちから一つ選べ。

①　地頭などの領主で地方の武士が国人と呼ばれた。

②　国人の家では所領の分割相続が一般化していった。

③　守護の支配や守護への臣従に抵抗する国人もいた。

④　国人たちの地域的な一揆の契約を国人一揆と呼ぶ。

6　史料Cの下線部(オ)の要旨として**最も適当なもの**を、次の①〜④のうちから一つ選べ。

①　武家方の軍勢に加わって軍忠を尽くす。

②　鎌倉幕府の御家人として軍忠を尽くす。

③　南朝方の指揮下に属して軍忠を尽くす。

④　戦国大名の家臣となって軍忠を尽くす。

7　史料Dの下線部(カ)を含むこの時期の内乱の内容として**正しいもの**を、次の①〜④のうちから一つ選べ。

①　藤原純友が海賊を率いて伊予の国府を攻め落とした。

②　源頼義父子が東国の武士を率いて安倍氏を滅ぼした。

③　以仁王の令旨に応じて園城寺などの僧兵が挙兵した。

④　源範頼・義経の率いる軍勢が平泉藤原氏を滅ぼした。

8　史料Dの下線部(キ)に関連して、中世の知行国に関する説明として**誤っているもの**を、次の①～④のうちから一つ選べ。

①　院政期を通じて知行国や院分国の制度が広まった。

②　全盛期の平氏知行国は日本全国の約半分に達した。

③　鎌倉幕府の経済的基盤には関東知行国が含まれる。

④　建武政権は知行国を廃して国衙領を直轄地とした。

9　史料Eの下線部(ク)と最も近い時期の出来事として**正しいもの**を、次の①～④のうちから一つ選べ。

①　鎌倉公方足利持氏が滅ぼされた。

②　足利成氏が上杉憲忠を謀殺した。

③　上杉禅秀の反乱が鎮圧された。

④　伊豆の堀越公方が滅ぼされた。

10　史料A～Eにそれぞれ記される兵乱や政変を年代の古い順にならべた場合、3番目と4番目の組み合わせとして**正しいもの**を、次の①～⑥のうちから一つ選べ。

①　A→C　　②　A→E

③　C→B　　④　C→E

⑤　D→C　　⑥　D→E

〔Ⅲ〕 近世の対外関係と宗教に関する次の文章を読み、下の設問に答えよ。解答は記述解答欄に記入せよ。

ポルトガルとスペインはイベリア半島の王国であり、15世紀以降、国家的事業として航海・探検を行なった。ポルトガル人は喜望峰に到達した後ガマがインド洋に渡り、スペイン王室の支援を受けたマゼランは南アメリカ南端の海峡と太平洋を渡り、それぞれアジアへの航路を開拓した。彼らは日本で南蛮人と呼ばれた。

先に日本に到達したのはポルトガル人である。彼らが種子島にもたらした鉄砲は、紀伊根来、雑賀、近江 a 村などの鉄砲鍛冶により製造され、戦国末期の日本に普及した。ポルトガル人は中国のマカオに居住権を得て日本貿易の拠点とし、島津氏の領港鹿児島、大友氏の府内、松浦氏の平戸および横瀬浦などに入港した。ポルトガル船の主要な舶載商品は中国の生糸(ア)、鉄砲、皮革などであり、これらは戦国大名の求める物産であったために、歓迎されたのである。

南蛮貿易はキリスト教の宣教と一体的に進められた。このため1570年以降、ポルトガル船は肥前のキリシタン大名 b の領港長崎に定期的に来航するようになった。1580年に彼はここをイエズス会(イ)に寄進し教会領とした。また、 b ら九州のキリシタン大名は宣教師を通してヨーロッパに使節を派遣し、帰国した使節は印刷機を日本にもたらした。この印刷機によって、宗教書・辞典・文典・日本古典(ウ)などのキリシタン版が推定100点以上、長崎と天草で刊行された。

しかし豊臣秀吉はキリスト教を「邪法」とするバテレン追放令を発令し、続けて長崎を没収してここを直轄都市とした。ただし法令の最後には「 c の儀ハ商売の事に候間、各別に候の条、年月を経、諸事売買いたすべき事」とあり、このように秀吉は南蛮貿易の継続を重視したため、キリスト教の取締りは結局徹底しなかった。

貿易統制と禁教の課題は江戸幕府へと引き継がれた。1637年、島原と天草でキリシタンの農民ら約3万人が一揆蜂起し原城に籠城した事件に衝撃を受けた幕府は、鎮圧後、ポルトガル船の来航を禁止した。平戸のオランダ商館(エ)もキリスト教国であることを理由に、長崎の出島に移転させ、監視下に置いた。既に禁止されていた日本人の海外渡航とあわせ、ここにいわゆる鎖国が成立する。

キリスト教の国外からの流入を絶つだけではなく、幕府はその根絶のため、以前から行われていた絵踏を強化した。さらに［ d ］役を設置して［ d ］帳の作成を命じ、家族ごとの信仰調査につとめた。寺院には人びとがキリシタンでないことを証明する役割を果たさせ、檀那の結婚・奉公・旅行などの際に寺請証文を発行させた。

江戸時代の民衆の宗教活動として、［ e ］に集団で参詣する御蔭参りや、特定の夜、眠らずに集会する庚申講などが知られている。しかしそれらは幕府が容認した範囲内であり、(オ)その厳格な宗教統制の下で営なまれていたのである。

設　問

1　空欄 a に入る適切な地名を漢字で記せ。

2　空欄 b に入る適切な人物の氏名を漢字で記せ。

3　空欄 c に入る適切な語を漢字で記せ。

4　空欄 d に入る適切な語を漢字で記せ。

5　空欄 e に入る適切な語を漢字で記せ。

6　下線部(ア)に関して、1604 年、江戸幕府は特定の商人仲間に一括購入・販売させる制度を設けた。その名称を漢字で記せ。

7　下線部(イ)が安土、有馬に設置した中等教育施設の名称をカタカナで記せ。

8　下線部(ウ)のうち、全文ポルトガル系ローマ字で記述され、1592 年天草で刊行された日本古典の名称を漢字 4 文字で記せ。

9 下線部(エ)の開設に尽力し、徳川家康に仕えたオランダ人の氏名を漢字で記せ。

10 下線部(オ)に関して、幕府が1665年宗派をこえて仏教寺院の僧侶全体を共通に統制するために出した法令名を漢字で記せ。

〔Ⅳ〕 幕末から明治前期に活動した政治家である岩倉具視について記した次の文章を読み、下の設問に答えよ。解答はマーク解答欄に記入せよ。

1825年に公家の子として生まれた岩倉具視は、孝明天皇の侍従をつとめた。1858年に上洛した老中［ a ］が日米修好通商条約(ア)の勅許を求めた際、幕府との仲介を試みた関白を批判するため公家を結集させ、条約勅許を阻止した。その後、勅許がないまま通商条約が調印されたことにより、朝廷と幕府の溝が深まると、幕府は天皇の妹と将軍［ b ］との婚姻を朝廷に求め融和を図った。岩倉は幕府に対する朝廷の影響力を強める機会として推進したが、1862年に尊王攘夷運動(イ)が高まりをみせると、天皇の妹を江戸に送ったと批判され、洛中から追放のうえ5年間にわたり出家・蟄居を強いられた。

1867年に赦免された岩倉は、王政復古が断行されると、［ c ］という措置によって前将軍から政治権力を奪おうとした。

1871年の廃藩置県後、［ d ］に任命された岩倉は、さらに遣米欧使節団の大使となり、アメリカとヨーロッパ各国を歴訪した。しかし、外遊中に国内では多くの問題が生じ(ウ)、1873年の帰国直後に政変が発生した。

その後、岩倉は皇室の基盤を強化するため、華族制度(エ)の整備につとめた。西南戦争後、政府が国会開設運動および財政難への対応を迫られる中、岩倉は参議間の調整をすすめるが、1881年に再び政変が起きた(オ)。

政変後、政府は憲法の制定(カ)に着手する。岩倉は古都となった京都の保全を推進しつつ、1883年に死去した。

設問

1 空欄 a にあてはまる人名として**正しいもの**を、次の①～④のうちから一つ選べ。

① 阿部正弘 ② 安藤信正 ③ 堀田正睦 ④ 井伊直弼

2 空欄 b にあてはまる人名として**正しいもの**を、次の①～④のうちから一つ選べ。

① 徳川家定 ② 徳川慶喜 ③ 徳川家慶 ④ 徳川家茂

3 空欄 c にあてはまる用語として**正しいもの**を、次の①～④のうちから一つ選べ。

① 版籍奉還 ② 辞官納地 ③ 秩禄処分 ④ 東京遷都

4 空欄 d にあてはまる官職として**正しいもの**を、次の①～④のうちから一つ選べ。

① 右大臣 ② 内大臣 ③ 総裁 ④ 太政大臣

5 下線部(ア)の説明として**正しいもの**を、次の①～④のうちから一つ選べ。

① 条約調印の翌年、横浜と兵庫に外国人居留地が設置された。

② 外国との貿易が開始されると、輸入が輸出を上回った。

③ 条約調印後、アメリカは総領事としてパークスを日本に派遣した。

④ 外国の銀貨は国内の金銀比価で日本の金貨と交換された。

6 下線部(イ)に関連し、幕末期における尊王攘夷運動についての説明として**誤っているもの**を、次の①～④のうちから一つ選べ。

① 島津久光は藩内の急進的尊王攘夷論者を伏見で鎮圧した。

② 上洛した将軍は攘夷の実行を迫られ、期限を公布した。

③ 禁門の変により、三条実美ら7人の公家が京都を退去した。

④ 平田篤胤の門人など、尊王攘夷論は庶民の間でも展開した。

7 下線部(ウ)に関し、岩倉使節団派遣中に国内で起きた出来事として**誤っているもの**を、次の①～④のうちから一つ選べ。

① 新橋・横浜間で鉄道が開業し、交通の近代化が図られた。

② 地租軽減を求める大規模な一揆が起き、税率が下げられた。

③ 清国との間で、相互に対等とする条約が批准された。

④ 国民皆兵の方針にもとづいて、徴兵令が公布された。

8 下線部(エ)の説明として**誤っているもの**を、次の①～④のうちから一つ選べ。

① 帝国議会では、華族を中心として貴族院議員が選ばれた。

② 近代の華族は、旧来の公卿と大名を統合することで発足した。

③ 憲法発布後、勲功のある人物を華族に加える制度が設けられた。

④ 華族たちの資産は、日本鉄道の設立など各種事業に活用された。

9 下線部(オ)についての説明として**正しいもの**を、次の①～④のうちから一つ選べ。

① 政変後に大蔵卿となった松方正義は、不換紙幣増発をすすめた。

② 新聞などメディアによる激しい政府批判が、政変につながった。

③ 政変直後、立憲政体を漸次樹立する方針を示す詔勅が出された。

④ 政変前に、急進派の自由党員による激化事件が地方で展開した。

10 下線部(カ)に関連し、大日本帝国憲法についての説明として**誤っているもの**を、次の①～④のうちから一つ選べ。

① 衆議院は予算を審議する権限を有し、政府に民力休養を求めた。

② 憲法発布に先立ち皇室典範が制定され、皇室制度が規定された。

③ 言論・出版・集会の権利は、憲法で法律の範囲内で認められた。

④ 総理大臣は天皇により任命されたが、元老の協議で推薦された。

〔V〕 次の史料A～Cは、いずれもアジア・太平洋戦争後に日本が諸外国と取り交わした外交文書の一部である。これらを読み、設問に答えよ。解答は記述解答欄に記入せよ。史料は一部省略したり書き改めたところもある。

A 日本国及び［ a ］の全権団の間で交渉が行われた。〔中略〕相互理解と協力のふん囲気のうちに行われた交渉を通じて、日本国と［ a ］との相互関係について隔意のない広範な意見の交換が行われた。日本国及び［ a ］は、両国間の外交関係の回復が(ア)極東における平和及び安全の利益に合致する両国間の理解と協力との発展に役だつものであることについて完全に意見が一致した。

B 日本国内閣総理大臣は、［ b ］国務院総理の招きにより、〔中略〕［ b ］を訪問した。〔中略〕両国間には社会制度の相違があるにもかかわらず、両国は、平和友好関係を樹立すべきであり、また、樹立することが可能である。両国間の国交を正常化し、相互に善隣友好関係を発展させることは、両国国民の利益に合致するところであり、また、(イ)アジアにおける緊張緩和と世界の平和に貢献するものである。

C 連合国及び日本国は、両者の関係が、今後、共通の福祉を増進し且つ国際の平和及び安全を維持するために主権を有する対等のものとして友好的な連携の下に協力する国家の間の関係でなければならないことを決意し、よつて、両者の間の戦争状態の存在の結果として今なお未決である問題を解決する平和条約を締結することを希望する。

日本国としては、［ c ］への加盟を申請し且つあらゆる場合に［ c ］憲章の原則を遵守し、世界人権宣言の目的を実現するために努力し、［ c ］憲章第五十五条及び第五十六条に定められ且つ既に降伏後の日本国の法制によつて作られはじめた安定及び福祉の条件を日本国内に創造するために努力し、並びに公私の貿易及び通商において国際的に承認された公正な慣行に従う意思を宣言する。

（出典：『日本外交主要文書・年表』）

設 問

1 空欄ａ・ｂに適当な国名を、出典の史料で使われている正式名称で記せ。

2 空欄ｃに適当な国際機関名を、出典の史料で使われている正式名称で記せ。

3 史料**A**・**B**が作成されたときの内閣総理大臣の氏名を漢字で記せ。

4 下線部(ア)の内容に関し、当時の日本国政府が「極東における国際の平和と安全の維持」のためにすでに結んでいた条約の名称を何と呼ぶか。漢字八文字で記せ。

5 史料**B**の外交文書に署名がなされた都市の名称を記せ。

6 下線部(イ)の内容に関連し、史料**B**が作られた当時のアジアにおける軍事的緊張を高め、世界的な反戦運動を引き起こした戦争の名称を記せ。

7 史料**C**の外交文書に署名がなされた都市の名称を記せ。

8 次の文字列は、史料**A**・**B**・**C**の外交文書と二つの出来事（日本国政府および［ b ］政府の［ c ］への加盟）を、その署名ないし発生の順に左から右へと並べ直すものである。下記の選択肢からＸ・Ｙ・Ｚの組み合わせとして適当なものを次の①～⑥のうちから一つ選び、その番号を記せ。

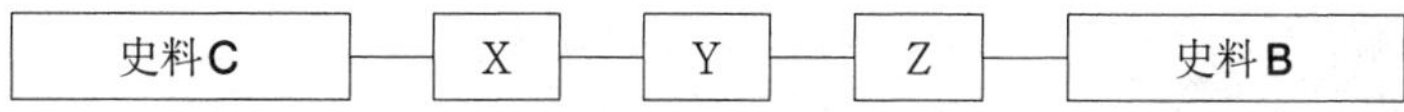

① Ｘ：史料**A**　Ｙ：日本国政府のｃへの加盟
　Ｚ：ｂ政府のｃへの加盟

② Ｘ：史料**A**　Ｙ：ｂ政府のｃへの加盟

Z：日本国政府のｃへの加盟

③ X：日本国政府のｃへの加盟　Y：史料A

Z：ｂ政府のｃへの加盟

④ X：日本国政府のｃへの加盟　Y：ｂ政府のｃへの加盟

Z：史料A

⑤ X：ｂ政府のｃへの加盟　Y：史料A

Z：日本国政府のｃへの加盟

⑥ X：ｂ政府のｃへの加盟　Y：日本国政府のｃへの加盟

Z：史料A

世界史

（60分）

〔Ⅰ〕 次の 1 ～ 6 は、古代の地中海およびオリエント地域の史料の抜粋である。各文章を読み、下記の問いに答えなさい。

1 両王国の主にて御栄えめでたき父君より王位を受けつぎ給える若君、エジプトを安めしめ給い、……ヘファイストス大神のごとく、ヘリオス神さながらの王、上下両王国の大君、……。 (ア) 王とアルシノエー后……より生まれ給える…… (イ) 王は……常によく神事に励み、銭貨・穀物の歳入を神殿に寄進し給い……諸神殿建立のため常に多額の出費をあえてし給い……在来の貢租のあるものは完全に免除し、あるものは軽減し……多年留置・起訴されありし者どもを恩赦し給えり。

2 エジプトの国土に関する彼らの話はもっともであると私にも思われた。というのは、いやしくも物の解る者ならば、たとえ予備知識を持たずとも一見すれば明らかなことであるが、今日ギリシア人が通行しているエジプトの地域は、いわば河の賜物(a)ともいうべきもので、エジプト人にとっては新しく獲得した土地なのである。

3 オケーリスの次には海が再び東に向かって開き、次第に外海の様相を呈してくる(b)と、およそ1200スタディオン離れてエウダイモン・アラビアーがある。……エウダイモン・アラビアーはかつては都市で、エウダイモンと呼ばれた。その頃は (ウ) からエジプトに来るものはなく、またエジプトから敢えて外海の内部の諸地域へ渡航するものもなく、ここまでしか来なかったので、……両方面からの荷を受け入れていた。しかし、今ではわれわれの時代からそう離れていない頃に、カイサルがここを攻略した。

4　もしある男が偽証するために裁判に出廷したり、自らが陳述した証言内容を立証できなかった場合、もしその裁判が死刑判決にかかわる裁判であればその男は殺されるべし。……もしアウィールムが別のアウィールムの眼を失明させたならば、彼らは彼の眼を失明させるべし。……もし彼がムシュケーヌムの眼を失明させたならば、彼は銀1マヌーを支払うべし。

5　［(エ)］は王として宣言する。アフラ=マズダ(c)の恩恵により、私は王である。アフラ=マズダは私に王権を授けた。［(エ)］は王として宣言する。アフラ=マズダの恩恵により、私に帰属し、私が王となった国々は、ペルシア、エラム、バビロニア、アッシリア、アラビア、エジプト、海岸地域、サルディス、イオニア、メディア、アルメニア、カッパドキア、パルティア、ドランギアナ、アリア、コラスミア、バクトリア、ゾグディアナ、ガンダーラ、スキュティア、サッタギュディア、アラコシア、マクラーン、の計23国である。［(エ)］は王として宣言する。アフラ=マズダの恩恵により、これらの国々は、私に帰属し、私に服従し、私に貢物を献じた。

6　我、皇帝［(オ)］と、我、皇帝リキニウスとは、幸いにも［(カ)］に会して公共の利益と安寧に関わるすべての事柄を協議したる時、大多数の人々にとり有益であると我らが考えた他の事柄のなかにあってもまず、神格に対する畏敬を堅持するような事柄が規定さるべきと考えた。すなわち、［(キ)］に対しても万人に対しても、各人が欲した宗教に従う自由な権能を与えることである。

〔出典：**1** 江上波夫監修『新訳世界史史料・名言集』、**2** 岩波文庫(青405-1)、**3**～**6** 歴史学研究会編『世界史史料1古代のオリエントと地中海世界』、(ただし一部改変)〕

出典追記：1山川出版社　2松平千秋訳

問1　史料**1**は、1799年にフランスのエジプト遠征軍が発見した3種の文字で刻まれた石碑である。その文面の空欄(ア)(イ)は父と子の関係にあるが、表記上は同一の名である。その人物名として最も適切なものを一つ選びなさい。

A．アレクサンドロス　B．アンティゴノス
C．セレウコス　D．プトレマイオス
E．ポリビオス

問 2　空欄(ウ)に入る最も適切な地域を一つ選びなさい。

A．アナトリア　B．インド　C．トラキア
D．ヒスパニア　E．ブリタニア

問 3　空欄(エ)の人物について、彼の業績を述べた文章として**誤りを含むものをすべて**選びなさい。一つもない場合はFをマークしなさい。

A．政治の中心地として存在していた首都スサのほかに、新たな王都としてペルセポリスを建設した。

B．イラン・メソポタミア・小アジアに加えて、エジプトを征服して領土を拡大し、帝国の最大版図を築いた。

C．かつてのリディア王国の都であったサルディスからスサに至るまで、帝国の幹線となる公道を建設した。

D．地方の行政・軍事を管轄する長官であるサトラップを王族や貴族から任命し、中央集権的な体制を整備した。

E．西方進出をねらい自ら大軍を率いてギリシアに攻め込んだが、サラミスの海戦とプラタイアの戦いで敗北し撤退した。

問 4　空欄(オ)の人物について、彼の業績を述べた文章として適切なものを**すべて**選びなさい。一つもない場合はFをマークしなさい。

A．税収増大を目的に、帝国内のすべての自由人に市民権を与える勅令を出した。

B．帝国の領土を4分割し、2人の正帝と2人の副帝による分割統治を開始した。

C．ニケーア公会議でキリスト教以外の異教を禁止し、アリウス派を追放した。

D．純度の高いソリドゥス金貨を発行して、帝国内の交易の安定化をはかっ

た。

E．トリボニアヌスを登用し、旧来の法をもとに『ローマ法大全』を編纂させた。

問５　空欄(カ)の地にちなんで呼ばれている **6** の史料の勅令が出された年として、最も適切なものを一つ選びなさい。

A．313年　B．325年　C．330年

D．375年　E．380年

問６　空欄(キ)の者たちが **6** の史料の時までに経験したこととして、**誤りを含むものをすべて**選びなさい。一つもない場合はFをマークしなさい。

A．使徒のペテロが、ネロ帝に迫害されてローマで殉教した。

B．ペテロとパウロの伝道活動を中心にした『使徒行伝』がまとめられた。

C．古来の多神教信仰を復興させたユリアヌス帝によって迫害された。

D．ディオクレティアヌス帝の強制する皇帝崇拝を拒否して大迫害を受けた。

E．迫害を避けるため、地下墓地を礼拝所として利用するようになった。

問７　史料 **4** を定めた人物について、その業績を述べた文章として適切なものを**すべて**選びなさい。一つもない場合はFをマークしなさい。

A．ユダ王国を滅ぼした後、住民のヘブライ人たちをバビロンに強制移住させた。

B．シリア地方カデシュでヒッタイト王国と交戦し、講和条約で領土を拡大した。

C．メソポタミアに加えエジプトを征服し、初めてオリエント全域を支配した。

D．西方で地中海方面へ進出し、東方でもクシャーナ朝に勝利し領土を拡大した。

E．同害復讐法で国内を統制し、「王の目」「王の耳」と呼ばれる役人を派遣して周辺情勢を監視した。

問 8 史料 **5** に記された古代文字を解読した人物として、最も適切なものを一つ選びなさい。

A. エヴァンズ　B. ヴェントリス　C. シャンポリオン

D. ブレステッド　E. ローリンソン

問 9 下線部(a)の河に関わる記述として、適切なものを**すべて**選びなさい。一つもない場合はFをマークしなさい。

A. エジプトの古王国は、この河に沿って区分される上エジプトと下エジプトのほぼ境に位置するメンフィスを都とした。

B. エジプト人の死後世界を記した「死者の書」には、この河は現世と来世を分かつ「忘却の河」として描かれている。

C. この河の河口平野であるデルタ地帯は、古王国時代末期から第一中間期に異民族ヒクソスによって占領された。

D. この河の中流域にあるテーベは現在のカイロにあたり、中王国時代だけでなく、新王国時代にも首都であった。

E. アメンホテプ4世は自らをイクナートンと改名し、この河のテーベ上流にあるテル＝エル＝アマルナに遷都した。

問10 下線部(b)で示された航路に至るまでの内海として、最も適切なものを一つ選びなさい。

A. アドリア海　B. エーゲ海　C. カスピ海

D. 紅海　E. 黒海

問11 下線部(c)の神を崇める宗教について述べた文章として、適切なものを**すべて**選びなさい。一つもない場合はFをマークしなさい。

A. この神は、人類の最後の審判をつかさどる一神教の絶対神であった。

B. この宗教は、輪廻転生の観念を特色とし、宇宙との合一を最終目的とした。

C. この宗教は、火や光の崇拝を重視するため、「拝火教」とも言われる。

D. この宗教は、その信仰が東方へも伝わり、中国では「景教」と呼ばれた。

E．この宗教と仏教や神秘思想が融合し、マニ教の経典『アヴェスター』が成立した。

問12　史料 [1] ～ [5] について、それぞれの成立時期を年代順に並べたものとして、最も適切なものを一つ選びなさい。

A．[1] → [3] → [4] → [2] → [5]
B．[4] → [2] → [3] → [5] → [1]
C．[4] → [5] → [2] → [1] → [3]
D．[5] → [1] → [4] → [2] → [3]
E．[5] → [3] → [1] → [4] → [2]

〔Ⅱ〕　次の文章を読み、下記の問いに答えなさい。

故宮博物院は、1924年に北京の紫禁城から清朝最後の皇帝が退去させられた後、清朝所蔵の品々を中核として1925年(a)に北京で設立された。その後、収蔵品は1931年の満州(満洲)事変(b)や1937年の日中戦争の勃発にともない南京や四川へ移送され、さらには国共内戦で国民党が劣勢になった1948年から49年にかけて台湾(c)へ移送され、1965年に台北の故宮博物院がオープンした。

収蔵品は寄贈受け入れなどで拡充されて多岐にわたり、展示替えもあるのですべてを見ることは難しい。古いものでは新石器時代(d)の土器などがあるが、圧倒的な存在感を放つのは殷・周青銅器(e)の展示で、長大な銘文(金文)を持つ毛公鼎(もうこうてい)や散盤(さんばん)、細かい造形が際立つ亜醜方簋(あしゅうほうき)など、多数の青銅器が収蔵・展示されている。変わり種としては、王莽(f)のころに作られた、複数の単位で計量できるよう工夫された計量器の嘉量(かりょう)があり、同じく収蔵展示されている、始皇帝による度量衡統一を伝える青銅のますやはかりに比べると格段に知名度が落ちるが、妙な機能性の高さが面白い。

陶磁器も逸品が多く、北宋(g)期に汝窯で作られた青磁蓮花式温碗(せいじれんかおんわん)などは非常に美しく、定窯の白磁も有名だが、「雨過天青(うかてんせい)」と称される青磁の色合いを好む人も多い。玉製品で有名な翠玉白菜(すいぎょくはくさい)は、清の光緒帝(h)の妃の一人の嫁入り道具と考えられており、玉の色合いを生かした細工が人気である。また、漢代の玉辟邪(ぎょくへきじゃ)は、翼のある虎のような想像上の動物で、(i)そのイメージの源流は西アジアにあるといわれる。

展示物としては地味に思われるだろうが、書籍や文書も重要で、有名なものでは(j)清代の叢書『四庫全書』があり、その表紙を模したクリアファイルがミュージアムショップにある。清代の地方官らから皇帝に宛てた文書もあり、それらは皇帝が読んで朱字で直接指示などを書き込むことがあったが、特に勤勉に書き込みしたことで知られる(k)雍正帝のものをはじめ、それらの書き込みから皇帝と地方官の実際のやりとりを知ることができる。

ところで、外国人観光客として訪れている限り、台北の故宮博物院はあくまで文化施設で政治とは関係ないように思ってしまう。しかし、故宮の収蔵品は中華文化を代表する品々であることから、(l)中国・台湾の関係の間では政治色を帯びざるを得ない面があるのもまた確かである。アジア近現代史の中で故宮を考えてみることは、意義があるのではないか。

問 1　下線部(a)の1925年に中国で起こった出来事として、最も適切なものを一つ選びなさい。

A．五・四運動　　B．大躍進運動(政策)

C．五・三〇運動　　D．新文化運動

問 2　下線部(b)に関する説明として、**誤りを含むもの**を一つ選びなさい。

A．国際連盟は、日本の軍事行動に対してリットン調査団の派遣を決定した。

B．1933年、国際連盟で満州国が不承認とされ、日本は国際連盟を脱退した。

C．日本の関東軍は、柳条湖で鉄道を爆破し、これを口実に軍事行動を起こした。

D．日本は、1931年に満州国を成立させると、同時に溥儀をその皇帝とした。

問 3　下線部(c)についての説明として、最も適切なものを一つ選びなさい。

A．清は、1661年に台湾の鄭氏政権を追い詰めるため遷界令を発布した。

B．イギリスは、1624年に台湾を日中貿易の中継基地として確保した。

C．鄭芝竜は、明の亡命政権から皇帝の姓を授けられ「国姓爺」と称された。

D．1874年、日本は台湾出兵を行って、清から台湾を割譲させて領有した。

問 4　下線部(d)に関連し、竜山文化の遺跡である竜山(城子崖)の位置として最も適切なものを、地図の中から一つ選びなさい。

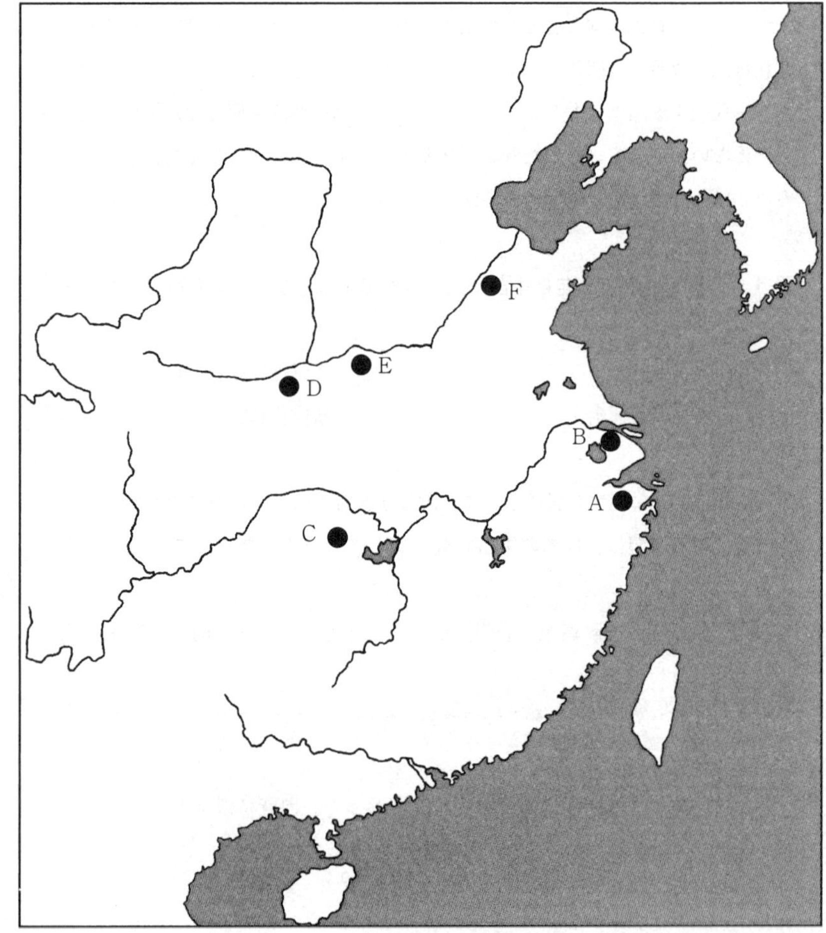

問５　下線部(e)について、次に掲げる図版の中で、**殷の青銅器とはいえないもの**を一つ選びなさい。

A.

B.

C.

D.

著作権の都合により，A～Cは類似の写真に差し替えています。
A. ColBase（https://colbase.nich.go.jp/）　B・C. ユニフォトプレス提供　D. 公益財団法人白鶴美術館所蔵

問６　下線部(f)についての説明として、最も適切なものを一つ選びなさい。

A．彼の政策は失敗して大きな混乱をもたらし、紅巾の乱が発生した。

B．周を理想とする復古主義的な政策をとり、土地所有制限や貨幣改鋳をした。

C．皇后の一族の外戚として権力を掌握し、紀元８年に帝位について晋王朝をたてた。

D．皇帝専制政治を強化し、文治主義をとるとともに、皇帝直属軍の禁軍を強化した。

問 7　下線部(g)に関連して、宋の文化に関する記述として、最も適切なものを一つ選びなさい。

A．宋代に入って木版印刷技術が生み出され、大量の書物の普及につながった。

B．民謡から発達した叙情的な詞や、雑劇などが民衆の間にひろがった。

C．儒学の方面では、哲学的な新儒教とされる宋学を北宋の周敦頤が集大成した。

D．宮廷の画院を中心に、精神性を重んじ水墨画の手法による院体画が発達した。

問 8　下線部(h)の光緒帝在位期間中に日清戦争が起きるが、その要因ともなった19世紀後半の朝鮮に関する説明として、最も適切なものを一つ選びなさい。

A．高宗の父の大院君は実権を握ると、朱子学以外の思想を一切認めず開国政策をとった。

B．1894年、崔済愚を指導者として甲午農民戦争(東学党の乱)が起きた。

C．1884年、急進開化派が日本の協力で閔氏政権を打倒したが、清軍によりすぐ崩壊した。

D．1882年、軍隊が大院君を擁立して閔氏一族の要人を殺害し、清国公使館を襲撃した。

問 9　下線部(i)に関連して、中国と他地域との関係についての記述として、**誤りを含むもの**を一つ選びなさい。

A．後漢の西域都護班超が派遣した甘英は、イタリア半島まで到達した。

B．ティムール朝の初代君主ティムールは、明への遠征の途中で死去した。

C．ササン朝滅亡の際、多数のイラン人が唐の都長安に移住し文化的な影響を与えた。

D．南宋までに中国商人はインド洋に進出し、ムスリム商人と直接取引するようになった。

問10　下線部(j)に関連して、清の文化に関する記述として、最も適切なものを一つ選びなさい。

A.『聊斎志異』は短編の怪奇小説を集めたもので、民衆の人気を集めた。

B. イエズス会宣教師カスティリオーネ(郎世寧)は、頤和園を設計した。

C. 古典を実証的に研究する考証学の先駆者として、明末清初の銭大昕があげられる。

D. 清では『四庫全書』の他、『古今図書集成』や『五経大全』が編纂された。

問11　下線部(k)に関する記述として、最も適切なものを一つ選びなさい。

A. 典礼問題をきっかけとして、イエズス会以外の布教を禁じた。

B. イギリスがマカートニーを派遣して求めた自由貿易の要求を認めなかった。

C. 軍事・政治を迅速に処理するための機関として、軍機処を設置した。

D. ロシアとの間でネルチンスク条約を締結し、アルグン川と外興安嶺を国境とした。

問12　下線部(l)に関連して、近現代の中国・台湾に関わる説明として、最も適切なものを一つ選びなさい。

A. 民進党の馬英九は中国との対話を進めようとしたが、市民の支持を得られなかった。

B. 中国は江沢民政権の時に、ＧＤＰ世界第二位の経済大国となった。

C. 中国の胡錦涛政権は「一帯一路」構想を掲げて海洋進出をはかった。

D. 台湾では1996年に初めての総統直接選挙が行われ、李登輝が当選した。

〔Ⅲ〕 次の文章を読み、下記の問いに答えなさい。

近年の歴史学では、清朝(大清帝国)、ムガル帝国、サファヴィー朝、オスマン帝国という四つの近世帝国が次のような共通点をもつことが注目されている。その共通点とは、多様な統治形態が採用されたこと、文化的にも多様性を有していたこと、さらに文書行政が高度に発展したことなどである。これらの四帝国は、モンゴル帝国によってユーラシア大陸の一体化が促進された(a)後に出現した。とりわけムガル、サファヴィー、オスマンという近世イスラーム帝国においては、イスラーム教徒に限定しない人材登用あるいは統治政策の柔軟性・合理性が指摘されている。

ティムールの子孫バーブルは1526年、 (ア) 朝軍を破って、ムガル帝国を創始した。ムガル帝国はイスラーム王朝だが、ムガルの名はモンゴルに由来する。第3代アクバル帝は、戦士集団であるラージプート(b)勢力を懐柔・連合して都を (イ) に遷した。アクバル帝は1564年に、帝国内に住む諸民族の融和をはかるための税改革を行った(c)が、これを第6代アウラングゼーブ帝が元に戻したことによって、非ムスリムの反発を招いた。ムガル帝国の公用語はアラビア文字の近世ペルシア語だった。この公用語とは別に、北インド土着の口語をもとにペルシア語・アラビア語起源の語彙を多く取り入れ、アラビア文字を採用した (ウ) 語が成立し、今日のパキスタンの公用語となっている。

イラン高原では1501年、サファヴィー教団指導者イスマーイールが王位に就き、サファヴィー朝が創始された。成立時の軍の主力は (エ) と呼ばれるトルコ系騎兵軍団であり、建国後に王(シャー)はシーア派の十二イマーム派を採用した。第5代アッバース1世は16世紀末、イラン中部の都市イスファハーンを復興して遷都し、17世紀前半にはペルシア湾の出入り口にある (オ) 島からポルトガル人を追放した。イスファハーンは、アルメニア系(d)・インド系商人らの活動によって国際商業の中心地として繁栄した。

オスマン帝国は、13世紀末にアナトリア西北端にその基礎を築いた。1402年、アンカラの戦いでティムール軍に敗北したスルタン、 (カ) 1世は捕虜となり、王朝は約10年間空位となった。しかし、メフメト2世がこの空位時代の混乱を収拾して、1453年にビザンツ帝国の最後の領土であるコンスタンティノープルを陥落させ、この都市を都として名実ともに帝国の統治体制の基礎を築いた。オスマン帝国の税制・軍制・農村支配という三つの役割を兼ね備えたティマール制(e)は、主としてアナトリアとバルカン地域に施行された。これらの地域とは異なり、エジプト(f)など遠方諸州では、オスマン以前の体制がおおむね維持され、一定額の貢納金を納める州もあった。公用語はアラビア文字を用いたトルコ語(オスマン語)だったが、知識人による詩文にはペルシア語も用いられた。帝国内のギリシア正教徒、アルメニア教徒、ユダヤ教徒など非ムスリムには、一定の制限のもとに宗教的自治が認められた。

このような柔軟な統治体制のもとで、多様な文化を育んだ近世イスラーム帝国(g)においては、万人が安寧に共存できる社会の実現を目指そうとする意識が働いていたのである。

問１　空欄(ア)～(カ)にそれぞれ適切な語句を書きなさい。

問２　下線部(a)に関連して、ヨーロッパ遠征軍を指揮したチンギス＝ハンの子孫バトゥが建てた国名を答えなさい。

問３　下線部(b)の人々が信仰していた宗教を答えなさい。

問４　下線部(c)の政策を答えなさい。

問５　下線部(d)の人々や人々の宗教に関する説明として、**誤りを含むもの**を一つ選びなさい。

A．アルメニア王国は、ローマ帝国にさきがけてキリスト教を国教とした。

B．アルメニア教会は、一貫してイエスの神性と人性の両方を認める立場をとった。

C．サファヴィー朝の王の近衛軍団にはアルメニア出身の騎兵がいた。

D．イスファハーンには、アルメニア教徒の居住区がつくられた。

問６　下線部(e)に関連する説明として、**誤りを含むもの**を一つ選びなさい。

A．シパーヒー(騎兵・騎士)に俸給として徴税権が授与された。

B．ティマールには、土地の所有権も含まれる。

C．ティマール制は、イクター制の影響を受けている。

D．シパーヒーは、戦時には徴税額に応じて従者を引き連れ従軍した。

問7 下線部(f)で起こった出来事(あ)〜(え)を年代順に並べたものとして、最も適切なものを一つ選びなさい。

(あ)スエズ運河開通

(い)ウラービー運動

(う)ナポレオンのエジプト占領

(え)ムハンマド＝アリーのエジプト総督就任

A．(あ)→(い)→(う)→(え)

B．(い)→(あ)→(え)→(う)

C．(い)→(う)→(え)→(あ)

D．(う)→(あ)→(い)→(え)

E．(う)→(え)→(あ)→(い)

F．(え)→(い)→(あ)→(う)

問8 下線部(g)に関連して、近世イスラーム帝国(あ)〜(う)それぞれと最も関係の深い画像①〜④の組み合わせとして適切なものを一つ選びなさい。

帝国名

(あ)ムガル帝国

(い)サファヴィー朝

(う)オスマン帝国

画像

②

③

④

A．(あ)＝①、(い)＝②、(う)＝③

B．(あ)＝②、(い)＝③、(う)＝④

C．(あ)＝③、(い)＝④、(う)＝①

D．(あ)＝④、(い)＝①、(う)＝②

〔Ⅳ〕 次の文章を読み、下記の問いに答えなさい。

時計の歴史は非常に古く、たとえば、古代エジプトではすでに日時計や水時計が用いられていた。中世ヨーロッパでも歯車と錘(おもり)から構成される機械仕掛けの時計が製作されている。しかし、時計が現在のような正確さをもち、かつ一般的な日用品になった背景には、近世から現代にかけての歴史的な変化があった。

16～17世紀にかけてヨーロッパで起こった科学革命もその一つである。例をあげれば、［(ア)］による振り子理論が時計の正確さの向上に資したといわれている。関連して、対抗宗教改革のなかで、教皇［(イ)］13世によって［(イ)］暦も導入された。ただし、マリ＝アントワネットがフランス王家に嫁ぐ際に多くの時計を持参したという説もあるほど、近世ヨーロッパの時計は実用的なものというよりもステイタス・シンボルであったとされる。

そして、18～19世紀にかけて、(a)欧米各地で産業革命が起こっていく。18世紀前半に［(ウ)］によって蒸気機関が実用化され、1769年に［(エ)］がそれを改良したように、産業革命は多くの技術革新に支えられていたが、それには精巧で複雑な時計作りの技術が大きな影響を与えたともしばしば指摘される。工業化の進展にともない、正確で安価な時計が大量に生産できるようになることで、たとえばフランスでは、(b)20世紀初頭にはそれらが各家庭におかれるほどに普及した。1880年代には地球が24の時間帯に分けられたこともあって、(c)形成されつつあった国民国家の内部でも徐々に時間が統一されていく。

安価で正確な時計の普及と同時に、人々は時計が刻む時間にしたがって行動することを求められていった。工業化とともに次第に工場制機械工業が広まっていくと、工場労働の効率化のために、労働時間や休憩時間が時計によって管理されるようになった。その一方で、長時間労働を強いられる賃金労働者の生活は過酷であり、後に(d)8時間労働をはじめとした労働条件の改善を求める運動につながっていくのである。くわえて、工業化を推進する国々では(e)急速に鉄道網が発達し、その過程で、ダイヤによって人々に時計にもとづく時間感覚を身につけさせた。

20世紀に入っても、クォーツ時計や原子時計の開発によって、時計はその精度を上げ、また(f)人工衛星によるＧＰＳを利用して、時間は世界的にますます画一化されていった。他方で、時計は、(g)第一次世界大戦以降の諸戦争で作戦を遂行するにあたって戦略的な重要性も示してきた。

歴史上、権力と時間は密接な関係にあった。たとえば、フランス革命期には新しい暦である革命暦が導入されている。(h)また、権利の章典には、「チャールズ2世治世第13年」のように国王の治世年にもとづく表現もあらわれる。(i)さらに、第二次世界大戦前から戦中にかけて、ドイツは勢力圏の拡大をはかっていく。(j)その際、占領した一部の地域ではドイツの標準時が導入された。こうしたことから、時間やそれを計測する時計は歴史学の重要なテーマの一つとなってきた。私たちになじみの深い日用品である時計から歴史に思いをはせるのも重要なことだろう。

問1　空欄(ア)の人物は、地動説を擁護したために1633年に異端として宗教裁判にかけられた。このイタリアの天文学者は誰か。

問2　空欄(イ)にあてはまる適切な語句を答えなさい。

問3　下線部(a)に関連して、工業化について述べた以下の文章のうち最も適切なものを一つ選びなさい。

A．ベルギーでは、フランスからの独立前後に工業化が進んだ。

B．イギリスでは、機械制工場を支持するラダイト運動が起こった。

C．アメリカは、19世紀末に世界最大の工業国となった。

D．フランスでは、18世紀後半に急速に工業化が進んだ。

問4　空欄(ウ)と(エ)にあてはまる人物の組み合わせとして、最も適切なものを一つ選びなさい。

A．(ウ)フルトン　(エ)ニューコメン

B．(ウ)フルトン　(エ)ワット

C．(ウ)ニューコメン　(エ)フルトン

D．(ウ)ニューコメン　(エ)ワット

E．(ウ)ワット　(エ)ニューコメン

F．(ウ)ワット　(エ)フルトン

問 5　下線部(b)に関連して、主として西欧諸国で文化や芸術が栄えた、第一次世界大戦前のこの時期の呼称をカタカナで答えなさい。

問 6　下線部(c)に関連して、イタリア統一後もオーストリア領に残された「未回収のイタリア」と呼ばれた地域や都市として、最も適切なものを一つ選びなさい。

A．トリエステ　B．サヴォイア　C．教皇領　D．ニース

問 7　下線部(d)に関連して、1889年にパリで結成された国際的な労働者組織の名称を答えなさい。

問 8　下線部(e)に関連して、蔵相としてシベリア鉄道の建設を推進し、また1905年に首相となって自由主義的改革を行ったのは誰か。

問 9　下線部(f)に関連して、1957年にソ連が打ち上げに成功した世界初の人工衛星の名称を答えなさい。

問10　下線部(g)を説明した以下の文章のうち、最も適切なものを一つ選びなさい。

A．第一次世界大戦は、ドイツが中立国スイスを侵犯したことで勃発した。

B．太平洋戦争は、日本がグアムの真珠湾を攻撃して勃発した。

C．朝鮮戦争は、大韓民国が朝鮮民主主義人民共和国に侵攻したことで勃発した。

D．湾岸戦争は、イラクによるクウェート侵攻をきっかけに勃発した。

問11　下線部(h)に関連して、この新しい暦の導入を採択したフランス革命期の議会の名称を答えなさい。

問12　下線部(i)は公職就任者を国教徒に限定することを定めた法の制定年(1673年)を指している。この法は何か。

問13　下線部(j)に関連して、第二次世界大戦前から戦中にかけて起こった以下の出来事を年代順に記号で並べなさい。

A．オランダ・ベルギーへの侵攻

B．オーストリア併合

C．ユーゴスラヴィアの占領

D．チェコスロヴァキア解体

地　理

（60分）

〔Ⅰ〕　地図に関する以下の問題(A)、(B)に答えよ。

(A)

下の図1は、手取川扇状地の扇央部分を示した5万分の1地形図(原寸)である。手取川は白山を源流とし、金沢平野を経て日本海に注ぐ日本屈指の急流河川であり、流域は「山－川－海のつながり」をテーマとした「白山手取川ジオパーク」に認定されている。豊富な水は自然資源として利用され、流域住民に恩恵をもたらす一方で、繰り返される水害に対して様々な対策がなされてきた。図1を見て、以下の設問に答えよ。

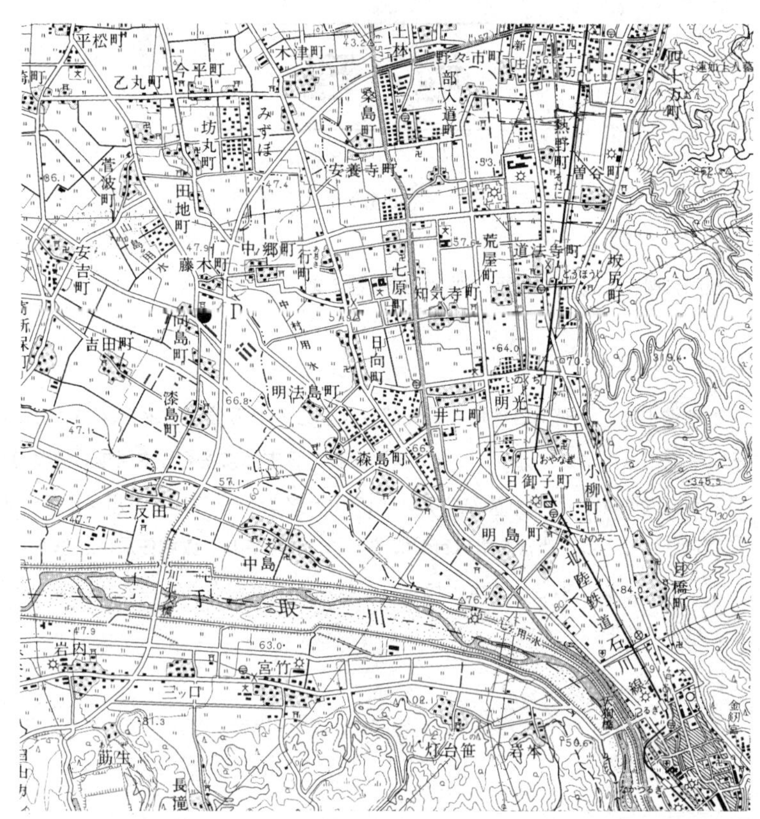

図1　石川県白山市の北部(国土地理院 1992 年発行『鶴来』の一部)

編集部注：編集の都合上，80%に縮小

問 1　ジオパークに関する以下の説明のうち、最も適切な記述を下記の選択肢から1つ選び、その記号を解答欄にマークせよ。

① ジオパークは、自然破壊の及んでいない豊かな生態系が残る場所を人間活動から隔離し、地域の生物多様性の保護を目指すものである。

② ジオパークは、地域の地形・地質を自然資源として利用し、水力発電や地熱発電など自然エネルギーによる電力の地産地消を目指すものである。

③ ジオパークは、自然科学的に意義のある地形・地質を保全し、その環境が生み出した文化や産業などを教育・観光に活用しながら、地域の活性化を目指すものである。

④　ジオパークは、自然科学的に優れた自然景観を保護し、それら景勝地をつなぐ散策ルートを整備することで、人々の健康増進に資することを目指すものである。

⑤　ジオパークは、水源の涵養や、土砂崩壊などの災害防止のために開発が制限された場所を公園として整備したもので、防災学習の拠点となることを目指すものである。

問２　手取川扇状地の扇頂付近にある鶴来(つるぎ)駅から地点Ｐまでの勾配として、最も適切な数値を下記の選択肢から１つ選び、その記号を解答欄にマークせよ。ただし勾配の単位は‰(千分率)とする。

①　8　　②　16　　③　80　　④　160

問３　手取川は谷口から海までの距離が短く、扇状地の扇端は、そのまま海に接している。このような扇状地をもつ河川を下記の選択肢から１つ選び、その記号を解答欄にマークせよ。

①　長良川　　②　黒部川　　③　四万十川
④　石狩川　　⑤　筑後川

問４　図中には、微高地に少数の家が集まって小さな集落を形成しているところがある。このような集落を表す適当な語を下記の選択肢から１つ選び、その記号を解答欄にマークせよ。

①　隠田集落　　②　環濠集落　　③　輪中集落
④　島集落　　⑤　新田集落

問５　手取川には、洪水対策として、図中にあるように不連続な堤防を雁行状に重複して配列させた霞堤が築かれている。また、手取川の水は、自然資源として地域に欠かせないものとなっている。手取川周辺の地形および土地利用に関し、不適切な記述を下記の選択肢から１つ選び、その記号を解答欄にマークせよ。

①　霞堤の不連続堤は、水の勢いを弱めて堤内地へあふれさせるために、上

流に向けて開くように配列されている。

② 扇央付近では、豊富な湧水を利用して水田が広がっている。

③ 増水時に湛水する場所は、水田や畑などの耕作地に利用されていることが多い。

④ 増水時の湛水地域を減らすため、霞堤のいくつかの不連続堤は接続されて連続堤になっている。

⑤ 手取川から取水した用水の水は、水力発電に利用されている。

問 6　上流からの土砂流量が多い河川では、人工堤防で河道を固定することにより、河床が上昇して周囲よりも高くなることがある。このような河川を表す用語を解答用紙裏面の解答欄に記せ。

問 7　手取川の河口付近では、海岸沿い約 70 km にわたって砂浜海岸が広がっているが、日本各地の砂浜海岸では砂浜の侵食が問題となっている。その原因として不適切な記述を下記の選択肢から 1 つ選び、その記号を解答欄にマークせよ。

① 海食崖の崩壊防止対策が進められて、海への土砂流出量が減少したため。

② 河川上流域に作られた砂防堰堤やダムに土砂が溜まり、海への土砂流出量が減少したため。

③ 活発な植林事業によって荒廃した山林が減少し、斜面崩壊にともなう海への土砂流出量が減少したため。

④ 都市開発用の建設資材として海浜砂の需要が高まり、採掘量が増加しているため。

⑤ 臨海部の都市において、多量の地下水汲み上げによって地盤沈下が起きたため。

(B)

広島県広島市では洪水、高潮、地震による津波、土砂災害など多種の災害に見舞われる可能性があり、それぞれの災害に対するハザードマップが整備されている。都市部への人口集中にともない、居住地域が拡大し続けていることは、災害リスクの増大につながる要因の一つである。そして近年の地球温暖化にともなって災害の激甚化が懸念され、自分の住む地域にどのような災害リスクが存在するのかを十分に把握することが求められている。下の図２に示す地域は、2018年７月の豪雨災害によって多数の斜面崩壊が発生し、被害を受けた地域である。図を見て以下の設問に答えよ。

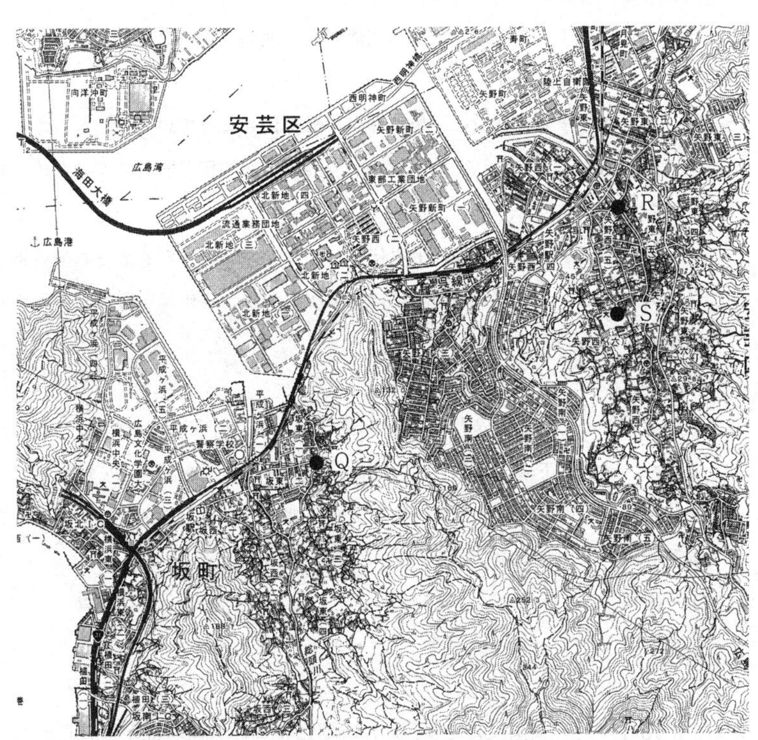

図２　広島県坂町および広島市南東部
（国土地理院 2016 年発行２万５千分１地形図『海田市』の一部を 80 ％に縮小）

編集部注：編集の都合上，80％に縮小

問８　最新の地形図では、図２の点Ｑ、Ｒ、Ｓの位置に「自然災害伝承碑」の地図記号が載っている。自然災害伝承碑の地図記号を下記の選択肢から１つ選び、その記号を解答欄にマークせよ。ただし、地図記号の大きさは若干変更している。

① ② ③ ④ ⑤

問 9 図2の点Q、R、Sの自然災害伝承碑は、全て土石流災害の被害を後世に伝えるためのものである。図中の地点RおよびS付近における土砂災害に関連する土地の特徴について、不適切な記述を下記の選択肢から1つ選び、その記号を解答欄にマークせよ。

① 矢野東四丁目の低地部には、上流のため池の決壊により、多量の水が一気に流れ込む恐れがある。

② 矢野西六丁目付近では、急斜面が平野部にせまっている。

③ 矢野西六丁目では、街区が不定形で排水路が整備されていないため、水があふれやすい。

④ 矢野南五丁目の造成地の上流には、2基の砂防堰堤が設置されている。

⑤ 矢野南五丁目の南の谷沿いには荒地が広がり、降雨による侵食が起こりやすい。

問10 広島湾では第2次世界大戦後、埋め立てによる地形改変が急速に進められてきた。図2左下の「坂駅」の北西側は、ある海岸地形を利用して埋め立て地を拡大した。元の海岸地形の名称を下記の選択肢から1つ選び、その記号を解答欄にマークせよ。

① 砂嘴　② デルタ　③ トンボロ

④ 浜堤　⑤ ラグーン

問11 2018年7月の豪雨災害では、この時期に特有の気象状況が数日にわたって継続し、大雨をもたらした。この時の気象状況について、最も適切な記述を下記から1つ選び、その記号を解答欄にマークせよ。

① 温かい海域で多量の水蒸気を含んだ南西からのモンスーンが、中国山地にぶつかって多量の雨をもたらした。

② 大型の台風が、対馬暖流が流入する日本海付近でさらに発達して、西日本の広い範囲に多量の雨をもたらした。

③　日中の太陽の日差しで地面付近の湿った空気が温められ、強い上昇気流が積乱雲を形成し、長時間にわたって大雨をもたらした。

④　日本海沿岸と太平洋沿岸を進む２つの温帯低気圧に挟まれた西日本の広範囲で、次々と発生した積乱雲が停滞して、長時間にわたって大雨をもたらした。

⑤　冷涼なオホーツク海気団と高温の小笠原気団の間にできた停滞前線の活動が活発化して、多量の雨をもたらした。

問12　広島市周辺の地形的特徴と土地利用について、最も適当な記述を下記から１つ選び、その記号を解答欄にマークせよ。

①　広島市は、海岸の埋立てにより住宅用地を確保してきたが、沿岸の水深が深く、さらなる埋立てが困難なため、丘陵地へと住宅が広がっていった。

②　広島市は、平野が少ないため、都市へ流入する人口を収容することができず、交通利便性の良い郊外の丘陵を造成して住宅地を確保してきた。

③　広島市の中心部は、標高の低いデルタに位置しており、南海トラフ地震による津波被害を避けるために、住宅地の高台移転が進められてきた。

④　広島市の中心部には、ゼロメートル地帯が広がっており、地球温暖化による高潮被害を避けるために、住宅の高台移転が進められてきた。

⑤　広島市の中心部付近の低地と丘陵地の境界には、活断層が存在するため、活断層から離れた丘陵地に住宅地が拡大してきた。

〔Ⅱ〕 以下の文章を読み、設問に答えよ。

中華人民共和国(以下、中国)は広大な国土a)にさまざまな民族b)による文化を保持しており、1985年に世界遺産条約c)を批准して以降、各地の自然・文化遺産の登録を進めている。近代史においては、19世紀のアヘン戦争以降、欧米や日本の支配下にあった都市や地域もあったd)。第2次世界大戦後の内戦を経て、中国は社会主義国となったが、1978年から、一部で市場経済を導入する改革開放政策e)により、沿海部から開発拠点を徐々に増加させていったf)。21世紀に入ると、他の新興国と合わせてBRICSg)と呼ばれる国々の一つとなり、2009年からはその首脳会議も行われている。現在では、中国は世界の経済大国h)の一つといえるが、沿海部と内陸部には経済格差が生じているi)。また、周辺国との政治的関係j)・社会的関係k)は、ときに複雑な様相を呈している。

問1　下線部a)に関連して、中国は多くの農産物において世界有数の生産国である。下記の選択肢のうち、中国が2020年において世界第1位あるいは第2位の生産国ではない農産物を1つ選び、その記号を解答欄にマークせよ。

①　大麦　　②　小麦　　③　米

④　とうもろこし　　⑤　ばれいしょ

問2　下線部b)に関連して、中国には政府が認めているだけでも55の少数民族が存在し、自治区や自治州なども多い。他方、国民の9割を占めるとされる漢族を中心とする中央政府との関係の悪化が、国際的に危惧されている民族もいる。下記の選択肢のうち、それに最も当てはまる民族を1つ選び、その記号を解答欄にマークせよ。

①　ウイグル族　　②　チョワン族　　③　トゥチャ族

④　ホイ族　　⑤　ミャオ族

問3　下線部c)に関連して、以下の(1)、(2)の問いに答えよ。

(1)　古代の通商路であるシルクロードは、中国だけではなくカザフスタン、キルギスと合わせて3か国が関わる国境を超えた世界遺産となっている。

下記の選択肢のうち、複数の国にまたがっていない世界遺産を１つ選び、その記号を解答欄にマークせよ。

① ヴィクトリアの滝　② ガラパゴス諸島
③ ピレネー山脈　④ ル・コルビュジエの建築作品
⑤ ローマ歴史地区

(2) 中国が現代のシルクロードとして提唱している経済圏構想の名称を下記の選択肢から１つ選び、その記号を解答欄にマークせよ。

① 一帯一路　② 西部大開発　③ 東北振興
④ 南水北調　⑤ 緑の長城計画

問４ 下線部ｄ)に関連して、中国の都市や地域の説明として、不適切なものを下記から１つ選び、その記号を解答欄にマークせよ。

① シャンハイ(上海)では、第２次世界大戦中まで複数の国が租界を形成した歴史を持ち、現在は経済・貿易・金融の集積に特徴がある。
② シルクロードの拠点であり、オランダ東インド会社の統治下におかれたランチョウ(蘭州)にはムスリムが多い。
③ 中国東北部は、第２次世界大戦前に日本の支配下で開発が進み、計画経済において重工業の中心となっていた。
④ ポルトガルの統治下にあったマカオ(澳門)は、西洋と東洋の歴史的な建造物が混ざり合った独特の都市景観を持っている。
⑤ ホンコン(香港)はイギリスが割譲・租借していた地で、中国に返還されたのちも、一国二制度の下に統治されている。

問５ 下線部ｅ)に関連して、改革開放政策がすすめられた初期において、中国南東部のシェンチェン(深圳)、スワトウ(汕頭)、アモイ(厦門)、チューハイ(珠海)、ハイナン(海南)に外国資本を導入する経済特区が設けられた。中国南東部に経済特区を集中させた利点について、解答用紙裏面の解答欄の枠内に収まる範囲で述べよ。

〔解答欄〕タテ 3.5cm×ヨコ 14.8cm

問６　下線部ｆ）に関連して、以下の(あ)〜(え)の文は、経済技術開発区があるウーハン（武漢）、コワンチョウ（広州）、シーアン（西安）、ペキン（北京）の４都市について簡単に説明したものである。また、次の表１と図１は、それぞれ人口規模と雨温図を示したものであり、Ａ〜Ｄ、ア〜エは、この４都市のいずれかが該当する。このうち、ウーハンを表す都市の説明、人口規模、雨温図の組み合わせとして、最も適当な選択肢を１つ選び、その記号を解答欄にマークせよ。

(あ)　冬季オリンピックの開催地として世界最大の都市である。

(い)　近くで採掘される鉄鉱石を利用した鉄鋼業が発達している。

(う)　黄河の支流の南にあり古くから栄えた都市である。

(え)　華南の交通の要衝であり、鉄道・港湾・国際空港が近接する。

	都市の説明	人口	雨温図
①	あ	B	ウ
②	い	C	ア
③	う	A	イ
④	い	D	ウ
⑤	え	D	エ
⑥	う	C	エ

表１　中国主要都市（省都と直轄市）人口（2019年、単位万人）

都市	人口
重慶（チョンチン）	3,416
成都（チョントゥー）	1,500
上海（シャンハイ）	1,469
A	1,397
天津（テンチン）	1,108

都市	人口
石家荘（シーチヤチョワン）	1,052
B	957
C	954
ハルビン	951
D	906

（『世界国勢図会 2022/23』より）

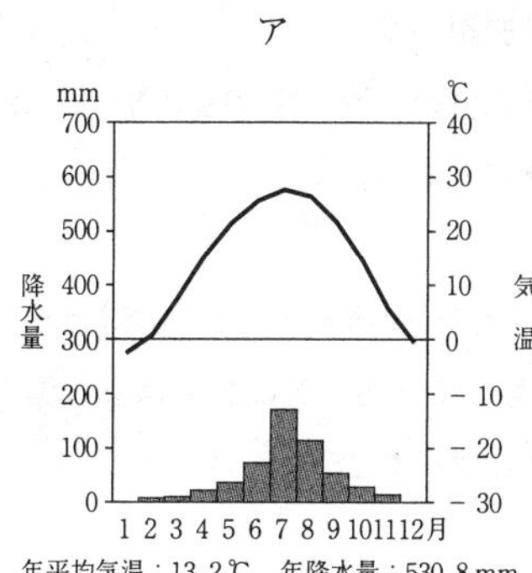

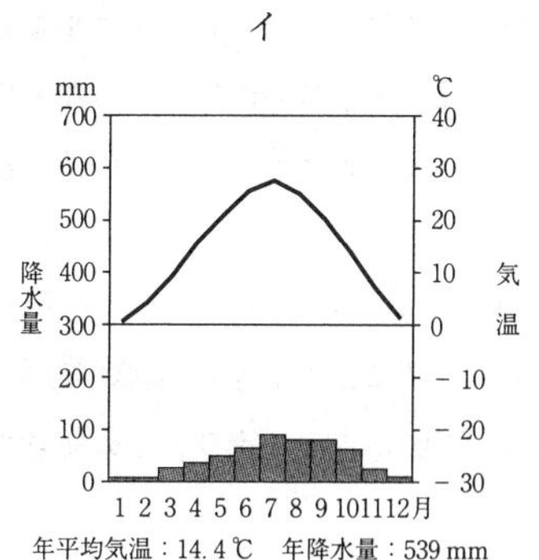

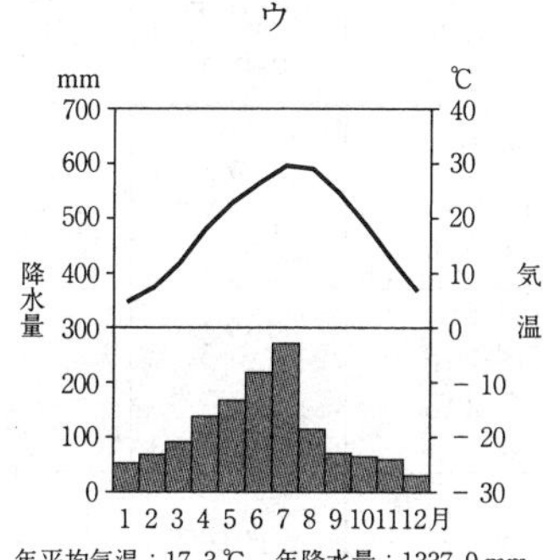

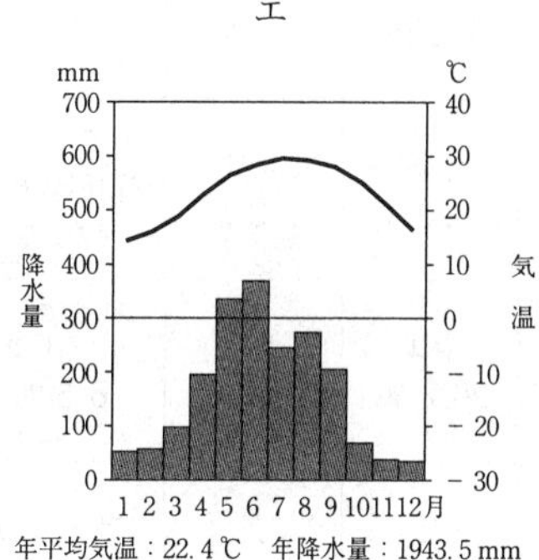

図1　4都市の雨温図(気象庁HPのデータをもとに作成)

問7　下線部g)に関連して、以下の(1)、(2)の問いに答えよ。

(1)　BRICSの構成国(2022年末現在)に関する説明として、不適当なものを下記から1つ選び、その記号を解答欄にマークせよ。

①　南米最大の面積をもち、鉱産資源が豊富で、大豆とコーヒー豆の世界的な生産国であり、バイオエタノールにも力を入れている。

②　天然資源が豊富で、石油と天然ガスの世界的な生産量を誇る国であり、ドイツへのパイプラインもある。

③　米と小麦の世界的な生産国であるほか、情報通信技術産業に携わる人材の豊富さにも特徴がある。

④　白人の優位を制度化した人種隔離政策が行われた歴史を持ち、金やダ

イヤモンド、レアメタルなどの鉱産資源が多い。

⑤ 大小多くの島々からなる日本の5.5倍の面積を持つ国であり、原油、天然ガス、すずなどの地下資源が豊富である。

(2) 以下の表2はBRICS諸国(2022年末現在)の輸入相手国(地域)とその輸入額に占める割合(2020年)を示したものである。Xに当てはまる国を選択肢から1つ選び、その記号を解答欄にマークせよ。

表2

中国	台湾 9.8%	日本 8.5%	韓国 8.4%	アメリカ 6.6%	オーストラリア 5.6%	X 5.1%
あ国	中国 16.0%	アメリカ 7.2%	アラブ首長国連邦 6.5%	サウジアラビア 4.8%	イラク 4.4%	香港 4.0%
い国	中国 20.8%	X 9.2%	アメリカ 6.5%	インド 5.2%	サウジアラビア 3.9%	−
う国	中国 23.7%	X 10.1%	アメリカ 5.7%	ベラルーシ 5.4%	イタリア 4.4%	フランス 3.5%
え国	中国 21.4%	アメリカ 15.4%	X 5.4%	アルゼンチン 4.9%	韓国 2.6%	−

(『世界国勢図会2022/23』による。−はデータ未掲載)

① イギリス　② シンガポール　③ ドイツ
④ トルコ　⑤ カナダ

問8 下線部h)に関連して、中国は一次エネルギーの生産・供給においても世界最大である。下の図2は中国、アメリカ、日本、フランス、ロシアの一次エネルギー供給の構成割合を示したものである。中国の構成割合を示すグラフを図中から1つ選び、その記号を解答欄にマークせよ。

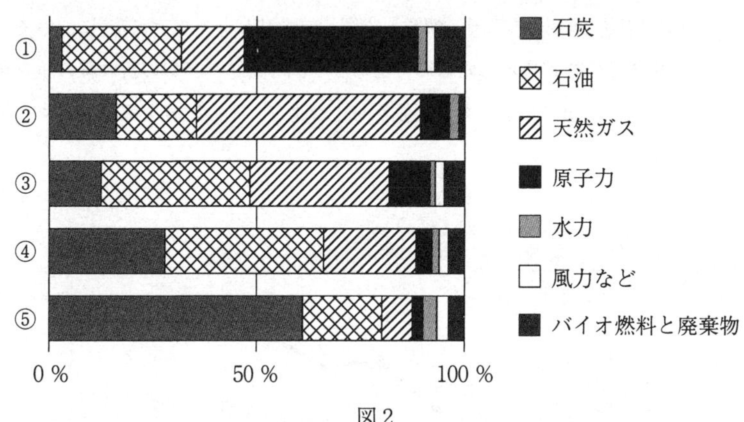

図 2

（データはすべて2019年。「風力など」には風力、太陽光、地熱、潮力などを含む。『世界国勢図会 2022/23』をもとに作成）

問 9　下線部 i ）に関連して、中国内陸部から沿海部に向けて多くの労働者が移動している。このように移動する労働者に対して中国の戸籍制度が与えている影響について、解答用紙裏面の解答欄の枠内に収まる範囲で述べよ。

〔解答欄〕タテ 3.5cm×ヨコ 14.8cm

問10　下線部 j ）に関連して、中国が領有権を主張している地域と主な相手国の組み合わせとして不適切なものを１つ選び、その記号を解答欄にマークせよ。

	地域	相手国
①	南沙諸島	フィリピン
②	尖閣諸島	日本
③	アルナーチャル・プラデシュ	インド
④	ウルルン島	韓国
⑤	西沙諸島	ベトナム

問11　下線部 k ）に関連して、以下の(1)、(2)の問いに答えよ。

(1)　下の図３は1990年に日本に在留していた外国人数上位５つの国・地域

(アメリカ合衆国、韓国・朝鮮、中国、フィリピン、ブラジル)について、5年ごとの推移を示したものである。中国とフィリピンの折れ線の組み合わせとして適切なものを選択肢から1つ選び、その記号を解答欄にマークせよ。

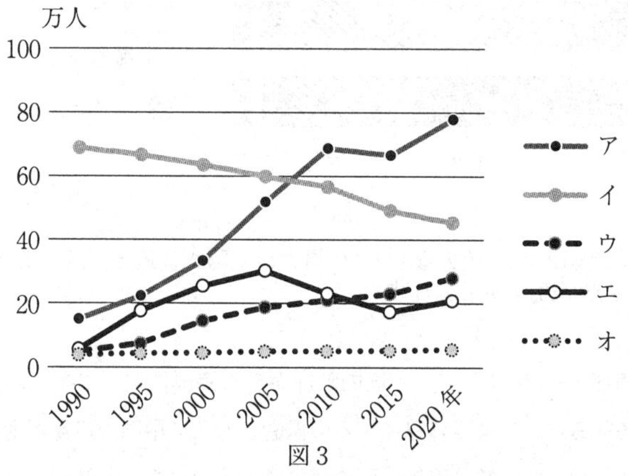

図3

(各年12月末時点、法務省在留外国人統計より作成)

	中国	フィリピン
①	ア	ウ
②	ア	エ
③	ア	オ
④	イ	ウ
⑤	イ	エ
⑥	イ	オ

(2) 下の図4は日本に在留する中国人の在留資格(技術・人文知識・国際業務、留学、技能実習および研修)の推移を示したものである。折れ線ア～ウが示す在留資格の組み合わせとして、適切なものを選択肢から1つ選び、その記号を解答欄にマークせよ。なお、留学には修学も含む。また、2020年の技能実習・研修には特定技能も含む。

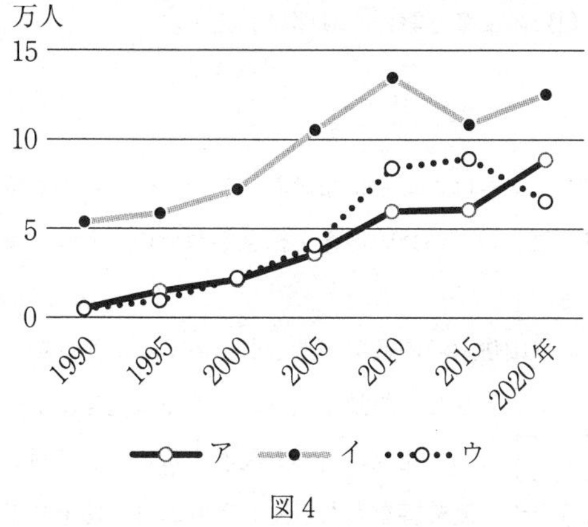

図4

（各年12月末時点、法務省在留外国人統計をもとに作成）

	ア	イ	ウ
①	技術・人文知識・国際業務	留学	技能実習・研修
②	技術・人文知識・国際業務	技能実習・研修	留学
③	留学	技術・人文知識・国際業務	技能実習・研修
④	留学	技能実習・研修	技術・人文知識・国際業務
⑤	技能実習・研修	技術・人文知識・国際業務	留学
⑥	技能実習・研修	留学	技術・人文知識・国際業務

〔Ⅲ〕 以下の(A)、(B)の文章を読み、設問に答えよ。

(A)

地球温暖化による影響はさまざまな側面に及び、何らかの対策を講じないと、地球にとって取り返しのつかない事態を招きかねないことは、多くの人々に認識されている。

地球温暖化により山岳氷河の融解が進むと、各地で氷河は縮小する一方で、氷河湖が拡大している。しかし、急激な水位の上昇や地震等によって氷河湖を堰き止めていた［ 1 ］などの堤状の地形が決壊すると、氷河湖から大量の水が流出し、下流に大きな土石流被害をもたらす。とりわけ、国土の半分が標高3,000メートル以上の山岳地帯で、パミール高原で中国と国境を接する［ 2 ］には、1万以上もの氷河があるとされ、氷河湖の決壊による災害が懸念されている。

地中の温度が複数年にわたって0℃以下で、常に凍結している土壌および岩石を永久凍土といい、その分布域の南限は［ 3 ］の等温線に近い。しかし、地球温暖化が進行することによる高緯度地域の永久凍土の融解が懸念されている。a)

サンゴ礁の島々は、全般的に標高が低いので、わずかな海水面の上昇でも影響を受けやすい。温暖化による海水面の上昇により、インド洋や太平洋のサンゴ礁からなる島々b)では海岸浸食が激しく、水没の危機に瀕しているところもある。［ あ ］のツバルでは、熱帯低気圧による高潮の被害も大きく、同系のマオリ族系住民が住む［ い ］に、毎年少しずつ住民を移住させている。

人口1,000万人、都市圏を含めると3,000万人超の人口を抱えるジャカルタは、人口過密にともなう交通渋滞や大気汚染が著しい。また、水不足による地下水の過剰汲み上げが地盤沈下を加速させ、地球温暖化で海水面が上昇すると、水没の恐れも懸念されている。そこで政府は、首都として機能しなくなる恐れから、［ 4 ］島に首都を移転して、最先端のICTを使って管理する［ 5 ］の建設を計画している。

［ う ］に面したバングラデシュの国土の大部分は、［ え ］とブラマプトラ川下流の三角州にあり、［ お ］にかけて、［ か ］モンスーンの影響を受ける雨季には国土の半分近くが水没するため、海水面の上昇には強い危機意

識をもっている。さらにこの国には、イスラム系少数民族のロヒンギャの人々が、[6]政府の弾圧を逃れて越境避難しているが、避難先での厳しい生活に洪水の被害が拍車をかけている。

地球温暖化の影響は日本も無縁ではない。沿岸部に人口や資産が集中する日本では、海水面上昇による被害が大きく懸念されるが、それ以外にも<u>異常気象の頻発</u>c)や<u>水産資源の異変</u>d)などにその兆候はすでに表れている。

問１　文中の空欄[1]に当てはまる語を下記の選択肢から１つ選び、その記号を解答欄にマークせよ。

①　エスカー　　②　カール　　③　デブリ
④　ドラムリン　　⑤　モレーン

問２　文中の空欄[2]に当てはまる国名を下記の選択肢から１つ選び、その記号を解答欄にマークせよ。

①　アフガニスタン　　②　ウズベキスタン　　③　カザフスタン
④　タジキスタン　　⑤　パキスタン

問３　文中の空欄[3]に当てはまる語を下記の選択肢から１つ選び、その記号を解答欄にマークせよ。

①　１月の－20℃　　②　１月の－40℃　　③　７月の０℃
④　７月の－10℃　　⑤　７月の－20℃

問４　文中の下線部ａ)に関し、下記の文章のうち誤っているものを１つ選び、その記号を解答欄にマークせよ。

①　新たな感染症をもたらす未知の病原菌やウィルスが拡散される。
②　樹木や建物の倒壊や、道路やパイプラインなどインフラの破損を招く。
③　凍結していた有機物が分解し、温室効果ガスが放出される。
④　凍結していた斜面の崩壊が生じ、土石流の発生によって大量の難民が発生している。
⑤　凍結していたマンモスが地表に現れ、そこから採取した牙の輸出が増え

ている。

問 5 文中の下線部 b)に関し、下記の文章のうち正しいものを1つ選び、その記号を解答欄にマークせよ。

① 海水温が上昇すると、サンゴは白い骨格が透けて見えるようになるが、これが美しいサンゴ礁の景観を生み、貴重な観光資源になっている。

② 環礁や堡礁がある島では、サンゴ礁が防波堤になり外洋と隔てられているため、魚類の回遊がなく漁業は振るわない。

③ サンゴは海流が激しくなく、濁っていない環境を好むため、海水温の上昇がみられるところでは、深海に移植すれば種の維持を図ることができる。

④ サンゴ礁の分布は、最寒月の平均水温が18℃以上の暖かい海域とほぼ一致しており、北緯30度から南緯30度までの間に分布が集中している。

⑤ 大気中の二酸化炭素濃度が上昇すると、海水に溶け込む二酸化炭素の量も増えるので、サンゴの骨格をつくる炭酸カルシウムが供給されて、勢いを取り戻すようになる。

問 6 文中の空欄 あ と い に当てはまる語の組み合わせを下記の選択肢から1つ選び、その記号を解答欄にマークせよ。

	あ	い
①	ポリネシア	ハワイ
②	ミクロネシア	ハワイ
③	メラネシア	ハワイ
④	ポリネシア	ニュージーランド
⑤	ミクロネシア	ニュージーランド
⑥	メラネシア	ニュージーランド

問 7 文中の空欄 4 に当てはまる島名を下記の選択肢から1つ選び、その記号を解答欄にマークせよ。

① ジャワ　　② スマトラ

③ バリ　　④ カリマンタン(ボルネオ)

⑤ ミンダナオ

問 8　文中の空欄 [5] に当てはまる語を下記の選択肢から1つ選び、その記号を解答欄にマークせよ。

① ウォーカブルシティ　　② エッジシティ

③ コンパクトシティ　　④ スマートシティ

⑤ ワイヤードシティ

問 9　文中の空欄 [う] と [え] に当てはまる語の組み合わせを下記の選択肢から1つ選び、その記号を解答欄にマークせよ。

	う	え
①	アラビア海	インダス川
②	アンダマン海	ガンジス川
③	ベンガル湾	インダス川
④	アラビア海	ガンジス川
⑤	アンダマン海	インダス川
⑥	ベンガル湾	ガンジス川

問10　文中の空欄 [お] と [か] に当てはまる語の組み合わせを下記の選択肢から1つ選び、その記号を解答欄にマークせよ。

	お	か
①	春から夏	南西
②	夏から秋	南西
③	秋から冬	南西
④	春から夏	北東
⑤	夏から秋	北東
⑥	秋から冬	北東

問11　文中の空欄 6 に当てはまる国名を下記の選択肢から1つ選び、その記号を解答欄にマークせよ。

①　インド　②　スリランカ　③　中国

④　ネパール　⑤　ミャンマー

問12　文中の下線部c)に関し、最近日本でも大雨による被害が頻発しているが、下記の住宅の立地について述べた記述のうち正しいものを1つ選び、その記号を解答欄にマークせよ。

①　埋立地は平坦であり、護岸によって海面から数メートルの比高が保たれているので、住宅開発に適している。

②　旧河道や水田跡などの低湿地は、地震の際に揺れを柔軟に吸収することができるので、住宅地に適している。

③　山麓部の谷を埋めた平坦地は、高台にあり水はけもよいが、住宅地には不適である。

④　地滑りでできた土地は、なだらかで水はけもよいため、住宅地に適している。

⑤　氾濫原の一部である自然堤防上は、昔から住宅を建てる場所として避けられてきた。

問13　文中の下線部d)に関し、近年、日本近海のサケの漁獲量は減少傾向にある。これは、温暖化で海水温が上昇したため、サケの幼魚の最適生息域が北上し、日本近海への回遊が減少したものと考えられている。下記のサケの主要漁場のうち、寒流が卓越し、かつ養殖が盛んな海域を1つ選び、その記号を解答欄にマークせよ。

①　アラスカ湾　②　オホーツク海　③　チリ沿岸

④　ノルウェー沿岸　⑤　ベーリング海

(B)

国連難民高等弁務官事務所(UNHCR)の報告によると、紛争や迫害、差別、暴力、気候変動などにより自国内外へ逃れた難民の総数は1億人を超えるが、難民の 69 %の出身国は 5 か国に集中し、また、難民の 72 %は近隣国で受け入れられているという。下記の表と文章を参考にして、以下の設問に応えよ。

難民の出身国	送出難民数（百万人）
A	6.8
B	4.6
アフガニスタン	2.7
C	2.4
ミャンマー	1.2

難民の受入国	受入難民数（百万人）
トルコ	3.8
コロンビア	1.8
ウガンダ	1.5
パキスタン	1.5
D	1.3

B国の難民は国外に逃れた人を示す。（「数字で見る難民情勢 2021 年」より）

A国は、第 2 次世界大戦後、フランスの委任統治領から独立した。宗教少数派が政権を掌握してきたが、2010 年代に周辺諸国で民主化の機運が高まると、宗教多数派が占める反政府勢力e)に対して弾圧を強め、欧米諸国やサウジアラビアは反体制派を、ロシアやイランは体制派を支援して、内戦状態に陥った。

B国は、世界最大の原油埋蔵国であり、アラブ諸国を除く唯一の OPEC 原加盟国である。豊富な石油資源f)を背景に 1980 年代頃までは、この大陸の最富裕国であった。21 世紀になると、原油価格の下落や政策の失敗などにより経済状況は徐々に悪化し、治安悪化や高インフレ、外貨不足による食糧・医薬品の欠乏などから国外に脱出する難民が増加した。

C国は、2011 年にムスリムのアラブ系勢力の影響が強い北部中心の政権から、黒人キリスト教徒が多数派を占める南部が分離独立した。しかしその後、政府内の対立から内戦が勃発し、治安の悪化で石油に依存する経済も低迷して、多くの難民が発生した。国土の中央部を大河川が流れ湿地帯が広がるg)が、ここは酷暑のまっ平らな低地で、ここが蒸発皿の役目を果たすため、この下流部では流量が半減する。

問14　A、B、Cの国名を解答用紙裏面の解答欄に記せ。

問15　A国に関する文中の下線部 e）に関し、この国で多数派を占める宗派を下記の選択肢から１つ選び、その記号を解答欄にマークせよ。

① イスラム教シーア派　② イスラム教スンナ派
③ キリスト教カトリック　④ キリスト教東方正教
⑤ キリスト教プロテスタント

問16　B国に関する文中の下線部 f)に関し、B国には主に軽質原油を産出する［X］湖周辺の油田と、重質原油を産出する［Y］川流域の油田がある。上記の空欄［X］と［Y］に当てはまる適切な地名を解答用紙裏面の解答欄に記せ。

問17　C国に関する文中の下線部 g)に関し、この河川の名称と、その水源となる湖の組み合わせを下記の選択肢から１つ選び、その記号を解答欄にマークせよ。

	河川	湖
①	青ナイル	ヴィクトリア
②	青ナイル	タンガニーカ
③	青ナイル	チャド
④	白ナイル	ヴィクトリア
⑤	白ナイル	タンガニーカ
⑥	白ナイル	チャド

問18　D国はG７(主要国首脳会議)構成国のうちで難民の受け入れ数が突出して多い。この国を下記の選択肢から１つ選び、その記号を解答欄にマークせよ。

① アメリカ合衆国　② イギリス　③ カナダ
④ ドイツ　⑤ フランス

問四 空欄 C にあてはまるものとして最も適切なものを、次の中から一つ選び出して、その番号をマークせよ。

① 諫 ② 擬 ③ 賛 ④ 退

問五 本文の内容に合致するものとして最も適切なものを、次の中から一つ選び出して、その番号をマークせよ。

① 秀吉は、合戦の準備をしながら自分の考えを決め、今後の方針について側近に問うた。
② 側近は、秀吉に、潮の満ち干から見て、船を出して海を渡らざるを得ないと返答した。
③ 秀吉は、光秀を討った後でも、吉野山へ出かけるのには間に合うだろうと考えていた。
④ 側近は、秀吉に、風雨に花が散るのを恐れるように、情報漏洩を防ぐべきだと説いた。

乎。宜シク下以テ二此ノ役ヲ一為ス中観花之始メト上耳」。

（『近古史談』より）

注　弑 ―― 臣下が王君を殺す。
兼程 ―― 一日で二日分の道のりを進む。
署分 ―― 役割の分担。
潮候 ―― 潮の満ち干の時刻。
芳山 ―― 吉野山を指す。

問一　傍線a「尽」・b「縦」の読みとして、それぞれ適切なものを、次の中から一つずつ選び出して、その番号をマークせよ。

①　つくづく　②　もし　③　ことごとく　④　ほしいままに
⑤　たとひ　⑥　つひに　⑦　ならびに

問二　傍線Aを書き下し文にすると、「和歌を善くする者幽古有り」となる。これをふまえて、「有」と「歌」の部分に返り点を付けよ。（送り仮名は不要である）

問三　傍線B「安得不一往而観之」を、「之」の内容がわかるように口語訳せよ。

三　次の文章を読んで、後の問に答えよ。（返り点・送り仮名を省いた箇所がある）

織田右府之遇(フ)レ弑(しいサルルニ)也(や)、筑前(ノ)守秀吉既(ニ)与二毛利氏一和(シ)、兼(ネテ)レ程(ヲ)東上(シ)、討(タントス)二逆賊光秀(ヲ)一。逗(とどマル)二姫路(ニ)一者(こと)一日、[a]尽収(メテ)二金銀(ヲ)一以(テ)為(シ)二軍資(ト)一、署分既(ニ)定(ム)。是(ノ)夕浴罷(ミ)、呼(ビテ)二堀久太(ヲ)一語(リテ)レ之(ニ)曰(ク)、「此(ノ)城無(シ)レ用(フル)二守備(スルニ)一也。吾将(ニ)三一擲(シテ)賭(ケント)二天下(ヲ)一。子以為(ヘラク)何如(ト)」。久太曰(ク)、「然(リ)。以(テ)レ僕(ヲ)観(ルニ)レ之(ヲ)、潮候正(ニ)好(シ)。勢(ヒト)不レ可(カラ)レ不(ル)レ揚(ゲ)レ帆(ヲ)」。[A]有善和歌者幽古、進(ミテ)曰(ク)、「譬(フレバ)レ之(ヲ)芳山花盛開(ナリ)、[B]安(クンゾ)得(ンヤト)レ不(ルヲ)二一(タビ)往(キテ)而観一レ之(ヲ)」。黒田孝高自(リ)レ旁 [C] レ之(ヲ)曰(ク)、「[b]縦欲(スレドモ)レ観(ント)レ花(ヲ)、時不(レバ)レ至(ラ)則(チ)不レ能(ハ)矣。今也風(ニ)綻(ほころビ)雨(ニ)拆(ひらキ)、自(ラ)嬌(トシテ)招(ク)レ人(ヲ)。時(ナル)乎時(ナル)

② 二首とも掛詞や縁語を効果的に用いており、「かへらじと」の歌からは正行の並々ならぬ決意が、「矢じりもて」の歌からは正行が扉に彫りつけた矢尻の跡に広足が感銘を受けたことが読み取れる。

③ 二首とも枕詞や掛詞を効果的に用いており、「かへらじと」の歌には正行の悲嘆、「矢じりもて」の歌にはいかなる状況にも平常心を保ち続ける正行に対する広足の敬愛の念が表現されている。

④ 二首とも序詞や縁語を効果的に用いており、「かへらじと」の歌には正行の決死の覚悟が、「矢じりもて」の歌には矢尻で彫りつけた文字が残っていることへの広足の驚きが表現されている。

問七　【甲】の文章を内容面から二つに分けるとすると、どこで分けられるか。前半最後の語句として最も適切なものを、四箇所の波線部の中から一つ選び出して、その番号をマークせよ。

① 宿りを定めぬ
② とて笑ふ
③ 如意輪寺に詣づ
④ いはんかたなくおもしろし

問八　【甲】の文章に最も近い時期に成立した作品を、次の中から一つ選び出して、その番号をマークせよ。

① 『雨月物語』　② 『奥の細道』　③ 『おらが春』　④ 『曾根崎心中』

問五　傍線C「『菅笠日記』に鈴屋翁の言はれたること」とは、十四世紀に足利氏が押し立てた京都の北朝に対し、後醍醐天皇が吉野に南朝を樹立して対立した当時のことに本居宣長が言及した、【乙】の内容を指す。【乙】と中島広足の「面影に昔も見えてよし水の流るるものは涙なりけり」の歌との関係を説明したものとして、最も適切なものを次の中から一つ選び出して、その番号をマークせよ。

①　宣長はもっぱら吉水院で過ごされた後醍醐天皇の苦難をその場に立って実感しているのに対し、広足は後村上天皇の時代の吉水院のありようをも想像しつつ、南北朝時代の歴史の一場面に思いを馳せて悲しみに暮れている。

②　宣長は後醍醐天皇の時代に思いを馳せて、吉水院で過ごされた後醍醐天皇の失意の日々を想像しながら涙を流しているのに対し、広足の歌は吉水院における後醍醐天皇と後村上天皇の二代にわたる嘆きの涙をうたっている。

③　吉水院を訪れた宣長は、この地に都を遷した後醍醐天皇が悲嘆に暮れて日々涙する様子を想像しているのに対し、広足はこの地に都を遷す前後の生活を比べた後醍醐天皇がみずからの流転する運命に涙したと解釈している。

④　吉水院を訪れた宣長は、ここのたたずまいが後醍醐天皇滞在中を彷彿とさせることに感銘を受けているのに対し、広足の歌は、宣長の残した言葉に共感しつつ天皇の事跡を思いながらみずから涙している様子を述べている。

問六　傍線D「楠正行ぬしの堂の扉に彫りつけられし歌」とは「かへらじとかねて思へば梓弓なき数にいる名をぞとどむる」という歌である（本文中には出ていない）。この歌とこれを見て詠んだ中島広足の「矢じりもて彫りしことばに真心を通しつくしし跡ぞ見えける」の歌についての説明として、最も適切なものを次の中から一つ選び出して、その番号をマークせよ。

①　二首とも枕詞や序詞を効果的に用いており、「かへらじと」の歌には戦いに臨む正行の覚悟のほどが、「矢じりもて」の歌には広足が主君への忠義を貫く正行の生き方に共感していたことが読み取れる。

勝手の社 ―― 吉野山の入口に鎮座する勝手神社。
如意輪寺 ―― 蔵王堂、吉水院などがある一帯とは谷をひとつ隔てた山腹に位置する寺院。
楠正行 ―― 一三二六?～一三四八。楠正成の長男。南朝の後村上天皇に仕えた。「楠」は、「楠木」とも書く。
竹林院・子守の御社 ―― 竹林院は吉野山にある寺院。子守の御社は吉野山の奥に鎮座する吉野水分神社の別名。

問一　傍線1・2を口語訳せよ。
1　いみじきただごとどもなりや
2　御手づから刻み奉り給へる

問二　二重傍線「多し」を最も適切な形に改めて記せ。

問三　傍線A「二日」とあるが、何月の二日か、最も適切なものを、次の中から一つ選び出して、その番号をマークせよ。
①　如月　②　弥生　③　卯月　④　皐月

問四　傍線B「目こそさめにけれ」に込められた感情に最も近いのはどれか。次の中から一つ選び出して、その番号をマークせよ。
①　愕然　②　悄然　③　憤然　④　漫然

に登らんとす。この山のはらなる桜を上の千本とか言ひて、いと多かる花の今を盛りなるは、ただ白雲の下り居るがごとくなり。御社のもとなる雲居桜と言ふは、糸桜にてこれも盛りなる、その木陰の茶屋に休らひ酒飲みて、

　しろたへに咲ける高嶺の糸桜空より落つる滝かとぞ見る

ここにて雲居の桜と詠みたまへる大御歌も思ひ出られて、またも涙こぼれぬ。

【乙】

この院は、道より左へいささか下りて、また少し上る所、離れたる一つの岡にて、めぐりは谷なり。後醍醐のみかどの、暫しがほどおはしましし所とて、ありしままに残れるを、入りて見れば、げに物ふりたる殿のうちのたたずまひ、世の常の所とは見えず。かけまくはかしこけれど、

　いにしへの心をくみてよし水のふかきあはれに袖は濡れけり

かのみかどの御像（みかた）、後村上帝の、2御手づから刻み奉り給へるとて、おはしますを拝み見奉るにも、

　あはれ君この吉水にうつり来て残る御影を見るもかしこし

注　発心門・仁王門 ―― 発心門は修験者が入峰修行の最初に通過する門。仁王門は修験道の中心をなす金峯山寺蔵王堂の正門。

まらうどゐのおばしま ―― 客間の欄干。

吉水院 ―― 元来は金峯山寺の僧坊で、後醍醐天皇が吉野に移って最初に御所と定めた場所。

後醍醐のみかど ―― 第九六代天皇。一二八八～一三三九。鎌倉幕府を倒し、建武の新政を実施したが、足利尊氏との戦に敗れ、大和国吉野に入って南朝を樹立した。

鈴屋翁 ―― 本居宣長。一七三〇～一八〇一。鈴屋は宣長の雅号。『菅笠日記』は宣長四三歳の一七七二年、吉野、飛鳥を旅した時の日記。

二　問題文【甲】は、江戸時代末期に書かれた中島広足の紀行文『花のしたぶし』の一節で、【乙】は【甲】の中で言及されている本居宣長『菅笠日記』（すががさにっき）の一節である。これらを読んで、後の問に答えよ。（なお、一部本文を改めたところがある）

【甲】

二日、宿りし家は、吉野川の岸なる高き所にて、川に片懸て作り出したるさま、今朝ぞ初めて知られける。

朝戸あけて見わたす目こそさめにけれ吉野の川の岸のかりぶし

とく出でて名に負ふ吉野川を舟にて渡る。飯貝の里を過ぎ、やや行きて山口にかかる。これよりのぼる所を、さとびごとに一目千本とか言ひて、いと多かる桜の中を、こなたかなたと分け行くに、大方は散り過ぎにたれど、なほ残れるもあめり。

散り残る桜はなほもにほひつつ夏とも見えぬみ吉野の山

登りを経て、発心門としるせる額ある鳥居より入りて、仁王門のこなたの、左の方なる家に、まづ宿りを定めぬ。このまらうどゐのおばしまによりて見れば、谷を隔てたる向かひの山々、目の前に見えたり。

峰高く登るままに吉野山なほさかりなる花ぞ多し

すそは散り半ばは盛り奥はまだ咲かぬ吉野の山桜花

いみじきただごとどもなりやとて笑ふ。さてしるべの人を雇ひて、まづ吉水院に詣づ。後醍醐のみかどのおはしましし世の事を思ふに、『菅笠日記』に鈴屋翁の言はれたることさへ思ひ出でられて、

面影に昔も見えてよし水の流るるものは涙なりけり

蔵王堂に詣り、勝手の社を拝みて如意輪寺に詣づ。後ろの山に少し登りて、後醍醐のみかどの塔の御陵を拝み奉る。寺に返りて、しばし休らひつつ、楠正行ぬしの堂の扉に彫りつけられし歌のあるを見て、

矢じりもて彫りしことばに真心を通しつくしし跡ぞ見えける

かくて竹林院に行きて、庭のやや高き所より見わたす景色、いはんかたなくおもしろし。日もなほ高ければ、子守の御社の峰

③　Ⅰ　自　然　　Ⅱ　当　然

④　Ⅰ　必　然　　Ⅱ　当　然

問九　空欄 Ⅲ にあてはまる言葉として、最も適切なものを、次の中から一つ選び出して、その番号をマークせよ。

①　心ばせ　　②　心がけ　　③　心あて　　④　心おき

問十　この文章の趣旨からは**導き出せない**ものを、次の中から一つ選び出して、その番号をマークせよ。

①　町人・百姓の場合、敵討を行ったと幕府に訴えても、敵討が事実であると認定されなければ、最悪の場合は、死罪になることもありうる。

②　武士が、敵討の訴えをせずに、敵としてねらった相手を討ち果たした場合、切腹という手段で始末を付ければ、敵討であると認定される。

③　親や兄によって、自分のすぐ上の兄を無法にも殺された場合、それを殿様に訴えても処罰されないときには、泣き寝入りをするしかない。

④　師匠を殺された町人・百姓の弟子が、師匠の子や弟が敵討をしようとしないので、やむをえず師匠の敵を討っても、敵討と認定されない。

③　敵討は、幕府によって収監されずに終わる場合と、収監された後に許される場合が両立するものだから。
④　敵討は、幕府からの許可によって運用される制度である以前に、人間自身の根源から起こるものだから。

問五　傍線C「一分」と同じ意味で用いられている語を、本文中から二字で抜き出して記せ。

問六　傍線D「なんだかおかしい」とは、どういうことか。最も適切なものを、次の中から一つ選び出して、その番号をマークせよ。
①　ありがたいものなのに、その点を具体的に説明していない点がおかしい。
②　ありがたいものなのに、ありがたくないように言っているのがおかしい。
③　ありがたくもないものなのに、ありがたがれと命じている点がおかしい。
④　ありがたくもないものなのに、それを正しく述べていないのがおかしい。

問七　傍線E「人間の至情」を、別の言い方で述べたものを、本文中から八字で抜き出して記せ。

問八　空欄［Ｉ］［Ⅱ］にあてはまる言葉の組み合わせとして、最も適切なものを、次の中から一つ選び出して、その番号をマークせよ。
①　Ｉ　自然　　Ⅱ　偶然
②　Ｉ　必然　　Ⅱ　偶然

尊族　――　「尊属」に同じ。

問一　傍線ア「**アイサツ**」、傍線イ「**チジョク**」、傍線ウ「**トウテイ**」をそれぞれ漢字に改めて記せ。

問二　傍線a「**弁**(え)」、傍線b「**揮**(った)」の漢字の読みをそれぞれひらがなで記せ。

問三　傍線A「敵討の事実はあるに拘らず、それに関する法規はない」とあるが、その理由として最も適切なものを、次の中から一つ選び出して、その番号をマークせよ。

① 敵討は、人を殺せば殺されるという自明のことを行うわけなので、法規として定める必要がないから。
② 敵討は、法を超えたところにあるものなので、そもそも法規で定めるような性質のものではないから。
③ 敵討を法規で定めても、国法がないかのような敵討がはびこるので、法規が効力を持たなくなるから。
④ 敵討を定めた法規には、士分にしか適用できないという制約があるので、非効率的なものとなるから。

問四　傍線B「敵討というものは公許されておりました。公認されていた、といった方がいいかもしれません」とあるが、「公許」を「公認」と言い直した理由として最も適切なものを、次の中から一つ選び出して、その番号をマークせよ。

① 敵討は、武士の場合にだけ適用される制度と、三民に適用される制度が、並立して存在するものだから。
② 敵討は、幕府から、遂行の前に許される場合と、遂行の後に許される場合が固く結びついたものだから。

す。

敵討というものは人情の行止りで、誰が見ても否定できぬ［Ⅲ］のものでなければいけない。さもなければ、トウテイ公認できないわけである。至情というちにも、尊族――最近親の場合に限るので、まず、親・兄、それから伯父・叔父ということになります。伯父・叔父という場合でも、その子とか弟とかいうように、自分よりもっと近い者があれば、必ずそれらが出て来る。それをまた助太刀することはありますが、敵討の当人になるのは、その子なり弟なりという方が順序なのです。

主人の場合でも同じことで、その子なり弟なりがあれば、その人達が出て来るように仕向ける。師匠の場合でも、その子や弟にやらせて、弟子は助太刀の立場になる。ただそういう近い関係者がない場合に、はじめて、弟子とか、家来とかいう者が出ることになる。夫の敵を妻が討つということも、子供も弟もない場合は、妻が出て来ますが、その子なり弟なりがあれば、やはりその方が主になってやることになる。ですから、敵討といえば、親か兄の敵でなければならぬようになっておりました。最近親の尊族、それが人に殺されたというような場合には、血の方からいっても、やむにやまれぬわけですから、抜きさしのならぬ一点に、これをおいたのです。

（三田村鳶魚「敵討の話」より）

注　『御定書百箇条』――寛保二年（一七四二）成立の、主として庶民を対象とする法典。編纂の発端は、享保年間にさかのぼるとされる。

享保・元文・寛保――それぞれ、一七一六～一七三六年、一七三六～一七四一年、一七四一～一七四四年。

敵討呼ばり――「敵討呼ばわり」に同じ。

も、それは三民として特別な事情ですから、士のように公認しておいて、きっとやるとは考えられない。そこでこういう変例を作ったのです。

敵討というものは、前に申し上げました通り、E人間の至情に出たものですから、能力のそれに堪える者、武士一般に対しては、［ I ］なるが故に予定も出来るから、事前に公認する。能力のない者、三民に至っては、その中に格別な有力者があった場合にのみある［ II ］なのだから、事後に公認するようになるのです。士は人間の標準として立っている以上、どこまでも士らしくなければならぬ。一分を犯されて、そのままに済むものでない。親や兄が殺されれば、一分が立たぬから敵討をするということになるのであります。

それでは、自分の親や兄が殺されれば、いつでも敵討をするかといいますと、そうばかりではない。君臣の間に、御意討といって、殿様が手を下して討たれることもあり、また、家来に命じて討たせることもある。そういう場合は、勿論敵討にはなりません。殿様どころじゃない、親が手討にしたり、兄が手討にしたりすることもありますが、この場合も、かれこれ言うことは出来ない。たとえ、その場合、殿様が無理無法であり、親や兄が乱暴でありましても、臣として子として、ないし弟として、目上の者を恨むというのは、あるべきことでない。従って敵討はないわけです。殿様が御無理をなすった時、幕府から処分することはある。親や兄が不法なことをしたために、殿様から、もしくは土地の役人から処分されることはあるが、臣として、子として、弟として敵呼ばりをすることはないのです。

また、本人同士申し合わせて、十分能力を尽してやった果合い、この場合に、殺しても殺されても、それをもって敵討呼ばりをすることは――全然例がないでもありませんが、正しいものではない。刑罰によって殺されたからといって、その裁判を下したもの、あるいは斬罪の刀をb揮った者に対して、敵討呼ばりをすることもない。こういうものは、すべて敵討から除かなければならぬのですが、世間には、往々道理以外に出て、敵討でないものを敵討呼ばりすることも、全然ないではないので武士たるものは、善悪の**弁**[a]えがないようではいけない、自分がしでかしたことを、自分で処置できぬようでは、とても、自主独立は出来ない。ですから、刑罰の上においても、士は切腹ということになっておりました。切腹を申し付けるというのが、武士らしい御処分なので、それに対して千万忝いという**アイサツ**[ア]をする。独立自主であるだけに、自分でしでかしたことは、自分で、贖いをする。どうなればどうするということがわかっておりますから、そういう場合には、腹を切ってその罪を贖うのです。もし、武士が切腹を命ぜられずに、打首にされたと致しましたなら、それは大なる**チジョク**[イ]でありまして、武士にあるまじき処刑である。自分でしでかしたことを自分で始末が出来ず、側から始末をつけて貰うということは、武士の面目を損じたことになるのであります。

町人・百姓になりますと、そういう場合に死罪を申し付ける。自分で自分のしでかしたことの始末がつかないから、その罪を贖うようにしてやらなければならぬ、ということになっております。政府が跡始末をして下さるわけなので、それだけお手数をかけることになる。死罪を申し付けるからありがたくお受けしろというのは、[D]なんだかおかしいようでありますが、自分では跡始末がつけられぬのだから、千万ありがたくお受け致します、ということになっているのです。

江戸の法典であります『御定書百箇条』なんていうものも、享保に出来たので、元文・寛保と、次第に整理され、ついにああいう体裁に出来上がったのですが、あれは武士のために作ったものではない。全く他の三民――庶民のために作ったのです。「刑は士大夫に及ばず」といって士以上に及ばぬことになっているのは、自分で始末出来るからである。それですから、今の敵討の場合でも、情としては変りはないけれども、事柄として持ち出してくるので、敵を討つというようなことは、武芸もなければ知識もない、他の三民には出来るものでない。その場合には、時の政府に訴えて、なんとかして貰うより方法がないものとみておった。しかるに、士の方はそれと違って、自分の行動によって、敵討でもなんでも出来る。そこで事前に敵討を公認する、しないということが出て来たので、町人・百姓にしたところが、能力のある者は、立派に敵討が出来るわけだけれどと食うこととが、人間から離れ得ぬものであるのと同じように、人情の極ったものでありまして、どうしても避けることは出来ない。そういう至情から生れた事柄であるから、咎めたり罪にしたりすることはいけないということで、これを罰せぬことになっていたのであります。

法律としては、人を殺せば殺される。敵討であっても、殺されなければならぬわけでありますが、敵討の場合はそうでない、という意味合のものであったのです。その敵討なるものは、人間として、人情の行き詰まったもので、どうともならぬものであるというのですから、人間としては、誰彼なしにそういうものをもっているわけである。それですから、B敵討というものは公許されておりました。公認されていた、といった方がいいかもしれません。

敵討なるものが公認されるについては、条件がいろいろありましたが、第一に士分の者に限られておった。町人・百姓はどうであったかといいますと、事前において敵討を認定するということは、武士に限られたことでありまして、町人・百姓にはないことであった。それでは、町人・百姓は敵を討たないかといえば、そんなことはない。敵を討つことはあるのですが、その場合は、それをよく調べて、敵討に相違ないと認定すれば、それで無罪になる。士にあっては、出来事の前に公認されておりますから、事後の取調べはありません。町人・百姓は事前に公認されていないから、事後において、一度収監されて、敵討であることがわかってから無罪になる、という差別があったのです。

同じ人間でありながら、どうしてそういう差別があるか、土民とて人間たることに変りはなし、敵討が人情の行止りであることにも変りはないのに、どうしてそうなるか。これは念を入れて繰り返しておきますが、私は江戸時代と区切って申し上げている。江戸時代におきましては、武士の世の中でありますから、武士がその時代の人間の標準になっております。他の三民のために、武士はお手本になるべき立場にあった。そのお手本になるべき人間は、独立自主のものである、独立自主のものでありますから、他から犯されることは、C一分を損ずるわけになる。一分が立つとか立たぬとかいうのは、それです。従って、

国語

（六〇分）

一　次の文章は、江戸時代の「敵討」について、江戸文化の考証家である三田村鳶魚（えんぎょ）（一八七〇～一九五二）が、昭和十五年（一九四〇）に書いたものである。これを読んで、後の問に答えよ。

人を殺せば殺されるというのはきまったことで、どこの国の法律でもそれには違いがない。刑法の主義はいろいろありましょうが、人を殺せば殺されるとすれば、刑法上の主義は何でもないことになる。どこの国のにしたところで、国をなしている以上、国法のない国はありません。必ず法律がある。以前の大衆小説に出てくる世界は、まるで国法がないようなものだったが、この頃は、大衆小説の人達も、とにかく国法のあることを認めてきたようです。

そこで、法律のない国家というものはないが、江戸時代にしても、あるいはその前にしても、敵討に対する規定というものは――他の国は知らず、日本にはありません。敵討の手続きということを考える場合、何故法律にないか、ちょっとおかしいように思われるかもしれませんが、A敵討の事実はあるに拘らず、それに関する法規はない。これは大いに考えてみなければならぬ問題だと思います。すなわち、敵討というものは、国法上のものでなく、人間のやむにやまれぬ至情から起ったものである、よそうとしてもよすことの出来ないものである。それは例えて申しますと、至情より軽くなるようだけれども、眠ること

解答編

英語

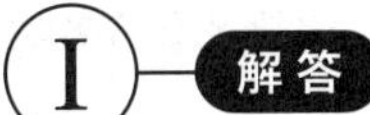

解答　(あ) break　(い) even　(う) issue

解説

(あ)・「もし規則を破ったら，罰せられるでしょう」
・「次の授業までたった5分間の休憩しかない」
・「夜はほとんど終わり，夜が明けようとしている」

break は動詞では「(規則など) を破る」や「(夜が) 明ける」の意。また，名詞では「休憩」の意。

(い)・「その競技場は次の試合のためにでこぼこのない状態に保たれるべきだ」
・「状況は完全にどうしようも無いというわけではない。少なくとも可能性は五分五分だ」
・「2，4，6そして8は偶数と呼ばれる」

even は「平らな，五分五分の，偶数の」といった複数の意味を持つ。

(う)・「政府はその緊急事態についての声明を発表する予定だ」
・「その雑誌は出版100号を祝った」
・「給料は悪かったが，それは私にその仕事を辞めさせる原因となった問題ではない」

issue は動詞では「(宣言など) を発する」，名詞では「(雑誌などの) …号，問題，核心」等の意。

II　解答

(ア) exclusive　(イ) freedom　(ウ) proof　(エ) left
(オ) disappointment　(カ) species　(キ) wolves

解説

(ア)「そのテレビ番組は，その映画スターとの単独インタビューを特集した」

名詞 interview の前にあるので形容詞 exclusive にする。exclusive「排他的な，独占的な」 feature「～を特集する」

(イ)「エイブラハム=リンカーン大統領の最も重要な業績は，アメリカ人の奴隷に自由を与える手助けをしたことだ」

他動詞 grant「～を与える」の直後にあるため，その目的語となる名詞にする必要がある。

(ウ)「その腕時計は防水なので，それを着けたまま泳ぐことができる」

water-proof「防水の」

(エ)「そのレストランは，これから先ずっと閉店する予定である可能性が非常に高いが，まだ審議中の選択肢もいくつかある」

名詞 options を leave 以下が後置修飾していると考える。options「選択肢」と leave「～を残す」は受動的な関係であるので過去分詞形にする。

(オ)「その悪い知らせを聞くや否や，大きな落胆があった」

形容詞 great の直後にあるので名詞形 disappointment とすべき。

(カ)「これは，最近発見された希少種だ」

species「種」は単複同形なので，このまま species を用いる。

(キ)「科学的調査によると，その国にはいまだに生き残っているオオカミが数頭いる」

some の直後にあるので複数形の wolves とする。

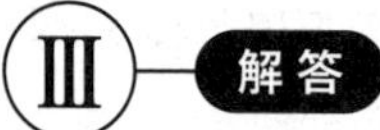

問1．(ア)―(A)　(イ)―(E)　(ウ)―(D)
問2．(あ)―(A)　(い)―(D)　(う)―(B)　(え)―(B)
問3．(B)　問4．(C)　問5．(D)　問6．(A)　問7．(A)　問8．(E)
問9．(C)　問10．(A)

全訳

《光害から身を守るために暗闇を愛そう》

1 「光害」とは，特に街灯や建物の光によって夜空が輝くといった，人工的な光によって引き起こされる有害な影響のことを指す。天文学者が1960年代にその言葉を最初に使い始めた。現在では，夜空を白またはオレンジ色に染め，そして星を遮る，夜の都市から放たれる絶え間ない輝きを表現するためにもっともよく使われる。2016年のある調査によると，世界人口の80％が光害の影響を受けた空の下で生活している。宇宙から見ると，いまや地球はとても明るくなっているので日本の提灯のように光っている。地球上でもっとも強い光源はラスベガスのルクソールホテルの頂上から放たれる「スカイビーム」である。この輝かしい光の柱は観光客をひきつけることを意図されており，270マイル離れていても目視することができる。実際，それはとても輝いているために，ロサンゼルス上空を飛行している航空機によって彼らが正確な航路を進んでいるのかどうかを確認するために使われる。2019年，その光によって大量のバッタが飛来し，観光客の間に混乱を引き起こした。そのような事例によって，光害が動物と人間の両方に及ぼす悪影響がますます注目されている。

2　たとえば，照らされた光が生まれたばかりのウミガメに与える影響によって，どのように人工的な光が自然界を傷つけ得るのかがわかる。これらの生物は一般的には砂浜で産まれる。誕生してからただちに，それらは砂の下にとどまり，そして温度が下がり切った後の夜間まで出るのを待つ。そうする時，生まれたてのウミガメは本能的に最も明るい場所，それは月明かりに照らされた海であるはずだが，に向かって移動する。しかし，だんだんウミガメの赤ん坊は街灯や建物から放たれる光を追うようになっており，そこではウミガメは疲労や渇き，他の動物に食べられること，あるいは通り過ぎる車両にひかれることなどによって死亡する危険性が高い状態にある。光害はまた，多くの哺乳類の個体群にも悪影響を及ぼしている。たとえば，雌のワラビーの生殖作用は普通，夏季の日光に誘発される。しかし，オーストラリアのある島での照明が自然のバランスをとてもかき乱すものであるために，その島のワラビーは結局，食べ物がなくなってしまうその季節のかなり後半に出産をすることになっていたのだ。

3　光害はまた人間にも悪影響を及ぼし得る。たとえば，光量が少ないときの視覚能力である暗視能力が人工光によって損なわれるかもしれない。キツネやウサギといった他の動物と比べて，すでに人間の暗視能力は低い。東京やシンガポール，香港といった都市はとても輝かしく照らされているために，そこに住む人々はまったくと言っていいほど暗視能力を用いることはなく，よって暗闇の中で何かを見ることが困難となる。これらの都市の住民の子孫は，ひょっとしたら明るく照らされた環境においてのみ目視できるかもしれないといった可能性もある。加えて，夜に人工光にさらされることが身体の自然な睡眠サイクルに干渉し，睡眠障害やさらにはガンといった問題につながり得る。たとえば，夜間に最高レベルの野外光にさらされた女性は，およそ14％乳ガンになる危険性が高い。光害は人々のより暗い環境下での本来の視覚能力にとってだけではなく，人間の健康にとっても脅威なのだ。

4 光害が人間と自然にもたらす数多くの危険に対応して，人工光を減らすために多くの計画が考えられてきた。たとえば，アースアワーはEUによって新しく奨励されている年に一度のイベントで，そこでは電力消費を思いとどまらせるため，そして昔ながらのろうそくの光を楽しむことを私たちに思い出させるために電灯が60分間消される。フランスは野外照明に時間制限を課し，そして空に放たれ得る光の量を劇的に減らす国策を採用した。そして地球全体では，特に都市の光による影響を比較的受けていない地域を持ついくつかの国では「暗い空の観光事業」を積極的に採用しており，これは夜空を眺めながらの散歩やオーロラを見に出かけるといった活動を含んでいる。

5 世界中で，人々は光害の危険性に警戒するようになり，そしてそれを減らすための新しい取り組みを考案してきた。もちろん，人工光にはたくさんの利点がある。それによって，人々は夜間に働くことや活動を行うことが可能になり，そして生産性を高め，仕事と他の活動に使うことができる時間を拡張した。それはまた，公共の場所に照明を提供することによって安全性と警備体制を改善し，そして夜に視認して操縦することを容易にし，事故や犯罪のリスクを減らした。しかしながら人工光のもたらす悪い結果は，利用を減らすための方法を見つけるよう人々に促している。人工光によって引き起こされる問題を克服するために，我々は暗闇を愛するようにならなければならないだろう。

解説

問1． (ア)「恐怖，大慌て」

(A)「驚き，突然の恐怖」 (B)「腕」 (C)「魅力」 (D)「農場」 (E)「戦争」

同意の(A)が正解。直前に「それ（光の柱）が大量のバッタを引き寄せた」とあることもヒントとしたい。

(イ)「～を行使する」

(A)「～を格下げして作り変える」 (B)「統一された～を作る」 (C)「～に基づいて作る」 (D)「～に埋め合わせをする」 (E)「～を使う，利用する」

下線部の後に「それで，暗闇で目視することが困難になる」とあることから，下線部を含むまとまりは「住民は暗視能力をまったくと言っていいほど使わない」という文脈になると推測できる。(E)が正解。

(ウ)「利点」

(A)「追加」 (B)「調整」 (C)「称賛者」 (D)「有利な点，メリット」 (E)「冒険」

第5段第3文（It has allowed …），第4文（It has also …）で人工光のもたらす有益なことについて述べられている。ここからも正解は(D)となる。

問2. (あ) (A)「染めている」 (B)「続いている」 (C)「調理している」 (D)「写している」 (E)「（費用が）かかっている」

空所の直後に white や orange といった具体的な色を表す英単語があることから color「（ある色）に染める」を用いた(A)が正解。

(い) (A)「威厳のある」 (B)「議論された」 (C)「不正直な」 (D)「かき乱している」 (E)「分割している」

第2段第6文（Light pollution also …）に「光害はまた，多くの哺乳類の個体群にも悪影響を及ぼしている」とあり，空所の直後には「ワラビーは結局食糧が尽きる，季節のかなり後半に出産することになった」と生態系が影響を受けていることが述べられている。このことを考慮すると，光がワラビーの生殖活動を混乱させていることが読み取れる。よって空所には(D)が入る。

(う) (A)「逃れた」 (B)「ざっと見積もられた，およそ」 (C)「～を除いた」 (D)「興奮した」 (E)「除外された」

空所の直後に 14 percent という数値があるので，(B)が入ると考えられる。

(え) (A)「論理的に思考する」 (B)「～を減らす」 (C)「～に思い出させる」 (D)「～を改訂する」 (E)「～に報いる」

第4段第1文（In response to …）の前半に「光害が人間と自然にもたらす数多くの危険に対応して」とあることから，人工光を減らすための対策が考えられてきたと推測できる。よって(B)が正解である。

問3． (A)「2016年の研究は，世界の人口の大半は光害の影響を受けた空の下で生活していないと示している」

(B)「現代の世界では，あまりに多くの人工光が用いられている」

(C)「建物からの光は街灯よりも有害だ」

(D)「1960年代以来，人々は有害な方法で人工光を使ったことはない」

(E)「ラスベガスのルクソールホテルの頂上から放たれる『スカイビーム』は人間も昆虫も引き寄せない」

(A)については第1段第4文（According to a …）の内容に反しているため不適。(C)については建物の照明と街灯の比較についての記述がないため不適。(D)については，第1段第2文（Astronomers first began …）に「天文学者はその言葉（＝光害）を1960年代に使い始めた」とあり，光害が問題視されていた，つまり，人工光が有害だったと考えられることから不適。(E)に関しては第1段第7文（This pole of …）に「観光客を引き寄せるため」とあり，第9文（In 2019, it …）には「バッタを引き寄せた」とあることから不適。第1段第3文（Nowadays, it is …）に近年，光害という言葉は，夜の都市から放たれる絶え間ない輝きを表現するために用いられると述べられていることから(B)が正解となる。

問4． (A)「生まれたばかりのカメは月明かりで照らされた海で生まれ，そこでそれらは人工光のために溺れる危険がある」

(B)「生まれたばかりのカメは結局生まれるのが遅れ，そのころには食べ物が人工光の下，尽きている」

(C)「生まれたばかりのカメは町や都市の人工光に引き寄せられるために死ぬ可能性がより高い」

(D)「生まれたばかりのカメは人工光のもと，生き残る可能性がより高い」

(E)「生まれたてのカメは人工光によって作り出された熱に苦しむ」

第2段第5文（Increasingly, however, baby …）に「しかし，ウミガメの赤ん坊は街灯や建物から放たれる光をだんだん追うようになっており，そこではウミガメは…死亡する危険性が高い状態にある」とあることから(C)の内容と一致する。

問5. (A)「動物はより明るい場所で生活し，それゆえに光害を受ける危険性がある」

(B)「生態系は人工光の減少によって混乱させられている」

(C)「自然界における多くの生物が人工光から恩恵を受けている」

(D)「何世紀にもわたって存在している自然のサイクルは光害によって被害を受けている」

(E)「夏季の昼間の明かりは人工光によって拡張されており，その熱によって動物が死ぬということを引き起こしている」

第2段第1文（For instance, the …）から第5文（Increasingly, however, baby …）では，生まれたてのカメが人工光によって悪影響を受けると述べられており，第6文（Light pollution also …）から最終文（However, the lighting …）にかけては，ワラビーの出産時期が人工光によってずれることが述べられている。よって，これらをまとめた(D)が正解であると考えられる。なお(A)について，animals と総称的な表現になっているが，動物全般が明るい場所に住んでいるという内容ではない。また，明るい場所に住んでいるから光害を受けるのではなく，人工光が増えたせいで光害を受けるのである。(A)には人工光の要素もない。よって，(A)は不適当と考えられる。

問6. (A)「人間の健康と暗視能力は多量の人工光によって悪影響を受けている」

(B)「都市の外に住んでいる人々は都市に住んでいる人々とは異なり，光害の悪影響を受けている」

(C)「人工光の利点は，暗視能力の改善と不眠症解消の手助けをすることだ」

(D)「人間に対する人工光の影響は動物への影響よりも重大だ」

(E)「人工光が少なすぎると，明るく照らされた状況下での人間の視覚能力を弱めてしまう」

第3段最終文（Light pollution is …）に「光害はより暗い環境下での人々の本来の視覚能力だけではなく，人間の健康にも脅威なのだ」とあることから(A)がこの内容と一致する。

問7. (A)「光害による汚染の小さい地域における観光業を促すことや野外照明に制限を加えるといったことのように，光害を減らすために多数の様々な取り組みが考案されている」

(B)「国々は人工光を止め，都市の明かりによって汚染された地域での観光業を禁ずるための政策を課すべきだ」

(C)「光害を制限するための多くの取り組みは人間と動物両方の健康に悪影響を及ぼしている」

(D)「『暗い空』の観光事業のために遠く離れた場所へ飛行機に乗る人々によって引き起こされる環境問題への注意喚起をするために企画が考案されてきた」

(E)「人間の健康や野生生物そして環境に対して光害が与えている悪影響によって，フランスは野外照明の時間制限を却下した」

第4段第1文（In response to …）に「光害が人間と自然にもたらす数多くの危険に対応して，人工光を減らすため多くの計画が考えられてきた」と述べられており，続く第2文（For instance, Earth …）ではアースアワーという EU の取り組みについて，第3文（France has adopted …）ではフランスが採択した野外照明の時間制限に関する政策，そして最終文（And around the …）では dark sky tourism「暗い空の観光事業」について述べられている。このように，光害を抑えるために様々な国や団体が案を考えていることが読み取れるので正解は(A)である。

問8. 第5段第4文（It has also …）の前半に「それ（＝人工光）はまた公共の場所に照明を提供することによって安全性と警備体制を改善する」とあり，空所(a)の直前に making it easier とあることから，人工光によって容易になったことを考える。直前に to see and「（夜間でも）何かを目視して…すること」が簡単になったとあるので，これを踏まえると navigate「操縦する，通行する」が(a)に入ると考えられる。(b)については，空所の直前に reducing「減らす」があることと，空所の直後に accidents and crimes とネガティブな言葉があることから risk が適切であるとわかる。divert は「進路を変える」の意味になるが，これだけでは何の進路をどう変えるのかが曖昧である。安全性が増すという文脈なので，具体的に「目視して操縦する」とする方がよい。

問9. (A)「キツネやウサギといった他の動物と比べると，人間は暗視能力に乏しい」

(B)「東京からニューヨークまで，人工光は多くの都市のアイデンティティの重要な一部だ」

(C)「『暗い空の観光事業』のような先進的な取り組みや光の使用に対する制限は，私たちがより少ない人工光の世界に順応する手助けをしてくれる」

(D)「ラスベガスのルクソールカジノホテルは世界で最も強力な光線を持っており，それは『ルクソールスカイビーム』と呼ばれている」

(E)「我々は野外照明への時間制限を止め，そして空に放たれる光の量を増やすべきだ」

下線部は「人工光によって引き起こされる問題を克服するために，我々は暗闇を愛するようにならなければならないだろう」という意味である。人工光を減らし，世界を暗くするという内容なので，これを支えるものとして最も適しているのは(C)である。消去法で考えるのがよいだろう。(A)は事実だが，無関係。(B)は記述なし。(D)は事実かもしれないが，無関係。(E)は主張と反対である。

問10. (A)「人工光は自然には悪影響を及ぼすが，人間には及ぼさない」

(B)「光害は世界の大半の人々によって経験されている」

(C)「人々は人工光のデメリットについてより意識するようになっている」

(D)「人々は光害によって引き起こされている問題に立ち向かうために行動を起こしている」

(E)「環境は人工光によって悪影響を受けている」

第3段第1文（Light pollution can …）に「光害はまた人間にも悪影響を及ぼし得る」とあることから，(A)の内容がこの部分に反していることがわかる。よって(A)が正解となる。

問1. (ア)―(E)　(イ)―(B)　(ウ)―(E)　(エ)―(E)

問2. (あ)―(E)　(い)―(C)　(う)―(C)　(え)―(E)

問3. (D)　**問4.** (A)　**問5.** (E)　**問6.** (D)　**問7.** （設問省略）　**問8.** (D)

問9. (E)

全訳

《音楽技術の変遷と音楽の楽しみ方の変化》

1 多くの人々が音楽は共同の，つまり共有された経験であると主張している一方で，音楽を聴くことは今や，主に音楽を完全に持ち運び可能にしたデジタル音楽配信サービスのために，私たちの多くにとってはひとりで楽しむ活動となった。現在，再生された音楽はあらゆる場所にある。なぜなら，実際の演奏者がライブで演奏することなしに我々が耳にするあらゆる楽曲は何らかの形で再生されたものであるからだ。加えて，音楽を聴くことは一人でいるときと，例えばコンサートやライブショーといった場で他の人々と一緒にいるときとでは同じではない。どのようにして音楽技術は我々の共有された音楽的経験の性質を変えたのであろう。

2 アメリカ合衆国を見てみよう。音楽の演奏を再生のために録音することは19世紀後半までには技術的に可能であった。1906年，ビクタートーキングマシンはビクトローラという，その同種の中ではずば抜けて最も人気な機種となった家庭用のレコードプレーヤーを発売し，1920年代末まで大量に販売した。レコードは着々と人気が高まり，売り上げは1900年には年間400万枚売れていたのが，1920年までには年間1億枚以上にまで及んだ。

3 しかし同時期には，紙の音楽つまり印刷された楽譜の方が，同じヒット曲のレコードよりも常に多く売れていた。これは，音楽はやはり演奏するもので，聞くためだけのものではないことを示唆しているようだ。ライブ演奏と楽譜，そしてレコードは互いを高め合った。たとえば，ある人物はショーから帰ってきて，そのショーで演奏されたのと同じ曲のレコードまたは楽譜を，あるいはその両方を買いたくなっただろう。あらゆるものの売り上げが1920年代の間増え続けたのだ。

4 1920年代は好景気の時期で，アメリカ合衆国においてはラジオの最盛期であった。ラジオ機器の売り上げが1922年（6000万ドル）と1924年（3億5800万ドル）の間でほぼ6倍に増加し，中流階級のアメリカ人は家庭の快適で他人から干渉されない状況という新しい様式で情報と娯楽を楽しむことができた。ラジオと，それが無償で提供する音楽の娯楽は，ほぼすべての世帯において中心的な位置を占め始めた。ラジオ産業とレコード産業は最初，お互いにかなり疑念を抱いていたが，しかし，それらはすぐに相互の利益のために協力するようになった。

5 1929年の世界恐慌は，アメリカ経済に深刻な悪影響を及ぼし，30年代前半に，ほぼ完全にレコード産業を壊滅状態に追いやった。しかし，すぐにレコード事業を壊滅的な経済危機からほぼ単独で救い出した，大衆音楽を配信する新たな経路であるジュークボックス，つまりは複数のヒット曲を収容できる自動式で，コイン投入式の，レコードを演奏する機械が登場した。1934 年から 1937 年にかけて，アメリカにおけるジュークボックスの生産は 10 倍以上増え，そして 1939 年，大人がお酒を飲むためやその他娯楽のためにやってくる場所において稼働するそれらの数は 25 万台にまで増加した。

⑥ 驚くことに，1939 年のレコード産業における売上高の 60 パーセントはジュークボックスを操作する人々によって購入されたものであった。これは，たとえ音楽家が音楽を演奏しなかったとしても，やはり音楽を聴くことは，主として共有される経験であったということを示している。ジュークボックスはまた，レコード会社やメディアにどのレコードのタイトルが各地域で非常に人気があるのかを明らかにした。なぜなら顧客の選曲がジュークボックスに記録され，レコード提供者によって収集されるからだ。

⑦ 1950 年代，共有される経験として大量に再生される音楽を楽しむ機会は若者に広がった。そして彼らは，彼らの間で夢中になるものとなったロックンロールという新しい種類の音楽のためにジュークボックスに群がった。ロックンロールは 10 代の若者たちの社会生活と文化を築き上げる手助けをし，そして 1930 年代と 40 年代の大人たちとは違い，1950 年代の若者はバーへ行く必要はなかった。なぜなら，これら若者が他の客をいらいらさせることは時々あったかもしれないが，ダイナーやレストランが彼らを引き付けるためにジュークボックスをかけ始めたからだ。若者たちは最高のジュークボックスのあるダイナーに行ったものだ。

⑧ 20 世紀前半のアメリカをこのように簡単に見てきたが，音楽演奏の大量再生が定着した後でさえも音楽の共同的性質は消えていないようである。そして音楽は，スマートフォンが持ち運び可能なジュークボックスとしての役割を果たす今日でさえ，その共同的な性質を今もなお保持しているようだ。たとえば日本では，作詞作曲家の星野源が「うちで踊ろう」という歌をオンラインで発表したが，それは彼が 2020 年 4 月の自宅待機期間に作ったものであった。彼はその曲を 1 人で演奏し歌ったが，彼は著作権フリーにして，オンライン上で一緒に歌おうと他の人々に呼びかけた。多くの音楽家が彼の呼びかけに応えた。ダンサーや俳優，テレビに出ている有名人やコメディアン，さらには当時の総理大臣までが，星野氏のインスタ

グラムの動画を使って画面の中に横並びになって参加した。ことによると，音楽を聴くことが今や完全に1人の活動になったと結論付けるには早すぎるかもしれない。音楽の共同的性質はさまざまな，より多様な形を取るようになったかもしれないが，それは消えておらず，その性質の効力は特に困難な時により強く感じられるのだ。

解説

問1． (ア)「絶えず，いつも」

(A)「集合的に」 (B)「物珍しそうに」 (C)「かろうじて」 (D)「わずかに」 (E)「着実に，絶えず」

consistentlyが「常に，一貫して」という意味なので，選択肢の中では(E)が適切である。第3段第1文（During the same …）の前半にある the same period とは，第2段最終文（Records grew steadily …）に書かれている，レコードの売り上げが着実に伸びていた時期を指す。それと同時期に楽譜もレコードをしのぐ勢いで売れていて，音楽は演奏のためのものでもあったと述べられていることから，肯定的な意味だと推測可能である。また，outsold は outsell「～より多く売れる」の過去形。

(イ)「～を占める」

(A)「食事をする」 (B)「～を占める」 (C)「～を不明瞭にする」 (D)「～を演奏する」 (E)「～を喜ばせる」

hold は多義語であるが，ここでは「～を占める，占領する」という意味になっている。よって(B)が正解。

(ウ)「伝達経路，通信路」

(A)「挑戦」 (B)「抗議」 (C)「規制」 (D)「危険」 (E)「経路」

第5段第1文（The Great Depression …）では，レコード産業が世界恐慌のために壊滅状態になったと述べられているが，下線部を含む第2文（However, soon came …）では，新たに大衆音楽を配信するための channel が登場したとあり，それがジュークボックスのことであると述べられている。よって channel は(E)の意味に最も近いことが推測できる。

(エ)「～をいらいらさせる」

(A)「～を最新のものにする」 (B)「～を改良する」 (C)「～を支持する」 (D)「～を上げる」 (E)「～を狼狽させる，かき乱す」

annoy も upset も基本単語であるので覚えておきたい。下線部前にダイナーやレストランがジュークボックスを置き，若者を集めていることが述べられ，その若者たちが食事に来る他のお客さんを困らせるという文脈が推測できれば，さらに正解に近づける。

問2．(あ) (A)「～を批評した」 (B)「～を破壊した」 (C)「～を無視した」 (D)「～を見習った」 (E)「～を促進した」

第3段第3文（For instance, someone …）に，ある人がショーに行った後，レコードや楽譜を買いたくなるという例が述べられている。このことから，音楽を聴くことで，それを演奏するための楽譜やそれを聴くためのレコードの売り上げが相乗効果となって高まることが読み取れる。よって(E)が正解である。

(い) (A)「3倍の」 (B)「5倍の」 (C)「6倍の」 (D)「8倍の」 (E)「10倍の」

空所の直後に「1922年の6000万ドルから1924年の3億5800万ドルの間に」とあることから，ラジオ機器の売り上げは約6倍に増えていることがわかる。よって(C)が正解。

(う) (A)「信用」 (B)「犯罪」 (C)「熱中，夢中になるもの」 (D)「苦痛」 (E)「拷問」

空所の直前に若者がジュークボックスに群がり新しい音楽を楽しんだことが述べられており，空所の直後にロックンロールが10代の若者の生活と文化を作ったと述べられていることを元に考えると，若者の間で夢中になるものとなったロックンロールを流してくれるジュークボックスに群がったという文脈が推測できる。よって正解は(C)となる。

(え) (A)「正確に」 (B)「～に名付けた」 (C)「～を受け取った」 (D)「同じの」 (E)「役目を果たす」

空所直前に接続詞 when と名詞 a smartphone があることから，a smartphone がこの節の主語であるとわかるので，空所には動詞が入る。また，空所直後に as a portable jukebox「持ち運び可能なジュークボックスとして」と前置詞句があることから，自動詞(E)が適切であると判断できる。

問3． (A)「音楽を聴くことは歴史において常に1人で行う活動であった」
(B)「音楽ストリーミングは音楽を持ち歩きたい人々の要望に応じている」
(C)「音楽家が実際に存在していることは今日の音楽エンターテインメント

事業においては必要不可欠だ」

(D)「技術的な再生が音楽を持ち運び可能にした」

(E)「今日の音楽事業は再生のための技術的方法が無ければ生き残っていなかっただろう」

(B)は want の要素が第1段にない。(E)の business は第1段で話題になっていない。第1段第1文（While many have …）の後半にデジタル配信サービスという技術が音楽を持ち運び可能にしたと書かれており，配信で聞くのは再生された音楽である。よって正解は(D)である。

問4． (A)「1900年から1920年の期間で，レコードの売り上げは25倍以上増えた」

(B)「アメリカ合衆国では，音楽再生の装置が家庭での利用を念頭に置いて発明された」

(C)「1億を少し超える数の人々が1920年までにビクトローラを購入していた」

(D)「音楽の人気は主に20世紀前半の家庭用レコードプレーヤーの普及のために高まった」

(E)「ビクトローラはその工学技術をもつ会社の寛大な顧客サービスのために，市場において他のレコードプレーヤーに勝った」

第2段最終文（Records grew steadily …）に「レコードは着々と人気が高まり，売り上げは1900年には年間400万枚売れていたのが1920年までには年間1億枚以上にまで及んだ」とあることから(A)の内容と一致する。(B)はビクタートーキングマシンが家庭用のレコードプレイヤーを発売したとあるものの，選択肢の「音楽再生装置が発明された」という部分が本文に書かれていないため不適。(D)は「音楽」ではなく「レコード」である。

問5． 直前の第3段第3文（For instance, someone …）に「たとえば，ある人物がショーから帰ってきて，レコードまたは楽譜を，あるいはその両方を買いたくなることもあるだろう」とあることから，音楽の演奏者を見ることと自分で演奏すること，そして聞くことすべてへの熱意が高まると読み取れる。よって下線部は「あらゆるものの売り上げが増加し続けた」という意味にしたい。下線部直前の名詞 Sales には of everything をつなげて主部とし，動詞の箇所は kept increasing とする。最後に空所直後の the 1920s の前には前置詞 through を付ける。正解は（Sales）of everything kept increasing through (the 1920s.)。よって正解は(E)となる。

問6. (A)(a)「注意深い」 (b)「お互いを批判し始めた」
(B)(a)「希望している」 (b)「協力することに決めた」
(C)(a)「希望している」 (b)「協力することを止めた」
(D)(a)「疑念を抱いている」 (b)「協力するようになった」
(E)(a)「疑念を抱いている」 (b)「互いに張り合い始めた」

空所(b)の直後に mutual benefit「相互の利益」とあることから，下線部の後半の内容は「ラジオ産業とレコード産業は協力するようになった」だと推測できる。また，接続詞 but より，前半と後半が逆の内容になることもわかるから，前半はラジオ産業とレコード産業が協力していない文脈になるはずである。よって(a)には「注意深い」や「疑念を抱いている」といった選択肢が入ると推測できる。これら両方を併せ持つ選択肢は(D)となる。

問8. (A)「1950 年代の大人はロックンロールが好きではなかった」
(B)「1950 年代の若者は 1930 年代から 40 年代にかけての大人以上に，一緒にいることの喜びを大切にした」
(C)「1950 年代の若者にはロックンロールのレコードを買う金銭的余裕がなかった」
(D)「1950 年代のジュークボックスは当時の若者を魅了する数多くのロックンロールのタイトルを保有していた」
(E)「1950 年代の若者は，ダイナーやレストランにあるジュークボックスが大人しか入れないバーよりも多くのロックンロールのタイトルを保有していることを知っていた」

第 7 段第 1 文（In the 1950s, …）に，若者がロックンロールを聞けるジュークボックスに群がるようになったと述べられており，続く第 2 文（Rock'n'roll helped create …）には，当時の若者を集めるためにダイナーやレストランがジュークボックスを配置したと述べられている。これらのことから端的には，ロックンロールが聴ける（ジュークボックスがある）ため，が理由となる。この内容に最も近いのは(D)である。(E)については，knew と more … than adult-only bars の箇所に対応する記述が本文にないため不適当と考えられる。

問9. (A)「オンライン上の音楽が登場したのち，音楽愛好家たちは孤独を好むようになった」
(B)「音楽が著作権フリーにならない限り，デジタル音楽は音楽の持つ共同的性質を損なうだろう」
(C)「星野源は，他ならぬ当時の総理大臣にオンライン上で一緒に演奏することを頼まれた」
(D)「音楽演奏の大量再生は今日，多くの音楽家を脅かしている」
(E)「音楽の再生は音楽的経験が共有される方法を変えるかもしれない一方で，それが音楽の共同的性質を壊すことはなさそうである」

第8段第6文（Perhaps it is …）に「音楽を聴くことが今や完全に1人の活動になったと結論付けるには早すぎる」とあり，続く最終文（Although the communal …）に「音楽の共同的性質はさまざまな，より多様な形を取るようになったかもしれないが，それは消えておらず，その性質の効力は特に困難な時により強く感じられるのだ」とある。よって，音楽の媒体はレコード，ジュークボックス，スマートフォンと形を変え，誰とどのように聴くのかという形式は変わってきており，ときには1人で楽しむものと思われることもあるが，星野源の例にもあったように他者と音楽を共有する性質は今もなお感じられるという内容が読み取れる。これに一致するのは(E)である。

（大問省略）

講評

2024年度は，Ⅰが空所補充問題，Ⅱが語形変化問題，ⅢとⅣが長文読解問題で，Ⅴが会話文問題であった。2023年度と比べると，ⅠとⅡともに問題数・文章量に大きな変化はなかった。ⅢとⅣの合計問題数も30問と昨年度と同様で，合計語数はやや減少している。Ⅴは形式に変化はあったが，語数に昨年度と大きな変わりはなかった。特にⅢの文章が易しく短くなったこともあり，トータルでの負担はやや減少した。全体としては標準レベルの問題である。

Ⅰは昨年度と同様に3つの文に共通する1語を補う問題で，多義語を中心とした語句の知識が問われている。Ⅱの語形変化も昨年度と同様の出題形式で，派生語，品詞についての知識が必要となる。ⅢとⅣの長文読解では，同意表現や空所補充，内容説明などが出題されている。昨年度のⅢとⅣで出題されていた本文のタイトルを答える問題は出題されなかった。空所や下線部については，その前後や同段落内の文章を読み，文脈を把握することが重要である。解答時間に対して問題数が多いので，時間配分には十分注意してほしい。Ⅴは昨年の英作文から問題形式が変化した。児童向けのミステリー小説からの抜粋で，登場人物の発言を答える形式の問題であった。困惑した受験生がいたかもしれないが，一度さっと読み，出典やタイトルを確認して全体像を大まかに把握した上で丁寧に読み進めれば大きく間違えることはない。この部分に関しては昨年度の英作文より解答に時間がかかり，結果として難易度が上がったように思われる。ⅠとⅡを解く時間を短く済ませ，ⅢとⅣもあらかじめ時間配分を決めておくなどして，今後Ⅴの出題形式に変化があっても余裕をもって臨みたい。

日本史

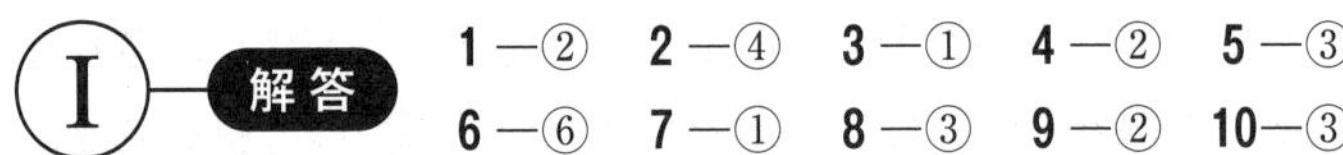

I　解答　1—②　2—④　3—①　4—②　5—③
6—⑥　7—①　8—③　9—②　10—③

解説

《原始～古代の道具》

1．②が正解。旧石器時代の食物獲得方法に該当しないものを選べばよい。旧石器時代には本格化していない耕作を選択すればよい。

3．①が正解。弥生時代に青銅器祭祀で使用されていないものを選べばよい。②の銅戈，③の銅矛は主に九州で，④の銅鐸は近畿地方で発見されているので，それを消去して，①の銅鉢を選べばよい。

4．②が正解。「刀筆の吏」は古代中国において，竹簡・木簡などで文書を作成する際，誤った場合や再利用の場合に，小刀を使って竹や木に書かれた文章を削ったことに由来する言葉である。大問全体が原始・古代であることを念頭に，文官から律令国家の官人を想起して，②の木簡の記述を正解と判断したい。

6．⑥が正解。d は直後の『土佐日記』から紀貫之とわかる。e は直後の「嚆矢」，つまり，空欄 e が最初のかな物語であることに着目すれば，『竹取物語』とわかる。

8．③が正解。藤原元命が訴えられた文書が「尾張国郡司百姓等解（文）」であることから，判断可能だろう。

9．②が正解。橘逸勢は9世紀の弘仁・貞観文化期に活躍した文人貴族で，三蹟ではなく，唐風の書を得意とした三筆の1人。政治面では恒貞親王の側近であったが，承和の変で左遷された。

10．③誤文。時期錯誤。三蹟の人物が活躍したのは国風文化期なので，平安時代中期に該当する。③の多賀城の建設は奈良時代の出来事である。

Ⅱ
解答
1—②　2—（設問省略）　3—①　4—③　5—②
6—①　7—③　8—④　9—①　10—④

解説

《中世の兵乱・政変》

1．②が正解。史料Aは「田畠各十一町の内，十町は領家・国司の分，一丁は地頭の分，広博狭小を嫌はず」の部分から新補率法だとわかる。よって，ａには率法，ｂには加徴が入る。新補率法には加徴米に関する規定があることを覚えておこう。

3．①誤文。時期錯誤。史料Bの冒頭の「応仁」から，下線部の「当御代」は足利義政であり，本問題では東山文化が問われているとわかる。①の二条良基は南北朝期の人物である。また，正風連歌を確立したのは二条良基ではなく，宗祇である。

4．③正文。①誤文。「有償」が「無償」の誤り。永仁の徳政令がそうであったように，御家人は土地を無償で取り戻している。

②誤文。代替わりの徳政は交代する「直前」ではなく「直後」に起こっている。

④誤文。分一徳政令は分一銭の獲得を目的に，室町幕府が発令したものである。

6．①が正解。史料文冒頭の「元弘以来」から，史料Cは元弘の変よりも後の時期とわかる。そのうえで，２，３行目の「両殿御不和の間，世上今に静謐に属さず。而るに或は宮方と号し，或は将軍家ならびに錦小路殿方と称し」を読めば，観応の擾乱に関する記述であるとわかる。よって，鎌倉幕府に関する記述のある②，戦国大名に関する記述のある④は時期錯誤で誤り。さらに下線部前の「この一族に於いては，武家御恩に浴するの上は，争か彼の御恩を忘れ奉るべきや」から，武家の軍勢に加わるべきとする①が適当と判断できるだろう。

7．③が正文。史料Dの出典である『玉葉』と史料文中の「謀叛の賊義朝の子，年来配所伊豆国に在り」「五月乱逆の刻」などから，この時期の内乱は治承・寿永の乱であると特定できる。

①誤文。文章は藤原純友の乱の記述である。

②誤文。文章は前九年合戦の記述である。

④誤文。文章のような事実はない。平泉藤原氏を滅ぼしたのは，源頼朝で

ある。

8． ④誤文。やや難。建武政権が知行国制を廃止した事実はない。④の誤文判断はやや難解なので，①～③を正文と判断し，消去法で正解にたどり着きたい。

9． ①が正解。史料Ｅは「将軍此の如き犬死」の部分から嘉吉の変とわかる。よって，足利義教期の出来事を選ぶことを意識したい。

②～④は義教期に該当しないので消去し，義教期に該当する①の永享の乱を選べばよい。なお，②享徳の乱→足利義政期，③上杉禅秀の乱→足利義持期，④堀越公方の滅亡→戦国時代である。

10． ④が正解。各史料に記された兵乱や政変を整理すると，史料Ａは承久の乱→鎌倉時代，史料Ｂは応仁の乱→室町時代（義政期），史料Ｃは観応の擾乱→南北朝時代，史料Ｄは治承・寿永の乱→院政期，史料Ｅは嘉吉の変→室町時代（義教期）である。これを年代の古い順に並べ替えると，Ｄ→Ａ→Ｃ→Ｅ→Ｂなので，Ｃ→Ｅの④が正解。

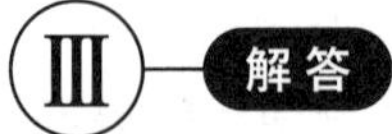

1． 国友　**2．** 大村純忠　**3．** 黒船　**4．** 宗門改　**5．** 伊勢神宮　**6．** 糸割符制度　**7．** セミナリオ　**8．** 平家物語　**9．** 耶揚子　**10．** 諸宗寺院法度

解説

《近世の対外関係と宗教》

2． 大村純忠が正解。長崎を領土としているキリシタン大名を答えればよいので，大村純忠が長崎をイエズス会に寄進した経緯を想起したい。

3． 黒船が正解。ここでの黒船とは南蛮船，より具体的にはポルトガル船のことを指す。豊臣秀吉の発令したバテレン追放令では，宣教師の追放を命じつつも，貿易は引き続き奨励されている。

4． 宗門改が正解。島原・天草一揆後，キリスト教禁止を徹底するため，信仰調査（宗門改）を行い，その結果を宗門改帳に記載した。宗門改役は幕府並びに諸藩に置かれた信仰調査を担当する役人の呼称である。

5． 御蔭参りとは，江戸時代に行われた伊勢神宮への集団参詣のこと。19世紀に入り，太平の世や商業的農業の進展に伴う社会の相対的な富裕化に伴い，旅を楽しむ人が増える中，旅の名目として寺社参詣が掲げられ，御蔭参りも行われた。

7. セミナリオが正解。セミナリオは宣教師などの養成を目的とした神学校で，日本では宣教師のヴァリニャーニによって有馬と安土に建設された。
8. キリシタン版はヴァリニャーニがもたらした活字印刷機を用いて制作・出版された書物。問題は指定字数があるので，それを踏まえて，平家物語を答えればよい。
10. 諸宗寺院法度が正解。江戸幕府はキリスト教の禁教だけでなく仏教でも宗教統制を重要視し，寺院法度によって宗派ごとに寺院を統制したり，本末制度や宗門改めなどの宗教政策を展開したりした。それが概ね整った1665年には諸宗寺院法度を出し，宗派をこえて僧侶全体を共通に統制しようとした。発令したときの将軍が4代徳川家綱であることも押さえておきたい。

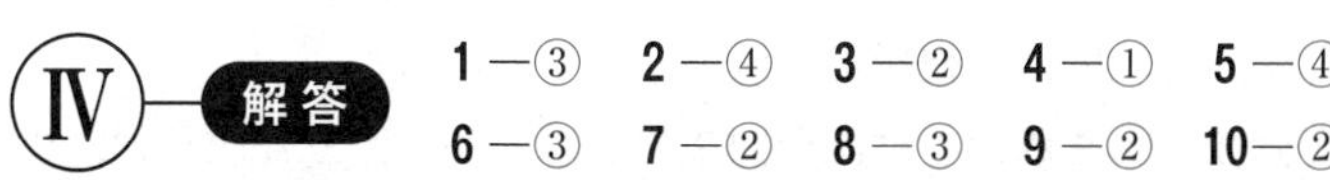
Ⅳ　解答　**1**―③　**2**―④　**3**―②　**4**―①　**5**―④
6―③　**7**―②　**8**―③　**9**―②　**10**―②

解説

《岩倉具視に関係する幕末から明治初期の政治》
1. ③が正解。空欄前に老中とあるので，大老の④井伊直弼は消去。空欄直後に日米修好通商条約の勅許を求めたとあるので，ハリスとの交渉にあたった③堀田正睦を選べばよい。
3. ②が正解。空欄後の「前将軍から政治権力を奪おうとした」から，辞官納地が正解とわかる。辞官は徳川慶喜の当時の官職である内大臣の返上，納地は江戸幕府が持っていた幕領の朝廷への返還を意味した。
5. ④が正文。日本と諸外国では金銀比価に違いがあり，外国の銀貨を日本国内で金貨に替え，外国に持ち出してから，金貨を銀貨に替えると3倍になった。これにより多くの外国人が利益を得た。
①誤文。「条約調印の翌年」が誤り。兵庫港は朝廷の意向で開港が延期になっている事実を想起すれば，兵庫港に外国人居留地が「条約調印の翌年」に設定されていないと判断できるだろう。
②誤文。「輸入が輸出を上回った」が誤り。日本と諸外国の貿易は改税約書の締結により，日本側の輸入関税が引き下げられるまでは，日本の輸出超過であった。
③誤文。「アメリカ」が誤り。パークスはイギリスが派遣した駐日公使で

ある。

6． ③が誤文で正解。三条実美ら過激な尊王攘夷派の公家7名が長州藩とともに追放されたのは，禁門の変ではなく，八月十八日の政変である。禁門の変はその後，長州藩が勢力挽回をはかって失敗した出来事を指す。

7． ②が正解。地租改正反対一揆は地租改正が本格化した1875年以降に活発化し，地租税率の引き下げは1877年であるから，岩倉使節団が派遣された1871～1873年には該当しない。

8． ③が正解。「憲法発布後」が誤り。勲功のある人物を華族に加えた華族令は1884年の制定で，憲法発布の前である。

9． ②が正解。明治十四年の政変は，開拓使官有物払い下げ事件を激しく批判する新聞などメディアの批判を背景としている。

①誤文。「不換紙幣増発」が誤り。松方正義大蔵卿の松方財政では，インフレの解消を目的として，不換紙幣を減らしている。

③誤文。政変直後に出されたのは国会開設の勅諭である。立憲政体樹立の詔は1875年に開催された大阪会議の後に出されており，明治十四年の政変より前に出されている。

④誤文。「政変前」が誤り。明治十四年の政変後に展開された松方財政によって物価が下落し，それによって困窮した農民たちが激化事件を起こした。

10． ②が誤文で正解。「憲法発布に先立ち」が誤り。皇室典範は大日本帝国憲法と同時に制定されている。

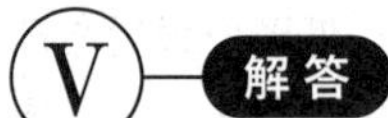

1．a． ソヴィエト（ソビエト）社会主義共和国連邦
b． 中華人民共和国

2． 国際連合 **3．A．** 鳩山一郎 **B．** 田中角栄 **4．** 日米安全保障条約

5． 北京 **6．** ベトナム戦争 **7．** サンフランシスコ **8**―①

解説

《アジア・太平洋戦争後の外交》

問題文冒頭の「アジア・太平洋戦争後」であることと，設問を念頭に，史料を特定したい。史料Cは冒頭の「連合国及び日本国」と3，4行目の「両者の間の戦争状態の…問題を解決する」から，1951年のサンフランシスコ平和条約とわかる（7）。

よって，8より，史料A・Bはサンフランシスコ平和条約よりも後に取り交わされたとわかる。史料Bは2行目に「両国間には社会制度の相違がある」，4行目に「国交を正常化」とあるので，日本と東側陣営の国との国交正常化に関するものであり，候補はソ連か中華人民共和国となる。また，6より，「当時のアジアにおける軍事的緊張を高め」「世界的な反戦運動を引き起こした」ベトナム戦争が史料Bに関連するとわかる。したがって，史料Bは，ベトナム戦争を理由に米中関係が改善したことを背景にした，日中関係の改善に関する日中共同声明であるとわかる。以上を踏まえ，史料Aは，4行目の「両国間の外交関係の回復」なども読み取ると，サンフランシスコ平和条約締結後に日本が国交を回復したソ連と中華人民共和国のうち，前者との外交関係の回復に関する日ソ共同宣言とわかる。

1．a． ソ連の正式名称であるソヴィエト（ソビエト）社会主義共和国連邦が正解。

3．B・5． 日中共同声明は，当時の首相であった田中角栄が中華人民共和国の首都北京を訪れて発表した。

講 評

Ⅰ 原始・古代の道具に関する問題。時代別では旧石器時代～平安時代，分野別では文化史を中心にその他の分野も出題された。全問マーク形式で，用語選択問題と正文誤文選択問題が出題された。設問4を除き，概ね標準的な内容で，高得点が可能である。

Ⅱ 中世の兵乱・政変に関する史料問題。時代別では院政期から室町時代，分野別では政治史を中心に，社会経済史・文化史からも出題された。全問マーク式で，用語選択問題，正文誤文選択問題，配列問題が出題された。設問1のように定番史料の対策が問われたほか，設問6では未見史料の読解も問われた。概ね標準的な内容で，高得点が可能である。

Ⅲ 近世の対外関係と宗教に関する問題。時代別では戦国時代～江戸時代，分野別では外交史を中心に出題された。出題はすべてが語句記述問題であった。概ね標準的な内容で，高得点が可能である。

Ⅳ 岩倉具視に関する問題。時代別では幕末期・明治時代，分野別では政治史を中心に，外交史・文化史なども出題された。全問マーク式で，用語選択問題と正文誤文選択問題が出題された。概ね標準的な内容で，高得点が可能である。

V　アジア・太平洋戦争後に日本が諸外国と取り交わした外交文書に関する史料問題。時代別では1950～1970年代，分野別では外交史が出題された。用語記述問題と配列問題が出題された。史料Aの特定が難解。設問1のa，設問8を除き，概ね標準的な内容で，高得点が可能である。

2024年度は2023年度に出題された論述問題が出題されなかった一方，昨年度同様，史料問題が出題された。史料は昨年度に続き近代史で出題されたほか，中世でも出題された。教科書掲載の定番史料が中心だが，未見史料も出題された。問題は概ね標準的で，全体の難易度は昨年度と同じと言える。

世界史

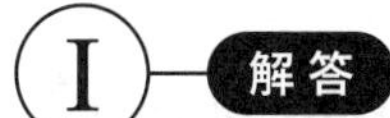

問1. D　**問2.** B　**問3.** B・E　**問4.** C・D
問5. A　**問6.** C　**問7.** F　**問8.** E　**問9.** A
問10. D　**問11.** C　**問12.** C

解説

《古代の地中海・オリエント世界の諸史料》

1～6の史料とその成立時期は以下の通り。1．ロゼッタ=ストーン（前2世紀初），2．ヘロドトス『歴史』（前5世紀），3．『エリュトゥラー海案内記』（1世紀半ば），4．ハンムラビ法典（前18世紀半ば），5．ベヒストゥーン碑文（前6世紀後半），6．ミラノ勅令（313年）。

問1. ロゼッタ=ストーンには，プトレマイオス5世（位前205頃～前181年）の戴冠を祝う文章が記されている。

問2.「エウダイモン・アラビアー」は，アラビア半島南西端の港市アデンを指す。1世紀半ばになると，エジプト商人たちはアデンとその周辺の港を経由して，季節風を利用し，インドに渡るようになった。

問3. 空欄(エ)には，ダレイオス1世が当てはまる。B．誤文。前王のカンビュセス2世が，エジプトを征服した。

E．誤文。「サラミスの海戦とプラタイアの戦いで敗北」した時の君主は，ダレイオスの後を継いだクセルクセス1世。

問4. 空欄(オ)には，コンスタンティヌス帝が当てはまる。

問6. C．誤文。皇帝が主導したキリスト教徒への迫害は，ディオクレティアヌス帝の大迫害（303～313年）を最後とする。

問7. F．正答。A．誤文。新バビロニアのネブカドネザル2世が，バビロン捕囚を行った。

B．誤文。新王国時代のエジプト王ラメス2世が，「カデシュでヒッタイト王国と交戦した」。

C．誤文。アッシリアのアッシュルバニパル王が，オリエント全域の統一を初めて成し遂げた。

D．誤文。ササン朝のシャープール1世が，西方でローマ帝国を，東方でクシャーナ朝をそれぞれ撃破した。

E．誤文。アケメネス朝のダレイオス1世が,「王の目」「王の耳」を地方に派遣し，サトラップを監察させた。

問9． B．誤文。やや難。ギリシア神話に，冥界にある泉レテの水を飲むと，地上での生を一切忘れるという話がある。

C．誤文。ヒクソスは中王国末期に，エジプトのデルタ地帯に侵入した。

D．誤文。テーベは現在のルクソールに当たる。

E．誤文。テル=エル=アマルナは，テーベとメンフィスの中間地点に造営された。

問11． アフラ=マズダはゾロアスター教の最高神。

A．誤文。ゾロアスター教は，暗黒神アーリマンとの対決に勝つ光明神アフラ=マズダによる「最後の審判」を想定している。

B．誤文。輪廻転生は古代インドの宗教観念。

D．誤文。ゾロアスター教は隋唐時代の中国では,「祆教」と呼ばれた。

E．誤文。『アヴェスター』はゾロアスター教の経典。

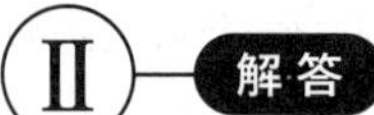

問1． C　**問2．** D　**問3．** A　**問4．** F　**問5．** B
問6． B　**問7．** B　**問8．** C　**問9．** A　**問10．** A
問11． C　**問12．** D

解説

《故宮博物院の成立と展示物》

問2． D．誤文。満州国は1932年3月，溥儀を執政に迎えて建国された。溥儀の皇帝即位は1934年。

問3． A．正文。清は台湾の鄭氏政権を孤立化させるため，遷界令を発して，広東・福建省などの沿岸部の住民を内地に移住させた。

問4． F．正答。古代中国文明に関係する遺跡として，Aは河姆渡遺跡，Dは仰韶遺跡を示している。

問5． Bは，ベトナム北部で発展したドンソン文化を代表する銅鼓。

問7． B．正文。A．誤文。中国での木版印刷は，8世紀には始まったとされる。

C．誤文。周敦頤に始まる宋学は，南宋の朱熹によって大成された。

D．誤文。院体画は一般に，写実的で，色鮮やかな絵画である。

問9． A．誤文。甘英はパルティアを通過して，シリアにまで到達したが，「大海」を渡航できず，帰国した。

問12． D．正文。A．誤文。馬英九は国民党の主席となった政治家。

B．誤文。中国のGDPは胡錦濤政権の2010年に，日本のGDPを追い抜いて，世界第二位となった。

C．誤文。「一帯一路」は2013年，習近平政権により提唱された。

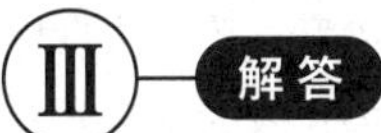

問1． ㋐ロディー　㋑アグラ　㋒ウルドゥー　㋓キジルバシュ　㋔ホルムズ　㋕バヤジット

問2． キプチャク=ハン国　**問3．** ヒンドゥー教　**問4．** 人頭税の廃止

問5． B　**問6．** B　**問7．** E　**問8．** D

解説

《近世イスラーム帝国の共通性》

問1． ㋐ロディー朝は，デリー=スルタン朝最後のアフガン系王朝。

㋓難問。「紅い頭」を意味するキジルバシュは，目印に紅い帽子をかぶっていたことに由来する。

問3． ラージプートは，クシャトリヤに属するという戦士カースト集団。デリー=スルタン朝成立以後も，ヒンドゥー教徒の在地勢力として，政治・軍事上の重要な地位を占めた。

問5． やや難。B．誤文。アルメニア教会は，イエスの神性のみを認める単性論の立場を取った。

問6． B．誤文。ティマール制は，土地国有制の下で実施された。シパーヒーに認められたのは，ティマール内での徴税権のみだった。

問8． ①の画像はイマームのモスク，②の画像はスレイマン=モスク，③の画像はパレルモ大聖堂，④の画像はタージ=マハル。

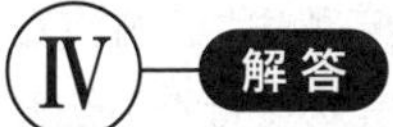

問1． ガリレオ=ガリレイ　**問2．** グレゴリウス

問3． C　**問4．** D　**問5．** ベルエポック　**問6．** A

問7． 第2インターナショナル　**問8．** ウィッテ

問9． スプートニク1号　**問10．** D　**問11．** 国民公会　**問12．** 審査法

問13． B→D→A→C

解説

《時計の歴史からみた近現代社会の特質》

問3． C．正文。A・D．誤文。ベルギーの工業化は，1831年の独立承認後より本格化した。フランスの工業化は，1830年の七月革命後に進展した。

B．誤文。機械打ち壊し運動とも呼ばれるラダイト運動は，手工業者による機械制工場への反発を原動力とした。

問5． ベルエポックは，フランス語で「古き良き時代」の意。第一次世界大戦による破滅的な社会変動を経験した世代が，大戦前の比較的安定した時期を指して，ベルエポックと称した。

問9． ソ連による，スプートニク1号の打ち上げ成功は，アメリカ合衆国に宇宙開発競争での遅れを痛感させた（スプートニク=ショック）。

問10． D．正文。A．誤文。ドイツはロシア・フランスに宣戦した後，中立国のベルギーに侵入した。

B．誤文。真珠湾は，ハワイ・オアフ島にある。

C．誤文。朝鮮戦争の勃発は，朝鮮民主主義人民共和国による大韓民国への侵攻を契機とした。

問13． B．オーストリア併合は1938年→D．チェコスロヴァキア解体は1939年→A．オランダ・ベルギーへの侵攻は1940年→C．ユーゴスラヴィアの占領は1941年。

講評

Ⅰ　古代の地中海・オリエント世界の重要な史料を抜粋した大問。語句の選択法や史料の配列法に関する出題は，標準レベルである。ただし，問10では，「エウダイモン・アラビアー」の位置を推測するのが，やや難しいだろう。一方，正文・誤文の選択は，いずれも正誤法で，確実な知識が求められるので，難しく感じた受験生が多かったのではないかと思う。問9の選択肢Bにある「忘却の河」は難問である。

Ⅱ　故宮博物院の展示物をテーマとして，中国の古代から現代までを広く問う。正文・誤文の選択法が中心的な出題であるが，いずれも教科書内容のレベルである。しかし，時事的な問12は，やや難しいだろう。

問４や問５は標準レベルの出題。

Ⅲ　ムガル帝国，サファヴィー朝，オスマン帝国に関する出題。問１㈣の記述法や問５の選択法について，詳しい知識が求められており，難易度は高い。問８では，画像③の建造物を確定するのは難しいが，他の建造物はいずれも，教科書や資料集によく掲載されている。

Ⅳ　時計の歴史をテーマとして，ヨーロッパ近現代社会の特質を問う出題。語句の記述法や語句・正文の選択法は，基本的には教科書レベルの問題である。問９の記述法や問13の配列法に関しては，やや詳しい知識が要求されている。

総じて，大半の問題が標準レベルであり，教科書内容の確実な定着を図りたい。しかし，細かい知識が問われるときもあるので，用語集の活用は必須であり，また，『詳説世界史研究』（山川出版社）のような参考書を適宜確認していきたい。また，地図・視覚資料・史料を用いた問題も出題されているので，教科書・資料集を広く確認しておきたい。

地　理

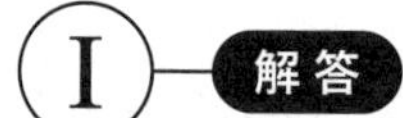

問1．③　問2．①　問3．②　問4．④　問5．②
問6．天井川　問7．③　問8．③　問9．③
問10．③　問11．⑤　問12．②

解説

《(A)石川県白山市の地形図読図，(B)広島市周辺の自然災害と地形図読図》

問1． ③が正解。ジオパークとは地球や大地を意味するGeoと公園を意味するParkを組み合わせた名称で，地球科学的な価値をもつ景観が，保護・教育・持続可能な開発のすべてを含んだ総合的な考え方によって，管理された地域である。

問2． 2点間の勾配は（高低差（比高））÷（水平距離）で求められる。鶴来駅の標高は約90m，地点Pの標高は約50mであり，2点間の高低差は約90m－約50m＝約40mとなる。また，2点間の地形図上の長さは約10cmなので，水平距離は約10cm×50000＝約5000mとなる。したがって，2点間の勾配は約40m÷約5000m×1000＝約8‰となる。

問3． ②が正解。黒部川扇状地は海に接する扇状地として日本最大の広さを有し，標高約3000mの北アルプスから水深約1000mの富山湾の海底まで高低差が非常に大きい地形の一部をなしている。

問4． ④が正解。中世から近世にかけて手取川流域の扇状地で稲作が始まり，集落の形成が進んだが，手取川は急流であり流域での洪水が頻発した。繰り返される洪水により流路に沿って土砂が堆積し，微高地が形成され，洪水時の浸水被害が小さい微高地に集落が成立した。これらの集落は島のように点在していたことから島集落とよばれる。手取川の右岸に多く見られる「島」のつく地名は島集落が起源であることを示している。

問5． ②不適。一般に扇状地の扇央付近には扇頂部で伏流した地下水が蓄えられた帯水層が存在し，井戸などでくみ上げて利用されている。

問7． ③不適。近年，山林地域（特に人工林）においては，高齢化による林業従事者の減少などにより間伐などの人手が入らず放置され，山林の荒廃が進んでいる。山林の荒廃が進むと，樹木の過密により陽光の不足により下草や落葉層が貧弱となり，土壌がむき出しになることで土壌流出が進み，地滑りや洪水などの災害が起こりやすくなる。

問8． ③が正解。①は記念碑，②は裁判所，④は墓地，⑤は消防署の地図記号である。

問9． ③不適。「矢野西六丁目」では東側に水路が見られるため，水があふれることは考えにくい。

問10． ③が正解。「坂駅」の北西側に小山のような地形が見られる。したがって，かつて小島はトンボロ（陸繋砂州）によって陸と繋がっていたが，湾を埋め立てて現在のような地形が造成されたと考えられる。

問11． ⑤が正解。6～7月頃に本州で見られる特有の気象状況は梅雨である。2018年7月の豪雨災害の際は，日本の北東の冷湿なオホーツク海気団が非常に発達したことで，南東の小笠原気団も強まり，2つの気団の間に挟まれた梅雨前線が強化された。また，南からの風も強まり，梅雨前線に向かって流れ込んだ湿った空気が西日本付近で合流し，極めて大量の水蒸気がもたらされ，長時間にわたる集中豪雨が発生した。

問12． ②が正解。広島市は太田川河口の三角州上に市街地が形成されているが，三角州を取り囲む広島市の西部・北部・東部は丘陵地となっており，現在でも造成地などを含めた可住地面積率は3割ほどで，市域の7割は山林である。高度経済成長による急激な人口増加と宅地需要の高まりを背景として，可住地拡大のために郊外の丘陵部を中心に戸建て住宅が建ち並ぶ住宅団地が数多く開発された。

Ⅱ 解答

問1． ① **問2．** ① **問3．** (1)―② (2)―①
問4． ②

問5． 中国南東部は華人の出身地であり，歴史的に海外との交流が活発であることに加え，資本主義地域の香港・台湾に近いため，在外華人からの投資が期待できる点。

問6． ④ **問7．** (1)―⑤ (2)―③ **問8．** ⑤

問9． 農業人口を確保し都市人口の増加を抑制するため，農村の住民には農村戸籍，都市の住民には都市戸籍を与えることで住民を区別し，農村戸籍から都市戸籍への変更が厳しく制限されている。

問10． ④ **問11．** (1)―① (2)―①

解説

《中華人民共和国の地誌》

問1． ①が正解。2020年における，中国の生産量は，②小麦・③米・⑤ばれいしょが世界第1位，④とうもろこしがアメリカ合衆国に次いで世界第2位である。①大麦は世界第1位がロシア，第2位がスペインで，中国が世界第1位あるいは第2位ではない。(『世界国勢図会』)

問2． ①が正解。中国の北西部を中心に居住するウイグル族はスンニ派のイスラム教を信仰し，新疆ウイグル自治区を形成する少数民族の1つである。しかし，2000年代以降，ウイグル語の使用制限，宗教の自由への厳しい制限，継続的な新疆ウイグル自治区への漢民族の流入など，中国政府の政策により民族の習慣が損なわれ，民族間の緊張が高まっている。

問3． **(1)**　②が正解。ガラパゴス諸島はエクアドルのみに属する。①ヴィクトリアの滝はジンバブエとザンビア，③ピレネー山脈はフランスとスペイン，④ル・コルビュジエの建築作品はフランスを中心に7カ国，⑤ローマ歴史地区はイタリアとバチカンと，それぞれ複数の国にまたがっている。

(2)　①が正解。②西部大開発は中国で開発の遅れた西部の内陸地域を開発し発展を促し沿岸部との格差を是正する計画，③東北振興は西部大開発と同じく東北部の開発により沿岸部との格差を是正する計画，④南水北調は西部大開発の事業の1つで長江など南部の水を黄河流域など北部まで導水する事業，⑤緑の長城計画は中国北部における砂漠化対策として保安林の保全のために中国政府が取り組む緑化活動である。

問4． ②不適。ランチョウ（蘭州）はカンスー（甘粛）省の省都で，漢族に次いでイスラム系のホイ族が多く，古くからシルクロードの拠点として栄えたが，オランダ東インド会社の統治下に置かれたことはない。

問5． 経済特区はホンコン（香港）に隣接するコワントン（広東）省のシェンチェン（深圳）以外に，マカオ（澳門）に隣接するコワントン省のチューハイ（珠海），台湾に近いフーチエン（福建）省のアモイ（厦門）とコワントン省のスワトウ（汕頭），そして，コワントン省から分離し，全島が省に昇格したハイナン（海南）島の5カ所が指定されている。経済特区が南東部の限られた省に集中している背景として，これらの省は東南アジアを中心に居住する華人の出身地であり，歴史的に海外との交流が活発であることがあげられる。在外華人は現地の商業・経済において中心的役割を担い，中国本土を上回る経済的実力をもつ者も多いため，在外華僑との経済的なパイプをもつこれらの省は，海外からの投資が見込まれる環境にあった。また，1970 年代後半から中国と資本主義諸国との経済交流の中継地の役割を果たしていた旧イギリス領のホンコンや，旧ポルトガル領のマカオ，そして資本主義地域の台湾との近接性があり，同胞からの投資を受けやすいこともあげられる。他に，フーチエン省やコワントン省は中央政府が位置する首都北京や，中国経済の中心都市の１つである上海などの重要都市から遠く離れており，もし経済特区の施策が失敗した場合でも，中国経済や社会の混乱を最小限に止められるという政治的な配慮も背景となっている。

問６．④が正解。４都市の説明文の(あ)はペキン，(い)はウーハン，(う)はシーアン，(え)はコワンチョウである。表１のＡはペキン，Ｂはシーアン，Ｃはコワンチョウ，Ｄはウーハンである。図１のアは４都市のうち最も高緯度に位置し気温の年較差が最大であり，季節風の影響を受け夏と冬の降水量の差が大きいペキン，イは高緯度に位置し気温の年較差が大きく，内陸に位置するため年降水量が少ないシーアン，ウは低緯度に位置し気温の年較差が小さく，内陸に位置するため年降水量が少ないウーハン，エは４都市のうち最も低緯度に位置し気温の年較差が最小で年降水量が最大のコワンチョウである。

問７．(1)　⑤不適。BRICS の構成国はブラジル・ロシア・インド・中国・南アフリカ共和国の５カ国である。①はブラジル，②はロシア，③はインド，④は南アフリカ共和国，⑤はインドネシアの説明文である。

(2)　③が正解。一般に貿易相手国は経済大国のアメリカ合衆国や中国に加えて，近隣諸国や歴史的関係の深い国が上位となる。「あ国」は西アジアや香港が上位であることからインド，「う国」はベラルーシが上位であることからロシア，「え国」はアルゼンチンが上位であることからブラジル，残る「い国」は南アフリカ共和国となる。表中の５カ国のうち４カ国で輸入相手国の上位となっており世界のどの地域とも貿易が盛んなＸは輸出額が中国，アメリカ合衆国に次いで多いドイツである。

問８．⑤が正解。中国は一次エネルギーの生産・供給における石炭への依存度が高い。①は原子力の割合が突出して高いフランス，②は天然ガスの割合が高いロシア，③は石炭の割合が低く，石油と天然ガスの割合が高いアメリカ，④は原子力の割合が低く，石炭・石油・天然ガスの割合がほぼ均等である日本である。

問9． 中国では，沿岸部の経済発展につれて内陸部の農村からの出稼ぎ労働者の流入が激しくなり，潮のように押し寄せることから民工潮とよばれる。一方で，農業人口を確保し都市人口の増加を抑制するため，農村の住民には農村戸籍，都市の住民には都市戸籍とすることで住民を区別し，農村から都市への戸籍変更を厳しく制限する政策が採られてきた。この政策の下では，農村戸籍の者が都市へ移住しても，子供の教育の問題や医療などをはじめとする福祉サービスを受けられないことなどのため，特に家族ぐるみの都市への移住抑制に効果があった。しかし，近年は労働力の流動機会の創出や労働移動の円滑化，人材の発展機会の拡充などのため都市戸籍の取得制限を一部緩和するなど，戸籍制度の改革が行われている。

問10． ④不適。ウルルン島は朝鮮半島の東方の日本海に位置する韓国領の火山島で，中国は領有権を主張していない。

問11． ⑴　①が正解。アは2020年現在，在留者数が最も多い中国，イは高齢化や日本国籍などへの変更などによって外国人数が徐々に減少している韓国・朝鮮，ウは1990年以降増加を続けており日本の近隣に位置するフィリピン，エは1990年の出入国管理法改正により日系人が多く入国したブラジル，オは在留者数の変化が小さいアメリカ合衆国である。

⑵　イは図中の期間を通して3つの在留資格で最も人数が多い留学，アは近年日中の経済的な結びつきが強まり，業務が増加傾向にあることから技術・人文知識・国際業務，残るウは技能実習・研修である。

Ⅲ　解答　**問1．** ⑤　**問2．** ④　**問3．** ①　**問4．** ④　**問5．** ④
問6． ④　**問7．** ④　**問8．** ④　**問9．** ⑥　**問10．** ②
問11． ⑤　**問12．** ③　**問13．** ③
問14． **A．** シリア　**B．** ベネズエラ　**C．** 南スーダン　**問15．** ②
問16． **X．** マラカイボ　**Y．** オリノコ　**問17．** ④　**問18．** ④

解説

《⒜地球温暖化，⒝難民問題》

問1． ⑤が正解。山岳氷河が分布する山地の山麓部にみられる氷河湖は，氷河が地表面を侵食しながら運搬した岩石や岩屑，土砂が堆積した堤状の地形であるモレーンによって堰き止められたものである。①エスカーは氷河の底を流れる氷河の溶けた水が砂礫を堆積して形成された堤状の地形，②カールは山頂部付近にみられる急な谷壁で囲まれた半円形や半楕円形の平面形をもつ谷，③デブリは氷河の表面に存在す岩石や岩屑，土砂，④ドラムリンは氷河の底で氷河の流動方向に岩石や岩屑，土砂が堆積した長円形の丘状の地形である。

問3．①が正解。永久凍土はユーラシア大陸北部から北アメリカ大陸の北部，グリーンランド，南極大陸，ヒマラヤ山脈などに分布する。北半球において7月の平均気温で0度を下回る地域はグリーンランドに限られるため，③・④・⑤は不適。また，1月の平均気温で－40度を下回る地域はシベリア東部の一部に限られるため②も不適。

問4．④不適。凍結していた斜面の崩壊によって，土石流が発生することもあるが，一般に永久凍土が分布する地域は人口希薄地域であり，また，難民とは国境を越えて外国へ逃れた人を指し，土石流の発生により難民が大量に発生した事例はみられない。

問5．④が正解。サンゴ礁の分布は最寒月の平均水温が18℃以上の暖かい海域とほぼ一致し，温帯ではサンゴはサンゴ礁を形成しなくなるため，日本はサンゴとサンゴ礁の分布の北限域にあたる。

①不適。海水温が限界以上に上昇すると，サンゴから植物プランクトンの一種である褐虫藻が追い出され，サンゴが白くなる白化現象が起こる。褐虫藻が回復しないと栄養失調に陥りサンゴは死滅する。

②不適。サンゴ礁は生物多様性の保全において重要な生態系で，周辺では昔から漁業も営まれてきた。

③不適。太陽光が届く水深20～30mの澄んだ浅海に生息するサンゴ（造礁性サンゴ）は体内の褐虫藻の光合成で生まれたエネルギーの大部分を補っているので，太陽光の届かない深海に移植して種を維持することはできない。

⑤不適。二酸化炭素が海水に溶け込むと海の酸性化が進み炭酸カルシウムの供給が減少するため，サンゴは殻や骨格を作れなくなり，サンゴ礁の減少につながる。

問8．④が正解。スマートシティは，ICTを活用して都市や地域の機能やサービスを効率化・高度化し，企業や住民の利便性や快適性の向上を目指す都市である。

①ウォーカブルシティは自動車がなくても居住しやすい，歩行者を中心としたまちづくりの考え方に沿って設計された都市，②エッジシティは大都市郊外のフリーウェイなどの道路沿いに建設されたオフィスや商業施設など独立した都市機能を有する都市，③コンパクトシティは都市の郊外化を抑制し，中心市街地の活性化を図るために住居・公共サービス・商業施設などの機能を近接させ効率化した都市，⑤ワイヤードシティとはケーブルテレビ網で結ばれた未来的な都市である。

問10. ②が正解。バングラデシュの雨季は海からの南西モンスーンが吹く夏から秋で，この時期は熱帯低気圧のサイクロンの影響も受けやすく，頻繁に足元や膝が浸かる規模の洪水が起こる。

問12. ③が正解。山地や丘陵地の谷に川が運んできた砂が埋まってできた平坦地は地盤が不安定で住宅地には不適である。

①不適。埋立地は川や海に土砂を盛り人工的に造成された土地で地盤が軟弱になる可能性が高く，地震による液状化が起こりやすく住宅開発には不適である。

②不適。旧河道や水田跡などの低湿地は地盤沈下や液状化のおそれが高く住宅地には不適である。

④不適。地滑りでできた土地は斜面や崖から崩れ落ちた岩塊や土砂が堆積し地盤が不安定で住宅地には不適である。

⑤不適。自然堤防上は砂や砂利が堆積し比較的良好な地盤の場合が多いことから昔から住宅が建てられてきた。

問13. ③が正解。チリ沿岸には寒流のペルー海流が流れプランクトンも豊富で，餌となる魚粉の原料を大量に入手できる。南部を中心に海岸線が複雑なフィヨルドがみられ波の影響を大きく受けないため，サケやマスの養殖がさかんである。2021 年，チリはノルウェーに次いで世界第 2 位の養殖サケの生産国となっている（global note より）。また，ノルウェー沿岸を流れる北大西洋海流は暖流である。

問17. ④が正解。ナイル川の支流は，エチオピアのタナ湖を源流とする青ナイル川とアフリカ最大の湖であるヴィクトリア湖を源流とする白ナイル川に分かれており，白ナイル川が南スーダンの中央部を流れている。

問18. ④が正解。ドイツは以前から難民受け入れに対して積極的な姿勢をとっており，UNHCR（国連難民高等弁務官事務所）の2022年の報告では，ドイツは約3530万人いる難民のうち，5.9％にあたる210万人を受け入れている。

講評

Ⅰ　(A)石川県白山市，(B)広島市周辺の地形図の読図を中心として，自然災害や環境問題，地形や気候の特色など幅広い分野から出題された。例年と比べて選択式の設問が多く，論述式が出題されなかったため，解答しやすかったのではないかと考えられるが，問2の勾配の計算，問5や問9の地域の特色に関する正誤問題は，地形図の正確な読図が必要で，解答に時間を要するものであった。また，問1のジオパーク，問11の豪雨災害の原因，問12の広島市周辺の地形的特徴と土地利用に関する問題などは，選択肢が長く内容も難しいと感じた受験生も多かったのではないか。

Ⅱ　中華人民共和国について，自然環境，農業や鉱工業の特色，民族問題や領土問題，中国と日本の関係など幅広い分野から出題された。また，中国と関連して，BRICS諸国の特色についても出題された。論述問題について，問9の戸籍制度は教科書にも記載があり解答しやすいが，問5の経済特区が中国南東部に集中する理由は教科書であまり触れられておらず，難しかったと思われる。また，問題に地図が示されておらず，解答する際に頭の中で国や都市などの位置関係をイメージすることも求められた。全体的に標準的な難易度の問題が中心だが，正確な知識が求められ，地誌の学習量で得点差がついたと思われる。

Ⅲ　(A)地球温暖化，(B)難民問題について，関連する自然環境，環境問題や自然災害，社会・民族などの特色が問われた。全体として地理的知識を直接問う問題が多かったが，正確な知識が求められた。国名や地域名，自然地形名などに関する問題が多く出題されており，平時から地図帳を用いて，さまざまな場所の位置を確認していたかで得点差がついたと思われる。

講評

一　現代文は、江戸時代について述べた、戦前に書かれた文章で、現代と価値観を異にするが読みやすい内容である。「敵討」なるものがどういうものであったかが、わかりやすく説明されている。選択肢も迷うものはないだろう。しかし、漢字の書き取りや読みは標準レベルで、ある程度の知識が必要である。また、語意問題も知識がなければ正しい選択肢を選ぶことはできない。内容読解を支える正しい知識が求められる問題である。

二　古文は、珍しい出典からの出題。単語・文法・古典常識・文学史といった基本的な知識とともに、内容理解も含めてバランスよく出題されている。今回は本文中に和歌が多く、ひとつひとつの内容は標準レベルだが、問六の和歌修辞については、頻出事項を覚えていないと答えられない問題であった。内容説明では、判断しにくい選択肢もあるが、確実な知識から判断して本文の状況を前後の流れからつかむことが正解へのコツになるだろう。

三　漢文は、秀吉の提案について臣下たちがそれぞれどのように返答しているかを読み解くことがポイントになる。攻めの一手を満開の桜を見に行くことに喩えているところが読み取りにくいかもしれないが、句形に難解なものはないので標準レベルである。基礎的な知識が身についていれば満点も可能であろう。問一と問二は易しいので確実に正解したいところである。問三も基本的な反語の句形であり、残りの問題同様に、うまく話の流れがつかめていたら判断に困ることはないだろう。

点を使用する。「歌」から「善」は二字返るので一・二点。「古」から「有」は一・二点を挟んでいるので上・下点を使用する。すべての返り点を付けると「有下善二和歌一者幽古」となる。

問三 「安くんぞ」は、①疑問（どうして〜か）と②反語（どうして〜か、いや、〜ない）の意味がある。反語である場合は文末の助詞、もしくは送り仮名を使用して「未然形＋ン（や）」の形になっていることが多い。今回は「得んや」がこれに該当する。これを踏まえて訳すと〝どうして一度行ってこれを見ないでいられるのか、いや、いられない（＝どうしても一度見に行くべき）〟となる。「之」については「観る」の目的語であることをまず押さえる。傍線部の前には「譬ふれば」とあり、今の状況で攻めに出ることを、有名な吉野山の満開の桜を見に行くことに喩えているので、「之」は話の流れから、吉野山の満開の桜だとわかる。

問四 黒田の発言がポイントである。「宜以此役為観花之始耳」とあり、再読文字の「宜しく〜べし」は〝〜するのがよい〟の意である。ここから〝花見を始めるのがよい〟と言っていることがわかるので、幽古の発言（問三〔解説〕参照）におおいに賛同していると考える。正解は③。

問五 ①は、本文四行目までの内容と合致している。②は、該当するのが本文五行目「勢不可不揚帆」である。「不レ可レ不二〜一」は〝〜しなければならない〟という意味の慣用的な表現である。つまり〝帆をあげなければならない（＝船を出さなければならない）〟となって、この機会に攻めていくのを好機だと捉えていることがわかる。③は、吉野の花見が比喩であることをつかめていない。④は、本文にない内容である。雨風と花に触れているのは黒田の発言の二文目であるが、「散るのを恐れる」や「情報漏洩を防ぐべき」とは書かれていない（問四〔解説〕参照）ので不適。

全訳

織田信長が（臣下明智光秀に）殺されたとき、筑前守羽柴秀吉はすでに毛利氏と和睦し、一日で二日分の道のりを進んで東へ上り、謀反人の光秀を討伐しようとした。（道中の）姫路に一日逗留し、（可能な限り）すべての金銀を集めて軍用資金とし、役割分担をすぐに定めた。この夜（秀吉は）湯あみをやめ、堀久太郎秀政を呼んで話すことには、「この姫路城は守り備えるのに用いる気はない。わしはこの城を投げうって天下を取ろうと思う。おまえはどう思うか」と言った。久太郎は答えた、「その通りでございます。私の見るところでは、潮の満ち干の時刻はまことに好都合です。勢いとしては帆をあげて船を出さなければなりません」と。和歌を上手く詠む幽古という者がおり、その者が進み出て、「これをたとえると吉野山は花盛りであり、どうして一度（吉野山に）行って花を見ないでいられるでしょうか、いや、行かずにはいられないということです」と。黒田官兵衛孝高もそのそばから賛成して言った、「たとえ花を見ようと思っても、（開花の）時期が至らなければ見ることはできません。今は風に花が開きかけ雨に開花し、花は自然と美しく咲いて人を招いています。これはなんと絶好の時期であることか。ただこの戦いを花見の始めとするのがよいでしょう」と。

読み　織田右府の弑さるるに遇ふや、筑前の守秀吉既に毛利氏と和し、程を兼ねて東上し、逆賊光秀を討たんとす。姫路に逗まる者一日、尽く金銀を収めて以て軍資と為し、署分既に定む。是の夕浴罷み、堀久太を呼びて之に語りて曰く、「此の城は守備するに用ふる無し。吾将に一擲して天下を賭けんとす。子以為へらく如何」と。久太曰く、「然り。僕を以て之を観るに、潮候正に好し。勢ひ帆を揚げざるべからず」と。和歌を善くする者の幽古有り、進みて曰く、「之を譬ふれば芳山の花盛開なり、安くんぞ一たび往きて之を観ざるを得んや」と。黒田孝高旁らより之を賛して曰く、「縦ひ花を観んと欲すれども、時至らざれば則ち能はず。今や風に綻び雨に拆き、自ら嬌として人を招く。時なるかな時なるかな。宜しく此の役を以て観花の始めと為すべきのみ」と。

解説

問二　二字以上離れた上の文字に返るときには一・二点を用いる。一・二点を挟んで下から上の文字に返るときは上・下と読み取るのが妥当であるので、正解は②である。

問七　「宿りを定めぬ」の直後「このまらうどゐのおばしま」は注にもあるように、「客間の欄干」で、「この」は直前の「宿り」を指しているため、内容の切れ目ではない。「とて笑ふ」までは宿で桜を見て歌を詠んだ場面。「さて」以降は吉水院から始まる吉野めぐりの様子が書かれているので、ここを正解とする。接続詞の「さて」は、前の内容をうけて文を続ける語であるが、話題を転じるときにも用いる。「如意輪寺に詣づ」以降も吉野めぐりの続きなので、内容が連続している。「いはんかたなくおもしろし」の後はまだ日が高いので吉野めぐりを続けていることから、内容の切れ目ではない。

問八　リード文にあるように、『花のしたぶし』は江戸時代末期に書かれた紀行文である。①『雨月物語』は江戸時代中期に成立した上田秋成による読本。②『奥の細道』は江戸時代前期に成立した松尾芭蕉の紀行文。③『おらが春』は江戸時代末期に成立した小林一茶による俳諧俳文集。④『曾根崎心中』は江戸時代中期に成立した近松門左衛門による浄瑠璃。正解は③である。

三

出典　大槻磐渓『近古史談』〈巻二　豊編第二　歌人幽古〉

解答

問一　a—③　b—⑤

問二　有[下]歌[一]

問三　どうして一度吉野山に行って満開の桜を見ないでいられるか、いや、いられない。

問四　③

問五　①

文四行目から二首めの和歌まで「大方は散り過ぎにたれど…み吉野の山」を解釈すると、〈桜はほとんど散り始めているが残っている桜は美しく、夏だとも思えない〉と読み取れる。満開の季節を過ぎて暦の上では初夏になった頃合いだと推測できる。古典常識として睦月・如月・弥生が春、卯月・皐月・水無月が夏なので、③卯月が正解である。

問四　選択肢は以下の通り。①愕然（＝非常に驚くするさま）、②悄然（＝元気がない様子）、③憤然（＝急に激しく怒るさま）、④漫然（＝ぼんやりとして心にとめないさま）。傍線部の前にある「今朝ぞ…ける」と傍線部の内容〝目がさめる〟から、①愕然だとわかる。

問五　選択肢①は「後村上天皇の時代…歴史の一場面に思いを馳せて」が本文から読み取れない。「後醍醐のみかどのおはしましし世の事を思ふに」とある。続けて「鈴屋翁の言はれたること（＝【乙】）さへ思ひ出でられて」とはあるが、【乙】に〈後村上天皇が父後醍醐天皇の像を自ら彫る〉ことは述べられているものの、「あはれ君」の「君」は後醍醐天皇のことであり、宣長はもっぱら後醍醐天皇に思いを馳せている。【乙】の趣旨は後醍醐天皇の時代をしのんで涙するというものであり、それを思い出したからといって「後村上天皇の時代の吉水院のありようをも想像」するとはいえない。同じ理由で選択肢②も、「二代にわたる嘆きの涙」が不適。選択肢③は「この地に都を遷す前後の生活を比べた後醍醐天皇」とあるが、本文から読み取れない。「面影に昔も見えて」の「昔」とは直前から〝後醍醐天皇がこ吉水院にいらした時代〟であって都を遷す前のことではない。選択肢④は、広足の和歌が宣長の和歌と表現の面でも詠まれた心情の面でも似通っていることから、適切。正解は④。

問六　「梓弓」は枕詞として縁語の「いる・はる・ひく・かへる」といった言葉に掛かることもあるが、枕詞の場合は直後に掛かる言葉がくることが多いため、今回は縁語だと考える。一般に、縁語は掛詞になっていることが多い。正行の和歌では、「かへる」が「帰る」と「返る（弓が反りかえるの意）」、「いる」は「居る」と「射る」の掛詞である。これで選択肢が②に絞られる。広足の和歌から修辞法を見抜くのは少々難しいが、頻出の「梓弓」や「いる」の修辞法を知っていれば解くことができる。②・③で迷っても「かへらじと」の歌は悲嘆ではなく、生きては帰れない覚悟たいそう・並々でない（はなはだしい様子）、②すばらしい・立派だ（プラスの様子）、③ひどい・おそろしい（マイナスの様子）〟のような意味を持つ。「ただごと」は〝普通のこと・世にありふれたこと〟の意味で、複数形を意味する「ども」という接尾語が付き、ここでは直前の自分で詠んだ和歌二首を指している。非活用語に接続する「なり」は断定で、傍線部直後にある「笑ふ」から、〝自作の和歌二首がありふれた和歌で笑ってしまう〟という解釈になる。ここから「や」は詠嘆の終助詞であると考える。以上の解釈から、「いみじ」は①か③の意で訳出するとよい。〝ひどく普通の和歌などであるなあ〟〝たいそうありふれた和歌であるなあ〟などとなる。

2、副詞「手づから」は〝自分で・自分の手で〟という意味。そこに「御」が付いているので〝ご自分で・ご自身の手で〟と訳出する。動詞「刻む」の意味は、前にある「御像（＝神仏・貴人などの絵や彫刻）」から、〝彫刻する・彫りだす〟の意味。「奉る」は動詞「刻み」の直後にある補助動詞なので、謙譲の補助動詞〈～し申し上げる〉の用法である。「給へ」は尊敬の補助動詞（四段活用）「給ふ」の已然形、または謙譲の補助動詞（下二段活用）「給ふ」の未然形・連用形のいずれかと考えられる。直後の「る」は、①ア段音に接続している「る・れ」は助動詞「る」、②エ段音に接続している「る・れ」は助動詞「り」である。「給へる」の場合、「る」の直前「へ」はエ段音なので、「る」は完了・存続の助動詞「り」の連体形である。助動詞「り」はサ変の未然形・四段の已然形にしか接続しないので、「給へ」は尊敬の補助動詞。後醍醐天皇の像は完成しているので、「る」は完了の意味で訳すとよい。〝ご自身の手で彫刻し申し上げなさった〟〝ご自分で彫り申し上げなさった〟などとなる。

問二　二重傍線部の直前に係助詞「ぞ」があるため、「多し」は係り結びの結びとなって連体形になる。形容詞「多し」はク活用で連体形は「多き／多かる」のふたつで、カリ系列の活用形は原則的に直後に助動詞が接続するときに用いられるが、「多し」に限っては、直後に助動詞が接続していないときもカリ系列（多かり・多かる・多かれ）が使用されていた。和歌中にあり、「花ぞ多き」では一音足りないため、今回は「多かる」になると判断できる。

問三　吉野山の桜は下千本、中千本、上千本、奥千本と四か所に別れて群生し、下→中→上→奥の順番で咲いていく。本

面影によって昔にも思いを馳せることができてよい。その吉水院で流れる水は涙であるなあ
蔵王堂に参詣し、勝手神社を拝んで如意輪寺に参詣する。後ろの山に少し登って、後醍醐天皇のお墓を拝み申し上げる。
寺に帰って、しばらく休みつつ、楠正行様の堂の扉に彫り付けられた歌があるのを見て、
矢じりで彫った言葉に真心を通しつくし、（主に忠誠を）尽くした跡が見えることよ
こうして竹林院に行って、庭のやや高いところから見渡す景色は、たとえようがないほど趣深い。日も依然として高いので、子守の御社の峰に登ろうとする。この山の中腹にある桜を上の千本などと言って、たいそう多い桜で今が盛りである桜は、まるで白雲が（空から）下りているようである。御社のところにある雲居桜と言うものは、糸桜（＝枝垂れ桜）でこれも花盛りである、その木陰の茶屋で休憩し酒を飲んで、
白く咲いている高嶺の糸桜は、空から落ちてきた滝かと思って見る
ここで雲居の桜と詠みなさった御歌も思い出されて、また涙がこぼれた。
【乙】この院は、道から左へ少し下って、また少し上るところ、離れているひとつの岡で、周りは谷である。後醍醐天皇が、少しの間いらっしゃった所として、昔のままに残っているのを、入って見ると、いかにも古くなっている殿の中のたたずまいは、普通の所のようには見えない。言葉に出して言うのは畏れ多いけれども、
昔（ここにいらした後醍醐天皇）のお気持ちを汲むことができて（この場所は）よい。ここ吉水院という名が持つ水を深くまで汲んで袖が濡れるように、深いしみじみとした感慨で袖が濡れることよ
あの後醍醐天皇の御像は、後村上天皇が、ご自身の手で彫刻し申し上げなさったといって、（その御像が）おありになるのを拝見申し上げるにつけても、
ああ、後醍醐天皇がこの吉水に移っていらして、（ここに）残る（彫られた）御影を見るのも畏れ多い

解説

問一 **1**、形容詞「いみじ」がポイントになる。「いみじ」は〝よくも悪くも程度がはなはだしいさま〟を表すので、〝①

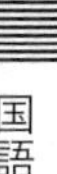

問三　③

問四　①

問五　④

問六　②

問七　②

問八　③

全訳

【甲】 二日に、宿泊した家は、吉野川の岸にある高いところで、川に片方をかけて作り出している様子に、今朝初めて気付かされた。

　朝に戸を開けて見渡す目が覚めてしまったことだなあ。吉野の川岸の旅寝よ

早く出発して有名な吉野川を船で渡る。飯貝の里を過ぎ、少し進んで山口に着く。これからのぼる所を、ひとかたまりごとに一目千本とか言って、たいそう多い桜の中を、あっちこっちと分け行くと、ほとんどは（花が）散り（始めて盛りを）過ぎてしまっているけれども、やはり残っている花もあるようだ。

　散り残る桜はまだ美しいままであることよ。夏とも見えない吉野の山

登って行って、発心門と記してある額のある鳥居から入って、仁王門のこちら側の、左の方にある家に、まず宿を決めた。この客間の欄干に近付いて見ると、谷を隔てている向かいの山々が、目の前に見えている。

　峰高く登るにつれて、吉野山はやはり盛りである桜が多いことよ

　山すそは散り、中腹は盛り、奥の方はまだ咲かない吉野の山の桜花

ひどく普通の和歌などであるなあと思って笑う。さて案内人を雇って、まず吉水院に参詣する。後醍醐天皇がいらっしゃった世のことを思うと、『菅笠日記』に鈴屋翁（＝本居宣長）が言いなさったことまでも思い出されて、

定できるということは必ず起こりうることとして「必然」の方がふさわしい。また「必然」の対義語は「偶然」である。「格別な有力者があった場合にのみある Ⅱ なのだから…」と条件付けられていることからも、「偶然」のほうが「当然」よりふさわしい。

問九 選択肢の意味は以下の通り。①「心ばせ（＝心の動き・性格・心遣い）」、②「心がけ（＝日頃の心のもち方）」、③「心あて（＝見当をつけること・心頼み）」、④「心おき（＝遠慮・気兼ね）」。これまでの内容で、何度も〈敵討とは人間がやむにやまれぬ行いで、ごく自然な情である〉と述べられてきた。直前の内容からも、①が正解だと考えられる。

問十 ①は第四段落、傍線Dの段落の内容に合致している。「町人・百姓は事前に…無罪になる」という内容から、取り調べの結果によっては罪に問われ、「そういう場合に死罪を申し付ける」とある。②は選択肢の内容が本文に書かれていない。切腹については傍線Cのある第五段落に書かれているが、〈なんらかの刑罰を受けるときは切腹を申し付けられる〉ということで、「切腹という手段で始末を付ければ、敵討であると認定される」とは書かれていない。③は傍線Eの次の段落の内容と合致している。現代とは異なり〈なにがあっても目上の者を恨むべきではない〉という当時の考えが書かれている。④は、最後の二段落の内容に該当している。〈敵討の当人となるためには、順番があって、殺された人から親等が近い順である〉と書かれている。

二

出典 【甲】：中島広足『花のしたぶし』
【乙】：本居宣長『菅笠日記』〈上〉

解答

問一 1、ひどく普通の和歌などであるなあ
2、ご自身の手で彫刻し申し上げなさった

問二 多かる

められるには、敵が自分より目上のものであってはならない、殺された者から一番等親が近い者が行うのでなければならない、などといった誰が見ても否定できないような条件が必要であった。

解説

問三　傍線Aの後ろの「敵討というものは、国法上…至情から起ったものである」や、同じ段落の内容から、〈敵討は人間のごく自然の情であり、法の上に成り立つものではなく、咎めたてすることはできない〉とわかる。「至情」とは〝⑴ごく自然な人間の情、⑵誠意を持った気持ちを抱くこと〟である。本文中で寝食と同じように扱われているので、ここでは⑴の意味である。合致しているのは②。

問四　傍線Bの直前「それですから」の「それ」とは同段落の内容を指している。これは直前の内容を受けて同じようなことを述べているため、問三でみた〈敵討は人間のごく自然の情であり、法の上に成り立つものではなく、咎めたてすることはできない〉という内容が読み取れていれば、④を選ぶことができる。

問五　「一分（いちぶん）を損ずる」「一分が立たぬ」などの形で用いられる「一分」とは〝人としての名誉・面目〟である。この段落末の一文に「面目を損じた」とあるので、ここが正解である。「一分」の意味がわからなくても、前後の内容と傍線Cの直後も見て、「一分を損ずる」から「面目を損じた」（同段落の最終文）をみつけて反応できるとよい。正解は「面目」である。

問六　傍線D「なんだかおかしい」の主部は、直前の「死罪を申し付けるからありがたくお受けしろというのは」である。〈死罪はありがたくないのに、ありがたく受けろというのはおかしい〉ので、正解は③である。

問七　「人間の至情」とはここでは〝ごく自然な人間の情〟である（問三〔解説〕参照）。本文では、同内容の言い換えが多用されているが、八字であるのは傍線Aの三行後の「人情の極ったもの」である。どちらも〈敵討とはなにか〉を説明している場面で用いられており、内容的にもふさわしい。

問八　本文では「［Ⅰ］なるが故に予定も出来る…」とある。「至情」の意味から「自然」を選んでしまいそうだが、予

国語

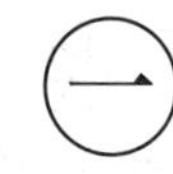

出典 三田村鳶魚「敵討の話」（『三田村鳶魚全集 第四巻』中央公論社）

解答

問一 ア、挨拶 イ、恥辱 ウ、到底

問二 a、わきま b、ふる

問三 ②

問四 ④

問五 面目

問六 ③

問七 人情の極ったもの

問八 ②

問九 ①

問十 ②

要旨

江戸時代の「敵討」について、敵討は寝食と同じように、人としての情から起りうる避けることはできないものなので、法で規定されるものではなく公認されていた。しかし、事前に敵討と認められたのは善悪の弁えがついていて責任は切腹という形でとることができるとみなされていた武士だけで、町人らは敵討後に取り調べが行われた。その他にも敵討と認

2023年度

問題と解答

■学部別入試

問題編

▶試験科目・配点

教　科	科　　　目	配　点
外国語	「コミュニケーション英語Ⅰ・Ⅱ・Ⅲ，英語表現Ⅰ・Ⅱ」，ドイツ語（省略），フランス語（省略）から１科目選択	100点
地　歴	日本史Ｂ，世界史Ｂ，地理Ｂから１科目選択	100点
国　語	国語総合・現代文Ｂ・古典Ｂ	100点

英語

（60 分）

〔Ⅰ〕 次の(あ)〜(う)の各組にはそれぞれ三つ空欄があり，同じつづりの一語が入る。その語を解答欄に記入しなさい。

(あ)

・The (　　　) city of China is Beijing.

・In English, proper nouns begin with a (　　　) letter.

・There has long been a discussion about the merits and demerits of (　　　) punishment.

(い)

・If the price continues to go up like this, it'll soon be quite difficult for us to make ends (　　　).

・Please wait at the lounge when you arrive. We will (　　　) you there.

・She was so beautiful that I couldn't (　　　) her eye.

(う)

・We had to go (　　　) and forth many times before we finished putting our furniture in the van.

・Our leader lacks support. We need more people to (　　　) her up.

・I have constant pain in my (　　　) and shoulder because I sit at a computer all day.

〔Ⅱ〕 次の英文を完成させるために、かっこ内の語を適当な活用形(例 pay→paid)または派生語(例 music→musical, important→unimportant)に変えて、解答欄に記入しなさい。変える必要のない場合には、かっこ内の語をそのまま記入しなさい。いずれの場合も、解答欄に記入する語は一語のみとする。

(ア) Social (accept) is very important, especially for teenagers.

(イ) The train left (exact) at half past nine.

(ウ) The simplest method to relax is to (breath) in and out very slowly.

(エ) The mountain fire has (spread) quickly from north to south.

(オ) Not (know) what to do, I just sat there and waited for instructions.

(カ) It's a good idea to be environmentally friendly. Why don't we make our clothes out of (sustain) materials?

(キ) The instructions were (write) on the board.

〔Ⅲ〕 次の英文を読んで、それに続く設問に答えなさい。

1 Free speech is essential for democracy because the public needs information before making informed decisions. Free speech is also vital(ア) to science because we can come close to the truth only after public discussion and examination. These two claims share an important assumption. They suggest that freedom of speech is not protected for its own sake; it is protected to serve some other goal, such as democracy or truth. In other words, these two lines of argument(イ) for freedom of speech can also be used to show why some speech is not protected, since we have no reason to defend the kind of speech which is unrelated or harmful to the goal.

2 There are some kinds of speech, therefore, which are not covered by the right to free speech. Hate speech, for example. According to the European Commission against Racism and Intolerance, any expression — whether the target is a person or a group — can be classified as hate speech if it advocates,

promotes, or justifies hatred, violence, or discrimination. In 2021, Thorbjørn Jagland, former Secretary General of the Council of Europe, warned(ウ) that hate speech and free speech should not be confused. "We look back at what has been achieved and we think of the many people who have endured hardship and given their lives in the struggle for human rights — we should never take these rights and freedoms for granted," he said. "And we should never abuse them. Hate speech is an abuse of freedom of expression."

3 Freedom of speech does not mean you can simply say whatever you like in public and avoid the consequences. In fact, there is no country in the world that does not set some limits on free speech. Every country has some legal penalty for publishing misleading advertisements, releasing(エ) state secrets, and openly making false statements that are (あ) to someone's reputation. And the reasons why different countries set limits on speech can vary from one to another because speech always takes place within a context of competing values.

4 There is one thing, however, which mature democracies hold in common. Freedom of speech means that speech should be as free as possible from the control of the state — in particular, people with power such as government officials, lawmakers, and judges. Therefore, (1)legal control over speech, if ever it is to be exercised, should be used as a last resort. That is why criminal punishment to regulate speech is strictly limited in modern democracy. For instance, the state could try to silence minorities or to suppress criticism of official policies, political opposition, or religious beliefs. In order to maintain a successful democracy, the state must be forbidden from misusing its power. That is why we need to question if the state can and should regulate or punish those who claim they are simply making a political (い).

5 If speech should not be left to legal regulation alone, what other (う) can we take in tackling harmful speech? An alternative approach is self-regulation by public and private institutions, media, and social media companies. Many organisations adopt codes of conduct accompanied by penalties for violation. Also effective is counter-speech, or preventing negative messages

using positive terms, often with empathy and evidenced facts. And above all, (2) education is crucial in (a) false or misguiding information which (b) hate speech. We should decide which approach to take by examining what goals we set and how troublesome we wish to make it for people to say certain things.

6 Universities defend free expression of ideas as an essential value, but even there, we must bear the consequences of what we say. Prices of improper speech vary depending on the context, of course. A crude joke at someone at lunchtime may cause a frown from the table but will not amount to too big a deal. However, we must expect severe consequences for making racist comments during a public lecture. Democratic freedom — freedom of speech most of all — matters to universities because it is necessary for diverse ideas to contend on level ground, which also means that, before making a statement, we should tell ourselves that it will be open to the test of others. (え), our exercise of free speech may lead to bad consequences ranging from embarrassment to the end of friendship, loss of credibility, public anger, and even institutional or legal penalties.

7 Historically, all societies have made some speech more costly than others. How we should exercise control over speech has to be continually explored and examined to meet the changes and challenges in the way we live our social life. There is one thing, however, that we should all bear in mind if the value of free speech is to be defended at all. Communication is by definition interactive, and our speech, once uttered in public, is open to criticism. Therefore, we must exercise our right to free speech with the full understanding that some of the things we say, if not thoroughly thought out, may turn out to be costly. After all, whatever we say, we should expect to meet praise or blame — both, actually, in many cases. The value of our speech, and of our right to free speech, cannot be meaningfully measured in any other way.

出典追記：Hate speech is not free speech, says Secretary General ahead of Human Rights Day, Council of Europe on December 9, 2016

問 1　下線部(ア)〜(エ)と最も近い意味の語をそれぞれ(A)〜(E)の中から一つ選び、解答欄の記号をマークしなさい。

(ア) vital

(A) important　(B) lively
(C) missing　(D) poisonous
(E) trivial

(イ) argument

(A) burden　(B) conflict
(C) quarrel　(D) reasoning
(E) sense

(ウ) warned

(A) cautioned　(B) decided
(C) forbade　(D) praised
(E) waved

(エ) releasing

(A) finding　(B) leaking
(C) lending　(D) refilling
(E) rehearsing

問 2　本文中の空欄(あ)〜(え)に入るのに最もふさわしい語をそれぞれ(A)〜(E)の中から一つ選び、解答欄の記号をマークしなさい。

(あ)

(A) damaging　(B) faithful
(C) obvious　(D) promising
(E) prone

(い)

(A) paper
(B) people
(C) point
(D) print
(E) purpose

(う)

(A) food
(B) liberty
(C) measures
(D) photos
(E) tests

(え)

(A) Immediately
(B) Moreover
(C) Namely
(D) Otherwise
(E) Therefore

問 3 段落 [2] の内容と一致するものを(A)~(E)の中から一つ選び、解答欄の記号をマークしなさい。

(A) Abusing free speech should automatically be classified as an act of hate speech.

(B) According to the European Commission against Racism and Intolerance, anyone who expresses dislike of someone else is engaging in hate speech.

(C) Historically, many people have made great sacrifices to achieve and protect human rights.

(D) People who have become the target of hate speech should be allowed to resort to violence.

(E) Since everyone has human rights, expressing hatred, violence, and discrimination must be strictly punished by law.

問4　段落 3 の内容と一致するものを(A)～(E)の中から一つ選び、解答欄の記号をマークしなさい。

(A) Every country in the world limits the scope of free speech in one way or another.
(B) Every society has the same set of values in restricting human rights.
(C) In every country, publishing misleading advertisements is a crime most severely punished.
(D) There is no perfect democracy because no country can achieve the right balance between different values.
(E) Where different values compete against each other, freedom of speech is not important.

問5　段落 4 下線部(1)の理由として最も適切なものを(A)～(E)の中から一つ選び、解答欄の記号をマークしなさい。

(1) legal control over speech, if ever it is to be exercised, should be used as a last resort

(A) It is crucial to democracy that the power of the state over speech be limited as much as possible.
(B) No discrimination should be allowed to exist in democracy.
(C) People always question if the state can and should punish speech for its content.
(D) The state cannot silence all protesting voices.
(E) We must show facts or evidence before condemning any views we dislike.

問6　段落 5 の下線部(2)の空欄(a)(b)に入るのに最も適切な語の組み合わせを(A)～(E)の中から一つ選び、解答欄の記号をマークしなさい。

And above all, education is crucial in (a) false or misguiding information which (b) hate speech.(2)

(A) (a) criticising (b) counters
(B) (a) dismissing (b) rejects
(C) (a) fighting (b) feeds
(D) (a) protecting (b) defends
(E) (a) understanding (b) criticises

問7 段落 6 の内容と一致するものを(A)〜(E)の中から一つ選び、解答欄の記号をマークしなさい。

(A) All university students should behave in a decent and polite manner at the lunch table.
(B) Free speech is one of the main values universities try to protect.
(C) If your crude remark displeases professors, you can be dismissed from the university.
(D) Racial diversity is a core value for universities.
(E) Universities tend to evaluate argumentative students higher than those who are timid.

問8 段落 7 の内容と一致するものを(A)〜(E)の中から一つ選び、解答欄の記号をマークしなさい。

(A) All forms of communication should be designed to enable criticism.
(B) Alternative modes of communication need to be discovered to solve problems in our lives.
(C) New ways to limit the scope of free speech will have to be found and checked to respond to the demands of the times.
(D) Praise and blame do not go hand in hand when people respond to our

speech.

(E) The value of free speech must be defended whatever its cost may be.

問 9 本文のタイトルとして最も適切なものを(A)〜(E)の中から一つ選び、解答欄の記号をマークしなさい。

(A) The Consequences of Hate Speech

(B) The Cost of Communication in Our Social Life

(C) Freedom of Speech in University Education

(D) How to Control Speech by Law

(E) Is Free Speech Really Free?

〔Ⅳ〕 次の英文を読んで、それに続く設問に答えなさい。

[1] Many people argue that a sense of smell is relatively unimportant. Charles Darwin claimed that smell was "of extremely slight service" to humans. A survey of seven thousand young people in 2011 found that most were prepared to give up their sense of smell if it meant that they could keep their laptop or phone. (1)<u>However, if we (a) the sense of smell, we cannot fully (b) the world around us.</u>

[2] Our sense of smell has an important impact on our sense of well-being. When we enjoy the flavor of food, we do not simply use our sense of taste. We also use our sense of smell. "Anosmia" is the loss of the capacity to recognize smells. Typically, it is caused by brain damage or nose injuries, but it is also a common symptom of COVID-19. In the United States, three per cent of people over forty years of age are affected by anosmia. For most people, losing the sense of smell also involves a loss or change in the sense of taste. In a recent survey of five hundred people with anosmia, ninety-two per cent said they now had less enjoyment of food and drink. Over half reported going to restaurants

less frequently, and many also described no longer finding cooking fun. Eating without smell is like exploring a room with the lights off. The difficulties (ア) (2) [a. the importance of / b. with anosmia / c. by people / d. experienced / e. demonstrate] the sense of smell.

3 Smell is also essential because it enriches our understanding of different cultures. While the scent of the *durian fruit is popular in Southeast Asia, foreigners can be put off (イ) by an odor they find overpoweringly unpleasant. Swedish people delight in the aroma of *fermented herring, which can shock visitors. In addition, cultural and economic changes are reflected in the different ways in which separate generations experience smell. (3) Researchers in Hong Kong found that younger shoppers (a) a narrower vocabulary to (b) the smells of foods than older people. While younger people spoke only of food's being "fragrant" or "smelly," older people used (あ) terms for the smell of salted fish, stale peanuts, and old tofu. Likewise, sociologists examined the impact of economic growth on Vietnamese shoppers. In the past, in traditional markets, shoppers used their sense of smell to check food for freshness. Since the arrival of supermarkets in Vietnam, shoppers do so less and less. One older respondent claimed that they trusted their sense of smell more than sight, commenting "I buy without looking." Today, few young people do the same. As supermarkets spread across the country, shoppers stopped applying so much attention to the different qualities of food. (4) Identifying shifts in how people talk about smells, therefore, allows us to recognize important economic, social, and cultural changes.

4 Smell becomes less important in comparison to sight as societies become more modern. (5) In the past, people lived in an environment in which smells were far more powerful. Few people brushed their teeth or bathed regularly, instead using strong perfumes to conceal (ウ) body odors, and there were no *sewers or running water. However, as countries became richer and more technologically advanced, the variety and (い) of smells declined. Today even the smell of roses has vanished: (6) the flowers are selected for their (a) appearance, not

their (b) aroma. The decline of smell demonstrates that we have become more isolated. We are less responsive to our immediate environment and more concerned with making sure that other people do not interfere with our personal space. We might (7)[a. we do not / b. be glad that / c. endure the / d. foul odors / e. have to] of the past. However, we also are losing the ability to distinguish beautiful scents. Losing our sense of smell prevents us from having the full range of human experience.

5 Our sense of smell is an important aspect of being human. Like other animals, we use our sense of smell to discover and taste food, detect hazards and potential mates, and find locations. Indeed, many other animals rely more (う) their nose than their eyes or ears. (8)Dogs, for instance, depend (a) on their sense of smell, devoting forty per cent more brain (b) than humans to analyzing odors. Although our sense is nowhere near as powerful, we still need smell to detect gas leaks, chemicals in the air, fire, burnt toast, and spoiled food. People can even identify their blood relatives from their smell: mothers, for instance, can recognize the body odor of their own biological children. Moreover, smell is a significant part of our awareness and identity. We savor the aroma of old or new books, fried chicken or grilled fish, freshly-cut lawns or freshly-washed clothes, roses or jasmine, vanilla or chocolate. A sudden fragrance can revive a powerful memory. Without our sense of smell, we cannot properly perceive and cherish our environment.

*durian fruit：ドリアン(果物)　*fermented herring：発酵にしん

*sewers：下水道

問1 下線部(ア)～(ウ)と最も近い意味の語をそれぞれ(A)～(E)の中から一つ選び、解答欄の記号をマークしなさい。

(ア) frequently

(A) afterwards　(B) before

(C) later　　(D) often
(E) someday

(イ) put off
(A) disclosed　　(B) discovered
(C) diseased　　(D) disgusted
(E) dismissed

(ウ) conceal
(A) disagree　　(B) disappoint
(C) disguise　　(D) displease
(E) distrust

問 2　本文中の空欄(あ)〜(う)に入るのに最もふさわしい語をそれぞれ(A)〜(E)の中から一つ選び、解答欄の記号をマークしなさい。

(あ)
(A) particular　　(B) patient
(C) petty　　(D) prepare
(E) produce

(い)
(A) inability　　(B) indignity
(C) industry　　(D) intensity
(E) invisibility

(う)
(A) for　　(B) is
(C) of　　(D) on
(E) to

問 3 段落 [1] 下線部(1)の空欄(a)(b)に入るのに最も ふさわしい語の組み合わせを(A)〜(E)の中から一つ選び、解答欄の記号をマークしなさい。

(1) However, if we (a) the sense of smell, we cannot fully (b) the world around us

(A) (a) dignify (b) appreciate
(B) (a) dignify (b) apply
(C) (a) ignore (b) appreciate
(D) (a) ignore (b) apply
(E) (a) signify (b) appreciate

問 4 段落 [2] 下線部(2)の語句を並び替えて英文を作り、3番目と5番目にくる語句の組み合わせとして最も適切なものを(A)〜(E)から一つ選び、解答欄の該当箇所をマークしなさい。

(2) [a. the importance of / b. with anosmia / c. by people / d. experienced / e. demonstrate]

(A) 3番目 b 5番目 a
(B) 3番目 b 5番目 d
(C) 3番目 c 5番目 b
(D) 3番目 e 5番目 a
(E) 3番目 e 5番目 c

問 5 段落 [3] 下線部(3)の空欄(a)(b)に入るのに最もふさわしい語の組み合わせを(A)〜(E)の中から一つ選び、解答欄の記号をマークしなさい。

(3) Researchers in Hong Kong found that younger shoppers (a) a narrower vocabulary to (b) the smells of foods than older people

(A)　(a)　confused　　(b)　describe

(B)　(a)　confused　　(b)　subscribe

(C)　(a)　used　　(b)　describe

(D)　(a)　used　　(b)　prescribe

(E)　(a)　used　　(b)　subscribe

問 6　段落 3 下線部(4)の理由として最も適切なものを(A)〜(E)から一つ選び、解答欄の記号をマークしなさい。

(4) Identifying shifts in how people talk about smells, therefore, allows us to recognize important economic, social, and cultural changes

(A) Because it is easier to see distant objects than to smell them, we use sight more than smell.

(B) The declining sense of smell in the modern world has caused economic growth in Hong Kong and Vietnam.

(C) The fact that younger shoppers in Vietnam use smell less than older shoppers reflects the social changes caused by the country's growing economy.

(D) The popularity of the durian in Southeast Asia and fermented herring in Sweden shows us that no culture likes smelly food.

(E) We should always touch food to check it for freshness, as the shoppers in Hong Kong and Vietnam demonstrate.

問 7　段落 4 下線部(5)の理由として最も適切なものを(A)〜(E)から一つ選び、解答欄の記号をマークしなさい。

(5) In the past, people lived in an environment in which smells were far more powerful

(A) People's appearances were less attractive due to their lack of personal hygiene.

(B) People could not afford to buy the latest technology because they were poorer.

(C) People had less variety in their lives and were more isolated from one another.

(D) People valued the scent of roses more highly, and did not care about personal space.

(E) People were less hygienic, and did not have reliable water supplies and sanitation.

問8 段落 4 下線部(6)の空欄(a)(b)に入るのに最もふさわしい語の組み合わせを(A)〜(E)の中から一つ選び、解答欄の記号をマークしなさい。

(6) the flowers are selected for their (a) appearance, not their (b) aroma

(A) (a) envious (b) stale

(B) (a) envious (b) sweet

(C) (a) glorious (b) sour

(D) (a) glorious (b) stale

(E) (a) glorious (b) sweet

問9 段落 4 下線部(7)の語句を並び替えて英文を作り、3番目と5番目にくる語句の組み合わせとして最も適切なものを(A)〜(E)から一つ選び、解答欄の記号をマークしなさい。

(7) [a. we do not / b. be glad that / c. endure the / d. foul odors / e. have to]

(A) 3番目b 5番目a

(B) 3番目b 5番目d

(C) 3番目c 5番目a

(D) 3番目e 5番目a

(E) 3番目e 5番目d

問10 段落 5 下線部(8)の空欄(a)(b)に入るのに最も適切な語の組み合わせを(A)〜(E)の中から一つ選び、解答欄の記号をマークしなさい。

(8) <u>Dogs, for instance, depend (a) on their sense of smell, devoting forty per cent more brain (b) than humans to analyzing odors</u>

(A) (a) originally (b) power

(B) (a) originally (b) storm

(C) (a) primarily (b) freeze

(D) (a) primarily (b) power

(E) (a) primarily (b) storm

問11 本文のタイトルとして最も適切なものを(A)〜(E)から一つ選び、解答欄の記号をマークしなさい。

(A) The History of Human Beings' Sense of Smell

(B) The Neglected Importance of Our Sense of Smell

(C) The Original Connections between Scent and Culture

(D) The Psychological Benefits of Improving Smell and Taste

(E) The Sadness of a Life with a Sense of Smell

〔V〕 次の日本語の文章は、日本語の「おもしろい」の語源について語ったものである。英訳の空欄(ア)～(オ)に入る最も ふさわしい語をそれぞれ(A)～(H)の中から一つ選び、解答欄の記号をマークしなさい。なお、同じ語は一度しか使えません。

須佐之男命(すさのおのみこと)の悪行で、天照大神(あまてらすおおみかみ)が怒り、天の岩戸に引っ込んだとき、世界は闇の中に沈みました。すると、岩屋の前に八百万(やおよろず)の神が集まって踊りました。天児屋命(あめのこやねのみこと)と天手力男命(あめのたじからおのみこと)が岩戸の左右に立ち、八百万の神が火をつけて、神楽(かぐら)を踊りました。天照大神は八百万の神の神楽に反応し、彼女の神聖な光の一部が八百万の神の顔を照らしました。八百万の神は言いました。「あら、おもしろや」(「私たちの顔はどれほど白いことか」)と。これが「おもしろ」という言葉の由来です。それから、天児屋命と天手力男命が岩屋を開けました。これらの二人の神は大きな力を持った神だからです。

【英訳】

Angered by Susanowo's acts of evil, Amaterasu, the goddess of the sun, (ア) into a cave and blocked the entrance with a large rock. The world was plunged into darkness. Soon after, the eight million gods gathered in front of the cave and danced. Ame-no-Koyane and Tajikarawo stood to the left and right of the entrance, and the gods lit a fire and (イ) a *kagura* dance. Amaterasu (ウ) to the dance of the gods and her divine light (エ) the face of the gods outside. They looked at each other and said, "Ara omoshiroya — *How white our faces are!*" This is the origin of the word "omoshiro," meaning *wonderful*: "omo" meaning *face*, and "shiro" meaning *white*. Then Ame-no-Koyane and Tajikarawo, two gods of great power, (オ) the rock away from the cave's entrance.

【語群】

(A) illuminated	(B) performed	(C) pulled	(D) resolved
(E) responded	(F) retired	(G) stirred	(H) talked

日本史

（60分）

〔Ⅰ〕 原始・古代に関する次の文章を読み、下の設問に答えよ。解答はマーク解答欄に記入せよ。

医療の発達していない原始・古代においては、動物に限ったことではなく、人類も疾病によって個人や集団に重大な危機を及ぼされることが多かった。危機を回避するためであったり、狩猟採集の食物の獲得や農作物の豊作を祈ってなどを目的とした様々な信仰や習俗が行われてきた。縄文時代を中心に作られた土偶(ア)も何らかの目的意識を持っていたことが推測される。農耕が安定的に行われるようになると、農耕祭祀が多くなるが、次第に権力者が現れ、政治的なまとまりをもつようになった。権力者は王となってゆき、その墓も他者と異なったものとなってゆくが、さらに視覚的にも明らかに権力を象徴するような巨大な古墳も作られるようになった。その最たるものが含まれる［ a ］古墳群が、近年世界遺産に登録されたことは記憶に新しいだろう。

古墳時代には、権力者を中心とした習俗や儀礼も新たに行われるようになってくるが、古墳では首長権の継承儀礼が行われていると考えられているほか、共同体を維持していくためにもまじない・占い(イ)も行われている。これらの習俗や儀礼は、古墳時代の後も継続して行われていったものも少なくない。

『日本書紀』には大己貴命と少彦名命が蒼草(ひとくさ)と畜産のために病を療(おさ)める方を定めたという神話があるが、すでに崇神天皇の五年に疫病が流行して民の大半が亡くなるという伝承も見られる。政治を行う側にとっては、天変地異と同じく疫病の流行の対策が重要な政治課題となることが知られるが、医師や薬を朝鮮半島から導入することに力を尽くした。そのため朝鮮半島の国々の中でも、とくに［ b ］には頻繁に人質や五経博士などの文化的な人材も大和王権の下に派遣させている。また、この頃に伝わった仏教は、当初疫気の原因とされたが、次第に神祇祭祀とともに様々な祈りに用いられることとなった。

仏教における慈善事業は大寺院で実施されていたが、仏教思想に影響を受けた聖武天皇の皇后藤原光明子は、都に孤児や病人を収容する悲田院を設け、さらに皇后宮職に[c]を設けて薬の栽培や医療活動を行わせた。

そのような中で古代国家は疫病による最大の危機に直面する。それは、天平九年(737)に天然痘が大流行したことである。政治の中枢にあった藤原[d]の子で、それぞれ重要なポストに就いていた四兄弟が次々と亡くなってしまうなど、猖獗(しょうけつ)を極めた。朝廷は、橘諸兄を昇進させて、唐から帰国した人材(ウ)も重用することで、政治の安定化を図った。だが、この人事登用に不満を募らせた藤原[e]が九州で反乱を起こした。時の聖武天皇は、反乱への反応や人心の刷新などを図り、数年にわたって居所を転々とする(エ)こととなった。さらに聖武天皇は、疫病の大流行と反乱に心を痛めたことから、仏教による安寧を求めて様々な政策を打ち出した。いわゆる鎮護国家の考え方による国家仏教(オ)の時代となった。

平安時代に入ると、医療は漢方を基礎としながら発達するが、丹波康頼が日本最古の医書である『医心方』を編纂し、その後は医道として技術や知識が閉塞的になってしまう。朝廷の典薬寮の役職は、家道とした丹波氏が中心的に世襲することとなった。疫病や疾患に対する知識と対処が進展し、それらの原因もある程度明らかにされていったが、一方で物が祟りを起こすという考え方から、人が祟るようになるという考え方が起こってきた。疫病の流行や関係者の失脚や病気・死没という事象が起こると、何らかの疑獄・冤罪事件が元で失脚し、命を落とした人の祟りを想起するようになった。それらを慰めて、鎮めるために[f]が行われるようになった。ただし、民間での実施は禁止し、神泉苑に於いて公的に[f]を行うこととした。この祭礼に由来した祭りは、現在においても行われている。

設　問

1　空欄aに当てはまる語句として**正しいもの**を、次の①～④のうちから一つ選べ。

①　佐紀盾列　　②　古市・百舌鳥

③　埼玉　　④　西都原

2　空欄bに当てはまる語句として**正しいもの**を、次の①～④のうちから一つ選べ。

①　新羅　　②　渤海　　③　高句麗　　④　百済

3　空欄cに当てはまる語句として**正しいもの**を、次の①～④のうちから一つ選べ。

①　施薬院　　②　救護所　　③　平等院　　④　内薬司

4　空欄d・eに当てはまる人名の組み合わせとして**正しいもの**を、次の①～⑥のうちから一つ選べ。

①　d・鎌足　e・仲麻呂　　②　d・不比等　e・仲麻呂
③　d・鎌足　e・薬子　　④　d・不比等　e・薬子
⑤　d・鎌足　e・広嗣　　⑥　d・不比等　e・広嗣

5　空欄fに当てはまる語句として**正しいもの**を、次の①～④のうちから一つ選べ。

①　大嘗祭　　②　維摩会　　③　御霊会　　④　鎮魂祭

6　下線部(ア)の時代の遺物・習俗として**誤っているもの**を、次の①～④のうちから一つ選べ。

①　抜歯　　②　石棒　　③　金印　　④　火焔型土器

7　下線部(イ)に関わって、古墳時代頃の遺物・習俗として**誤っているもの**を、次の①～④のうちから一つ選べ。

①　藤原宮木簡　　②　太占　　③　盟神探湯　　④　形象埴輪

8　下線部(ウ)に関して、当てはまる人物として**正しいもの**を、次の①～④のうちから一つ選べ。

①　吉備真備　　②　高向玄理　　③　和気清麻呂　　④　小野妹子

9　下線部(エ)に関して、移動した宮として**誤っているもの**を、次の①～④のうちから一つ選べ。

①　難波宮　②　恭仁宮　③　紫香楽宮　④　大津宮

10　下線部(オ)に関して説明した文章のうち、**誤っているもの**を、次の①～④のうちから一つ選べ。

①　全国に国分寺・国分尼寺を建立するように命じた。

②　盧舎那大仏造立の詔を発し、大仏を建立させ始めた。

③　道鏡を法王禅師に任命し、仏教界を統制させた。

④　当初は弾圧していた行基を重用し、大僧正に至らしめた。

〔Ⅱ〕　中世に関する次の文章を読み、下の設問に答えよ。解答は記述解答欄に記入せよ。

11世紀後半以降、日本列島を含む東アジア海域を商船が活発に行き交うなか、とくに日本と南宋とのあいだで貿易がさかんに行われた。平清盛は摂津の大輪田泊を修築して南宋の商船を招き入れ、金・硫黄・刀剣などの輸出に対して、宋銭をはじめ陶磁器や書籍などを輸入し、多くの利益を得た。1180年には清盛の主導によって大輪田泊の近くに遷都されたが(ア)、約半年後に都は京へ戻り、翌年に清盛も死去して、平氏政権は崩壊にむかった。

鎌倉幕府の成立後も、私貿易は絶えることなく行われた。僧侶・商人らの往来がもたらす影響はさまざまな分野におよび、禅宗の僧侶にかかわる文物(イ)にその一端をみることができる。13世紀後半には元が日本に軍勢を送った(ウ)ものの、日本と中国大陸や朝鮮半島との交流は続き、建長寺造営のために貿易船が派遣されることもあった。

鎌倉幕府の滅亡前後から内乱があいつぐなか、中国では朱元璋が明を建国した。また、足利義満の交渉により南北朝が合体したころ、朝鮮半島では［　a　］が高麗を倒して朝鮮を建てた。東アジア世界の情勢が大きく変動するもとで、倭寇への対処を求められた義満は、明や朝鮮とのあいだに国交を開き、貿易を開始した。

日本と明の貿易は、明の皇帝に「日本国王」が朝貢し、その返礼として物品を受け取る形式をとった。また、日本からの遣明船は、倭寇と区別するために、明から交付された［ b ］を所持することを義務付けられた。日明間の朝貢貿易は、明が滞在費などを負担するとともに、日本からの朝貢品よりも多くの物品が明から贈答され、日本側の利益は莫大となった。さらに、明から大量の銅銭がもたらされることで、日本列島に貨幣流通がますます浸透した。

日本と朝鮮との貿易は、室町幕府の将軍に独占されず、有力守護らも参加した。15世紀初め、朝鮮軍が倭寇の根拠地のひとつであった［ c ］を襲撃した事件を経て、島主の宗氏が発行する通行許可証を持つ者に朝鮮との通交を認める制度が整えられた。しかし、貿易の制限か拡大かをめぐって、朝鮮と日本人とが対立するようになり、日本人の船が入る港で16世紀初めに起きた［ d ］の乱をきっかけに、日朝貿易は衰えていった。

一方、(エ)15世紀前半に明との貿易を再開した将軍が暗殺され、さらに応仁・文明の乱が続き、室町幕府が衰退するとともに、日明貿易の実権は細川氏や大内氏の手に移った。［ e ］商人と結んだ細川氏に対して、大内氏は博多商人と連携し、両氏は激しく争った末、中国の寧波で衝突を引き起こした。これに勝利した大内氏が日明貿易を独占したものの、16世紀半ばに大内氏が滅亡すると、明との貿易は断絶した。こののち、ふたたび倭寇の活動が活発化することとなる。

設　問

1　空欄aに当てはまる人名を、漢字で記せ。

2　空欄bに当てはまる語句を、漢字で記せ。

3　空欄cに当てはまる地名を、漢字で記せ。

4　空欄dに当てはまる語句を、漢字で記せ。

5　空欄eに当てはまる地名を、漢字で記せ。

6 下線部(ア)に当てはまる都の名称を、漢字で記せ。

7 下線部(イ)について、禅宗の僧侶が崇拝した、師僧などの肖像画の名称を、漢字で記せ。

8 下線部(ウ)に関して、弘安の役より前に鎌倉幕府が課した異国警固番役の内容を、20 字以内で記せ。

9 下線部(エ)に当てはまる人名を、漢字で記せ。

〔Ⅲ〕 近世の社会に関する次の**A**～**D**の史料を読み、下の設問に答えよ。解答はマーク解答欄に記入せよ。なお、史料は書きあらためたところもある。

A 一 当所中楽市として仰せ付けらるるの上は、諸座・諸役・諸公事等、悉く免許の事

一 分国中徳政、これを行ふと雖も、当所中は免除の事

(八幡町共有文書)

B この節ハ米価いよいよ高直(注1)に相成、大坂の奉行ならびに諸役人共万物一体の仁を忘れ得手勝手の政道を致し、江戸へハ廻米の世話致し、天子御在所の京都へハ廻米の世話をいたさゝるのみならず(中略)大坂市中<u>遊民</u>ばかりを大切に心得候は、前にも申す通、道徳仁義も存ぜざる拙き身故にて、甚以厚かましく不届の到り(後略)

(改訂史籍集覧)

注1：高値

C 当時ハ旅宿ノ境界ナル故(注2)、金無テハナラヌ故、米ヲ売テ金ニシテ、［ イ ］ヨリ物ヲ買テ日々ヲ送ルコトナレバ、［ イ ］主ト成テ［ ロ ］ハ客也。故ニ諸色ノ直段(ねだん)、［ ロ ］ノ心儘(こころまま)ニナラヌ事也。

ロ 皆知行処(ちぎょうしょ)ニ住スルトキハ、米ヲ売ラズニ事スム故、 イ 米ヲホシガル事ナレバ、 ロ 主ト成テ イ 客也。

（政談）

注２：今は、旅の宿にいるような不安定な状態。

D　翌年天明七丁未五月(中略)ここにいたりて米穀動かず。米屋ども江戸中に閉す。同月二十日の朝、雑人共赤坂御門外なる米屋を打ち毀す。

（蜘蛛の糸巻）

設　問

1　史料**A**に関して述べた下の文Ｘ・Ｙについて、その正誤の組み合わせとして**正しいもの**を、下の①～④のうちから一つ選べ。

Ｘ　この地で楽市を命じた上は、いろいろな座について税を取ることを許す。

Ｙ　領国内で徳政が実施されれば、この地では債務破棄となる。

①　Ｘ―正　Ｙ―正　　②　Ｘ―正　Ｙ―誤
③　Ｘ―誤　Ｙ―正　　④　Ｘ―誤　Ｙ―誤

2　史料**A**はある城下町に発せられたものである。これに関連して、この頃の城下町の組み合わせとして**誤っているもの**を、下の①～④のうちから一つ選べ。

①　北条氏 ― 小田原　　②　織田氏 ― 安土
③　島津氏 ― 鹿児島　　④　三好氏 ― 敦賀

3　史料**B**は、この武装蜂起の際に自分の意思を示した文書である。この武装蜂起を主導した人物として**正しいもの**を、下の①～④のうちから一つ選べ。

①　大塩平八郎　②　由井正雪　③　渡辺崋山　④　高野長英

4　史料**B**の下線部「遊民」の説明として**正しいもの**を、下の①～④のうちから一つ選べ。

① 出稼ぎをする百姓　② 不当利益をむさぼる商人
③ その日暮らしの町人　④ 幕府役人や学者

5 史料Cの空欄イ・ロに入る語として**正しいもの**を、下の①〜④のうちから一つ選べ。

① イ百姓　ロ商人　② イ商人　ロ百姓
③ イ商人　ロ武家　④ イ百姓　ロ武家

6 史料Cに関連して、江戸時代の経済について説明した文として**正しいもの**を、下の①〜④のうちから一つ選べ。

① 西日本ではおもに金貨が(金遣い)、東日本ではおもに銀貨が(銀遣い)使用された。
② 大坂堂島に設けられた米市場は、大名の蔵米などの米取引を扱った。
③ 17世紀中頃までに、藩札は全国にいきわたり、商品流通の発展を支えた。
④ 京都には天皇・公家の居住地があり、本山・本寺や大きな神社も多く存在したが、商業的には未発達であった。

7 史料C「政談」の著者と彼を用いた将軍の組み合わせとして**正しいもの**を、下の①〜④のうちから一つ選べ。

① 荻生徂徠 — 徳川吉宗　② 荻生徂徠 — 徳川家綱
③ 熊沢蕃山 — 徳川吉宗　④ 熊沢蕃山 — 徳川家綱

8 史料Dに関して述べた下の文X・Yについて、その正誤の組み合わせとして**正しいもの**を、下の①〜④のうちから一つ選べ。

X この事件に参加したのは、裏長屋に住む下層町人を中心とする人たちである。
Y この事件をうけて、幕府は飢饉で困窮した農村を再興し、幕府の財政基盤を回復させ、都市の治安問題を解決しようとした。

① X―正　Y―正　　② X―正　Y―誤

③ X―誤　Y―正　　④ X―誤　Y―誤

9　史料**D**に関連して、下の文章の空欄に入る語として**正しいもの**を、下の①～④のうちから一つ選べ。

治安対策のため、石川島に［ a ］を開設し、［ b ］を収容し、技術を習得させて職業をもたせようとした。

①　a 養生所　b 無宿人　　②　a 人足寄場　b 無宿人

③　a 養生所　b 小百姓　　④　a 人足寄場　b 小百姓

10　史料**A**～**D**を古い時代から年代順に並べたものとして**正しいもの**を、下の①～⑥のうちから一つ選べ。

①　A→B→C→D

②　A→B→D→C

③　A→C→B→D

④　A→C→D→B

⑤　A→D→B→C

⑥　A→D→C→B

〔Ⅳ〕 次の史料A～Cは、いずれも明治初期に日本が諸外国と結んだ条約の一部である。これらを読み、設問に答えよ。解答は記述解答欄に記入せよ。史料は一部省略したり書き改めたところもある。なお、史料中の……は中略を意味し、また(　)内は出題者による注記である。

A [a] ハ自主ノ邦ニシテ、日本国ト平等ノ権ヲ保有セリ。……日本国人民、[a] 指定ノ各口(かくこう)ニ留在中、若(も)シ罪科ヲ犯シ [a] 人民ニ交渉スル事件ハ、総テ日本国官員ノ審断ニ帰スヘシ。(ア)

B 大日本国皇帝陛下ハ其後胤(こういん)ニ至ル迄、現今 [b] ノ一部ヲ所領スルノ権(けん)理(り)及君主ニ属スル一切ノ権理ヲ、全(すべて)魯西亜国皇帝陛下ニ譲リ、(イ)……([b] の南に位置する) [c] ヲ以テ両国ノ境界トス。

C 此後(このうち)大日本国ト大 [d] ハ弥(いよいよ)和誼ヲ敦クシ……両国ノ開港場ニハ、彼此(ひし)何レモ理事官ヲ差置キ……事件ハ都(すべ)テ其裁判ニ帰シ、(ウ)何レモ自国ノ律例ヲ按シテ糺弁スベシ。

(出典：『大日本外交文書』)

(注)各口：各港のこと。　後胤：子孫のこと。　権理：権利のこと。

設　問

1　空欄a・dに適当な国名、空欄b・cに適当な地名を記せ。なお、空欄a・b・dは漢字で記すこと。空欄cについては、出典の史料で使われているカタカナ漢字混じり表記、もしくは同地の日本名を漢字で記せ。

2　史料Aの条約の交渉開始以前、鎖国政策をとる空欄aに対し、日本の政府内部が開国を強くせまる派とそれに反対する派に分裂する事態が生じた。後者の代表格であり、かつ事態収束後、初代内務卿などとして政府を指導した人物の氏名を漢字で記せ。

3　下線部(ア)の内容に関し、外国人がその在留国による裁判に服さずに本国機関によるそれを受ける権利のことを何と呼ぶか。漢字五文字で記せ。

4　下線部(イ)について、空欄ｂに持つ一切の権利をロシアに譲る代わりに日本が領有した地域の名称を漢字で記せ。

5　史料Ｃの条約は、日本が外国と結んだ最初の対等条約とされる。条約交渉において空欄ｄの代表を務めた人物の氏名を漢字で記せ。

6　下線部(ウ)に関し、史料Ｃの条約の批准後、横浜と空欄ｄの開港場の間に、日本政府の保護の下、日本の組織によるものとしては初めての国際定期航路が開かれた。この組織の創立者の氏名を漢字で記せ。

7　次の文字列は、史料Ａ・Ｂ・Ｃの条約と二つの出来事(沖縄県の設置、岩倉使節団の帰国)を、その締結ないし発生の早い順に左から右へと並べ直すものである。下記の選択肢からア・イ・ウの組み合わせとして適当なものを一つ選び、その番号を記せ。

史料Ｃの条約	―	ア	―	史料Ｂの条約	―	イ	―	ウ

1	ア：史料Ａの条約	イ：沖縄県の設置	ウ：岩倉使節団の帰国
2	ア：史料Ａの条約	イ：岩倉使節団の帰国	ウ：沖縄県の設置
3	ア：沖縄県の設置	イ：史料Ａの条約	ウ：岩倉使節団の帰国
4	ア：沖縄県の設置	イ：岩倉使節団の帰国	ウ：史料Ａの条約
5	ア：岩倉使節団の帰国	イ：史料Ａの条約	ウ：沖縄県の設置
6	ア：岩倉使節団の帰国	イ：沖縄県の設置	ウ：史料Ａの条約

〔V〕　次の文章A・B・Cを読み、下の設問に答えよ。解答は、マーク解答欄に記入せよ。

A　1920年代からの不況を克服できないままに、1930年代になって日本は世界恐慌にまきこまれ、国民生活は著しく窮乏した。また、中国で［ a ］を指導者とする国民政府による国家統一の動きが進んだことに刺激され、日本では、経済的困難の打開と中国における権益確保のために大陸への積極的膨張を図る動きが強まった。

日本軍は、満州事変によって中国東北部を占領して「満州国」を作り上げ、その後、［ b ］を進めた。日本の大陸への膨張政策の強まりと中国での抗日意識の高まりを背景として1937年には［ c ］を発端にして日中全面戦争が始まり、(ア)この戦争の拡大にともなって、経済と国民生活の統制が進み、言論も抑圧された。

日中戦争は、(イ)中国の抵抗と欧米諸国の中国援助のために長期化し、日本は事態打開のために戦線を拡大したが、それは欧米諸国との対立をまねくことになった。

設　問

1　空欄a・b・cにあてはまる語の組み合わせとして**正しいもの**を、次の①～⑥のうちから一つ選べ。

①　a－蔣介石　　b－華北分離工作　　c－盧溝橋事件
②　a－毛沢東　　b－シベリア出兵　　c－柳条湖事件
③　a－張学良　　b－華北分離工作　　c－盧溝橋事件
④　a－蔣介石　　b－シベリア出兵　　c－柳条湖事件
⑤　a－毛沢東　　b－華北分離工作　　c－盧溝橋事件
⑥　a－張学良　　b－シベリア出兵　　c－柳条湖事件

2　下線部(ア)について述べた文として**誤っているもの**を、次の①～④のうちから一つ選べ。

①　思想統制の一環として滝川事件が起こった。

② 国民精神総動員運動が実施された。

③ 検閲が強化される一方で、戦記文学である火野葦平『麦と兵隊』がベストセラーになった。

④ 国家総動員法にもとづき国民徴用令が出された。

3 下線部(イ)について述べた文として**正しいもの**を、次の①～④のうちから一つ選べ。

① 日中戦争開始前に、第2次国共合作が成立し、抗日体制が作られていた。

② 日本軍は、南京陥落後、国民政府の本拠地漢口・重慶を占領した。

③ 英・米などは、戦略物資を国民政府に支援した。

④ ソ連は、国民政府には兵器を供与しなかった。

B ヨーロッパで第2次世界大戦が始まり、1940年春にドイツが西ヨーロッパで勝利をおさめると、(ウ)この機にドイツと組んで世界秩序を一変させようという積極的膨張論が日本国内で台頭した。日本は、日独伊三国同盟を結び、それを後ろ盾として(エ)アジアにおけるヨーロッパ植民地を日本の勢力圏に取り込もうとする武力南進路線をとり、英・米との関係はさらに悪化した。

日本は、独ソ開戦によって世界情勢が変化してもなお、三国同盟を頼りに南進路線を続け、ついには英・米などとの戦争に踏みきる。東南アジアと太平洋の広大な地域を占領してその資源と労働力に依存して戦争を継続しようとした日本ではあったが、(オ)占領地の民心は次第に離反し、連合国側の戦力にも次第に圧倒され、国内もたび重なる空襲を受けたすえに無条件降伏するにいたった。

設 問

4 下線部(ウ)の時期に起こったことを述べた文として**誤っているもの**を、次の①～④のうちから一つ選べ。

① 阿部信行内閣が総辞職し、米内光政内閣が成立した。

② 米内光政内閣が、陸相の単独辞職によって総辞職した。

③ 新体制運動が起こり、議会政党が解党する動きが強まった。

④　新体制運動を背景に、近衛文麿内閣が成立した。

5　下線部(エ)について述べた文として**正しいもの**を、次の①～④のうちから一つ選べ。

①　三国同盟締結の直前、日本軍は、南部仏領インドシナに進駐した。

②　東亜新秩序にヨーロッパ植民地を包含して「大東亜新秩序」を建設するとされた。

③　日本は、イギリスに対して中国援助ルートの閉鎖を求めたが、イギリスは日本への石油の輸出禁止をもって対抗した。

④　この時期に、松岡洋右外相は、議会でいわゆる「焦土外交」演説を行なった。

6　下線部(オ)に関連したⅠ～Ⅲのことがらを、古い順にならべたものとして**正しいもの**を、下の①～⑥のうちから一つ選べ。

Ⅰ　東京で「大東亜会議」が開催された。

Ⅱ　東京が初めて米軍機の空襲を受けた。

Ⅲ　東京で学童集団疎開が始まった。

①　Ⅰ ― Ⅱ ― Ⅲ　　②　Ⅰ ― Ⅲ ― Ⅱ

③　Ⅱ ― Ⅰ ― Ⅲ　　④　Ⅱ ― Ⅲ ― Ⅰ

⑤　Ⅲ ― Ⅰ ― Ⅱ　　⑥　Ⅲ ― Ⅱ ― Ⅰ

C　アジア太平洋戦争の敗戦により、日本本土はアメリカ合衆国を中心とする連合国によって占領され、ＧＨＱによる［ d ］の下におかれた。ＧＨＱは、当初、日本占領の目的は、［ e ］と［ f ］にあるとして、日本国憲法の制定をはじめとする一連の［ e ］政策を押し進めた(カ)。また、軍隊を解体するとともに、公職追放や軍事裁判などによって軍部と軍国主義者の社会的復活を強く抑えた。(キ)［ e ］を求める国民の声にも支えられて戦後改革は進展した。

しかし、米ソ冷戦の激化にともない、ＧＨＱの占領政策の方針も、日本の経済復興を優先し、日本を反共の防波堤とするというものに変化した。朝鮮戦争によって日本経済は復興し、サンフランシスコ講和条約によって独立を回復し(ク)たが、日米安保条約のもとで、以後もアメリカの強い影響下におかれることとなった。

設　問

7　空欄ｄ・ｅ・ｆにあてはまる語の組み合わせとして**正しいもの**を、次の①～⑥のうちから一つ選べ。

①　ｄ－直接統治　ｅ－民主化　ｆ－非軍事化
②　ｄ－間接統治　ｅ－国体護持　ｆ－軍事化
③　ｄ－委任統治　ｅ－民主化　ｆ－非軍事化
④　ｄ－直接統治　ｅ－国体護持　ｆ－軍事化
⑤　ｄ－間接統治　ｅ－民主化　ｆ－非軍事化
⑥　ｄ－委任統治　ｅ－国体護持　ｆ－軍事化

8　下線部(カ)について述べた文として**誤っているもの**を、次の①～④のうちから一つ選べ。

①　労働組合法が制定された。
②　女性参政権が確立した。
③　最初の検定教科書『くにのあゆみ』が発行された。
④　２次にわたって農地改革が実施された。

9　下線部(キ)に関連して占領期の文化について述べた文として**正しいもの**を、次の①～④のうちから一つ選べ。

①　文化の向上・発展に寄与した人に与える文化勲章が制定された。
②　法隆寺金堂壁画の焼損をきっかけに文化財保護法が公布された。
③　湯川秀樹が日本人初のノーベル化学賞を受賞した。
④　紀元節にかわって建国記念の日が制定された。

10　下線部(ク)について述べた文として**誤っているもの**を、次の①～④のうちから一つ選べ。

① この条約は日本が戦前の領土の一部を放棄することを定めた。

② この条約の結果、外国の全ての軍隊は日本から撤退した。

③ この条約の調印式に中国代表は招かれなかった。

④ この条約にソ連代表は調印しなかった。

世界史

（60分）

〔Ｉ〕 次の文章を読み、下記の問いに答えなさい。

後に始皇帝を生み出した秦は、周王朝(a)が東遷した紀元前8世紀前半には現在の甘粛省東部付近に勢力を有しており、西戎の系統だったとする説がある。西戎は周からは「異民族」とされた人々で、そのため秦に遊牧民(b)的性質を想定する説があるが、西戎を祖としていても遊牧民的性質が強いとまではいえないとの意見もある。

秦は紀元前4世紀半ばには現在の陝西省にある咸陽へと都を移していくが、咸陽遷都と同時期に行われ、秦の国力強化につながったとされるのが商鞅による変法である。この変法には後の始皇帝による統一後の政策(c)につながる要素が含まれるが、これ以前から変法につながる要素を持った政策が行われたとも指摘されている。その後、秦王政(始皇帝)は、[(ア)]を重く用い、戦国諸国を滅ぼして中央集権的な統一を完成させた。なお、[(ア)]は性悪説で知られた[(イ)]の門下とされるが、同じく[(イ)]門下とされ、[(ア)]と同一分類の思想家とされる[(ウ)]をおとしいれた、などという話も伝わっている。秦については1970年代から出土文字史料(d)を駆使した研究が進められ、かつて過酷だとして否定的に捉えられてきた秦の統治の実態に関する様々な新発見が続いている。

秦の後に統一を果たした漢は、秦の郡県制を直轄地で行う一方、他の地域に皇族や功臣を封建して自治させる制度(e)を施行した。この制度は、広大な領土を全て中央集権的に統治する困難さを考えて選ばれたもので、後に武帝のころから行われた地方長官の推薦による官吏登用制度(f)も、このころまでに実質的に中央集権化した結果、より多くの官吏を中央政府が登用する必要が生じたため、とみる説がある。漢の武帝期は各方面で領土を拡大した(g)ことで知られるが、国内的には漢の制度の確立がなされた時期ともいえよう。また王莽による中断をはさんで前後400年続いた漢では、科学技術にもみるべきものがあり、後漢時代では［(エ)］による製紙法の改良、［(オ)］による天球儀や地震計の発明があげられる。

漢の衰亡の経緯として、外戚と宦官、宦官と官僚の対立抗争(h)により、自然災害などへの対応が難しくなって、民衆の困窮が進み、その中でこのころ広まっていた、道教の源流のひとつとされる宗教勢力(i)による反乱がおきたと説明される。これ自体は正しいと考えられるが、それより以前、107年から断続的に西北の民族との戦いがつづいて国力が低下していったことも軽視できない。漢は辺境情勢に詳しい辺境出身の軍事官僚にこの対策を任せたが、彼らは異民族兵を多く用いており、漢を実質的に滅ぼした人物ともいえる董卓も、実はそうした軍事官僚の一人に数えられる。このような異民族の軍事力を利用するやり方が、後の五胡十六国(j)時代への伏線となった。

問 1　空欄(ア)～(オ)にそれぞれ適切な人名を入れなさい。

問 2　下線部(a)の時期、周王や諸侯に従った家臣は何というか。

問 3　下線部(b)について、紀元後から活動した騎馬遊牧民として、最も適切なものを一つ選びなさい。

A．柔然　　B．匈奴　　C．月氏　　D．烏孫

問 4　下線部(c)の政策として、最も適切なものを一つ選びなさい。

A．里甲制の施行　　B．冊封体制の完成

C．幹線道路の整備　　D．戸調の徴収

問 5　下線部(d)に関連して、秦統一後に埋葬された下級官吏の墓から出土した以下の史料を読み、秦が被疑者の取り調べや裁判の審理にあたって重視していたと考えられるやり方について、20字以内で答えなさい。

①審理について…裁判の審理では、供述の記録を根拠として行い、拷問せず

に被疑者から事実を引き出すのが上策で、拷問は下策である。失敗の恐れがある。

②尋問について…尋問はまず先に被疑者の供述を全て聞いて書きとり、被疑者に話させ、明らかに嘘だとしてもすぐに詰問してはならない。供述を全て書きとって他に弁解がないということになってから、詰問すべき点を詰問する。詰問したらまた全て聞いて被疑者の弁解を書きとり、また他に弁解はないということになってから詰問する。詰問されて返答に窮して嘘を言い出し、前言をひるがえして罪を認めず、その態度が律で拷問に該当するなら拷問し、拷問した事実は記載せよ。

(被疑者取り調べにあたる官吏の心得の一部、睡虎地秦簡「封診式」第一～四簡、現代語訳は出題者によるもので、一部文意を補った)

問 6　下線部(e)の制度は何か。

問 7　下線部(f)の制度は何か。

問 8　下線部(g)について、**武帝期にはじめて設置された郡ではない**ものを一つ選びなさい。

A．楽浪郡　　B．日南郡　　C．南海郡　　D．敦煌郡

問 9　下線部(h)に関連して、この抗争の中で発生した、官僚や知識人に対する弾圧を何というか。

問10　下線部(i)に関連して、北魏の太武帝に信任され、五斗米道を改革した人物は誰か。

問11　下線部(j)に関連して、下記の地図は五胡それぞれの位置の概略を示したものである。地図の②の位置にいた五胡として最も適切な民族名を一つ記しなさい。

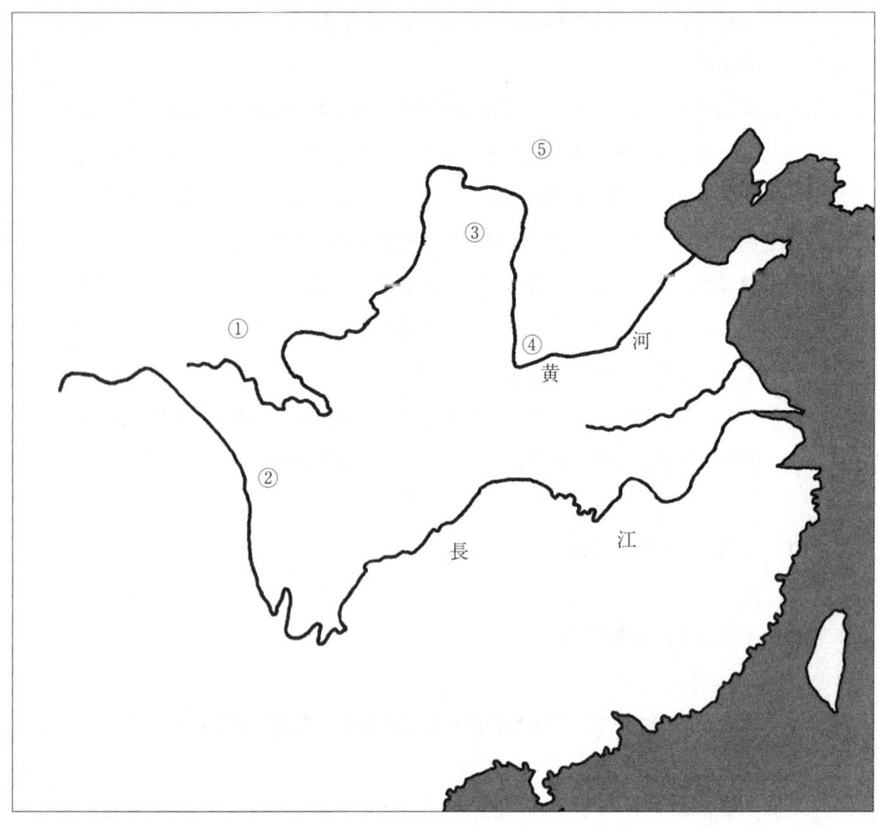
⑤
③
①
④
河
黄
②
長
江

〔Ⅱ〕 次の(1)～(3)は、中国において臣下から皇帝に提出された文章を引用したものである。各文章を読み、下記の問いに答えなさい。(出典：歴史学研究会編『世界史史料』4・9、岩波書店、一部改変)

(1)私、司馬光が申し上げます。以前勅命を承り歴代の君臣の事跡を編集しましたところ、また聖旨をいただいて『資治通鑑』の名を賜りましたが、今その編集作業が完了いたしました。伏して思いますに、私は生まれつき考えが愚かで、学術も疎かにしており、あらゆる行為がすべて人並み以下であります。ただ<u>これまでの歴史書</u>(a)については、ほぼ常に心を尽くし、幼いときから年をとるまで好んで読んでまいりました。司馬遷・班固より以来、歴史書の文字が繁多で、無位無官の人士でさえもくまなく読むことが出来ないという点を、いつも憂いておりました。ましてや、<u>天子様</u>(b)のように毎日政務がおありでしたら、どうして総てをご覧になることが出来ましょうか、出来るわけがございません。私は嘗て〔自らの微力を〕かえりみず、史書の冗長な表現を削り取り、重要な部分を選び挙げ、専ら、国家の盛衰に関わること、<u>人民</u>(c)の喜びや憂いに関係すること、善事の模範とすべきこと、悪事の戒めとすべきことを取り上げ、編年体の一つの書物を作り、前後を順序立て、詳しいところとぞんざいなところとが混じらないようにさせようとしました。

(2)キャフタの北の野原に仮小屋を設けました。私どもは……ロシアの使臣サワと国境の問題を討議しました。七月一日までに合わせて七回の会議を行いましたが、ロンコドとサワが互いに自説に固執したため、結論が出ませんでした。三日、ロンコドは<u>京城〔北京〕</u>(d)に召喚されました。四日(引用者中略)、私は次のように述べました。「(中略)現に設けてある常設哨所の内側は、わが右翼ハルハの牧地であるが、狭隘なことはなく、それぞれ余裕をもって生活している。哨所の外側には、チェリンワンブ、ブベイに属するウリヤンハイ人が住んでいる。チェリンワンブに属するウリヤンハイ人の土地は、ロシアとの境界画定には関係がない。また、山林に住むブベイ所属のウリヤンハイ人の牧地には、<u>ロシアに属するハリヤト人やブリヤト〔ブリヤート〕人</u>(e)は行かないので、私が先に上奏したとおりに画定すればよい。ジダ河については、本来ハルハの土地ではあるが、<u>ガルダン</u>(f)

の乱以来、わが方の人は住んでおらず、ロシアに属するハリヤト人やブリヤト人が長年住んでいることも事実である。そこで、ジダ河はロシア領とし、その南の山稜を境界としよう。……」。

(3)卑見によれば、回民は西方の蛮族の類が中土〔中国〕に雑居したものであり、古来のものである(g)ことは、文献に詳述されております。(中略)今日、回民が天方教と称し、穆民(ムーミン)と自称するのは、穆罕黙徳(ムハンマド)を尊ぶためでございます。……彼等の経典には『天経』〔『クルアーン』〕があり、回民は穆罕黙徳が天より授けられたものであると申しております。また、『天方性理』『天方経典』は明代(h)の回民、劉智の著したものであり、いずれも『天経』の含意を表現し、漢字を用いて潤色を加えたものでございます。(中略)その教規に定める義務は五つあり、一つは念と言い、読経を指します。二つ目を礼と言い、報恩を指します。三つ目は斎と言い、絶食を指します。四つ目を課と言い、喜捨を指します。五つ目を朝と言い、本来の場所に帰ることを指します。……七日を一週間とするのも西欧各国と同じであり、そのおおもとは天主耶穌にあり、所々に仏教の説を交えたものと思われます。……(i)邪教や異端が専ら結託して民衆を煽動する性質を持っているのと(、回民の反乱と一引用者加筆)は異なります。ゆえに、中国に雑居し、〔漢人とは〕千数百年にわたって通婚せず、風俗・習慣を異にするとは言っても、ことさらに叛意を抱くことはございませんでした。

問 1　文章(1)を書いた司馬光存命中の状況として、**誤りを含むもの**を一つ選びなさい。

A．王安石が新法をすすめた。

B．朱熹が朱子学を大成した。

C．欧陽脩が古文の復興に努めた。

D．市舶司が杭州などに置かれた。

問 2　下線部(a)として、最も適切なものを一つ選びなさい。

A．『春秋』　B．『楚辞』　C．『水経注』　D．『文選』

問3　下線部(b)は誰を指すか、最も適切なものを一つ選びなさい。

A．欽宗　　B．神宗　　C．趙匡胤　　D．徽宗

問4　下線部(c)に関連して、この時代の市井の人々の生活や社会を説明したものとして、最も適切なものを一つ選びなさい。

A．宝鈔の使用　　B．抗租運動の激化

C．喫茶の普及　　D．口語小説の流行

問5　文章(2)で境界画定が議論された地域における、20世紀の出来事として、**誤りを含むもの**を一つ選びなさい。

A．辛亥革命に乗じ、チョイバルサンらがモンゴル人民共和国を建てた。

B．1939年、国境問題をめぐって、ソ連・モンゴル連合軍と日本軍が戦った。

C．モンゴル人民共和国で、キリル文字がモンゴル語の表記に用いられた。

D．ソ連邦の解体に伴って、モンゴル人民共和国が社会主義体制から離脱した。

問6　下線部(d)に関連して、北京に関する出来事として、最も適切なものを一つ選びなさい。

A．契丹が燕雲十六州の一部として後漢より獲得した。

B．都城のにぎわいが「清明上河図」に描かれた。

C．ルブルックが教会を建てて大司教となった。

D．永楽帝が南京より遷都し、名称が「北平」から変更された。

問7　下線部(e)が多く住むブリヤート共和国と同様に、ソ連邦の解体時にロシア連邦内にとどまった共和国として、最も適切なものを一つ選びなさい。

A．グルジア(ジョージア)　　B．アゼルバイジャン

C．チェチェン　　D．アルメニア

問8　下線部(f)に関連して、ジュンガルと清との関係についての説明として、最

も適切なものを一つ選びなさい。

A．順治帝は、ジュンガルに対抗して、当時のダライ＝ラマを北京に招いた。

B．康熙帝は、山海関でジュンガルを破り、チベットへも大軍を送った。

C．雍正帝は、最高政務機関として軍機処を置き、ジュンガルを滅ぼした。

D．乾隆帝は、ジュンガル治下のトルコ系ムスリムの地を「回部」と名づけた。

問９　文章(3)に関連して、中国とムスリムとの関係の説明として、**誤りを含むもの**を一つ選びなさい。

A．ムスリム商人の居留地（蕃坊）が、宋の泉州に設けられた。

B．宋軍の捕虜から学んだ製紙法が、イスラームの書写文化を発展させた。

C．多くのムスリムが、色目人として元の資料に記録された。

D．ムスリムが伝えた天文学が、元の郭守敬の暦作成で参考にされた。

問10　下線部(g)に関連して、西アジア以西から「中土」に伝わった宗教として、**適切ではないもの**を一つ選びなさい。

A．景教　　B．ジャイナ教

C．マニ教　　D．ゾロアスター教

問11　下線部(h)に関連して、明代に起こった出来事(あ)～(う)を年代順に並べたものとして、最も適切なものを一つ選びなさい。

(あ)壬申・丁酉倭乱（文禄・慶長の役）に明が援軍を送った。

(い)ムスリムの鄭和率いる大艦隊が派遣された。

(う)一条鞭法が導入された。

A．(あ)→(い)→(う)

B．(あ)→(う)→(い)

C．(い)→(あ)→(う)

D．(い)→(う)→(あ)

E．(う)→(あ)→(い)

F．(う)→(い)→(あ)

問12　下線部(i)のような原因で起こった反乱として、最も適切なものを一つ選びなさい。

A．安史の乱　　B．李自成の乱　　C．紅巾の乱　　D．黄巣の乱

〔Ⅲ〕 次の文章を読み、下記の問いに答えなさい。

2016年に、当時のアメリカ大統領候補ドナルド＝トランプが、不法入国を防ぐため<u>メキシコとの国境に壁を建設</u>(a)すると宣言し、世界を驚かせた。しかし、2022年1月には、<u>ポーランド議会も、難民流入を防ぐ目的でベラルーシとの間に壁の建設を開始</u>(b)しており、フィンランドによるロシア国境におけるフェンス設置計画も話題になったばかりである。他者から身を守るという理由で壁を設置するという行為は、歴史的に見ても珍しい現象ではない。

古代ローマにおいては、ゲルマニアやアフリカなど<u>帝国の辺境地帯</u>(c)に、異民族に対する土塁や防壁が設けられており、ブリテン島北部の「ハドリアヌスの壁」もその一つである。イラン北東部の「ゴルガーンの長城」はササン朝期の建設が有力視されているが、これは、後に、<u>アレクサンドロス大王</u>(d)が北方の敵対する勢力の南下を防ぐためコーカサス地方に設置したとされる伝説的な障壁と同一視されることもあった。

壁が防備施設として活用されたのは、帝国や王国の境界線上だけにとどまらない。古来、多くの都市にも城壁は見られた。［　(ア)　］の時代、イシュタル門など8つの門を備えたバビロンの市壁は、たいへん荘重なものであり、古代ギリシアのフィロンによって世界の七不思議とされた。こうした市壁の攻略が困難であったことは、文学作品ながら、トロイアが約10年にわたって［　(イ)　］率いるギリシア人の包囲を耐え抜いたという『イリアス』の描写からも窺える。中世都市の多くも市壁を備えており、戦乱時にはしばしば<u>包囲戦</u>(e)を経験した。長期の包囲戦の後に、飢餓や疫病、内通者の存在などで都市が陥落することもあったが、1174年にフリードリヒ1世の侵攻を撃退したアレッサンドリアのように、強大な

君主の野望を打ち砕いた事例もまま見られる。

16世紀以降、アメリカ大陸でもリマ(f)やハバナなど市壁を伴う植民都市が建設されており、ニューヨークのウォール街(g)も、植民者が敵から身を守るために建設した壁が地名の由来となっている。ヨーロッパでは、すでにこれ以前から軍事技術の発達によって市壁はかつてほど防備施設としての役割を果たさなくなってはいたものの、依然として七月王政期にパリを大きく囲む壁が築かれている。プロイセン＝フランス戦争やパリ＝コミューンと政府軍による攻防の目撃者となったこの壁は、20世紀初頭にようやく取り壊された。

ところで、壁は、国や都市の内外を隔てただけではない。それらの内部で集団を区分し、隔離するために壁が設けられることもあった。たとえば、中世後期以降、ヨーロッパ諸都市で出現するゲットー(h)は壁で囲われていることも多かったし、20世紀後半には、ベルリン(i)が壁により分断され、東西冷戦を象徴するものとなった。また、イスラエルは、現在もなおヨルダン川西岸のパレスチナ人居住区域を囲う分離壁(j)を建設中であり、国際的に大きな非難を浴びている。

以上のように、古くから、壁は分断や紛争を体現するものであった。しかし、「ハドリアヌスの壁」の周辺ではローマ人と異民族の社会的・経済的交流が見られ、中世都市の市壁は自治(k)の象徴として市民の誇りとされたように、壁が宿した肯定的な力や意味に目を向けてみることも必要であろう。

問 1 下線部(a)に関連して、19～20世紀におけるアメリカ合衆国とメキシコの関係について記した以下の文章のうち、最も適切なものを一つ選びなさい。

A. 革命により打倒されたメキシコ大統領ディアスは、アメリカに亡命した。

B. メキシコ内乱に武力干渉したアメリカは、ナポレオン3世の抗議により撤退した。

C. アメリカのテキサス併合による国境問題がきっかけとなり、アメリカ＝メキシコ戦争が生じた。

D. アメリカがメキシコの独立を支持したため、アメリカ＝スペイン戦争が起こった。

問2 下線部(b)に関連して、ロシア及びソ連とポーランドの関係について記した以下の文章のうち、最も適切なものを一つ選びなさい。

A. ポーランド＝ソヴィエト戦争の結果、ポーランドにベラルーシの一部が割譲された。

B. 独ソ不可侵条約によりソ連は中立を維持し、ポーランドへの侵攻を見送った。

C. ポーランド反政府反ソ暴動(ポズナニ暴動)は、ソ連の軍事介入により鎮圧された。

D. ポーランドは、七月王政成立後の蜂起によりロシアから独立した。

問3 下線部(c)に関連して、ローマ帝国及びビザンツ帝国の境界線付近で生じた出来事の説明として、最も適切なものを一つ選びなさい。

A. 4世紀後半のササン朝の圧迫や寒冷化などを理由に、ゲルマン人の大移動が始まった。

B. トラヤヌス帝がパルティアとの戦いに敗れ、メソポタミアの領土を放棄した。

C. ユスティニアヌス大帝は、イタリアのランゴバルド王国を滅ぼした。

D. ウァレリアヌス帝は、エデッサの戦いでシャープール1世に敗れて捕虜となった。

問4 下線部(d)の遠征直後にインドで成立した王朝の名前として、最も適切なものを一つ選びなさい。

A. グプタ朝　　B. クシャーナ朝

C. ヴァルダナ朝　　D. マウリヤ朝

問5 空欄(ア)・(イ)に入る人物名の組み合わせとして、最も適切なものを一つ選びなさい。

A. (ア)ハンムラビ王　(イ)ヘクトール

B. (ア)ネブカドネザル2世　(イ)ヘクトール

C. (ア)ハンムラビ王　(イ)アガメムノン

D．(ア)ネブカドネザル２世　(イ)アガメムノン

問６　下線部(e)に関連して、ヨーロッパにおける火砲の発明に一番近い時期の包囲戦として、最も適切なものを一つ選びなさい。

A．第一回十字軍によるイェルサレム包囲戦

B．百年戦争期のオルレアン包囲戦

C．第一次ウィーン包囲

D．第二次ウィーン包囲

問７　下線部(f)を建設した人物と、その人物が倒した国の組み合わせとして、最も適切なものを一つ選びなさい。

A．コルテス―インカ帝国

B．ピサロ―インカ帝国

C．コルテス―アステカ王国

D．ピサロ―アステカ王国

問８　下線部(g)に関連して、1652年に壁を建設し、この地域を支配していた集団として、最も適切なものを一つ選びなさい。

A．イングランド人　B．ポルトガル人

C．スペイン人　D．オランダ人

問９　下線部(h)に関連して、ユダヤ人の隔離や移住に関する出来事の説明として、**誤りを含むもの**を一つ選びなさい。

A．18世紀後半～19世紀初頭のポグロムにより、多くのユダヤ人がロシア・東欧から脱出した。

B．ナチス＝ドイツが、ポーランドのアウシュヴィッツに強制収容所を建設した。

C．国際連合によるパレスチナ分割案を受けて、1948年にイスラエルが建国された。

D．ドレフュス事件をきっかけにして、ヘルツルはシオニズムを唱えた。

問10　下線部(i)に関する出来事の説明として、**誤りを含むもの**を一つ選びなさい。

A. ベルリンの壁が開放された後、1990年の統一条約で東西ドイツは統一された。

B. 1961年に、東ドイツから西ドイツへの亡命を防ぐために、ベルリンの壁が建設された。

C. 西側占領地区における通貨改革に対抗して、1948年6月にソ連は西ベルリンへの交通を遮断した。

D. 第二次世界大戦後に、ベルリンはアメリカ、イギリス、ソ連の三カ国により分割管理された。

問11　下線部(j)に関連して、以下の問いに答えなさい。

①囲壁をもつ人類最古の集落とされ、1994年にパレスチナ自治政府による自治が始まった場所の名前として、最も適切なものを一つ選びなさい。

A. ジャルモ　B. ガザ　C. イェリコ　D. ラガシュ

②この壁の建設を2002年に開始したイスラエルの首相の名前として、最も適切なものを一つ選びなさい。

A. アラファト　B. ラビン　C. サダト　D. シャロン

問12　下線部(k)に関連して、中世都市の自治について説明した文章のうち、最も適切なものを一つ選びなさい。

A. コムーネは、周辺農村と同盟を組んで独立的な領域国家を形成した。

B. 帝国都市は、皇帝直属で諸侯と同等の地位を認められた。

C. 12世紀以降、同職ギルドの親方によってツンフト闘争が展開された。

D. 市参事会は、裁判権の行使を除く市政運営の権限を掌握した。

〔Ⅳ〕 次の文章を読み、下記の問いに答えなさい。

西洋世界における「近代」は、18世紀後半から19世紀にかけて本格的に発展する思想体系をなし、多くの点で、現代人の考え方や生活様式にまで大きな影響を及ぼしているといってよい。なかでもその中心的要素の一つであった「自由主義」は、理性を重んじ、合理的な思考によって偏見を打破しようとする啓蒙思想(a)と共鳴しながら、19世紀を通じて社会の進歩や革命の気運を高め、既存の規制や権力関係からの解放に向かうための原動力となった。すでに、アメリカ独立戦争(b)の折にトマス＝ジェファソンらが起草した「アメリカ独立宣言」では革命権が盛り込まれ、植民地支配からの解放が目指された。また、フランス革命においては、第三身分(c)の代表らにより結成された国民議会が「人権宣言」を採択した。すなわち、同宣言の第1条では、「人間は［(ア)］で権利において［(イ)］なものとして生まれ、かつ生きつづける」と謳われ、第17条では「［(ウ)］は神聖かつ［(エ)］の権利」であると宣せられた。

こうした革命の余波はカリブ海にも到達し、イスパニョーラ島西部では、1804年、中南米地域における最初の独立国ハイチが誕生する(d)とともに、その過程で当地の奴隷制も廃止された。しかしながら、ナポレオン戦争後の西洋世界では、［(オ)］と大国間の［(カ)］の原則に基づくウィーン体制(e)が成立し、自由主義的な改革を求める運動のほとんどは封じ込まれた。また、主要大国における奴隷制廃止の実現には長い時間を要したのである。

そのような歴史的背景のもと、参政権が著しく制限された状況からの解放は、重要な改革のターゲットとなっていく。いち早く産業革命が進行していたイギリスでは社会格差の問題が深刻化したこともあり、19世紀には、男性普通選挙制の導入などを要求する政治運動(f)が発生した。そして、数度にわたって選挙法改正が実施され、段階的ではあったが、男性の都市労働者や農業労働者に投票権が拡大付与された。他方、女性の政治参加は遅々として進まなかった。ようやく北欧諸国をはじめドイツやオーストリアやアメリカで男女普通選挙制度が成立をみるのは、20世紀になってからのことである。イギリスでも1918年の選挙法改正によって女性にも投票権が認められた。ただし、この時点では、男性の選挙資格が［(キ)］歳以上とされたのに対し、女性の選挙資格は［(ク)］歳以上のものに限られるという制限付きであった。このような事態が是正されるには、第五次選挙法改正を待たねばならなかったのである。

こうして徐々に自由な権利が獲得されてきた反面、ファシズム(g)や第二次世界大戦の時代には、基本的人権が制限されたり、奪われたりする事態がしばしば発生した。いわんや、グローバルな視野からみれば、男女平等の実現や貧富の差の解消にはいまだ多くの課題が残されている。各地で戦争や紛争が勃発し、多くの人びとが難民化しつづける(h)今日、自由主義に関する歴史的検証は、今後さらにその重要性を増してゆくであろう。

問 1　空欄(ア)～(カ)にそれぞれ適切な語句を入れなさい。

問 2　下線部(a)に関連する説明として適切なものを**すべて**選び、記号で答えなさい。ただし、いずれも適切でない場合は、Eと答えなさい。

A．イギリスでは、アダム＝スミスが重農主義を批判した。

B．オーストリアでは、ヨーゼフ1世が宗教寛容令を発した。

C．フランスでは、ボシュエが王権神授説を主張した。

D．プロイセンでは、フリードリヒ2世が検閲を廃止した。

問 3　下線部(b)には多くの義勇兵も加わっていたが、そのうち、列強による分割統治からポーランドを解放しようとして、1794年の民衆蜂起を先導したポーランドの軍人は誰か。

問 4　下線部(c)に関連して、旧体制(アンシャン＝レジーム)を支えた〈1〉第一身分と〈2〉第二身分は、主としてどのような身分の者から構成されていたか。それぞれ3文字以内で答えなさい。

問 5　下線部(d)について、17世紀末以来この地を支配していた国はどこか。またその統治下ではこの地は何と呼ばれたか。

問 6　下線部(e)に関連して、1818年、ウィーン体制を強化する目的で五国同盟が結ばれたが、この体制が揺らぐきっかけの一つとして、1853年に勃発した戦争を挙げることができる。この戦争で敗北した国はどこか。

問 7　下線部(f)に関連して、この運動が掲げた6カ条から成る政治綱領を何と呼ぶか。

問 8　空欄(キ)・(ク)に適切な数字を書きなさい。

問 9　下線部(g)に対抗して、1935年、コミンテルンが提唱した左翼の連合を何と呼ぶか。

問10　下線部(h)に関連して、1990年代前半に内戦が生じ、多くの死者や難民を出した中部アフリカの国はどこか。

地理

(60分)

〔Ⅰ〕 地図に関する問題A～Cに答えよ。

<A>

海岸線で囲まれた内側すなわち大陸と島嶼の土地情報を記載した地図を「地形図」または「陸図」といい、海岸線とその外側の海域情報を記載したものを「海図」という。日本ではそれぞれの作成機関が異なるため、南西諸島のように非常に広い海域に多数の島々が分布する場合には、「諸島」や「群島」のような地名には統一されていないものもある。また、地形図と海図の大きな違いとして、地形図の標高の基準面と海図の水深の基準面は決め方が異なっていることが重要である。海図の水深の基準面の決め方は、船舶の航海の安全上必須な情報に対応している。以上に関連する以下の設問(問 1～4)に答えよ。

問 1　海図を作成する日本の行政機関は「海洋情報部」であるが、この機関が属する省庁として適切なものを、以下の①～⑤から1つ選んで解答欄にマークせよ。

①　海上保安庁　　②　防衛省　　③　水産庁
④　文部科学省　　⑤　経済産業省

問 2　海図の水深の基準面にはその場所における最大の干潮時の最低海面が採用されているが、国土地理院の地形図の標高は東京都千代田区永田町にある日本水準原点(および約2万か所に設置された水準点)からの高さを意味する。この日本水準原点の高さは、東京湾の長期間の海面の水位についてどのような数値を基準にしているか、以下の①～⑤から1つ選んで解答欄にマークせよ。

①　最大の干潮時の海面の水位　②　最大の満潮時の海面の水位
③　平均海面の水位　④　毎回の満潮時海面の平均水位
⑤　毎回の干潮時海面の平均水位

問 3　日本水準原点は1891年(明治24年)に設置された頑丈な石造構築物で、地下10mに達する基礎があって重量で沈んだりしないよう工夫されている。設置当初の標高は24.50mであったが、現在は24.39mに変更されている。標高が変化する理由はいくつか考えられるが、設置後に約10cm下がった主な理由を1つとりあげて、解答欄に収まる程度で簡潔に説明せよ。

〔解答欄〕1行14.7cm×2行

問 4　国土地理院の地形図の表示基準のことを図式というが、これには、地形、植生、道路、建物など地形図に土地情報として記載される内容・項目がそれぞれ異なる記号などで詳細に定められている。現行(令和元年の図式)の2万5千分の1地形図において記載が定められている内容・項目として、適当なものを以下の①～⑤から1つ選んで解答欄にマークせよ。

①　桑畑　②　国立公園の境界線　③　扇状地
④　幼稚園・保育所　⑤　発電用の風車

<B>

下の図1は西表島(沖縄県)の南東部を示した2万5千分の1地形図(原寸)である。これを見て、問 5～7に答えよ。なお原図は多色刷りだが、印刷の都合により白黒となっていることに注意すること。

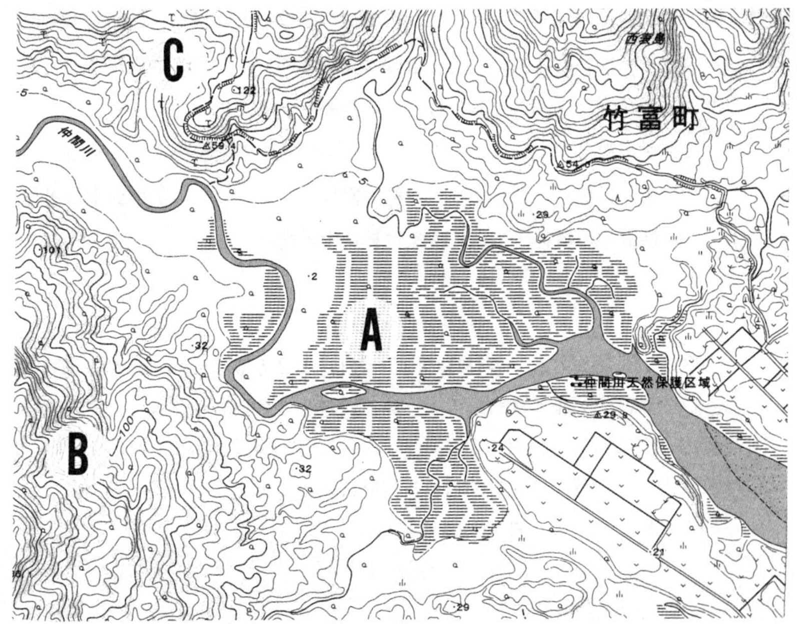

図1　西表島の南東部(国土地理院 2017 年発行『西表大原』の一部)

問5　図1の中央部の記号**A**付近には湿地が広がっていて、広葉樹に覆われた独特の植生景観を呈している。このような植生の名称を解答欄に記し、その世界的な分布域に関する気候と地形の特徴を解答欄に収まる程度で簡潔に記せ。

〔特徴の解答欄〕1行 14.7cm×2行

問6　図1の南西部の記号**B**付近の山地斜面は広葉樹林に覆われている。広葉樹林の多様性は非常に大きいため、森林を構成する樹木の種類などによって、より詳しい森林の名称が使われることがある。西表島の自然条件を考慮したとき、**B**付近のような森林を表す名称としてもっとも適当なものを、以下の①～⑤から1つ選んで解答欄にマークせよ。

①　熱帯雨林　　②　硬葉樹林　　③　照葉樹林

④　湿性樹林　　⑤　木生シダ樹林

問 7　図1の北西部の記号C付近には、広葉樹や針葉樹とは異なる種類の植生記号が記載されている。現地の植生景観は森林であるが、その構成種が通常の広葉樹・針葉樹とは大きく異なっているためである。この付近の植生としてもっとも適当なものを、以下の①～⑤から1つ選んで解答欄にマークせよ。

① タケ類の樹林　② ヤシ科の樹林　③ 木炭用樹木の樹林
④ ツル性樹木の樹林　⑤ 落葉性針葉樹の樹林

＜C＞

下の図2は伊豆諸島の青ヶ島(東京都青ヶ島村)の2万5千分の1地形図(原寸)である。この島は伊豆諸島最南端の有人島で、本土との直行便は無く訪れるには八丈島経由となる。青ヶ島村の公式ホームページによると令和元年(2019年)の人口は170人で、特産品は焼酎(酒類)、地熱によって海水から作る塩などとなっている。この島について、問 8～11 に答えよ。

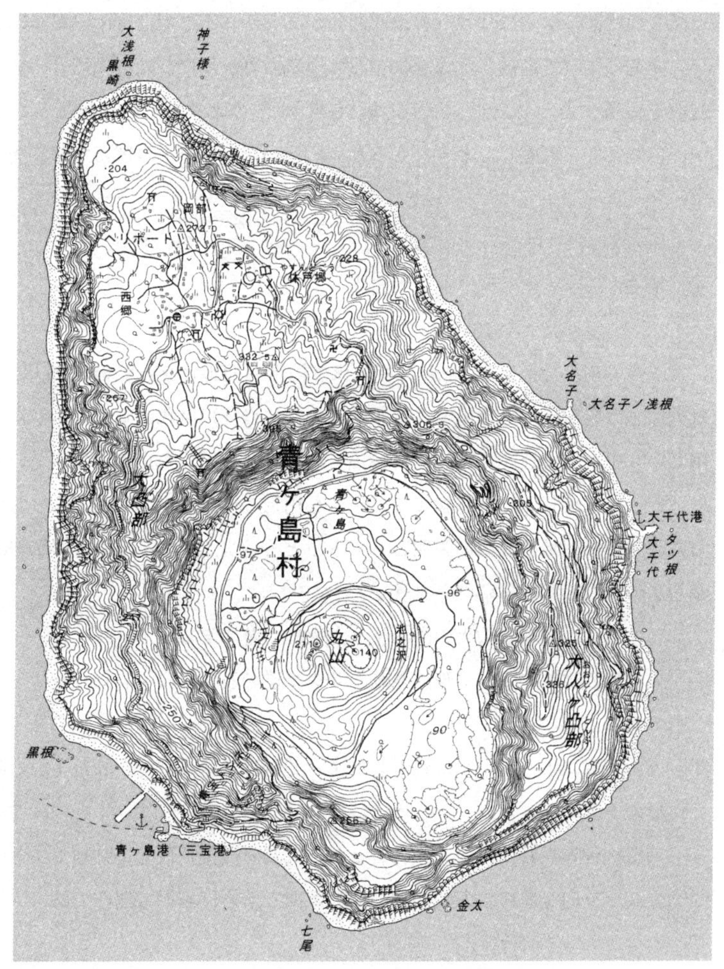

図2　青ヶ島(国土地理院2015年発行『八丈島南部』の一部)

問 8　一般観光客が青ヶ島を訪れるために利用できる公共の交通手段(定期便)は2種類ある。それはどのような交通手段なのかを、図2に記載されている情報を指摘しながら推定して、解答欄にそれぞれ簡潔に記せ(例：東西方向に敷設された鉄道記号があるので列車が利用できる)。

〔解答欄〕各1行，14.7cm

問９　図２の北部には「発電所等」の地図記号があるが、そこではディーゼルエンジン発電によって島内に電力を供給している。青ヶ島にこの方式以外の発電施設を設置するとしたら、以下の選択肢①～⑤のようなものが候補となるが、自然条件を考慮したときにもっとも<u>不適当</u>なものを１つ選んで解答欄にマークせよ。

①　風力　　②　火力　　③　水力
④　地熱　　⑤　太陽光

問10　青ヶ島の南半部は直径１km程度のほぼ円形の凹地となっているが、これは火山のカルデラ地形である。カルデラ内部には江戸時代の噴火で生じた丸山という中央火口丘があって、外輪山との間はほぼ平坦な土地となっているが、そこには細長く浅い谷状または小さな円形の凹地が点在している。これらの小規模な凹地の成因の説明としてもっとも適当なものを、以下の①～⑤から１つ選んで解答欄にマークせよ。

①　いずれも小規模な噴火の際に生じた火口の跡である。
②　火山島の頂部にかつて形成されたサンゴ礁の石灰岩に生じたカルスト地形である。
③　火山地域によく発生する地滑りによって出口を埋め立てられた多数の谷地形の一部である。
④　第二次世界大戦中に火薬の材料として硫黄を発掘採取した跡地である。
⑤　カルデラ内を埋めた多数の溶岩流の隙間と溶岩流表面の凹凸である。

問11　東北地方の十和田湖のように、カルデラには水が溜まって湖となることがある。青ヶ島南部の直径１km程度のカルデラに水が溜まって湖となった場合、その水深はもっとも深い部分でどのくらいになるか、図２の等高線から読図して満水時の水深上限値を推定し、以下の①～⑤からそれにもっとも近い数値を１つ選んで解答欄にマークせよ。なお、カルデラ南西部のトンネルから水が外部に漏れ出ることはないものとする。

①　20m　　②　80m　　③　140m
④　200m　　⑤　260m

〔Ⅱ〕 アメリカ合衆国(以下アメリカ)に関する以下の問いに答えよ。

問 1 第二次世界大戦後、アメリカは「世界の警察官」を自認し、国際秩序の安定のために世界各地の紛争に介入してきた。下の図3は第二次世界大戦後、アメリカ軍が地上兵力を投入した戦争の場所を示したものであるが、現地での戦闘が始まった年を順に並べたとき、4番目に該当する場所を①〜⑤から1つ選んで解答欄にマークせよ。

図3

問 2 国際社会の平和と安全や繁栄・発展を目指すために、世界の国々はさまざまな協調体制を築いているが、下記の(ア)〜(オ)の文章のうち、正しい内容の文章の数を、選択肢①〜⑥から1つ選んで解答欄にマークせよ。

(ア) アジア太平洋経済協力会議(APEC)は、中国の「一帯一路」構想に対抗して、アメリカが主導して組織した経済連携体制である。

(イ) 北大西洋条約機構(NATO)は、西ヨーロッパ諸国の相互防衛を目指す軍事同盟であり、アメリカはオブザーバーとして参加している。

(ウ) 核兵器不拡散条約(NPT)は、核兵器の廃絶と原子力の平和利用を目指す取り決めであるが、アメリカは安全保障の観点から、この条約を批准していない。

(エ) パリ協定は、気候変動枠組条約に基づいて1997年に採択された京都議定書に続き、2015年に採択された国際的な協定であるが、アメリカは京都議定書と同様、批准していない。

(オ)　世界保健機構(WHO)の分担金最大拠出国はアメリカであったが、COVID-19を巡る一連の対応を非難して、WHOから脱退した。

①　1つ　②　2つ　③　3つ
④　4つ　⑤　5つ　⑥　なし

問 3　表1は、アメリカ、EU、中国の国内総生産(GDP)、1人当たりGDP、人口密度を示したものである。X、Y、Zの組み合わせとして適切なものを、以下の①～⑥から1つ選んで解答欄にマークせよ。

表1

	X	Y	Z
GDP（兆ドル）	21.4	15.6	14.3
1人当たりGDP（ドル）	65,147	35,124	10,002
人口密度（人/km²）	33	108	149

データはいずれも2019年。EUには離脱したイギリスは含まない。
（『世界国勢図会2021/22』による）

	X	Y	Z
①	アメリカ	EU	中国
②	アメリカ	中国	EU
③	EU	アメリカ	中国
④	EU	中国	アメリカ
⑤	中国	EU	アメリカ
⑥	中国	アメリカ	EU

問 4　下の図4は、アメリカ本土のサンフランシスコ付近から、ワシントンDC付近にかけての横断面を示したものである。図中BとCの平地の名称として正しい組み合わせを、以下の①～⑥から1つ選んで解答欄にマークせよ。

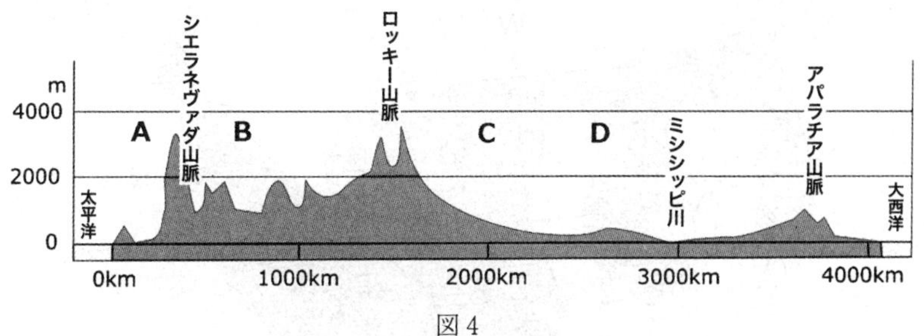

図4

	B	C
①	グレートベースン	グレートプレーンズ
②	グレートベースン	セントラルヴァレー
③	グレートベースン	プレーリー
④	セントラルヴァレー	グレートベースン
⑤	セントラルヴァレー	グレートプレーンズ
⑥	セントラルヴァレー	プレーリー

問5　下の図5は、アメリカ本土におけるケッペンの気候区分を大まかに示したものである。ただし気候区の凡例は省略してある。これを見て以下の(1)、(2)に答えよ。

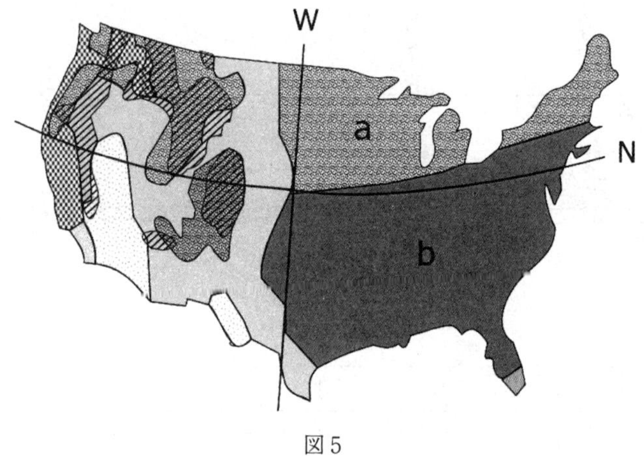

図5

(1)　図中のaとbの気候区の組み合わせとして正しいものを、以下の①〜⑥から1つ選んで解答欄にマークせよ。

	a	b
①	Df	Cf
②	Df	Cs
③	Df	Cw
④	Dw	Cf
⑤	Dw	Cs
⑥	Dw	Cw

(2)　図中の緯線N、経線Wの組み合わせとして正しいものを、以下の①〜⑥から1つ選んで解答欄にマークせよ。

	N	W
①	30度	90度
②	40度	90度
③	50度	90度
④	30度	100度
⑤	40度	100度
⑥	50度	100度

問 6　下の図6の横軸と縦軸は、それぞれ農地1ha当たりの農業生産額(土地生産性)と、農業人口1人当たりの農業生産額(労働生産性)のいずれかを示している。また、図中のA、B、Cには、日本、アメリカ、マレーシアのいずれかの国が該当する。横軸と縦軸、およびアメリカが該当する組み合わせとして正しいものを、以下の①～⑥から1つ選んで解答欄にマークせよ。

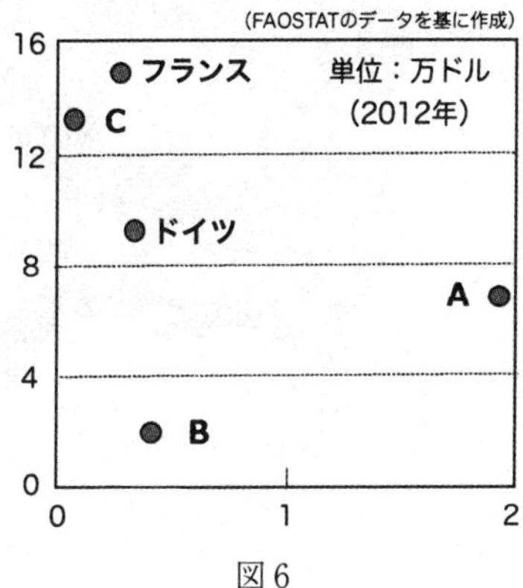

図6

	横軸	縦軸	アメリカ
①	土地生産性	労働生産性	A
②	土地生産性	労働生産性	B
③	土地生産性	労働生産性	C
④	労働生産性	土地生産性	A
⑤	労働生産性	土地生産性	B
⑥	労働生産性	土地生産性	C

問 7　下の図7はアメリカの伝統的な農業地帯を示したものである。これを見て以下の(1)、(2)に答えよ。

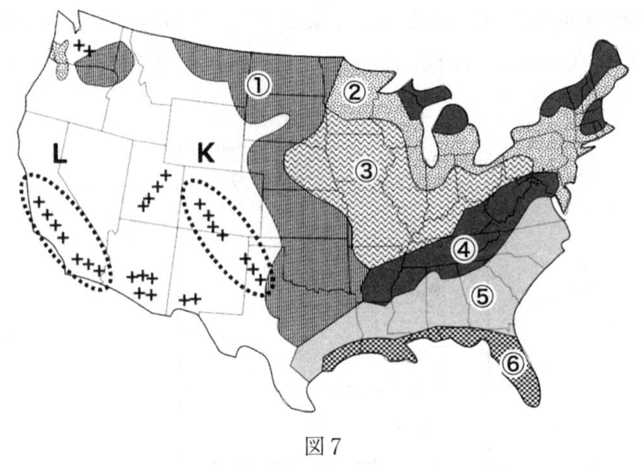

図7

(1)　図中に網目や灰色などで示した①～⑥の地域のうち、伝統的にコーンベルトと呼ばれてきた地域を1つ選び、その記号を解答欄にマークせよ。

(2)　図中の✚の記号は、灌漑農業が行われている地域を示す。点線で囲まれたKの地域とLの地域の灌漑農法のちがいについて、解答欄に収まる程度で説明せよ。なお、解答にあたっては、地域名はK、Lのままでよい。

〔解答欄〕14.7cm×2行

問８　下の図８は、アメリカ本土各州でもっとも生産額が多い農業生産物を示したものである。図中の**イ**と**カ**に該当する農業生産物を、以下の①～⑥からそれぞれ１つ選んで解答欄にマークせよ。

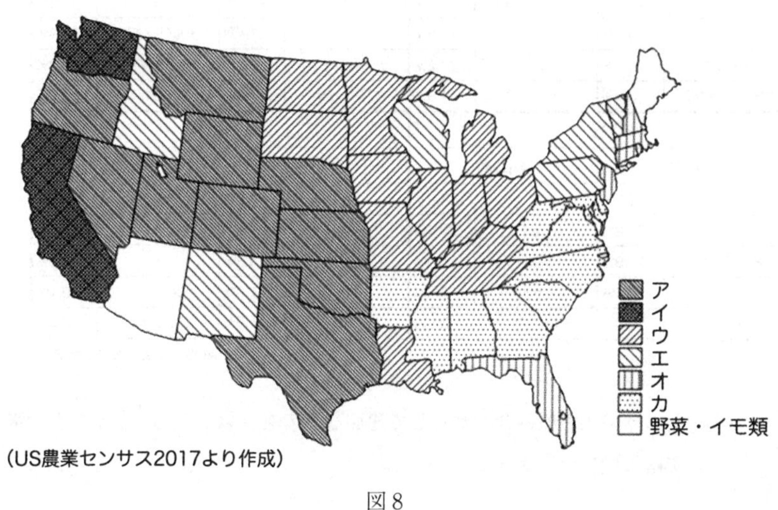

図８

① 果物・ベリー	② 牛肉	③ 牛乳
④ 穀物・豆類	⑤ 鶏肉・鶏卵	⑥ 苗・芝・花卉

問９　下の表２は、主要農産物について、世界の生産量と輸出量に占める上位５か国の割合を示したものである。表中Q、R、S、Tは、トウモロコシ、大豆、牛肉、小麦のいずれかである。またa、b、cは、アメリカ、中国、ブラジルのいずれかである。これについて以下の(1)と(2)に答えよ。

表2

Q				R			
生産量		輸出量		生産量		輸出量	
a	18.1%	b	13.7%	a	34.2%	a	40.4%
b	14.7%	オーストラリア	12.0%	c	22.4%	b	13.6%
c	8.6%	インド	11.2%	b	7.2%	アルゼンチン	13.3%
アルゼンチン	4.6%	a	10.2%	アルゼンチン	3.8%	ウクライナ	12.3%
オーストラリア	3.3%	オランダ	4.9%	ウクライナ	3.1%	フランス	2.9%
S				**T**			
生産量		輸出量		生産量		輸出量	
a	35.5%	b	54.8%	c	17.9%	ロシア	20.9%
b	33.8%	a	30.4%	インド	13.6%	カナダ	11.0%
アルゼンチン	10.8%	パラグアイ	4.0%	ロシア	9.8%	a	10.8%
c	4.1%	カナダ	3.6%	a	7.0%	フランス	9.1%
インド	4.0%	アルゼンチン	2.3%	フランス	4.9%	ウクライナ	7.9%

(FAOSTAT 2018より作成)

(1)　bとcの国の組み合わせとして適切なものを、以下の①～⑥から1つ選んで解答欄にマークせよ。

	b	c
①	アメリカ	中国
②	アメリカ	ブラジル
③	中国	アメリカ
④	中国	ブラジル
⑤	ブラジル	アメリカ
⑥	ブラジル	中国

(2)　RとTの農産物の組み合わせとして適切なものを、以下の①～⑥から1つ選んで解答欄にマークせよ。

	R	T
①	トウモロコシ	大豆
②	トウモロコシ	小麦
③	大豆	トウモロコシ
④	小麦	トウモロコシ
⑤	小麦	大豆
⑥	大豆	小麦

問10　下の図9は、アメリカの石油の生産量・消費量・輸入量の推移を示したものである。輸入量に注目すると、1980年前後と2000年代後半に急落しているが、それぞれの要因として考えられることを解答欄に収まる程度で記せ。

〔解答欄〕14.7cm×3行

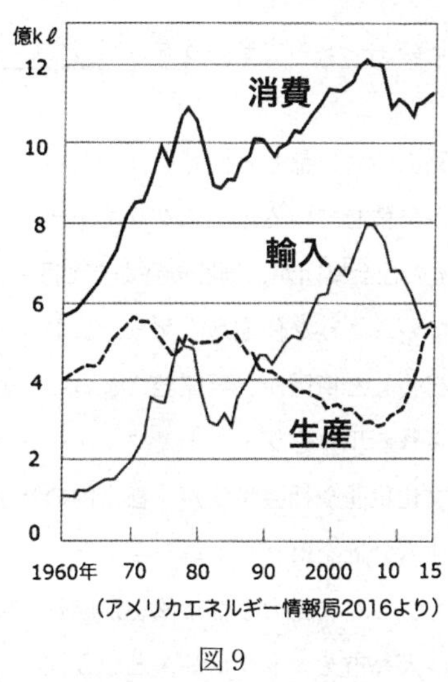

図9

問11　以下の文章の空欄(　B　)と(　E　)にあてはまる州名を、それぞれの解答欄に記せ。

大西洋岸のメガロポリスから五大湖沿岸にかけての地域は、20世紀前半まで、重工業を中心とした経済発展の中核であった。オハイオ川上流部に位置する(　A　)州のピッツバーグは、「アメリカのバーミンガム」とよばれ、19世紀から20世紀前半にかけて、鉄鋼業の中心地たる都市として繁栄した。また(　B　)州のデトロイトは、自動車産業の中心地として代表的な工業都市となり、世界有数の自動車メーカーが本拠をおいた。しかし、第二次世界大戦後、ヨーロッパや日本で工業化が進むと、国際競争力がしだいに低下して、この伝統的な工業地域では工場が閉鎖され、失業者が増大した。

北部の伝統的な工業地域では経済が衰退したが、1970年代以降、南部に新しい工業地域が生まれ、工業の中心は北から南へと移動し始めた。(　C　)州のシリコンヴァレーには、名門大学を拠点として、多くの半導体工場、コンピュータ、ICT関連企業が集中するようになった。(　D　)州のシリコンデザートや(　E　)州のシリコンプレーン、アパラチア山麓の(　F　)州にあるリサーチ・トライアングルにも先端技術産業が集積している。

問12　都市に関する以下の①～⑤の文章のうち、<u>誤っているもの</u>を1つ選んで解答欄にマークせよ。

①　郊外の高速道路沿いに、都心と同じように高層のビルが建ち並び、さまざまな業務機能が集積している地区をクリエイティブ・シティという。

②　富裕層など特定の社会集団が、周囲を壁などで囲み入口に警備員を配して外部者を排除しているような住宅地をゲーテッド・コミュニティという。

③　都心に近い老朽化した街区が、再開発によって高級化し、住民や店舗の入れ替わりがみられる現象をジェントリフィケーションという。

④　特定の民族・文化集団や社会集団が、都市内の特定地区に集中して暮らすことで生じる住み分けをセグリゲーションという。

⑤　大都市の中でも、とくに広大な都市圏を形成し、周辺の都市や地域に大きな影響力を持つ大都市をメトロポリスという。

問13　下の図10は、アメリカの主要6都市の人種・民族構成を示したものである。(あ)と(え)に該当する都市を、以下の①～⑥からそれぞれ1つ選んで解答欄にマークせよ。

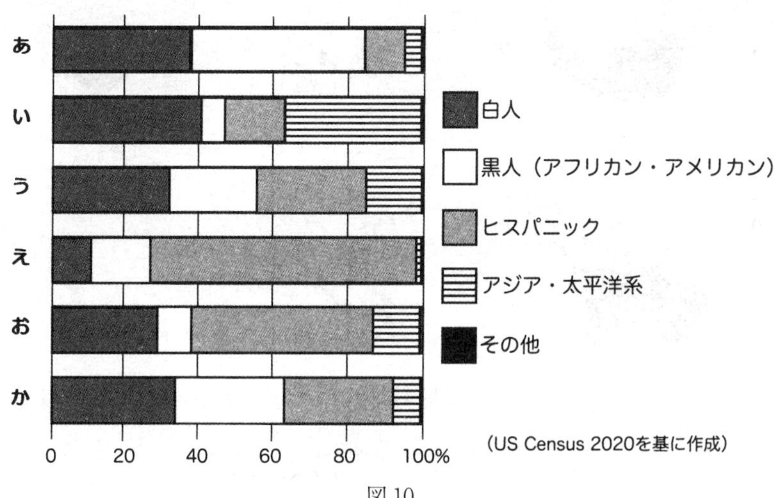

図 10

① サンフランシスコ　② シカゴ　③ マイアミ
④ ニューヨーク　⑤ ワシントン DC　⑥ ロサンゼルス

問14　アメリカでは、複数の州にまたがる地域の特性を捉えて「ベルト」と表現することが多く、アメリカの多様性を示している。図 11 の 5 つの略地図は、スノーベルト、バイブルベルト、ブラックベルト、フロストベルト、ラストベルトのいずれかを示したものである。このうち、バイブルベルトとラストベルトの分布として適切な図を選び、その組み合わせを以下の①～⑥から 1 つ選んで解答欄にマークせよ。

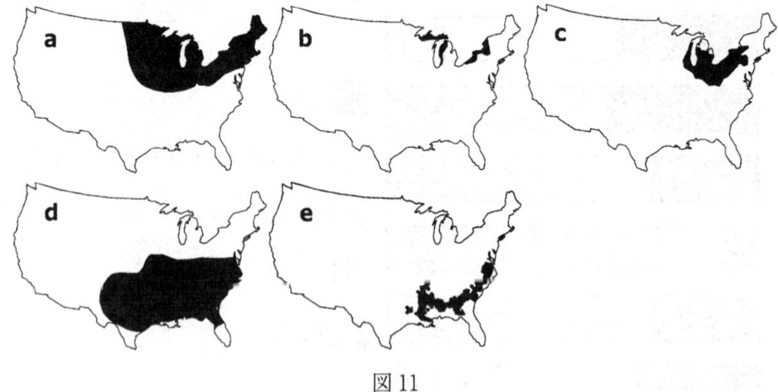

図 11

	バイブルベルト	ラストベルト
①	d	a
②	d	b
③	d	c
④	e	a
⑤	e	b
⑥	e	c

〔Ⅲ〕 東南アジア諸国に関する以下の問いに答えよ。

問 1　次の図12に示す5つのグラフ(①～⑤)は、カンボジア、マレーシア、インドネシア、ブルネイ、フィリピンの首都の雨温図である。フィリピンの首都を表すグラフとしてもっとも適切なものを1つ選び、解答欄にマークせよ。なお各グラフの2本の縦軸の数値の単位は左が「℃」、右が「mm/月」であり、横軸の数値は月である。

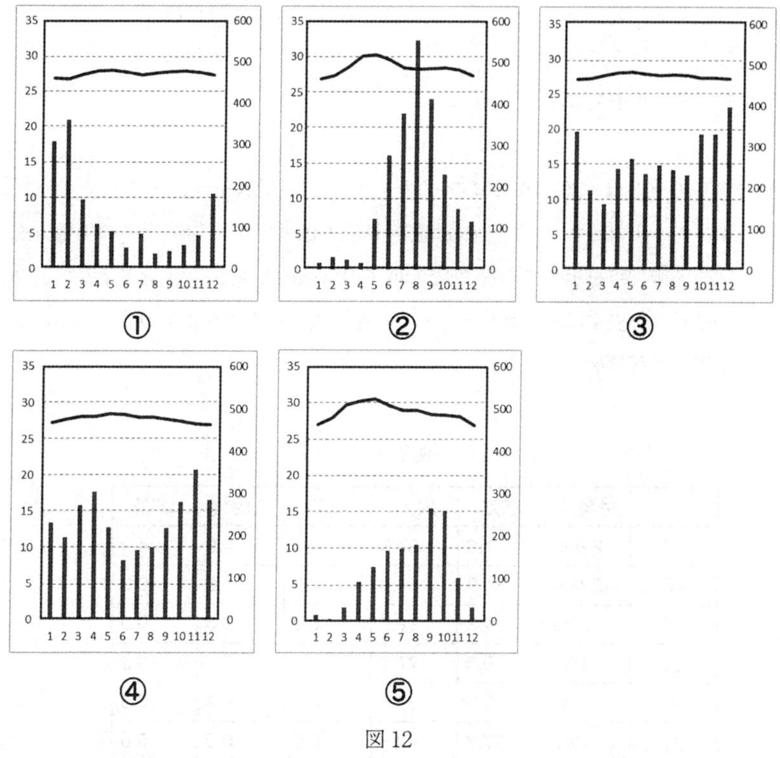

図12

問 2　2004年12月に発生し、大災害につながったスマトラ沖地震を引き起こしたプレートの動きとしてもっとも適切なものを、以下の①～⑤から1つ選んで解答欄にマークせよ。

①　海洋プレートが大陸プレートの下に沈み込んだ。

②　大陸プレートが海洋プレートの下に沈み込んだ。

③　海洋プレートと大陸プレートがぶつかり合い、ともに沈み込んだ。

④　海洋プレートと大陸プレートがぶつかり合い、ともに盛り上がった。

⑤　海洋プレートと大陸プレートが互いに遠ざかった。

問3　東南アジアを流れる次の川のうち源流を中国に持たないものを、以下の①～⑤から1つ選んで解答欄にマークせよ。

①　メコン川　　②　チャオプラヤ川

③　エーヤワディー川　　④　ソン・コイ(ホン)川

⑤　タンルイン川

問4　下の表3は、2018年のインドネシア、シンガポール、タイ、フィリピン、ベトナム、ミャンマーの発電量(単位：億キロワット時)とその発電方式別の内訳(%)を示している(ただし原子力は除いてある)。インドネシアとフィリピンを表す組み合わせとしてもっとも適当なものを、下の①～⑥から1つ選んで解答欄にマークせよ。

表3

	発電量	水力	火力	風力	太陽光	地熱
ア	2,838	7.6	87.3	0.1	0.0	4.9
イ	2,409	34.9	64.9	0.2	0.0	0.0
ウ	1,823	4.2	92.5	0.9	2.5	0.0
エ	992	9.5	77.6	1.2	1.2	10.5
オ	531	0.0	99.6	0.0	0.4	0.0
カ	246	57.3	42.3	0.0	0.0	0.0

『世界国勢図会　2021/22』より作成

	インドネシア	フィリピン
①	ア	ウ
②	イ	エ
③	ア	オ
④	イ	ウ
⑤	ア	エ
⑥	イ	オ

問 5 下の表4は、それぞれの農産物の生産量(2019年、単位：千トン)上位5か国を示したものであり、空欄(ア)～(ウ)は東南アジアの国々である。

表4

米		バナナ		パイナップル		コーヒー豆	
生産国	生産量	生産国	生産量	生産国	生産量	生産国	生産量
中国	209,614	インド	30,460	コスタリカ	3,328	ブラジル	3,009
インド	177,645	中国	11,656	(ウ)	2,748	(イ)	1,684
(ア)	54,604	(ア)	7,281	ブラジル	2,427	コロンビア	885
バングラデシュ	54,586	ブラジル	6,813	(ア)	2,196	(ア)	761
(イ)	43,449	エクアドル	6,583	中国	1,728	エチオピア	483

『世界国勢図会 2021/22』より作成

(1) (ア)に当てはまる国名を解答欄に記せ。

(2) 東南アジアには20世紀半ばまでヨーロッパの植民地支配のもとにあった国も多い。(イ)の宗主国としてもっとも適当なものを、以下の①～⑤から1つ選んで解答欄にマークせよ。

① イギリス ② オランダ ③ アメリカ合衆国

④ フランス ⑤ ポルトガル

問 6 東南アジアにおける世界文化遺産とその所在国の組み合わせとして<u>不適切なもの</u>を、以下の①～⑤から1つ選んで解答欄にマークせよ。

① ボロブドゥル寺院遺跡群 ― インドネシア

② アンコール ― カンボジア

③ 古都アユタヤ ― ミャンマー

④ フエの建造物群 ― ベトナム

⑤ ルアン・パバンの町 ― ラオス

問7 インドネシアはイスラーム教徒が多数を占めているが、バリ島で中心となっている信仰は異なっている。バリ島の宗教について、下記の①～⑤の記述のうち、もっとも適切なものを1つ選んで解答欄にマークせよ。

① インド各地の宗教を取り入れた、行動の規範となる伝統的な制度や慣習の総体であり、カースト制を内包している。

② 西アジアで生まれ、北アフリカやメソポタミア地方に伝わり、交易によって南アジアや東南アジアにも広まった。

③ インドのガンジス川流域で生まれ、南アジアから東南アジアや東アジアに伝播し、教義の解釈で二分した。

④ 西アジアで生まれ、ローマ帝国の拡大とともにヨーロッパ各地に普及し、その後、南北アメリカやオーストラリアに伝播した。

⑤ インドのパンジャブ地方で発し、教義上、多くは髪や髭を切らないため、男性は長い髭とターバンを特徴としている。

問8 ASEAN発足当初からの加盟国の記述としてもっとも適当なものを、以下の①～⑤から1つ選んで解答欄にマークせよ。

① 第二次世界大戦中、日本軍の占領を受け、戦後に独立を宣言したが、ヨーロッパの旧宗主国との間で戦争となり、国が南北に分断された。

② 宗主国からの独立は早かったものの、政治体制が安定せず、内戦が続いた。極端な思想による虐殺によって多くの人命が失なわれた。

③ 資源に恵まれた豊かな立憲君主制の小国であり、1人あたりGNIが突出して高い。

④ イギリス連邦に属した国で、イスラーム教を国教としているが、信者は国民の6割程度とみられている。

⑤　長く軍事政権が続き、いったんは民主化したものの、クーデターによって軍事政権に戻り、国際社会から非難されている。

問 9　下の表5は、東南アジアの5か国(A～E)について、左側に主要輸出品目および右側に輸出相手国を示している(2019年、単位：百万ドル)。表中のAとFに該当する国名としてもっとも適当なものを、以下の①～⑤の選択肢からそれぞれ1つ選んで解答欄にマークせよ。

表5

A	機械類	176,904	F	51,663
	石油製品	47,565	香港	44,474
	精密機械	19,162	E	41,196
	プラスチック	13,533	G	34,411
	金	12,778	インドネシア	27,376
B	機械類	67,894	G	31,289
	自動車	26,284	F	29,083
	プラスチック	10,652	H	24,470
	金	7,925	D	12,081
	ゴム製品	7,840	香港	11,697
C	機械類	45,939	G	11,574
	野菜・果実	3,284	H	10,675
	精密機械	1,857	F	9,814
	金	1,471	香港	9,625
	銅	1,326	A	3,832
D	機械類	110,323	G	61,332
	衣類	30,888	F	41,463
	はきもの	18,990	H	20,334
	繊維品	9,073	韓国	19,735
	家具	8,929	香港	7,154
E	機械類	99,957	F	33,681
	石油製品	16,582	A	33,042
	液化天然ガス	10,034	G	23,150
	精密機械	9,133	香港	16,063
	パーム油	8,327	H	15,757

資料：『世界国勢図会 2021/22』

Aの選択肢

① タイ　② マレーシア　③ ベトナム
④ フィリピン　⑤ シンガポール

Fの選択肢

① インド　② アメリカ合衆国　③ 日本
④ 中国　⑤ オーストラリア

問10　東南アジアにおいて、迫害を受け、難民が多いことで知られる民族の名称としてもっともふさわしいものを、以下の①～⑤から1つ選んで解答欄にマークせよ。

① クルド　② ロヒンギャ　③ ウイグル
④ サーミ　⑤ ツチ

問11　東南アジアで最も新しい独立国には、国際連合の枠組みにおいて、日本からも国の安定にかかわる業務のために自衛隊が派遣された。このような活動の略称としてもっとも適当なものを、以下の①～⑤から1つ選んで解答欄にマークせよ。

① WTO　② NGO　③ PKO　④ PLO　⑤ WWF

⑤　なんぢを　⑥　まさに　⑦　しかるを

問二　傍線Aを書き下し文にすると、「許允晋の景王の誅する所と為り」となる。これをふまえて、「為」と「所」の部分に返り点を付けよ。(送り仮名は不要である)

問三　傍線B「神色不変」と同じ意味を持つ四字熟語はどれか。次の中から一つ選び出して、その番号をマークせよ。

①　志操堅固　②　泰然自若　③　融通自在　④　奔放不羈

問四　傍線C「景王遣鍾会看之」を、「之」の内容がわかるように口語訳せよ。

問五　本文の内容に合致するものとして最も適切なものを、次の中から一つ選び出して、その番号をマークせよ。

①　許允の妻は、夫の悲報を告げた門人たちとともに、子供たちを夫の墓に隠した。
②　許允の妻は、子供たちが父より優れていると思い、鍾会の前で凡庸を装わせた。
③　許允の妻は、鍾会に手紙を託して持ち帰らせ、それを読んで景王は妻を許した。
④　許允の妻は、子供たちの不安を理解し、深く悲しむ姿を見せないように言った。

母。母曰、「汝等雖レ佳、才具不レ多。率二胸懐一与語、便無レ所レ憂。不レ須レ極レ哀、会止便止。又可三少問二朝事一」。児従レ之。会反、以レ状対、b卒免。

（『世説新語』より）

注　許允　――　？～二五四。三国魏の人。

晋景王　――　司馬師。二〇八～二五五。魏に仕えていたが、父の司馬懿とともにクーデターを起こし実権を握った。

在機中　――　はたおり機で織物をする。

鍾会　――　二二五～二六四。三国魏の人。

止　――　死者を弔う哭礼を止める。

朝事　――　朝廷の政治。

問一　傍線a「爾」・b「卒」の読みとして、それぞれ適切なものを、次の中から一つずつ選び出して、その番号をマークせよ。

①　つひに　②　たちまちに　③　やうやく　④　のみなるを

問七　本文で述べている内容に合致するものとして最も適切なものを、次の中から一つ選び出して、その番号をマークせよ。

① 七日が早く来ないかと楽しみに待ちながらも、一方で、日暮れを不安に思う人々も御簾内に多くいた。
② 七日の台風は、御殿油の灯を吹き消すほどであり、松風に混じった琴の音が、大変よく聞こえてきた。
③ 七日は、山の方にある建物が倒れて大騒ぎになり、予定していた興趣ある催し等もとりやめになった。
④ 七日に詠まれた歌は、どれも素晴らしく、気圧されてしまった作者は、歌を詠むことができなかった。

問八　この作品と最も近い時期に成立したものを、次の中から一つ選び出して、その番号をマークせよ。

① 日本霊異記　② 栄花物語　③ 建礼門院右京大夫集　④ 笈の小文

三

次の文章を読んで、後の問に答えよ。（返り点・送り仮名を省いた箇所がある）

（A）許允為晋景王所誅、門生走リ入リテ告グ二其ノ婦ニ一。婦正ニ在リ二機中ニ一、（B）神色不シテ変ゼ曰ク、「蚤ニ知ル（a）爾ト耳」。門人欲ス下蔵サント其ノ児ヲ上。婦曰ク、「無シト予ル二諸児ノ事ニ一」。後徙ツス二居ヲ墓所ニ一、（C）景王遣鍾会看之、若シ才流及バ二父ニ一、当ニレ収フ。児以テ咨ル

④　Ⅰ　まかで　Ⅱ　まゐり　Ⅲ　まゐらせ　Ⅳ　とまり

問四　傍線A「なほ、人々の思ひたまへらむことどもも、少しばかり聞かむ」の説明として、最も適切なものを、次の中から一つ選び出して、その番号をマークせよ。

①　宣旨は、催しが中止になっても、女房たちが思っていらっしゃることを、少しでも聞こうと言った。
②　宣旨は、催しが中止になったため、女房たちが思い申し上げていることを、少しでも聞かせようと言った。
③　宣旨は、催しが中止になっても、歌詠みたちが思い申し上げていることを、少しでも述べてほしいと言った。
④　宣旨は、催しが中止になったため、歌詠みたちが思っていらっしゃることを、少しでも申し上げようと言った。

問五　傍線B「天の川浅くもあらばたなばたにこの音高き水を貸さばや」の歌を詠んだのは誰か。最も適切な人物を、次の中から一つ選び出して、その番号をマークせよ。

①　殿　②　範永　③　経衡　④　宣旨殿

問六　詠まれた和歌の説明として**適切でない**ものを、次の中から一つ選び出して、その番号をマークせよ。

①　「秋風の〜」の歌は、秋風の涼しさのため、織女も天の羽衣を重ね着しているだろうかと詠んでいる。
②　「いかばかり〜」の歌は、空に絶えない七夕の糸のように、二人がどれほど長い契りを結んだのかと詠んでいる。
③　「玉乱る〜」の歌は、乱れた玉のように上葉に置く露を、絶えることのない七夕の糸に貫いて見ようと詠んでいる。
④　「底清き〜」の歌は、水底の清んだこの泉の水に映すと、二星の逢う空も奇妙に見えたと詠んでいる。

宣旨殿　——　中宮章子に仕えた女房。
大納言の君　——　女房。
大和　——　女房。
侍従の命婦　——　女房。

問一　傍線1・2を口語訳せよ。

1　つとめてより
2　いとさしもや

問二　二重傍線「野分」と**異なる**季節の景物として最も適切なものを、次の中から一つ選び出して、その番号をマークせよ。

①　女郎花　②　薄　③　川蝉　④　雁

問三　空欄 Ⅰ ～ Ⅳ に入る言葉の組み合わせとして最も適切なものを、次の中から一つ選び出して、その番号をマークせよ。

①　Ⅰ　まゐらせ　Ⅱ　とまり　Ⅲ　まゐり　Ⅳ　まかで
②　Ⅰ　まゐらせ　Ⅱ　まゐり　Ⅲ　まかで　Ⅳ　とまり
③　Ⅰ　まかで　Ⅱ　まゐらせ　Ⅲ　とまり　Ⅳ　まゐり

が」と聞こえしかば、おぼしけることを

B 天の川浅くもあらばたなばたにこの音高き水を貸さばや

大納言の君

秋風の涼しく今日はたなばたの重ねやすらむ天の羽衣

大和

いかばかり長き契りを結びけむ空に絶えせぬたなばたの糸

侍従の命婦

玉乱る上葉の露はたなばたの絶えせぬ糸に貫きとめて見む

また、例の皆言ひとられたてまつりて、物もおぼえずのみぞ

底清き泉の水に映してぞ星合ひの空もことに見えける

注 侍ひ —— 貴人の側に仕えている人の詰所。

殿 —— 関白藤原頼通(九九二～一〇七四)。

範永 —— 藤原範永(生没年未詳)。『後拾遺和歌集』以下の勅撰歌人。和歌六人党の一人。

経衡 —— 藤原経衡(一〇〇五～一〇七二)。範永と同じく『後拾遺和歌集』以下の勅撰歌人。和歌六人党の一人。

大夫 —— 当時、中宮大夫の藤原長家(一〇〇五～一〇六四)か。

権の大夫 —— 当時、中宮権大夫の藤原経輔(一〇〇六～一〇八一)か。

宮司 —— 中宮職の役人。

てきたこと。

④　コミュニケーションの合理化が進んだ近代社会においては、人々は積極的な対話を通して知を競い合いラベリングを行ったこと。

問十　二重傍線「別のコミュニケーション・パラダイム」とはどのようなものか。最も適切な箇所を本文中から二十三字で抜き出し、始めと終わりの三字をそれぞれ記せ。

二

次の文章は、後冷泉天皇の中宮章子内親王（一〇二七〜一一〇五）に仕えた女房「出羽弁」の家集の一節である。これを読んで後の問に答えよ。（一部表記を改めた箇所がある）

七日、いつしかと待ちつけて、暮るるを心もとながる人々御簾のうちに多かるに、[1]つとめてより荒らましく吹きつる風を、[2]いとさしもやと思ひつるほどに、暮れゆくままに、まことの野分になりて、御殿油も光のどかなるべくもあらず、山もとの松に通はむ琴の音もあまり聞きわかるべくもあらず、ただひたみちに怖ろしくのみなりて、侍ひなどいと騒がしくなりぬれば、殿より、歌詠みにて、範永、経衡などやうの人々［Ⅰ］させたまひ、殿上人、上達部など、やうやう［Ⅱ］集まりたまへる、皆［Ⅲ］て、ただ、大夫、権の大夫をはじめたてまつりて、宮司ばかり、［Ⅳ］さぶらひて、山の方なりつる屋も倒れてののしる、音なき、をかしきことやあるべかりつるおぼえしてやみぬるを、宣旨殿、[A]「なほ、人々の思ひたまへらむことどもも、少しばかり聞かむ」など責めたまへば、「まづ、さらばいか

④　腕のアームを持たないデザインになっているという状態。

問八　傍線D「その差異」とは何か。その説明として最も適切なものを、次の中から一つ選び出して、その番号をマークせよ。

①　自分のやりたいようにするために相手を従属させようとするメッセージと、自分が求める成果が得られるように相手に対して協力を要請するメッセージの違い。

②　相手の都合を考慮せず発話主体の欲求を貫き通そうとするメッセージと、自分が求めることを実現するためにはどうしたら良いかを議論するメッセージの違い。

③　自分の権力を誇示しながら相手に高圧的なメッセージを送ることと、力関係が対等であることを示すために相手の意向を確認するメッセージを送ることの違い。

④　自分が相手よりも立場が上であることを示すメッセージを発信することと、自分が弱者であるということから配慮を求めるというメッセージを出すことの違い。

問九　傍線E「従来の社会における主流の考え方」について、このような考え方が広まっていく社会的背景を説明した文として最も適切なものを、次の中から一つ選び出して、その番号をマークせよ。

①　インターネットに接続していることが常態となる現代社会において、政治的コミュニケーションが人間関係の基本になったこと。

②　人間よりも高度な知能を有する人工知能の誕生の可能性に直面した現代社会において、ヒューマニズムの再確認が行われたこと。

③　近代の産業社会においては、人間にとって都合の良い成果をもたらす生産性の向上が求められ、技術開発が進められ

問四　空欄 Ｉ にあてはまる言葉として最も適切なものを、次の中から一つ選び出して、その番号をマークせよ。

①　人間性　②　協調性　③　自律性　④　政治性

問五　傍線Ｂ「撫でたり揉んだりすると反応する尻尾付きの柔らかい毛の生えたクッション」を、なぜ「弱いロボット」とみなすことができるのか。その理由として最も適切なものを、次の中から一つ選び出して、その番号をマークせよ。

①　尻尾という弱い部分を運動させるようにプログラムされたロボットだから。
②　自分から積極的に相手に働きかけていくことができる機能を持たないから。
③　柔らかい毛の触感が人間に対して快楽を呼び起こすように働きかけるから。
④　人間に対してクッションになるという自己犠牲的な労働を行っているから。

問六　空欄 Ⅱ にあてはまる言葉として最も適切なものを、次の中から一つ選び出して、その番号をマークせよ。

①　合理的　②　理性的　③　発展的　④　感情的

問七　傍線Ｃ「開かれ、つまり開放性」とあるが、岡田美智男のチームが開発したロボットについては具体的にどのような状態を指すことになるか。その説明として最も適切なものを、次の中から一つ選び出して、その番号をマークせよ。

①　ゴミを察知して通行人に教えることができるという状態。
②　カメラと車輪が付いていて自由に移動できるという状態。
③　蓋が付いていないゴミ箱型のロボットであるという状態。

フランシスコ・ヴァレラ　――　一九四六～二〇〇一。チリの生物学者、認知科学者。
エージェント　――　行為者のこと。
アフォーダンス　――　環境が人間や動物に対して提供する機能のこと。
グレゴリー・ベイトソン　――　一九〇四～一九八〇。アメリカ合衆国の人類学者、社会科学者、言語学者。

問一　傍線ア「**フオン**」、傍線イ「**タイトウ**」、傍線ウ「**ケイトウ**」をそれぞれ漢字に改めて記せ。

問二　傍線a「**倣**」、傍線b「**声高**」の漢字の読みをそれぞれひらがなで記せ。

問三　傍線A「ここで読者は、ロボットの未来よりも人類の再生を想起させられるだろう」とあるが、それはなぜか。最も適切なものを、次の中から一つ選び出して、その番号をマークせよ。

①　有機的な身体を持つロボットたちも、最終的には人間の力を超えていくことができないから。
②　ロボットの間できざしたものは、もともと人間が人間であるがゆえに備える感情であるから。
③　ロボットたちを設計したのは人間であり、人間の作ったプログラムによって動いているから。
④　人間による科学の探求の結果、ロボットが最後に生殖を行うことができるようになったから。

体の欲求を実現するために相手を拘束するという厳密な目的を持っているが、μ機能は、自身にとっての望ましい結果が起こることを願うだけだ。両者を単発の行動単位で比較しても同じ結果にしか見えないだろうが、長期的な時間軸の中で観察を続ければ、主体同士の関係性の質は大きく異なるだろう。極端な例を挙げるとすれば、頭ごなしに命令し、恐怖をもって部下の統率を図ろうとする上司と、同等のパートナーとして部下を扱い、指令ではなく依頼を相談してくる上司とでは、部下たちのウェルビーイングとパフォーマンスが大きく異なってくることは想像に難くないだろう。人間も動物も、この二つのメタメッセージの違いを直感的に認識しているとすれば、[D]その差異は社会的な関係構築にとって非常に重要であると言える。

もちろん、日々のコミュニケーションから政治的な側面を完全に取り除くことは不可能だとも思われる。残念ながら、目的を達成するためには、硬直したヒエラルキーによって他者をコントロールするべきだというのが（そのことを決して[b]声高に唱えないにせよ）[E]従来の社会における主流の考え方だろう。しかし、一方で、弱いロボットのデザインが人間の精神に与える影響から、貴重な教訓を得ることができる。弱く、愛すべき機械は、チャペックの物語で人類がたどり着いた行き止まりから抜け出す道を教えてくれるかもしれないからだ。

（ドミニク・チェン「非規範的な倫理生成の技術に向けて」による）

注　カレル・チャペック　――　一八九〇～一九三八。チェコの作家、劇作家、ジャーナリスト。

ノーバート・ウィーナー　――　一八九四～一九六四。アメリカ合衆国の数学者。

エコーチャンバー　――　似た者同士が集まるSNSで自分の意見を発信すると似た意見が返ってくる状況のこと。エコーチェンバーとも言う。

カール・シュミット　――　一八八八～一九八五。ドイツの思想家、法学者、政治学者、哲学者。

べきロボット」としてデザインされており、パートナーである人間の行動を学習し、愛情を表現することができる。

弱くて不自由なロボットの特徴を別の言い方で表現すると、「周囲の人間に依存している」ということになる。ロボット工学の伝統的な考え方では、この特徴は役に立たないものとみなされてきたし、一般的な工学においても同様だろう。近代以降の産業は、人間のために根気強く働くことができる頑強で強靭な機械を作ろうと努力してきた。しかし、弱い機械の（イ）**タイトウ**は、人間にも愛すべき機械が必要であることを表している。

弱さとは、まさに創造的な社会的相互作用の本質的な源である。人間同士の会話においても、話者たちは互いの不完全さを観察することで、［　Ⅱ　］なコミュニケーションの手がかりを見つけることができる。たとえば日本の会話文化では、会話を二人の人間の衝突と考える「対話」ではなく、会話を協調的に構築する「共話」という感覚を育んできた。またその晩年においてチベット仏教に（ウ）**ケイトウ**したフランシスコ・ヴァレラは、サンスクリット語の「pratītyasamutpāda」（中国語では「縁起」）を英語に翻訳した「共依存的生起」(co-dependent arising)という概念を考察した。ここでいう共依存とは、精神分析において定義されるような個人の自律性を否定するものではなく、むしろ自律したエージェント同士を織り込む関係性が高次のネットワークを生み出す様子を表している。その意味で、エージェントの弱さは、他者に対する「開かれ」になりうるのだ。（C）開かれ、つまり開放性とは、他者によって触れられ、コミュニケーションの共創の契機となるアフォーダンスの源泉として捉えられる。

グレゴリー・ベイトソンは、ペットが飼い主に餌をねだったり、抱きついたりするときに発する信号を「依存の言語」と表現し、この言語はμ機能（ミューという音声は猫の鳴き声、そして音楽を喚起する）を備えていると考えた。μ機能は、相手を制御しようとする指示ではなく、相手に自らの脆弱性を開示するコミュニケーションだとも言える。これは制御の発想とは本質的に異なるが、気をつけて観察しないとその違いは微妙なラインにしか見えない。コントロールのメッセージは、その発話主能によるラベリングという考えがいつまでも続いていて、生き地獄にしかつながらない。逆に言えば、この地獄では、あらゆるコミュニケーション行為が政治的なものになってしまうのである。

それでは、どうすればこの悪循環から抜け出せるのだろうか。他人をコントロールすることを目的としない、別のコミュニケーション・パラダイムを採用しなければならないだろう。たとえば、豊橋技術科学大学の岡田美智男は「弱いロボット」のデザインと、その社会的相互作用への影響について研究している。岡田のチームは、ゴミ箱を模したロボットを作った。このロボットの本体はまさにゴミ箱で、カメラと車輪が付いているので、床に落ちているゴミを検知して移動することができる。ただし、このロボットにはゴミを拾うためのアームがない。そして公共の場に置かれると、通行人がロボットの前で立ち止まり、やがてゴミを拾ってロボットの缶の中に入れるという、かわいそうな機械を助けるかのような光景が見られる。

なぜ不自由なロボットが周囲の人間の協力を引き出すのか。それは、自律的に仕事をこなせない弱い存在であるがゆえに、思いやりの気持ちを呼び起こすことができるからだと考えられる。東洋の仏教文化においては、弱さと愛情が密接に結びついた「愛らしさ」という概念がある。これを漢字で表すと「可愛」となり、仏教文脈の漢文から現代語に訳すと「愛すべき」となる。

この概念は、最初は仏教の伝統に由来し、サンスクリット語から中国語に翻訳された後、日本の文化に取り入れられた。現代では、「可愛」は日本語と中国語の両方で「かわいい」という意味を持ち、アルファベット表記の「kawaii」は国際的にも使用されるようになっている。興味深いのは、ポップカルチャーの表現によく使われるこの形容詞が、仏教の文脈では貧者や病者といった社会的弱者を表すのに使われていたことだ。

弱くてかわいそうな存在が、愛らしさや愛情を呼び起こすという考え方は、現代のロボット工学にも影響を与えている。近年の日本のロボット製品では、ユカイ工学の「Qoobo」やGROOVE X社の「LOVOT」などがその傾向をよく表している。Qooboは撫でたり揉んだりすると反応する尻尾付きの柔らかい毛の生えたクッションである。LOVOTは「役立たずだが愛す真の危険性は、〔中略〕そのような機械は、それ自体では無力であるにもかかわらず、人間が〔中略〕他の人類に対する支配を強めるために使用するかもしれないし、政治的指導者が〔中略〕あたかも機械的に考えたかのように、人間の可能性に対して狭く無関心な政治的手法によって、人を支配しようとするかもしれないということである。

今日、センセーショナルな記事の多くが人工知能の無慈悲さについて説いているが、チャペックの物語とウィーナーのメッセージを合わせて考えると、恐ろしいのはテクノロジーそのものではなく、それを使って他人の［Ⅰ］をコントロールする人間であることを認めるべきだろう。

憎しみが憎しみを呼び、愛情が愛情を呼び起こす。チャペックの話の中にあるこの自然な前提は、今日でも有効であると思われる。私たちは、インターネットに接続されているほとんどすべての市民に感情の伝染が起こる、情報のエコーチャンバーに生きている。米国や欧州でも、ここ日本でも、政治家が外国人や社会的マイノリティに対する差別的発言を平然としたりすることは、今や日常茶飯事である。そこに、相反する陣営に分かれている一般の人々が、鳥の大群のように一斉に反応し、どよめく。今、私たちの社会が失っているのは、これまで自然発生的な二極化を防いできたニュアンスのある思考だと言えるだろう。

興味深いことに、この現象は「愛情」の概念と大きく関係している。全世界が敵と味方に分かれる二極化の過程を経て、私たちの愛情の概念は消滅しないまでも、劇的に変化している。愛情を深めるためには、敵か味方かという判断を保留し、共に時間を過ごすことが必要だからだ。

あらかじめ定義されたラベリングは、常にコミュニケーションの近道として機能し、それ以下でもそれ以上でもない。カール・シュミットに**倣**[a]って、あらゆる政治的行為は敵と味方を区別することで成り立っていると考えれば、機械学習や人間の本

国語

（六〇分）

一　次の文章を読んで、後の問に答えよ。（設問の都合上、本文を一部省略し表記を改めた箇所がある）

カレル・チャペックの『R・U・R』は、初版から約一〇〇年が経過した今日でも、新鮮な気持ちで読むことができる戯曲作品である。読者は、人間と人工的に作られた「ロボット」を分かつものは何なのかを、この**フオン**（ア）な物語を通して問い続けることになる。

チャペックが描くロボットは、現代的な無機質の機械ではなく、有機的な身体を持った人造人間のようである。ロボットたちは設計者である人間によって機械的に妊娠させられ、そして機械的に治療されながら、逆に自分たちが生存するために人間を消滅させようとする。その結果、ロボットたちは自己複製、つまり生殖の知識を完全に失ってしまう。しかし、物語の最後で二人のロボットの間に愛情と自己犠牲の気持ちが芽生える。（A）ここで読者は、ロボットの未来よりも人類の再生を想起させられるだろう。

重要なのは、この物語では、ロボットの生来の不妊性が、彼らを支配する人間を襲う謎の不妊性と重なっていることである。この象徴性からは、ノーバート・ウィーナーが人間と機械の関係について書いたことが思い起こされる。

解答編

英語

I

解答　(あ) capital　(い) meet　(う) back

◀解　説▶

(あ)•「中国の首都は北京である」
•「英語では，固有名詞は大文字で始まる」
•「死刑の長所と短所について長い間議論がなされてきた」
capital は capital (city) で「首都」，capital (letter) で「大文字」の意。形容詞では「死刑に値する」の意があり，capital punishment で「死刑」の意。

(い)•「もし価格がこのように上がり続ければ，私たちがやりくりをするのがすぐに大変難しくなるでしょう」
•「到着されましたらラウンジでお待ちください。そちらまでお迎えに参ります」
•「彼女はとても美しかったので，私は彼女と目線を合わせられなかった」
make ends meet で「やりくりをする」という慣用表現。2つ目の空所の meet は「(人を) 出迎える」の意。meet *one's* eye(s) で「〜と目線を合わせる」の意。

(う)•「家具をバンに積み終わる前に何度も行ったり来たりしないといけなかった」
•「私たちのリーダーには支援が不足している。彼女を支えてくれるより多くの人が必要だ」
•「私は一日中コンピューターの前に座っているので常に腰と肩が痛い」
back and forth で「前後に，行ったり来たり」，back *A* up で「*A* を援助する」の意。3つ目の空所の back は名詞で「背中」の意。

II　解答

(ア) acceptance　(イ) exactly　(ウ) breathe　(エ) spread
(オ) knowing　(カ) sustainable　(キ) written

◀解　説▶

(ア)「社会受容は特に十代の若者にはとても重要だ」
主語になる名詞に変える必要がある。social acceptance で「社会受容」の意。

(イ)「その列車はちょうど9時半に出発した」
at half past nine を修飾する副詞に変える必要がある。

(ウ)「リラックスする最も簡単な方法はとてもゆっくりと息を吸って吐くことだ」
文全体は S is to *do* という構造で「S は～すること」の意。to の後ろには動詞の原形が入るので breathe「呼吸する」に変形する。

(エ)「山火事はすぐに北から南に広がった」
has の後ろなので，過去分詞を入れて現在完了形を作るのだが，spread「広がる」は過去形も過去分詞も spread のままで変化しない。

(オ)「何をすべきかわからなかったので，私はただそこに座って指示を待った」
Not knowing ～ で「～を知らずに」の意になり，主節と意味も合うので，knowing が正解。これは分詞構文と呼ばれるもので，*doing* と *done* の形がある。主語と能動の関係なら *doing*，主語と受動の関係なら *done* の形になる。ここでは主語の「私」と能動の関係なので knowing になる。

(カ)「環境にやさしくするのはよい考えだ。持続可能な素材で服を作ってはどうだろう？」
名詞を修飾する形容詞に変える必要があるので sustainable「持続可能な，環境を破壊しない」に変形する。

(キ)「その指示は掲示板に書かれていた」
主語の instructions「指示」と動詞の write「書く」は受動の関係なので受動態にすべき。よって written に変える。

解答編

III　解答

問1．(ア)―(A)　(イ)―(D)　(ウ)―(A)　(エ)―(B)
問2．(あ)―(A)　(い)―(C)　(う)―(C)　(え)―(D)
問3．(C)　問4．(A)　問5．(A)　問6．(C)　問7．(B)　問8．(C)
問9．(E)

◆全　訳◆

≪言論の自由は本当に自由か≫

1　言論の自由は民主主義には不可欠である。なぜなら，人々は情報に基づいた決断を下す前に情報を必要とするからである。公の議論と検証の後で初めて真実に近づくことができるので，言論の自由は科学にとっても不可欠である。この2つの主張は重要な前提を共有している。それらが示唆するのは，言論の自由はそれ自体のために保護されているのではないということだ。言論の自由は民主主義や真実といったほかの目的に役立つように保護されている。言い換えれば，言論の自由に関するこの2つの議論の筋道は，なぜ一部の言論が保護されていないのか，ということを示すにも使うことができる。目的とは無関係，または目的に有害な種類の言論を擁護する理由はないからだ。

2　したがって，言論の自由によって保護されない種類の言論も存在する。その例がヘイトスピーチだ。人種差別と不寛容に反対する欧州委員会によると，標的が個人であれ集団であれ，何らかの表現が，憎悪や暴力や差別を擁護，促進，または正当化する場合，ヘイトスピーチとして分類される可能性がある。2021年に，欧州評議会の元事務局長であるトルビョーン＝ヤクラント氏はヘイトスピーチと言論の自由を混同すべきではないと警告した。「私たちは達成されたことを振り返り，人権のための闘いで困難に耐え，命を捧げた多くの人のことを考える。こうした権利と自由を決して当然のことと考えてはならない」と彼は言った。「また，決してこうした権利を乱用してはいけない。ヘイトスピーチは表現の自由の乱用である」

3　言論の自由は，単に人前で好きなことを何でも言ってその結果を回避できるということを意味するのではない。実際，言論の自由に何らかの制限を設けていない国は，世界中にない。誤解を招く広告を掲載したり，国家機密を公開したり，誰かの評判を傷つける虚偽の発言を公然と行ったりすることに対して，すべての国が何らかの法的罰則を設けている。また，言論は常に競合する価値観の中で行われるので，国によって言論に制限を設ける理由は様々である。

4　しかし，成熟した民主主義国家が共有する1つのことがある。言論の自由が意味するところは，言論は，国家，特に政府の役人，議員，裁判官のような権力を持つ人の支配からできる限り自由であるべきであるということだ。したがって，言論に対する法的規制は，万一行使されるとしても，最終手段として使われるべきである。だからこそ，現代の民主主義では，言論を規制する刑事罰は厳密に制限されているのである。例えば，国家が少数派を黙らせようとする，または政策批判や政治的抗議や宗教的信仰を抑圧しようとすることもあり得る。民主主義をうまく維持するには，国家がその権力を悪用することを禁じなければならない。だからこそ，単に政治的主張をしているだけだと主張する人々を国家が規制する，あるいは罰することができるのか，またそうすべきなのかを問う必要がある。

5　言論を法的規制だけに委ねるべきではないのなら，有害な言論に対処する際に，ほかにどんな手段があるだろうか。ほかの方法として，公的機関や民間機関，メディア，ソーシャルメディア企業による自主規制がある。多くの組織が違反に対する罰則を伴う行動規範を採用している。カウンタースピーチ（多くの場合，共感や根拠ある事実を伴って，肯定的な言葉を使うことによって否定的なメッセージを防ぐこと）も効果的である。そして，何よりも教育は，ヘイトスピーチを煽る誤った情報や見当違いの情報と戦ううえで極めて重要である。どのような目標を設定し，人々が特定のことを言うのを私たちがどれほど面倒にしたいかを吟味して，どの方法を選ぶのかを決定すべきである。

6　大学では思想の自由表現を本質的な価値として擁護しているが，そこでも，発言の結果には責任を負わなければならない。もちろん不適切な発言の代償は状況によって異なる。ランチタイムに誰かに下品な冗談を言えば席上で眉をひそめられるかもしれないが，それほど大きな問題にはならないだろう。しかし，公開講座での人種差別発言に対しては深刻な結果を予期せねばならない。民主主義の自由，とりわけ言論の自由は大学にとって不可欠である。多様な考えが対等な立場でぶつかり合う必要があるからだ。このことは，発言をする前に，その発言が他人に検査されるということを自らに言い聞かせるべきだということも意味する。そうでなければ，言論の自由を行使することによって，恥ずかしい思いから，友情の破綻，信用の失墜，世間の怒り，さらには制度や法律による罰則に至る悪い結果を招くかもしれない。

7　歴史的に，すべての社会が一部の言論をほかの言論よりも犠牲の大きなものにしてきた。社会生活のあり方における変化や課題に対応するために，言論を統制する方法を絶えず探求し，検討しなければならない。しかし，そもそも言論の自由の価値を守りたいのであれば，すべての人が心に留めておくべきことが1つある。コミュニケーションとは，当然のことながら双方向のものであり，私たちの発言は，ひとたび人前で発せられれば批判にさらされるのだ。したがって，自分の発言が，もし十分に考え抜かれたものでなければ，大きな犠牲を負いかねないということを十分に理解したうえで，言論の自由を行使しなければならない。結局，何を言っても，賞賛か非難を浴びるのだと考えるべきだ。実際，多くの場合その両方を浴びる。私たちの言論の価値，私たちの言論の自由の権利はほかのどんな方法によっても，有意義に測定することはできないのだ。

◀解　説▶

問1．(ア)「きわめて重要な」

(A)「重要な」 (B)「元気な」 (C)「見当たらない」 (D)「有毒な」 (E)「ささいな」

同意の(A)が正解。文脈上のヒントは直前の also「～もまた」である。前文の追加情報を示しており，vital が前文の essential「きわめて重要な」との言い換え表現だとわかる。

(イ)「議論，論拠」

(A)「負担」 (B)「対立」 (C)「口論」 (D)「推論」 (E)「感覚」

この argument は「論拠」の意で，(D)が最も近い意味でこれが正解。line of argument で「論法」の意。

(ウ)「～と警告した」

(A)「～と警告した」 (B)「～と決定した」 (C)「～を禁じた」 (D)「～を称賛した」 (E)「～を振った」

同意の(A)が正解。語法から考えても，that 節を目的語に取る動詞は選択肢の中では(A)か(B)に絞られる。

(エ)「～を公開する」

(A)「～を見つける」 (B)「～を漏らす」 (C)「～を貸す」 (D)「～を再び満

たす」 (E)「～を練習する」
release は「～を解放する，公開する，発表する」などの意味があるが，ここでは目的語が state secrets「国家機密」なので「～を公開する」の意。同意の(B)が正解。
問２．(あ)(A)「傷つける」 (B)「忠実な」 (C)「明らかな」 (D)「前途有望な」 (E)「被りやすい」
法的罰則の対象となる行為として「誰かの評判を（　あ　）虚偽の陳述を公然と行う」ということが述べられているので，空所には否定的な意味を持つ語が入る。よって(A)が正解。
(い)(A)「紙」 (B)「人々」 (C)「要点」 (D)「印刷」 (E)「目的」
make の目的語になり，文脈にも合う(C)が正解。make a point で「主張する」という意味。
(う)(A)「食べ物」 (B)「自由」 (C)「手段」 (D)「写真」 (E)「試験」
「言論を法的規制だけに委ねるべきではないのなら，有害な言論に対処する際に，ほかにどんな（　う　）があるだろうか」という文脈に合うものを選ぶとよい。正解は(C)である。次の文は主部が An alternative approach「ほかの方法」なので，空所には approach「方法」の言い換え表現が入ると考えてもよい。
(え)(A)「ただちに」 (B)「さらに」 (C)「つまり」 (D)「そうでなければ」 (E)「したがって」
つなぎ言葉の空所補充問題は，前後関係を大まかにつかんで解く。空所の直前に「発言が他人に検査されるということを自分に言い聞かせるべきだ」とあり，直後に「言論の自由を行使することによって，悪い結果を招く」とある。直前の内容のようにしなければ，直後の内容が結果として起きると考えられる。したがって，両者を結ぶ言葉としてふさわしい(D)が正解。(C)の namely は通例文中で用いて，後続には名詞（句）が使われるのでここでは不適。
問３．(A)「言論の自由の乱用は，自動的にヘイトスピーチ行為だと分類されるべきである」
(B)「人種差別と不寛容に反対する欧州委員会によると，誰かに対して嫌悪感を示す人は，ヘイトスピーチをしていることになる」
(C)「歴史的に，人権の実現と保護のために，多くの人が大きな犠牲を払ってきた」

(D)「ヘイトスピーチの対象になった人は，暴力に訴えることも許されるはずだ」

(E)「すべての人に人権がある以上，憎悪や暴力や差別を表現することは，法律で厳しく罰せられなければならない」

第2段第5文（"We look back …）の内容に合う(C)が正解。(B)は同段第3文（According to the …）に比較的近いことが書かれているが，「誰かに対して嫌悪感を示す」ことがヘイトスピーチとして定義されるとは書かれていないので不正解。

問4．(A)「世界中のすべての国が，何らかの形で言論の自由の範囲を制限している」

(B)「どの社会でも，人権を制限する際には同じ価値観を持っている」

(C)「すべての国において，誤解を招くような広告を出すことは，最も厳しく罰せられる犯罪である」

(D)「どの国も異なる価値観の間で適切なバランスをとることができないのだから，完璧な民主主義は存在しない」

(E)「異なる価値観が互いに競合するところでは，言論の自由は重要ではない」

第3段第2文（In fact, there …）の「言論の自由に何らかの制限を設けていない国は，世界中にない」という内容は「言論の自由に対してすべての国が制限を設けている」ということになり，同意の(A)が正解。

問5．(A)「言論に対する国家の権力をできる限り制限することは，民主主義にとって極めて重要である」

(B)「民主主義において，いかなる差別も存在することを許すべきではない」

(C)「国家が言論をその内容によって罰することができるのか，またそうすべきであるのか，人々は常に疑問に思っている」

(D)「国家は抗議するすべての声を黙らせることはできない」

(E)「私たちは，自分が好まないどんな意見でも非難する前に，事実や証拠を示さなければならない」

下線部の直前に Therefore「したがって」とあるので，下線部の理由は前文に書かれているはず。前文の「言論は国家の支配からできる限り自由であるべき」という内容と一致する(A)が正解。

問6．(A)(a)「〜を批判する」 (b)「〜に対抗する」

(B)(a)「〜を退ける」 (b)「〜を却下する」

(C)(a)「〜と戦う」 (b)「〜を煽る」

(D)(a)「〜を守る」 (b)「〜を擁護する」

(E)(a)「〜を理解する」 (b)「〜を批判する」

「教育は，ヘイトスピーチ（ b ）誤った情報や見当違いの情報（ a ）うえで極めて重要である」の穴埋め。文脈に合う(C)が正解。第5段第1文（If speech should …）の tackling harmful speech「有害な言論（＝ヘイトスピーチ）に対処する」の tackling の言い換えが(C)の(a) fighting である。(b) feed は「〜に食事を与える」だけでなく，「（感情など）を煽る」という意味がある。

問7．(A)「すべての大学生は，昼食の席できちんと礼儀正しく振る舞うべきである」

(B)「言論の自由は，大学が守ろうとする主な価値観の1つである」

(C)「もしあなたの下品な発言が大学の先生の機嫌を損ねたら，あなたは大学から退学させられるかもしれない」

(D)「人種の多様性は，大学にとって核となる価値観である」

(E)「大学は，内気な学生よりも議論好きな学生を高く評価する傾向がある」

第6段第1文（Universities defend free …）の前半の内容に合う(B)が正解。(A)は同段第5文（Democratic freedom－freedom …）の大意「自分の発言内容に気をつけるべき」と異なるので不正解。

問8．(A)「すべてのコミュニケーション形態は，批判を可能にするように設計されるべきである」

(B)「私たちの生活における問題を解決するために，別のコミュニケーション手段を発見する必要がある」

(C)「時代の要求に応じるために，言論の自由の範囲を制限する新しい方法を発見し，チェックする必要があるだろう」

(D)「人々が私たちの発言に反応するとき，賞賛と非難は両立するものではない」

(E)「言論の自由の価値は，その代償が何であろうと守らなければならない」

第7段第2文（How we should …）の内容に合う(C)が正解。(B)は，「私たちの生活において発見する必要のあるもの」が同文では「言論を統制する方法」とあり，「別のコミュニケーション手段」ではないので不適。

問9．(A)「ヘイトスピーチの結果」

(B)「社会生活におけるコミュニケーションの代償」

(C)「大学教育における言論の自由」

(D)「法律で言論を統制する方法」

(E)「言論の自由は本当に自由か」

本文のメインテーマ，つまり終始述べられていることは「言論の自由とその制限」であり，これを言い換えている(E)が正解。メインテーマは「ヘイトスピーチ」ではないので(A)は不正解。

Ⅳ　解答

問1．(ア)―(D)　(イ)―(D)　(ウ)―(C)

問2．(あ)―(A)　(い)―(D)　(う)―(D)

問3．(C)　問4．(A)　問5．(C)　問6．(C)　問7．(E)　問8．(E)

問9．(E)　問10．(D)　問11．(B)

◆全　訳◆

≪軽視されている人間の嗅覚の重要性≫

[1]　多くの人が嗅覚は比較的重要ではないと主張する。チャールズ＝ダーウィンは，匂いは人間に「極めてわずかしか役に立っていない」と主張した。2011年の7千人の若者を対象にした調査では，ほとんどの若者がノートパソコンや電話を維持できるなら進んで嗅覚を放棄するということが判明した。しかし，嗅覚を無視すると，周りの世界を完全に正しく認識することはできない。

[2]　私たちの嗅覚は，私たちの幸福感に重要な影響を及ぼす。食べ物の風味を楽しむとき，私たちは単に味覚を使うのではない。嗅覚も使っている。「無嗅覚症」とは，匂いを認識する能力の喪失である。通常は，脳の障害または鼻の怪我によって引き起こされるが，新型コロナウイルス感染症（COVID-19）の一般的な症状でもある。米国では，40歳以上の人の3％が無嗅覚症にかかっている。ほとんどの人にとって，嗅覚の喪失は，味覚の喪失や変化も伴う。500人の無嗅覚症者を対象とした最近の調査では，

92％の人々が飲食の楽しみが減ったと述べている。半数以上の人がレストランに行く頻度が低くなったと報告しており，多くの人がもう料理が楽しくないと述べている。匂いをなくして食べることは，電気を消して部屋を探索するようなものだ。無嗅覚症の人々が経験する困難は，嗅覚の重要性を示している。

3 匂いは，異なる文化への理解を深めるという理由でも欠かせないものだ。ドリアンの香りは東南アジアでは人気があるが，外国人は圧倒的に不快に感じる匂いにうんざりする可能性もある。スウェーデン人は，発酵にしんの香りを楽しむが，これは観光客には衝撃を与えるかもしれない。さらに，文化的変化と経済的変化が，世代ごとに異なる匂いの感じ方に反映されている。香港の研究者は，食べ物の匂いを説明するのに，若い買い物客の方が高齢者よりも狭い語彙を使用することを発見した。若い人たちは食べ物が「香りがよい」または「臭い」とだけ語った一方で，高齢者は塩漬け魚，腐りかけたピーナッツ，古い豆腐の匂いに特定の用語を使用した。同様に，社会学者は，ベトナムの買い物客に対する経済成長の影響を調べた。昔は伝統的な市場では，買い物客は食物の鮮度を確認するために嗅覚を使っていた。ベトナムにスーパーマーケットが出現して以来，買い物客がそのようなことをする頻度はますます低くなっている。ある年配の回答者は，「私は見ずに買う」と言って，視覚よりも嗅覚を信頼していると主張した。今日，同じことをする若者はほとんどいない。スーパーマーケットが国中に広がるにつれて，買い物客は食べ物の品質の違いにそれほど注意を向けなくなった。したがって，匂いに関する人々の話し方の変化を特定することで，重要な経済的，社会的，文化的変化を認識することができる。

4 社会がより近代的になるにつれて，嗅覚は視覚ほど重要ではなくなる。以前は，人々は匂いがはるかに強烈な環境に住んでいた。日常的に歯磨きや入浴をする人はほとんどおらず，その代わりに，強い香水を使用して体臭を隠していたし，下水道や水道はなかった。しかし，国がより豊かになり技術的に進歩するにつれて，匂いの多様性と強さが低下した。今日では，バラの匂いでさえ消えている。花は，その甘い香りではなく，すばらしい見た目によって選ばれている。匂いの減少は，私たちがより孤立していることを示している。目の前の環境に対する反応は鈍くなり，他人が自分の個人空間に絶対に干渉しないようにすることの方により関心がある。過去の悪臭に耐える必要がなくなったことは喜ばしいことかもしれない。しかし，私たちは，美しい香りを識別する能力も失いつつある。嗅覚の喪失のせいで，あらゆる人間的経験を味わうことが妨げられている。

5　私たちの嗅覚は，人間であることの重要な側面である。ほかの動物と同様に，私たちは嗅覚を使って食べ物を発見して味わい，危険や将来の伴侶を探し出し，位置を特定する。実際，ほかの多くの動物は，目や耳よりも鼻を頼りにしている。たとえば，犬は主に嗅覚に依存し，人間よりも40％多くの脳力を使って匂いを分析する。私たちの感覚は全くそれほど強力ではないが，ガスの漏れ，空気中の化学物質，火事，焦げたトースト，腐った食べ物に気づくにはやはり嗅覚が必要だ。人は匂いから親族を識別することさえできる。たとえば，母親は自分の実子の体臭を認識することができる。さらに，匂いは私たちの意識とアイデンティティの重要な一部である。古い本や新しい本，フライドチキンや焼き魚，刈りたての芝生や洗ったばかりの服，バラやジャスミン，バニラやチョコレートなどの香りを楽しむ。ふとした香りによって強烈な記憶がよみがえることがある。嗅覚がなければ，私たちは環境を正しく認識し，大切にすることはできない。

◀解　説▶

問1．(ア)「頻繁に」

(A)「その後」　(B)「前に」　(C)「後で」　(D)「頻繁に」　(E)「いつか」

frequently は頻度を表す語で「頻繁に，たびたび」の意。同意の(D)が正解。

(イ)「不快にされる」

(A)「開示される」　(B)「発見される」　(C)「病気の」　(D)「うんざりする」　(E)「退けられる」

put off は「～を延期する」の意でよく用いられるが，ここではそれでは文意が通らない。文頭の While「～である一方で」という対比を示す接続詞に注目し，(be) put off が popular「人気がある」の反対で否定的な意味だと推測すると(D)が正解だとわかる。目的語の「圧倒的に不快に感じる匂い」もヒントになる。

(ウ)「～を隠す」

(A)「～と意見が合わない」　(B)「～を失望させる」　(C)「～を隠す」　(D)「～を不快にする」　(E)「～を信用しない」

(C)の disguise は「〜を変装させる」という意味もあるが，conceal と同意で「〜を隠す」という意味でも用いられる。よって(C)が正解。

問2．(あ)(A)「特定の」 (B)「我慢強い」 (C)「ささいな」 (D)「準備をする」 (E)「〜を製造する」

「若い人たちは食べ物が『香りがよい』または『臭い』とだけ語った一方で，高齢者は塩漬け魚，腐りかけたピーナッツ，古い豆腐の匂いに（　あ　）用語を使用した」の穴埋め。前文の第3段第5文（Researchers in Hong Kong …）の大意は「食べ物の匂いに関して，高齢者の方が若者よりも幅広い語彙を使う」ということ。これに合う選択肢として(A)が正解。若者は「香りがよい」「臭い」の2語しか使わないのに対し，高齢者は食べ物に合わせて「特定の」用語を使う，つまり語彙の幅が広いということになる。

(い)(A)「不能」 (B)「侮蔑」 (C)「産業」 (D)「強さ」 (E)「目に見えないこと」

「匂いの多様性と（　い　）が低下した」という穴埋め。直後の第4段第5文（Today even the …）「バラの匂いでさえ消えている」，第6文（The decline of …）「匂いの減少」という内容と合う(D)が正解。

(う) rely につながる前置詞として(D)の on が正解。rely on *A* で「*A* を頼りにする」の意。

問3．(A)(a)「〜に威厳をつける」 (b)「〜を正しく認識する」

(B)(a)「〜に威厳をつける」 (b)「〜を適用する」

(C)(a)「〜を無視する」 (b)「〜を正しく認識する」

(D)(a)「〜を無視する」 (b)「〜を適用する」

(E)(a)「〜を意味する」 (b)「〜を正しく認識する」

「しかし，嗅覚（　a　）と，周りの世界を完全に（　b　）ことはできない」の穴埋め。第1段第1〜3文（Many people argue … laptop or phone.）で「嗅覚は重要ではない」という一般論が述べられ，それに続く第4文に However「しかし」とあることから，「嗅覚は重要である」という内容が述べられると推測できる。その内容に合う(C)が正解。

問4．people を修飾するのが with anosmia で「無嗅覚症の人々」となる。demonstrate という現在形の動詞があることから，experienced は過去形の動詞ではなく過去分詞であると推測しよう。by people と結びついて

「無嗅覚症の人々によって経験される」となり，これが主語の difficulties「困難」を修飾する。述語動詞が demonstrate「～を示す」で，目的語が the importance of the sense of smell「嗅覚の重要性」となり文が完成する。完成文は（The difficulties）experienced by people with anosmia demonstrate the importance of（the sense of smell.）となる。記号では d→c→b→e→a となり，3番目が b，5番目が a で，(A)が正解。第2段では第1文（Our sense of …）にあるように嗅覚の重要性が述べられているので内容的にも適切である。

問5．(A)(a)「～を混同した」(b)「～を説明する」

(B)(a)「～を混同した」(b)「～を寄付する」

(C)(a)「～を使った」(b)「～を説明する」

(D)(a)「～を使った」(b)「～を処方する」

(E)(a)「～を使った」(b)「～を寄付する」

「香港の研究者は，食べ物の匂い（　b　）のに，若い買い物客の方が高齢者よりも狭い語彙（　a　）ことを発見した」の穴埋め。(a)は「混同した」と「使った」の2択だが，若者が語彙を「混同した」という内容はどこにも述べられていないので不適。(b)に関しては目的語の「食べ物の匂い」に合うのが describe しかない。よって(C)が正解。

問6．(A)「遠い物体の匂いを嗅ぐよりも見る方が簡単なので，私たちは嗅覚より視覚を使用する」

(B)「現代世界における嗅覚の低下が，香港とベトナムの経済成長を引き起こした」

(C)「ベトナムの若い買い物客が年配の買い物客ほど嗅覚を使用していないという事実は，国の経済成長によって引き起こされる社会的変化を反映している」

(D)「東南アジアでのドリアンの人気とスウェーデンの発酵にしんの人気は，臭い食べ物が好きな文化がないことを示している」

(E)「香港とベトナムの買い物客が示しているように，食べ物の新鮮さを確かめるには，常に食べ物に触れるべきだ」

第3段第7～12文（Likewise, sociologists examined … qualities of food.）で「買い物客が昔は嗅覚を使っていたが，今ではそうしない」ということが述べられており，その原因は「経済成長」，具体的には「スーパーマーケットの出現と拡大」であることが同段第7文を中心に理解できる。この内容と一致する(C)が正解。

問7．(A)「人々が清潔ではなかったせいで，人々の外見は魅力的ではなかった」

(B)「人々は貧しかったので，最新の科学技術装置を購入する余裕がなかった」

(C)「人々は人生の多様性が少なく，互いにより孤立していた」

(D)「人々はバラの香りをより高く評価し，個人空間を気にしなかった」

(E)「人々は衛生的ではなく，信頼できる給水設備と衛生設備がなかった」

下線部の直後の第4段第3文（Few people brushed …）に「日常的に歯磨きや入浴をする人はほとんどいなかった」，「下水道や水道はなかった」とあり，これが下線部の「匂いが強烈な環境」の理由だとわかる。この内容と一致する(E)が正解。

問8．(A)(a)「羨ましそうな」(b)「新鮮でない」

(B)(a)「羨ましそうな」(b)「甘い」

(C)(a)「すばらしい」(b)「酸っぱい」

(D)(a)「すばらしい」(b)「新鮮でない」

(E)(a)「すばらしい」(b)「甘い」

(a)には花の「見た目」を修飾する形容詞が入るので envious はふさわしくない。(b)は花の「香り」を修飾する形容詞が入るので sweet「甘い」がふさわしい。よって(E)が正解。

問9．選択肢に be, endure「～に耐える」という2つの動詞があるが，be glad that の後ろにS Vが来ることを考えると，endure が that 節の動詞だとわかる。よって，出だしの We might に続くのが be glad that となり，that 節の主語となる we を含む we do not が続くはず。do not have to *do* で「～しないでよい」という意味の慣用句。*do* の部分に endure が入る。残った foul odors「悪臭」が endure の目的語になる。完成文は（We might）be glad that we do not have to endure the foul odors（of the past.）となる。記号では b → a → e → c → d となり，3番目が e，5番目が d で，(E)が正解。

問10．(A)(a)「元々」(b)「力」

(B)(a)「元々」(b)「嵐」

(C)(a)「主に」 (b)「凍結」
(D)(a)「主に」 (b)「力」
(E)(a)「主に」 (b)「嵐」
「たとえば，犬は（ a ）嗅覚に依存し，人間よりも40％多くの脳の（ b ）を使って匂いを分析する」の穴埋め。前文に「ほかの多くの動物は，目や耳よりも鼻を頼りにしている」とあり，犬が嗅覚に依存している内容を表すので(a)には primarily「主に」が入る。(b)は brain の後ろの空所で「脳の」に続くものを選ぶとよいので power「力」が入る。この2つを組み合わせた(D)が正解。
問11. (A)「人間の嗅覚の歴史」
(B)「軽視されている人間の嗅覚の重要性」
(C)「香りと文化との間の本来のつながり」
(D)「嗅覚と味覚を改善することの心理的利点」
(E)「嗅覚を持つ人生の悲しみ」
本文では終始「嗅覚の重要性」が述べられている。また，第1段第1～3文（Many people argue … laptop or phone.）で嗅覚が軽視されている内容も書かれていることから，(B)が正解。

V **解答** (ア)―(F) (イ)―(B) (ウ)―(E) (エ)―(A) (オ)―(C)

◀解 説▶

(ア)「(天の岩戸) に引っ込んだ」に該当する箇所。retire into *A* で「*A* に引き下がる」の意。
(イ)「(神楽を) 踊りました」に該当する箇所。perform a dance で「踊る」の意。
(ウ)「(神楽) に反応し」に該当する箇所。respond to *A* で「*A* に反応する」の意。
(エ)「(八百万の神の顔) を照らしました」に該当する箇所。illuminate は「～を照らす」の意。
(オ)「(岩屋) を開けました」に該当する箇所。pull *A* away from *B* で「*A* を *B* から力ずくで離す」の意。

❖講　評

2023年度は，Ⅰが空所補充問題，Ⅱが語形変化問題，ⅢとⅣが長文読解問題で，Ⅴが英作文問題であった。2022年度と比べるとⅠの問題数が減少したが，Ⅱの問題数が増加した。ⅠとⅡの合計問題数は1問増加したが文章量は減少している。ⅢとⅣの合計問題数は1問増加し合計語数は減少，Ⅴは語数，問題数ともに増加した。トータルでの負担はやや増加している。全体としては標準レベルの問題である。

Ⅰは複数の文に共通する1語を補う問題で，熟語や多義語など語句に関する知識が問われている。Ⅱの語形変化は出題形式が少し変化したが問われていることは同じで，派生語，品詞などについての知識が必要となる。ⅢとⅣの長文読解では，同意表現や空所補充，内容説明などが出題されている。空所や下線部については，その前後をじっくりと読んで文脈を把握することが重要である。全体として英文の分量が多いので，時間配分に十分注意してほしい。Ⅴは昨年の会話文から大きく問題形式が変化した。戸惑った受験生もいたかもしれないが，難易度は昨年と同程度の問題である。英作文といっても選択式で，単語を入れて和文の英訳文を埋めるだけという部分的なもので，標準的な英作文力が求められている問題。

日本史

I 解答

1－② 2－④ 3－① 4－⑥ 5－③ 6－③
7－① 8－① 9－④ 10－③

◀解 説▶

≪原始・古代の疫病と宗教的儀礼≫

1．②が正解。大仙古墳を中心とする百舌鳥古墳群，誉田御廟山古墳を中心とする古市古墳群は2019年に世界遺産に登録された。①の佐紀盾列古墳群は奈良県にある。③の埼玉古墳群は埼玉県にあり，稲荷山古墳がある。④の西都原古墳群は宮崎県にある。

2．④が正解。百済は，五経博士の派遣や，仏教公伝など，朝鮮三国の中でも特に倭（日本）との関係が深かった。

5．③が正解。御霊会は政治的に非業の死を迎えた人物が怨霊として祟ると考える御霊信仰に基づいて行われる，怨霊を慰めるための儀式である。

6．③が正解。金印は縄文時代ではなく，弥生時代に中国王朝から冊封の証として日本の首長が受け取ったもので，福岡県志賀島の金印が著名。

7．①が正解。藤原宮木簡は，藤原京が694年の遷都から，710年の平城京遷都までの間の都であったことを踏まえれば，古墳時代のものではないと判断できる。

8．①が正解。橘諸兄の時期に唐から帰国し，重用された人材は①の吉備真備と玄昉である。時期が奈良時代のため，②の高向玄理や④の小野妹子は時期錯誤で誤りとわかる。③の和気清麻呂が遣唐使のメンバーとして留学した事実はない。

9．④が正解。大津宮は天智天皇が遷都した宮である。

10．やや難。③誤文。法王禅師が誤り。道鏡は太政大臣禅師から法王に就任した。

II 解答

1．李成桂 2．勘合 3．対馬 4．三浦
5．堺 6．福原京 7．頂相

8．九州北部の要地を御家人に警備させた。(20字以内)

9．足利義教

◀解　説▶

≪中世の対外関係≫

2．勘合は明の皇帝に朝貢する公の使節であることを示すもので，倭寇と区別するためにも用いられた。

3．1419年，朝鮮は対馬が倭寇の根拠地と考え，襲撃する応永の外寇が発生した。日朝関係はすぐに修復され，この後，日本と朝鮮の貿易の基本的な枠組みが整備されることになった。

4．日朝貿易は朝鮮の富山浦・乃而浦・塩浦の3つの港（三浦）で行われた。しかし，1510年，三浦に住む日本人が貿易統制に反発して起こした三浦の乱以降，日朝貿易は衰退に向かった。

5．細川氏は畿内を中心に守護を務めており，その関係で和泉国にある堺商人と結びつき，応仁の乱後に日明貿易を主導した。

6．平清盛が都を移した福原（現在の神戸市）は，清盛の荘園・別荘があったところで，近くに清盛が整備した大輪田泊があった。

7．鎌倉時代の肖像画の中心は似絵と頂相である。頂相は禅僧が自らの法を伝えた証明として，弟子に自分の肖像画を贈るものである。

8．異国警固番役は，幕府が御家人に課した番役（警備）の1つであり，再度の元の襲来に備え，九州北部の要地を警備させたものである。字数が20字と限られているので，御家人が警備を担当したこと，九州北部を警備したことの2つを記述すればよいだろう。

9．日明貿易は3代将軍足利義満が開始した後，朝貢形式に不満を持った4代将軍足利義持が中断した。その後，6代将軍足利義教が貿易利益を見込んで，再開した。

Ⅲ　解答

1—④　2—④　3—①　4—②　5—③　6—②
7—①　8—①　9—②　10—④

◀解　説▶

≪近世の社会≫

1．X．誤文。「税を取ることを許す」が誤り。史料文中に「諸座・諸役・諸公事等，悉く（ことごと）免許の事」とあり，税負担が免除されていることが読み取れる。

Y．誤文。「この地では債務破棄となる」が誤り。史料文中に「徳政，これを行ふと雖も，当所中は免除の事」とあり，徳政が行われても，この地は徳政が行われないことが読み取れる。

2．④が誤り。三好氏は阿波の守護代出身の戦国大名であり，越前国にある敦賀を支配していたわけではない。

3．①が正解。史料文中に「大坂の奉行」とあるので，史料Bの人物は大坂奉行への不満から，大坂で武装蜂起したと推測できる。よって，①の大塩平八郎が選べるだろう。

4．②が正解。下線部以降「遊民ばかりを大切に心得候は，…甚以厚かましく不届の到り」とあり，史料の作者は，大坂の奉行・諸役人が遊民を保護することについて批判していると読み取れる。大塩の乱は，天保の飢饉が発生しても対応が不十分な幕府に対する批判から生じているから，飢饉で生活が苦しくなる①の出稼ぎをする百姓や③のその日暮らしの町人は該当しない。遊民を保護するのが，幕府役人などであるから，④も消去でき，答えは②の不当利益をむさぼる商人となる。

5．③が正解。荻生徂徠の『政談』は，商品経済の発展を背景に，武士が商品経済に巻き込まれて困窮していく事情と，武士土着論について記している。「［ロ］皆知行処ニ住スルトキハ，米ヲ売ラズニ事スム」から，空欄ロは武家と判断できる。「金無テハナラヌ故，米ヲ売テ金ニシテ」，「物ヲ買テ日々ヲ送ル」のは，年貢米を換金する武士の行動であるから，空欄イには武士が米を売り，物を買う相手，つまり，商人が入る。

6．②正文。①誤文。江戸時代は西日本では主に銀貨，東日本では主に金貨が使用された。③誤文。藩札は各藩が領内で流通させるために発行した紙幣である。④誤文。「商業的には未発達」が誤り。京都は西陣織や京焼・京染に代表される伝統工芸などが発展しており，商業的に未発達ではない。

8．X．正文。天明の飢饉に際し，打ちこわしの主体となったのは，裏長屋と呼ばれる狭い借家に住む下層町人たちである。

Y．正文。天明の飢饉を受けて行われた寛政の改革では，旧里帰農令などで農村人口の回復がはかられており，七分積金や問9に登場する人足寄場の設置により，都市の無宿対策が行われている。

10．Aは安土桃山時代，B～Dが江戸時代である。Bの大塩の乱は1837

年で天保の飢饉の時，Ｃの荻生徂徠の『政談』は８代将軍徳川吉宗の諮問に答えた政治改革案なので享保期，Ｄの天明の飢饉は田沼時代。よって，Ａ→Ｃ→Ｄ→Ｂとなる。

Ⅳ　解答

１．ａ．朝鮮国　ｂ．樺太島
ｃ．ラ・ペルーズ海峡〔宗谷海峡〕　ｄ．清国
２．大久保利通　３．領事裁判権　４．千島列島　５．李鴻章
６．岩崎弥太郎　７－５

◀解　説▶

≪明治初期に締結された条約≫

１．ａ・３．明治初期の条約と，設問２・３がヒントとなり，史料Ａは朝鮮に領事裁判権を認めさせた日朝修好条規とわかる。空欄ａは史料中の用語で答える必要があるので，朝鮮国が正解となる。

ｂ・ｃ・４．史料Ｂは，設問４の「空欄ｂに持つ一切の権利をロシアに譲る代わりに日本が領有した地域」の部分から，樺太・千島交換条約とわかる。よって，空欄ｂは樺太島，設問４は千島列島。空欄ｃは樺太がロシア領となったことで，その南のラ・ペルーズ海峡（宗谷海峡）が日露の国境となったことを問う問題だが，やや難。

ｄ・５．史料Ｃは，史料文の「彼此何レモ理事官ヲ差置キ……事件ハ都テ其ノ裁判ニ帰シ」からお互いに領事裁判権を認めていること，設問５の「日本が外国と結んだ最初の対等条約」から，日清修好条規とわかる。よって，空欄ｄは清国，設問５は李鴻章とわかる。

２．「開国を強くせまる派とそれに反対する派」は征韓論争についての記述。

６．横浜と空欄ｄの開港場（上海）の間の定期航路を三菱が開いたことはやや難しい。問題文の「日本政府の保護の下」をヒントに，明治初期，日本政府の保護を受けて海運業を独占した三菱の創立者である岩崎弥太郎を想起したい。

７．沖縄県の設置は 1879 年の琉球処分，岩倉使節団の帰国は 1873 年である。よって，史料Ｃの日清修好条規（1871 年締結)→ア：岩倉使節団の帰国（1873 年)→史料Ｂの樺太・千島交換条約（1875 年締結)→イ：史料Ａの日朝修好条規（1876 年締結)→ウ：沖縄県の設置（1879 年）の順となる。

V **解答**　1—①　2—①　3—③　4—①　5—②　6—③
7—⑤　8—③　9—②　10—②

◀解　説▶

≪1930年代～1940年代前半の経済と戦争，占領期≫

1．①が正解。空欄aは国民政府の指導者であるから，蔣介石とわかる。空欄bはシベリア出兵が1910～1920年代なので消去でき，華北分離工作とわかる。空欄cは「1937年」「日中全面戦争が始まり」から，盧溝橋事件とわかる。

2．①誤文。下線部(ア)の時期は1937年の日中戦争以後であるが，①の滝川事件は1933年なので，時期が合わない。

3．③正文。文章の援蔣はビルマ・仏印などから米英仏が行った。
①誤文。「日中戦争開始前に」が誤り。第2次国共合作の成立は日中戦争開始後である。
②誤文。「重慶を占領」が誤り。日中戦争において，日本軍が重慶を占領した事実はない。
④誤文。「兵器を供与しなかった」が誤り。ソ連は国共合作を背景に，国民政府を支援している。

4．①誤文。下線部(ウ)のドイツとの軍事同盟を推進する動きは，これに消極的でヨーロッパの戦争に不介入の方針をとる米内光政内閣の倒閣運動に発展した。よって，①は時期が合わない。

5．②正文。「大東亜新秩序」（大東亜共栄圏）の建設をめざして，南方進出がはかられた。
①誤文。「南部仏領インドシナ」が誤り。三国同盟締結の直前に日本軍が進駐したのは，北部仏領インドシナである。
③誤文。日本の南部仏印進駐に対し，アメリカが在米日本資産の凍結や対日石油禁輸を行った。イギリスやオランダは，この動きに追随した。
④誤文。やや難。「焦土外交」演説は日満議定書締結に関わって，斎藤実内閣の外相内田康哉が行ったものである。

6．難問。Ⅰ．大東亜会議は，戦局の悪化に伴い，占領地域の戦争協力を引き出す目的で，1943年に開催された。
Ⅱ．初めて米軍機の空襲を受けたのは1942年で，これを受け，ミッドウェー海戦などの積極策をとることになった。

Ⅲ．学童集団疎開は，サイパン島陥落により，本土空襲の可能性が高まった 1944 年から始まった。
よって，Ⅱ→Ⅰ→Ⅲで③が正解となるが，Ⅱの時期判断が難しい。
8．③誤文。「検定教科書」が誤り。『くにのあゆみ』は戦後，GHQ の教育改革の下で，政府によって作成された歴史教科書で，国定教科書である。
9．占領期は 1945 年から 1952 年 4 月までである。
②正文。法隆寺金堂壁画は白鳳文化期の作品であるが，1949 年，修復中に焼損した。この出来事をきっかけに翌年文化財保護法が制定された。
①誤文。文化勲章が制定されたのは，戦前の 1937 年である。
③誤文。「ノーベル化学賞」が誤り。湯川秀樹が受賞したのは，ノーベル物理学賞である。
④誤文。建国記念の日が制定されたのは，占領が終わった後の 1966 年である。
10．②誤文。「全ての軍隊は日本から撤退した」は誤り。サンフランシスコ講和条約締結後も，日米安全保障条約に基づいて，米軍が日本に駐留している。

❖講　評

Ⅰ．原始・古代に関する文章をもとに，関連事項を問う設問。時代別では縄文時代〜奈良時代，分野別では政治史・外交史・文化史がまんべんなく出題された。全問マーク形式で，設問 10 を除き概ね標準的な内容のため，高得点が可能である。

Ⅱ．中世の対外関係に関する文章をもとに，関連事項を問う設問。時代別では平安時代後期（院政期）から室町時代，分野別では主に外交史から出題された。20 字以内で記述する論述問題が 1 問，その他は語句記述問題が出題された。論述問題を含め，概ね標準的な内容で，高得点が可能である。

Ⅲ．近世の社会に関する史料Ａ〜Ｃをもとに，関連事項を問う設問。時代別では安土・桃山時代と江戸時代，分野別では政治史と経済史を中心に出題された。全問マーク形式で，配列問題が 1 問，その他は用語選択問題と正文選択問題，正誤問題が出題された。設問 4・5 のように史料対策の有無が問われる問題が複数出題された。多くが入試で頻出の定番史料であり，対策の有無が得点差につながっただろう。概ね標準的な内容で，高得点が可能である。

Ⅳ．明治初期の日本が結んだ条約の史料A～Cをもとに，その関連事項を問う設問。時代別では明治時代，分野別では外交史を中心に出題された。配列問題が1問，その他は語句記述問題が出題された。設問1のc，設問6がやや難しいが，その他は概ね標準的な内容で，高得点が可能である。

Ⅴ．1930年代～1940年代前半の戦争と経済，占領期に関する文章A～Cをもとにその関連事項を問う設問。時代別では1930～1950年代，分野別では外交史・文化史を中心に出題された。全問マーク形式で，用語選択問題と正文・誤文選択問題，配列問題が出題された。設問5・6を除き，概ね標準的な内容で，高得点が可能である。

2023年度は昨年度同様，論述問題と史料問題が出題された。史料自体は読みやすく，問題は概ね標準的であり，全体の難易度は昨年度と同じと言える。

世界史

I 解答

問1．(ア)李斯　(イ)荀子　(ウ)韓非　(エ)蔡倫　(オ)張衡
問2．卿・大夫・士　問3．A　問4．C
問5．拷問よりも被疑者の供述と記録を重視した。(20字以内)
問6．郡国制　問7．郷挙里選　問8．C　問9．党錮の禁
問10．寇謙之　問11．氐

◀解　説▶

≪秦・漢代の中国≫

問1．(オ)難問。張衡は文人としても有名で，『文選』に作品を残している。

問3．A．柔然は5～6世紀にモンゴル高原を支配し，北魏と対抗した。

問5．史料①に「拷問は下策」，②に「律で拷問に該当するなら拷問し，拷問した事実は記載せよ」とあり，拷問は禁止されていないが，行う場合は「律」に従うことが述べられている。また，②に「被疑者の供述を全て聞いて書きとり」とあり，供述と記録を重要視していることが述べられているのでそれらをまとめればよい。

問8．C．南海郡は始皇帝が現在の広東省に設けた郡である。

問11．やや難。地図②の位置にいた五胡はチベット系の氐。氐は，甘粛・青海・四川地方で農業・遊牧を行っていたが，4世紀後半，前秦をたてて一時華北を支配した。なお，①は羌，③は匈奴，④は羯，⑤は鮮卑を示している。

II 解答

問1．B　問2．A　問3．B　問4．C　問5．A
問6．D　問7．C　問8．A　問9．B　問10．B
問11．D　問12．C

◀解　説▶

≪中国の臣下から皇帝への文章≫

問1．司馬光は北宋の政治家。B．誤文。朱熹が朱子学を大成したのは南宋時代である。

問2．A．『春秋』は春秋時代の魯の年代記。

問3．B．司馬光の歴史書は神宗に上呈され『資治通鑑』の名を与えられた。

問4．C．正しい。宋代には喫茶が庶民にも普及した。A．宝鈔の使用は明代。B．抗租運動は明・清代に発生した。D．口語小説の流行は元代から開始し，明・清代にも引き継がれている。

問5．難問。A．誤文。外モンゴルが辛亥革命に乗じて独立を宣言している。その後，1924年にモンゴル人民共和国が成立した。

問6．A．誤文。契丹は北京を燕雲十六州の一部として後晋から獲得した。

B．誤文。「清明上河図」には北宋の都である開封の賑わいが描かれている。

C．誤文。北京に教会を建て，大司教となったのはモンテ=コルヴィノ。

問7．C．やや難。チェチェンは北カフカスに位置するロシア連邦内の共和国で，独立をめぐってチェチェン紛争が起きている。

問8．難問。B．誤文。ジュンガルはイリ地方からタリム盆地で勢力をもった部族で，外モンゴルから青海，チベットまで拡大したが，山海関（長城の東端で渤海に面する）までは進出していない。

C．誤文。ジュンガルを滅ぼしたのは乾隆帝である。

D．誤文。乾隆帝はジュンガル治下のトルコ系ムスリムの地を「新疆」と名づけた。

問9．B．誤文。タラス河畔の戦いで，唐軍の捕虜から製紙法がイスラーム世界に伝えられた。

問11．D．㈹鄭和の南海大遠征（1405～33年）→㈺一条鞭法の導入（16世紀中頃）→㈴壬辰・丁酉倭乱（文禄・慶長の役：1592～93年，1597～98年）の順。

問12．C．元末の紅巾の乱は，白蓮教の信徒が中心となって起きた。

Ⅲ　解答

問1．C　問2．A　問3．D　問4．D　問5．D
問6．B　問7．B　問8．D　問9．A　問10．D
問11．①－C　②－D　問12．B

◀解　説▶

≪壁をめぐる歴史≫

問1．A．誤文。独裁体制をしき，メキシコ革命で打倒された大統領ディアスはフランスに亡命した。

B．誤文。メキシコ内乱に武力干渉したフランスのナポレオン3世は，アメリカの抗議もあり撤退した。

D．誤文。アメリカがキューバの独立を支持したため，アメリカ=スペイン戦争が起こった。

問2．B．誤文。独ソ不可侵条約の秘密条項により，ソ連はドイツ軍のポーランド侵攻とともに東部に侵入し，ドイツとポーランドを分割，東部を占領した。

C．誤文。ポーランド反政府反ソ暴動（ポズナニ暴動）はポーランド政府が反乱を鎮圧し，ソ連の軍事介入を免れた。

D．誤文。七月王政成立後のポーランド蜂起は失敗に終わった。ポーランドが独立を果たしたのは，第一次世界大戦後である。

問3．A．誤文。4世紀後半のフン人の圧迫や寒冷化により，ゲルマン人の大移動が始まった。

B．誤文。トラヤヌス帝は一時メソポタミアの征服に成功し，ローマ帝国の最大領土を実現した。メソポタミアの征服地を放棄したのは次のハドリアヌス帝である。

C．誤文。ユスティニアヌス大帝は，イタリアの東ゴート王国を滅ぼした。

問5．D．イシュタル門は，新バビロニアのネブカドネザル2世が建設した。トロイア戦争におけるギリシアの総大将はアガメムノン。

問6．B．ヨーロッパでは火砲は14世紀に発明され，15世紀に普及した。このため，百年戦争におけるオルレアン包囲戦（1428〜29年）が正解。

問9．A．誤文。ポグロムが行われたのは，19世紀後半から20世紀初めである。

問10．D．誤文。第二次世界大戦後，ベルリンはアメリカ・イギリス・フランス・ソ連の4カ国により分割占領された。

問12．A．誤文。コムーネは周辺農村を支配する事実上の領域国家を形成した。

C．誤文。ツンフト闘争が展開されたのは13世紀以降である。

D．誤文。市参事会は，裁判権の行使を含む市政運営の権限を握った。

Ⅳ　解答

問1．(ア)自由　(イ)平等　(ウ)所有権　(エ)不可侵
(オ)正統主義　(カ)勢力均衡
問2．D　問3．コシューシコ〔コシチューシコ〕
問4．〈1〉聖職者　〈2〉貴族
問5．国：フランス　地名：サン=ドマング
問6．ロシア　問7．人民憲章　問8．(キ)21　(ク)30
問9．人民戦線　問10．ルワンダ

◀解　説▶

≪自由主義に関する歴史≫

問2．難問。A．誤文。「重農主義を批判した」が誤り。アダム=スミスは重農主義の影響を受けて古典派経済学を開いた。
B．誤文。宗教寛容令を出したのはヨーゼフ2世。
C．誤文。王権神授説は王の権威は神に由来する絶対不可侵なものとする思想で，合理的な思考をめざす啓蒙思想ではない。
問5．西インド諸島のイスパニョーラ島の西部にあったフランス植民地サン=ドマングは，17世紀末にスペイン領からフランス領となり，トゥサン=ルヴェルチュールによる独立闘争の結果，1804年にハイチとして独立した。
問6．1853年に勃発し，ロシアが敗北したことでウィーン体制を崩壊させた戦争はクリミア戦争である。
問10．難問。中部アフリカのルワンダでは，1990年代前半に少数派のツチ人が結成したルワンダ愛国戦線と多数派のフツ人中心のルワンダ政府との内戦が起きた。

❖講　評

Ⅰ．秦・漢代の中国についての大問。問1の張衡を記述で書くのは難問であった。問5の史料問題は読解力が試される問題で，20字以内でコンパクトにまとめるのに工夫がいる。また，問11の地図問題での五胡の位置はやや難であった。その他は教科書の学習で対処できる内容であるが，漢字の表記に十分気をつけたい。

Ⅱ．中国の臣下から皇帝への文章を史料に用いた大問。正文・誤文選択問題の問5は正文であるCの判定が難しく迷いやすい。また，問8は

正解となるＡの内容が教科書外の知識で，他の選択肢を消去法で検討しなければならないため難問であった。語句選択は問７がやや難。問 11 の配列法は標準レベルで対応しやすい問題である。

Ⅲ．古代から現代の壁をめぐる歴史をテーマとした大問。正文・誤文選択問題はやや細かい内容の判別も含まれており，丁寧に読み，正解を導きたい。問６ではヨーロッパにおける火砲の発明の時期がおさえられているかが問われた。

Ⅳ．欧米における自由主義をテーマとした大問。問１．(ア)〜(エ)では人権宣言の内容が記述で問われた。教科書に掲載されている史料については内容もきちんとおさえておかないとこうした問題には対処できないので注意したい。問２は「適切なものをすべて」選ぶ正誤問題で各選択肢を慎重に判断しなければならないが，Ｄの正誤が難しかったと思われる。問 10 で問われたルワンダ内戦はヒントが「中部アフリカ」「1990 年代前半」しかないため難問であった。

教科書内容に基づいた問題ではあるが，正誤判断の難しい選択肢が散見され，用語集の併用は不可欠である。また，地図の問題が出題されたことにも注意したい。難易度は 2022 年度とほぼ同程度であった。

地理

I 解答

問1．①　問2．③

問3．関東大震災や東北地方太平洋沖地震（東日本大震災）により地殻変動が生じたから。

問4．⑤

問5．名称：マングローブ（林）

特徴：熱帯や亜熱帯の河口部など，潮の干満の影響を受け，海水と淡水が混じる汽水域に分布する。

問6．③　問7．②

問8．手段1：南西部に青ヶ島港（三宝港）が位置するので船が利用できる。

手段2：北部にヘリポートが位置するのでヘリコプターが利用できる。

問9．③　問10．⑤　問11．②

◀解　説▶

≪(A)地形図と海図の特色，(B)沖縄県竹富町（西表島）の地形図読図，(C)東京都青ヶ島村（青ヶ島）の地形図読図≫

問1．海洋情報部は国土交通省の外局である海上保安庁に属する内部部局の一つである。航海の安全に必要な正確で最新の情報を国際的な約束事に基づいて編集し，海図・電子海図や水路誌などの形で提供して航海の安全を支えている。

問2．日本の土地の標高は東京湾の平均海面を基準（標高0m）として測られており，日本水準原点は東京湾の平均海面を地上に固定するために設置されたものである。

問3．日本水準原点は水準点の高さを定めるために設置され，経年変化による高さの変動が生じないように基礎が地下10mまで達している。しかし，1923年に発生した関東大震災で大きな地殻変動があり，日本水準原点の標高は24.500mから24.414mに変更され，さらに2011年に発生した東北地方太平洋沖地震に伴い，現在の標高は24.390mとなっている。

問4．⑤が正解。風力発電用風車の記号は老人ホームの記号とともに

2006 年に追加された。①不適。桑畑の記号は工場の記号とともに 2013 年に廃止された。②不適。国立公園の境界線の記号が定められたことはない。③不適。扇状地は等高線の標高や間隔から読み取ることで判断し，地形図への記載はされていない。④不適。幼稚園や保育所の記号が定められたことはない。

問 5．西表島は最寒月の平均気温が 18 度以上となり熱帯に属する。記号Ａは仲間川の河口に位置し，潮の干満の影響を受け，海水と淡水が混じる汽水域にあたる。このような熱帯から亜熱帯にかけての汽水域にはヒルギ科の常緑樹を中心とした森林であるマングローブ（林）が分布し，海岸線の侵食防止や生物多様性の保全において重要な役割を果たしている。

問 6．西表島の森林は日本列島の常緑広葉樹林帯に属しており，西表島の山地にはスダジイ（イタジイ）の優占する照葉樹林が広がっている。関東以南の照葉樹林と大差はないが，本土の照葉樹林に特徴的なヤブツバキはあまり出現せず，西表島の照葉樹林は亜熱帯に成立する独特な照葉樹林と位置づけられている。

問 7．記号Ｃ付近に記載されているƬの植生記号はヤシ科樹林を示したものである。

問 8．青ヶ島は火山島であり，外輪山によって周囲の海から隔てられ，カルデラ底が陸上に露出しており，高さが 50 m から 200 m 程度の切り立った海食崖で囲まれている。青ヶ島への交通手段は八丈島と青ヶ島港（三宝港）を結ぶ連絡船があるが，青ヶ島は孤島であり，天候が変化しやすく，海からの強風に常にさらされ，悪天候による欠航が多い。また，北部にヘリポートが位置し，八丈島との間でヘリコプターが運行されているが，定員が少なく，観光客が増加すると島民の往来に支障をきたすこともある。

問 9．③不適。水力発電を行うためには河川にダムを建設する必要があるが，青ヶ島は面積約 6 km^2 の小さな火山島であり河川もみられず，水力発電用のダムを建設することはできない。

問 10．⑤が正解。江戸時代には中央火口丘である丸山から溶岩流の噴出を伴う噴火が複数回発生し，カルデラ内の平坦部に溶岩流が流れ込み，それが冷やされ固まったことで多くの小規模な凹地が形成された。

問 11．底から次第に水面が上がったときに最初に水があふれ出すのは，島の南端部の「金太」付近の鞍部（外輪山の一番低いところ）と考えられ，標高は140～150mである。一方，カルデラの内部で最も深いところは南部で，80mの大凹地の中に70mの小凹地がみられる。最深部は60数mと考えられるため，鞍部とカルデラ最深部との標高差は約80mあると推測できる。

Ⅱ 解答

問1．③ 問2．⑥ 問3．① 問4．①
問5．(1) ① (2)―⑤ 問6．③
問7．(1)―③
(2)Kの地域では地下水をくみ上げ，センターピボット方式で灌漑を行い，Lの地域では河川水をダムに貯め，導水路を通して灌漑を行う。
問8．イ―① カ―⑤ 問9．(1)―⑥ (2)―②
問10．1980年前後は石油価格の上昇により省エネルギー化が進み石油の消費量が減少したため，2000年代後半は採掘技術の発展によりシェールオイルの国内生産が急速に増加したため，輸入量が急落した。
問11．B州：ミシガン E州：テキサス
問12．① 問13．あ―⑤ え―③ 問14．③

◀解 説▶

≪アメリカ合衆国の地誌≫

問1．③が正解。①のイラク戦争は2003～2011年，②の湾岸戦争は1990～1991年，③のアフガニスタン紛争は2001～2021年，④のベトナム戦争は1965～1975年，⑤の朝鮮戦争は1950年～(1953年休戦協定締結)である。以上から，現地での戦闘が始まった年は⑤→④→②→③→①の順となる。

問2．⑥が正解。(ア)誤文。アジア太平洋経済協力会議（APEC）はオーストラリアが提唱し，アジア太平洋地域の持続可能な成長と繁栄に向けて，貿易・投資の自由化・円滑化や地域経済統合の推進，経済・技術協力等の活動を実施するため1989年に組織された経済協力の枠組みである。

(イ)誤文。北大西洋条約機構（NATO）は1949年に結成されたアメリカを含む西側諸国の集団的軍事機構であり，東西冷戦期にはソ連や東ヨーロッパ諸国への抑止力の機能を果たしたが，冷戦後は性格が変化し，ヨーロッパ全体における安全保障機構となっている。

(ウ)誤文。核兵器不拡散条約（NPT）は核不拡散，核軍縮，原子力の平和利用を目指して，アメリカ・イギリス・ソ連が合意し，1968年に3国と56カ国が調印して成立した。

(エ)誤文。パリ協定は温室効果ガス排出削減に関する2020年以降の国際的な枠組みで，2015年の第21回気候変動枠組条約締約国会議（COP21）で採択された。アメリカは2016年に批准し，トランプ大統領のもとで2020年11月にパリ協定から一度離脱したが，2021年2月にはバイデン大統領のもとでパリ協定に復帰した。

(オ)誤文。世界保健機関（WHO）は1948年にすべての人々の健康を増進し保護するため互いに他の国々と協力する目的で設立され，アメリカはWHOの最大の資金拠出国であった。トランプ大統領は新型コロナウイルス（COVID-19）をめぐる対応を批判し，WHOからの脱退を表明したが，バイデン大統領はトランプ政権の方針を転換しWHOと連携する姿勢を示した。

問3．GDPを1人当たりGDPで割ると人口を求めることができる。Zは3地域の中で最も人口が多く，1人当たりGDPが最も少ない中国である。X・YはアメリカかEUのどちらかであり，人口密度が低いXがアメリカ，YはEUである。

問4．①が正解。Aはセントラルヴァレー，Dはプレーリーである。

問5．(1) Dw（冷帯冬季少雨気候）はユーラシア大陸北東部にのみ分布し，北アメリカ大陸には分布しないため，aはDf（冷帯湿潤気候）である。Cs（地中海性気候）は太平洋岸に分布し，Cw（温暖冬季少雨気候）は回帰線付近の大陸東岸にみられる気候でアメリカには分布しないため，bはCf（温暖湿潤気候）である。

(2)ミシシッピ川河口に位置するニューオーリンズ付近を北緯30度の緯線が通り，アメリカとカナダの国境線の一部に北緯49度の緯線が利用されていることから，Nの緯線は北緯40度である。また，西海岸のカリフォルニア州付近を西経120度，南東部のフロリダ州付近を西経80度の経線が通ることから，アメリカ中央部を通るWの経線は西経100度である。

問6．ヨーロッパやアメリカでは大規模な農地で機械化が進んでおり，労働生産性が高いことから，縦軸が労働生産性となり，横軸が土地生産性を示しており，Cがアメリカである。土地生産性が高いAは集約的農業が行われている日本，労働生産性と土地生産性がともに低いBはマレーシアとなる。

問7．(1)アメリカの伝統的な農業地帯は，ニューイングランド地方から五大湖にかけての②酪農地帯（デイリーベルト），その南の中西部には③とうもろこし地帯（コーンベルト）が広がり，南部の⑤綿花地帯（コットンベルト）である。年降水量500mm前後の西経100度付近には①小麦地帯が南北に細長くのびており，冷涼な北部では春小麦，比較的温暖な南部では冬小麦が栽培されている。④は多様な農業地帯（混合農業など），⑥は園芸農業地帯である。

(2)Kの地域はグレートプレーンズに位置し，地下水をくみ上げて回転式のスプリンクラーで耕地の中心から円形に散水するセンターピボットによる灌漑農法により，小麦やとうもろこしが栽培されている。Lの地域はセントラルヴァレーに位置し，サクラメント川やサンワキン川の上流にダムを建設し，貯水した河川水を導水路で引いて灌漑を行い，米や小麦，果物や野菜が栽培されている。

問8．「イ」は地中海式農業がさかんなカリフォルニア州やワシントン州で生産額が多い①果物・ベリー，「カ」はブロイラーの飼養羽数が多い東海岸や南東部の州で生産額が多い⑤鶏肉・鶏卵である。「ア」は放牧がさかんなロッキー山麓からグレートプレーンズ付近の州で生産額が多い②牛肉，「ウ」は年降水量500mm前後の西経100度付近やコーンベルトに位置する州で生産額が多い④穀類・豆類，「エ」は五大湖周辺の州で生産額が多い③牛乳，「オ」はメガロポリスに位置する州で生産額が多い⑥苗・芝・花卉である。

問9．(1)・(2)先に(2)で作物を判定しておくと，(1)の国名を判定しやすい。Qはオーストラリアでの生産・輸出が多いことから牛肉，Rはウクライナでの生産・輸出が多いことからトウモロコシ，Sはアルゼンチンの生産・輸出，パラグアイの輸出が多いことから大豆，Tはロシアの生産・輸出が多いことから小麦である。Tの小麦は世界の広範囲で主食となっており，小麦の生産量が1位のcは世界で人口最大の中国である。残るQの牛肉，Rのトウモロコシ，Sの大豆の生産量が1位のaはアメリカ，bはブラジルである。

問10．1979年から1980年にかけて，イラン革命によりイランでの原油の生産・輸出が急減したことをきっかけに石油価格が上昇する第2次石油危機がおこった。そしてアメリカをはじめとする先進国で省エネルギー化が進んだことで石油の消費量が減少し，それに伴い輸入量も減少した。2000年代後半は採掘技術の発展により，それまで採掘が難しかった頁岩（シェール）層からの原油の産出が本格化したことで生産量が急速に増加し，それに伴い輸入量も減少した。

問11. 文章中の空欄Aにはペンシルヴェニア，Cにはカリフォルニア，Dにはアリゾナ，Fにはノースカロライナがあてはまる。

問12. ①誤り。アメリカでは1980年代から大都市郊外の高速道路（フリーウェイ）沿いに，小売や金融・娯楽・オフィス機能をもち都心部の中心業務地区（CBD）とは異なる，エッジ・シティとよばれる中心地が出現した。クリエイティブ・シティ（創造都市）はグローバリゼーションと知識情報経済化が急速に進展した21世紀初頭にふさわしい都市のあり方の一つで，文化芸術と産業経済との創造性に富んだ都市をいう。

問13. 黒人の割合は，かつては南北戦争以前に多くの奴隷労働力を利用していた南部の州で高かったが，その後は東海岸や五大湖周辺などの大都市にも移動した。よって6都市の中で黒人の割合が最も高い「あ」は⑤ワシントンDC，黒人の割合が2番目に高く，工場労働者としてのヒスパニックの割合も高い「か」は②シカゴとなる。ヒスパニックの割合はメキシコとの国境沿いやキューバから近いフロリダ州で高くなっており，特にフロリダ州には1959年の革命で社会主義化した母国から逃れたキューバ系住民やその子孫が多く，6都市の中でヒスパニックの割合が最も高い「え」は③マイアミとなる。「う」は各人種・民族の割合が均等で，多様な人種・民族が居住し，アメリカで人口最大の都市である④ニューヨークとなる。「い」「お」のうち，アジア・太平洋系の割合が高い「い」は先端産業が発達しアジア系住民の流入が多い①サンフランシスコ，「お」は⑥ロサンゼルスである。

問14. バイブルベルトは，最初にプロテスタントの信者が入植地を築いた南部を拠点とし，中西部から南東部の州にまたがる地域でdがあてはまる。ラストベルトは，鉄鋼や石炭，自動車などの主要産業が衰退した中西部から北東部の工業地域でcがあてはまる。ニューイングランド地方から中部大西洋岸，中西部の冬に寒冷となり降雪量が多くなる地域にあたるaはフロストベルト，アメリカで最も降雪量の多い五大湖近くの3つの地域にあたるｂはスノーベルト，黒人の割合が高いテネシー州南西部からジョージア州にまたがる地域にあたるｅはブラックベルトである。

Ⅲ 解答

問１．②　問２．①　問３．②　問４．⑤
問５．⑴インドネシア　⑵―④　問６．③　問７．①
問８．④　問９．Ａ―⑤　Ｆ―④　問10．②　問11．③

◀解　説▶

≪東南アジアの地誌≫

問１．②が正解。気温の年較差がほとんどない①・③・④は赤道に近く，①は12月から２月が雨季でこの時期が高日季（夏）であることから，南半球に位置するインドネシアの首都ジャカルタ，③はブルネイの首都バンダルスリブガワン，④はマレーシアの首都クアラルンプールである。一方，気温の年較差が比較的大きい②・⑤は赤道よりやや離れており，②は夏季に海からの南西季節風の影響を受け多雨となるフィリピンの首都マニラ，⑤はカンボジアの首都プノンペンである。

問２．①が正解。スマトラ沖地震はスマトラ島の西方約160キロ，深さ10キロで発生し，マグニチュードは9.3であった。震源はスンダ海溝に位置し，海洋プレートのインド・オーストラリアプレートが大陸プレートのユーラシアプレートの下に沈み込む場所で発生した海溝型地震である。

問３．②が正解。チャオプラヤ川は流域全体がタイに属する。①メコン川と⑤タンルイン川はチベット高原，③エーヤワディー川はヒマラヤ山脈，④ソン・コイ（ホン）川は雲南省がそれぞれ源流とされている。

問４．⑤が正解。新期造山帯に属し火山がみられ，地熱発電がさかんな「ア」・「エ」がインドネシア・フィリピンのどちらかであり，発電量が６カ国中最大の「ア」は人口が最も多いインドネシア，「エ」はフィリピンである。水量が豊富な河川が国内を流れ，水力発電がさかんな「イ」・「カ」がベトナム・ミャンマーのどちらかであり，発電量が多い「イ」は人口が多く，工業化が進んでいるベトナム，「カ」はミャンマーである。残る「ウ」・「オ」のうち，発電量が少なく，ほぼ全量を火力発電でまかなっている「オ」はシンガポール，「ウ」はタイである。

問５．⑴㋐は主食である米の生産量が東南アジアで最も多く，東南アジアで人口最大のインドネシアである。㋑はコーヒー豆の生産量がブラジルに次いで多いベトナム，(ウ)はパイナップルの生産量がコスタリカに次いで多いフィリピンである。

問6．③不適。古都アユタヤはタイに位置する。

問7．①が正解。バリ島ではヒンドゥー教が中心に信仰されている。②はイスラーム，③は仏教，④はキリスト教，⑤はシーク教についての記述である。

問8．④が正解。ASEANは1967年に発足し，原加盟国はタイ・マレーシア・シンガポール・インドネシア・フィリピンの5カ国である。①はベトナム（1995年加盟），②はカンボジア（1999年加盟），③はブルネイ（1984年加盟），④はマレーシア，⑤はミャンマー（1997年加盟）についての記述である。

問9．Aは石油製品やプラスチックの輸出額が多く石油化学工業がさかんなシンガポール，Bは自動車の輸出額が多く東南アジアにおける自動車生産の拠点であるタイ，Cは野菜・果実の輸出額が多くバナナやパイナップルなど熱帯性果実の生産がさかんなフィリピン，Dは衣類・はきもの・繊維品など軽工業製品の輸出額が多く労働集約型工業がさかんなベトナム，Eは液化天然ガスやパーム油の輸出額が多く油やしの生産がさかんなマレーシアである。Hは日本である。近年，ASEANの対日貿易総額は減少，対中国と対アメリカ合衆貿易総額はそれぞれ増加し，対日貿易を上回っている。ベトナムからの輸出額が多いGは繊維製品を外国からの輸入に依存するアメリカ合衆国，Fは中国である。

問10．②が正解。ロヒンギャはロヒンギャ語を話すミャンマーのイスラーム系少数民族で，仏教徒との対立により迫害を受け，2015年ごろからミャンマーから周辺諸国へ流出するロヒンギャ難民が増加した。①クルドは西アジア北部のクルディスタンに分布するイラン系の山岳民族，③ウイグルは中国の新疆ウイグル自治区やカザフスタン・ウズベキスタン・キルギスなど中央アジアに分布しイスラームを信仰する民族，④サーミはスカンディナヴィア半島北部の北極圏を中心に分布する先住民族，⑤ツチはルワンダとブルンジに分布する民族で独立後フツとの内戦が激化して多くの難民が発生した。

問11．③が正解。東南アジアで最も新しい独立国は2001年に独立した東ティモールである。日本は東ティモールを支援するため，自衛隊，文民警察要員，選挙監視要員を派遣し，国連平和維持活動（PKO）を行った。

❖講　評

Ⅰ．(A)地形図や海図に関する事項，(B)沖縄県竹富町（西表島）と(C)東京都青ヶ島村（青ヶ島）の地形図の読図が問われた。例年に比べて，(B)・(C)の地形図読図の問題の難度は高くなかったが，(A)の地形図や海図に関する問題は問１～問３など学習機会が少ない内容も取り上げられており，正解の判断が難しかったと思われる。また，地形図の読図では，問９の発電方式の判定，問 11 の水深上限値の判定など解答に時間を要するものもあった。

Ⅱ．アメリカ合衆国について，国際社会との関係，自然環境や農業・鉱工業，社会や民族の幅広い分野から特色について，地図・統計表・グラフ・断面図を用いて多角的に問われた。問１はアメリカ合衆国が関与した紛争の年代が問われ，現代史の知識が必要であった。問２の国際協調に関する問題はすべての選択肢の正誤を正確に判断する必要があり，難しかったと思われる。問８の農業生産物の地域を判定する問題，問 13 の６都市の人種・民族構成を判定する問題，問 14 の５つのベルトを判定する問題では判断に迷う選択肢もみられた。また，問 10 の論述問題は要求された内容を簡潔にまとめるのに時間を要する。

Ⅲ．東南アジアについて，自然環境や世界文化遺産，社会や民族，農業・エネルギー，貿易の幅広い分野から特色が問われた。全体として地理的知識を直接問う問題が多かったが，正確な知識が求められた。また，統計問題は標準的な内容であり，Ⅱと同様に地誌の学習量で得点差がついたと思われる。また，問題中に地図が示されておらず，解答する上で頭の中で国や都市などの位置関係をイメージすることも必要であった。

で対応できるものも多いだろう。問三は、本文から解答を探すというより傍線の内容を読み解き、ロボットと人間の同異点に注目することがポイントである。問六は、直前の言葉に惑わされず、全体の内容を踏まえていないと解けない。問十は、傍線部と解答箇所が離れているので注意。

□二の古文は、珍しい出典からの出題。単語・文法といった基本的な知識とともに、古典常識・内容理解・文学史などがバランスよく出題されている。和歌は多いが難しくなく、内容も標準レベル。問一の2は、見慣れない表現だと思われるためやや難。問三の空欄補充は、本文の状況をうまくつかむことがポイント。上手く他の問いの選択肢やその後の展開から読み取る必要がある。問六は、基本的な単語・文法の知識で解釈は可能なので標準レベル。問七の内容真偽は、単語の意味や主体を文脈から正確に判断できていないと間違えやすいが、標準レベル。

□三の漢文は、思慮深い許允の妻の言動を読み取ることがポイント。句形に難解なものはないので標準レベルだが、細かい知識や前後の文脈から読み取る力がないと完璧には解けないであろう。問一「爾」は教科書の内容をきちんと押さえておけば解けるが、安易に見覚えのある他の読みを選ばないように注意が必要。問二は、設問に書き下し文があるため易しい。基本的な句形なので、白文で出題されても返り点が付けられるとよい。問四は、基本的かつ頻出の句形であり、指示語の内容も直後の内容から判断しやすい。

は〝落ち着いていて動じない様子〟、③「融通自在」は〝滞りがなく自由であること〟、④「奔放不羈」は〝物事に束縛されないで自由であること〟なので、「神色不変」の意味として当てはまるものは②泰然自若である。

問四　「遣」は「遣ム」と読んで使役の助動詞、もしくは「遣ハシテ・遣リテ」と読んで使役を暗示する動詞であり、どちらも〝～を派遣して～させる〟の意である。「鍾会」が人名だと注にあるので、「景王が鍾会を派遣して～させる」だとわかる。必ず使役で訳出するように。何をさせるかに該当するのは「看之」で、「看」は「看ル」と読むことができ、「之」はみる対象になる。直後の「若才流及父、当収」から、傍線部の「之」とは〝許允の子ども（の才能や品位）〟を指していると考えられる。「才」は〝才能〟だとすぐわかるだろう。「流」は「一流」というように〝品位・等級〟を表すことがある。よって、答えは〝景王は鍾会を派遣して許允の子どもの才能や品格をよく見させ〟となる。

問五　①二行目に注目。「与る」は〝関わる・関与する〟の意。妻が〈夫の処罰によって子どもに害が及ぶことはない〉と考えているのがわかる。子どもを隠そうとしたのは門人だけである。②四行目に注目。「佳」は〝立派である・優れている〟の意。「汝等…不多。」の内容と合致しない。③は本文に該当する内容はない。「以状対」の主語は「会」である。④四行目「便無所憂。…会止便止。」の内容と合致する。〝心配することはない〟と声をかけることで妻は子どもの不安を理解していると思われる。「須ひ」は読み仮名がないので難しいが「用いる」と同意で、「不須極哀」は〝悲しみを出し切ることをせず〟の意である。「会止」の「会」は動詞ではなく、五行目の「会反」から鍾会のことであると気づいて欲しい。

❖講評

□一の現代文は、わかりやすい具体例を挟んで論が展開され、言い換えと対比を意識して理解しておけば難しくはなく、文章量も含めて標準レベルである。マーク式の設問は文脈の把握に基づいた見極めがしやすいものが多く、消去法らず。胸懐に率ひて与に語らば、便ち憂ふるところ無からん。哀を極むるを須ひず、会止むれば便ち止めよ。又少しく朝事を問ふべし」と。児之に従ふ。会反り、状を以て対へ、卒に免る。

▲解　説▼

問一　a、「爾」には、名詞「爾〝おまえ〟」、助詞「爾〝～だけ〟（限定）」、動詞「爾り〝そうである〟（＝然り）」がある。傍線aの前にある「蚤ニ」とは〝早くから・ずっと前から〟の意で、動詞「知ル」の直後に「爾」があることから、「爾」は「知ル」の目的語で、「爾」は妻が早くから知っていた内容を指すと考えられる。また、直後にある「耳」は限定の助詞である。傍線までの内容をみると、〈妻は夫が処罰されたと門生から聞いても、落ち着いて顔色を変えていない（問三の解説参照）〉から、〈妻は夫が処罰されることをあらかじめ予期していた〉と考えられる。「爾」は動詞「爾り〝そうである（ここでの「そう」は夫が処罰されること）〟」で、「知ル」の目的語になるように連体形「しかる」にして格助詞「を」をつけた⑦「しかるを」が正解である。④・⑤では文脈に合わない。

b、「卒」は以下の読みと意味がある。動詞のときは、「卒ス〝死ぬ・亡くなる〟」と「卒フ・卒ハル〝終了する〟」。副詞のときは、「卒ニ〝結局・最後に〟」と「卒カニ〝不意に・突然〟」。名詞のときは「卒〝兵士〟」。①「つひに」しか当てはまるものがないため、これが正解。位置的にも本文の最後に「卒」があり、最後の結末を表しているので文脈にも合っている。

問二　「～の…する所と為る」は「～に…される」という受け身の頻出句形なので覚えておこう。「誅→所→為」の順番で読む。一字下の文字から上の文字に返って読むときは「レ点」を用い、その後に「為」を読むためには「晋景王」の三字を飛ばして読むことになる。二字以上離れた文字から上の文字に返るときには一・二点を用いる。「一点」と「レ点」が融合した「レ点」に注意。

問三　「神色」とは〝精神と顔色〟であり、特に緊急事態が起こった際のことを指すので、「神色不変」とは〝非常時でも落ち着いていて顔色を変えない〟ことである。①「志操堅固」は〝固い意志をもち変えないこと〟、②「泰然自若」

三

出典　劉義慶『世説新語』〈第七十八巻　賢媛第十九〉

解答

問一　a—⑦　b—①

問二　為二　所レ

問三　②

問四　景王は鍾会を派遣して許允の子どもの才能や品格をよく見させ

問五　④

◆全　訳◆

許允が晋の景王に処罰されたとき、弟子が駆け込んで許允の妻にこのことを告げた。妻はちょうどはたおり機で織物をしていて、顔色を変えずに言った、「前からそうなることはわかっていたのだ」。弟子は許允の子どもを隠そうとした。妻は「(この件が)子どもたちにまで及ぶことはない」と言う。後に住まいを許允の墓所の近くに移すと、景王が鍾会を派遣して許允の子どもたちをよく見させ、もし子どもたちの才能や品格が父許允に匹敵しているならば、子どもたちを捕らえるべきだ(と、命じた)。子どもたちは母に相談した。母は言った、「あなたたちは優れているといっても、才能と器量は十分ではない。心のうちにしたがってありのままに話せば、心配はない。(鍾会の前で亡き父に対して)哀しみつくすことをしないで、鍾会が死者を弔う哭礼をやめたら、すぐにあなたたちもやめなさい。またあまり朝廷の政治のことを聞くのは控えなさい」。子どもたちは母の言葉に従った。鍾会は景王のもとにかえり、上奏文をもって報告し、ついに子どもたちは(罪を)免れた。

読み　許允晋の景王の誅する所と為り、門生走り入りて其の婦に告ぐ。婦正に機中に有り、神色変ぜずして曰く、「蚤に爾るを知るのみ」と。門人其の児を蔵さんと欲す。婦曰く、「諸児の事に予る無し」と。後居を墓所に徙すに、景王 鍾会を遣りて之を看しめ、若し才流父に及ばば、当に収ふべし。児以て母に咨る。母曰く、「汝等佳なりと雖も、才具多かと〈＝和歌〉を聞こう〉が文脈に合うため、正解は①である。

問五　問四の解説にあるように〈宣旨殿が、女房たちの歌を聞こうと求めている〉ことをおさえる。それに対して、誰か（ここでは作者）が「まず、それなら（提案した宣旨殿から和歌を披露しては）どうか」と申し上げたので、傍線Bの和歌は宣旨殿が詠んでいると考えられる。①②③はすべてこの場にいない人々である。

問六　「ことに」とは副詞で〝格別に・普通と違って・ほかに〟などの意味である。この和歌が七夕に詠まれたものであることを踏まえても、④の「奇妙に見えた」は適切ではない。

問七　本文六・七行目の内容と③が合致している。また、催しの中止は問四の選択肢からもわかる。①一行目「暮るるを心もとながる人々」の「心もとながる」は、〝1待ち遠しい、2不安だ、3はっきりしない〟の意の形容詞「心もとなし」が動詞化したもの。直前に「七日、いつしか（＝早く）と待ちつけて」とあるため、ここでの意味は〝待ち遠しい〟で、①の「不安に思う」は誤り。②三行目「琴の音もあまり聞きわかるべくもあらず」と合致しない。④出典が出羽弁の歌集なので、一人称や名前がなくても作者（出羽弁）がこの場にいると予想できる。最後の和歌だけ詠んだ人の名前がなく、最後の和歌の前で「例の皆…物もおぼえずのみ」と心情を述べているので、ここでの動作主は作者で、最後の和歌を詠んだのも作者だと考えられる。よって④「作者は、歌を詠むことができなかった」は誤り。

問八　リード文に、出羽弁が「中宮章子内親王（一〇二七〜一一〇五）に仕えた」とあることから、平安時代中期の作品を選べばよい。①『日本霊異記』は、平安時代初期の説話集。②『栄花物語』は、平安時代中期の歴史物語。③『建礼門院右京大夫集』は、鎌倉初期の私家集。④『笈の小文』は、江戸時代中期に松尾芭蕉が著した俳諧紀行。正解は②である。

あるが、同様の意味である。副詞「いと」には〝たいそう・非常に〟〝まったく・ほんとうに〟〝それほど・あまり（下に打消表現を伴って）〟の意があるが、反語は打消表現を含んでいるので、今回は〝それほど・あまり〟の意味。〈七夕の夜を楽しみにしているのに早朝から風が吹いていたことで、「いとさしもや」と思っていたら、暮れには台風になった〉ことを踏まえると、「その」の内容は〝強い風や台風〟だとわかる。正解は〝そのようなことがあろうか、いや、それほどたいしたことはないだろう〟もしくは〝そのようにもあまりひどくはなるまい〟となる。

問二　「野分」とは〝秋に吹く暴風・台風〟のこと。①「女郎花」と②「薄」は秋の七草。④「雁」も秋の渡り鳥である。この三つは古典常識であるから覚えておくように。③「川蝉」は夏の鳥である。正解は③。なお、旧暦の秋は七月〜九月（現在の暦ではおおよそ八月〜十月にあたる）であるので、七夕の季節も秋である。

問三　問四の選択肢や本文二〜五行目の内容から〈台風で七夕の夜の催しが中止になった〉とおさえておこう。後半にある和歌を詠んでいるのがすべて女房であることから、初めは中宮章子のもとに歌詠みたちを含めた他の男性たちが集まっていたが、台風の影響で帰ってしまって催しが中止になったと考えられる。一番考えやすいのは空欄Ⅲで、空欄Ⅲに入るのは「まかで（＝退出して）」である。空欄Ⅳに入るのは「とまり（＝留まり）」であるが、中宮大夫・中宮権大夫・中宮職の役人という中宮関係者たちが仕事としてその場に残っていることも、つじつまが合っている。注がヒントになっているので見落とさないようにしよう。

問四　「らむ」の識別として、「らむ」はウ段音に接続するとき、現在推量の助動詞「らむ」（終止形接続）であるが、エ段音に接続するときは、『完了の助動詞「り」未然形＋助動詞「む」』となる。傍線Aでは「思ひたまへらむ」とエ段の「へ」に接続しているので、品詞分解は「思ひ／たまへ／ら／む」となる。「り」はサ変の未然形・四段の已然形にしか接続しないため、「たまへ」は四段だとわかる。「たまふ」は補助動詞で四段活用のとき、尊敬の意になるので「思っていらっしゃる」と訳出する①・④に絞れる。「聞かむ」は〝聞こう〟とも〝申し上げよう〟とも訳出できるが、注を見ると和歌を詠みあげている人たちはすべて女房たちだとわかるので、〈女房たちが思っていらっしゃるこることも）なく、趣深いことがあるはずであった（のに）なあと思われて中止になってしまったのを、宣旨殿が、「やはり、みなさんが思いなさっているようなことなども、少しぐらいは聞きたい」などと催促するので、（私が）「まず、それなら（あなたから披露したら）どうか」と申し上げたところ、（宣旨殿が）お思いになったことを、

天の川がもし浅かったならば、織姫にこの評判が高い水を貸したい。

　大納言の君（が続いて詠む）

秋風が涼しく、今日は織姫が重ね着をしているだろうか、天の羽衣を。

　大和

どれほど長い契りを結んだことでしょう。空に絶えることのない織姫の糸を見るからに。

　侍従の命婦

玉を乱しているような上葉の露は、織姫の絶えることのない糸に貫きとめて見よう。

　また、（私は）いつものように皆に（言いたかったことを）言いとられ申し上げて、ただもう何も思い浮かばず（次のように詠んだ）

底が清らかな泉の水に映して、彦星と織姫がめぐり逢う（今夜の）空も格別に見えた。

▲解　説▼

問一　1、「つとめて」には〝早朝〟〝翌朝〟の意がある。〝翌朝〟の意で使うときは、前日（の夜）の場面か、前日（の夜）に何か出来事があった場合が多い。一行目から二行目にかけて〈早朝から荒々しく吹いていた風が、日が暮れるにつれて台風になった（問二解説参照）〉と解釈できるため、正解は〝早朝〟の意である。「より」は時間の起点をあらわす格助詞で、正解は〝早朝から〟になる。

2、ポイントは二つ。「さしもやは」という反語表現（「さしもやはある」の「ある」が省略されている）があって〝そのようなことがあろうか、いやそうではないだろう・そのようにも…あるまい〟の意。傍線2は「さしもや」で

後から二つ目の段落、三行目「相手に自らの脆弱性を開示するコミュニケーション（二十三字）」が正解となる。

二

出典　『出羽弁集』

解答

問一　1、早朝から　2、それほどたいしたことはないだろう
問二　③
問三　②
問四　①
問五　④
問六　④
問七　③
問八　②

◆全　訳◆

（七月）七日、早く（七夕の夜が来ないか）と待ち受けて、日が暮れるのを待ち遠しく思っていた人々が御簾の中には多いが、早朝から荒々しく吹いた風を、それほどたいしたことはないだろうと思っていたところに、日が暮れていくにつれて、本当の台風になって、御殿油の光もおだやかであるはずもなく、山の麓の松風にも似通うような琴の音色もそれほど聞き分けることができず、ただもうひたすら怖ろしくなって、侍の詰所などがたいそう騒がしくなったので、関白殿から、歌人で、範永、経衡などというような人々を参上させてくださり、殿上人、上達部など、次第に参上して集まりなさったが、皆退出して、ただ中宮大夫、中宮権大夫をはじめとし申しあげて、中宮職の役人ぐらいが、留まって（中宮に）お仕えして、山の方にあった建物も倒れて大騒ぎする、（この七夕の催しが）評判（にな

ため、③「発展的」を選びたくなるが、この前の文脈では〈ロボットの弱さは人間の感情を呼び起こす（傍線Bの段落冒頭の一文参照）〉と説明されているため、④「感情的」がふさわしい。

問七　傍線Cの直前から「弱さ」＝「開放性」だとわかる。ロボットの弱さとは何かを具体的に考えればよい。ロボットの弱さとは「周囲の人間に依存している」ことである（傍線Bの次の段落参照）。また二重傍線部の次の段落で「自律的に仕事をこなせない弱い存在」とあるので、これに当てはまる選択肢を選べばよい。岡田チーム作成のロボットの「弱さ」は「ゴミを拾うためのアームがない」ことである。④が正解。

問八　傍線D「その差異」とは、同段落四行目以降にある「コントロールのメッセージ」と「μ機能」の差異である。この内容に当てはまるのは、傍線Dの前文と同じ内容をまとめた①である。②は、「どうしたら良いかを議論する」が本文には不在。③は、「対等であることを示すために」が誤り。具体例として〈上司が部下を同等のパートナーとして扱い、依頼し相談してくる〉とあるが、同等として扱うことは手段であって目的ではない。④は、「立場が上であることを示す」だけでは足りない。〈欲求実現のために相手を拘束する〉という相手に対する制御まで触れていたほうが、「コントロールのメッセージ」について適切に述べていると言える。

問九　同段落から、傍線E「主流の考え方」とは、政治的な側面のあるコミュニケーション、つまり「硬直したヒエラルキーによって他者をコントロールするべき」という考え方だと読み取ることができる。政治的なコミュニケーションについて触れているのは①しかない。その背景にあるインターネットに関しては第五段落に書かれている。②と③は政治的なコミュニケーションについて触れていない。④は、後半「人々は積極的な対話を通して知を競い合いラベリングを行った」が誤り。第七段落によれば、「ラベリング」は「あらかじめ定義された」もの、「機械学習や人間の本能による」ものであって、対話を通して行うものではない。

問十　従来のコミュニケーションは、政治的なコミュニケーションである。二重傍線部では「別の」とあることから、政治的なコミュニケーションではない「μ機能」（問八解説参照）について説明されている箇所を抜き出せばよい。最間に依存している弱いロボットの出現は、人間に感情を呼び起こした。弱いロボットのような、自己の脆弱性を開示するコミュニケーションは現代人の関係構築に重要であろう。

◀解　説▶

問三　傍線A「ロボットの未来よりも人類の再生を想起させられるだろう」とあることから、ロボットに人間を投影してみているとわかる。直前の「物語の最後で…愛情と自己犠牲の気持ちが芽生える」から、ロボットが人間特有の感情をもつことで、読者はロボットに〝人間らしさ〟を感じ取ったのだと考えられる。〝人間らしさ〟に当てはまるものは②。③は、間違ったことは言ってはいないが、「人間の作ったプログラム」が人類の再生に繋がることになってしまい、②より適切とは言えない。①と④は後半が本文に見られない内容である。

問四　空欄は直前の「恐ろしいのは…」の結論部分にあたるため、直前の引用箇所から恐ろしいとされていることを探せばよい。引用箇所では真の危険性として、〈人間が他人を支配すること〉が挙げられている。つまり〈恐ろしいのは、他人の「自律性」をコントロールする人間〉となる。③「自律性」とは〝価値観や理念など個人の内的要素に関して、支配や制約を受けないこと〟①「人間性」とは〝人間らしさ〟④「政治性」とは〝政治の性質、政治に対する傾向、政治力のこと〟である。二重傍線部の次の段落や、空欄Ⅱの段落に「自律」の語があるのがヒントになる。

問五　この問題は、〈傍線Bのクッション＝「弱いロボット」〉として、「弱いロボット」の特徴を答えさせるものである。「弱いロボット」の特徴として、次の段落で「周囲の人間に依存している」とある。これに当てはまるのは②しかない。①と③は本文に該当する記述がない。④は「自己犠牲的な労働を行っている」が誤り。傍線Bのクッションは「役立たず」とあるので、労働をしているわけではない。

問六　不完全さ（＝弱さ）をお互いに見せ合うことでどのようなコミュニケーションが行われるのかを考えればよい。①「合理的（無駄を省いて効率よく行うさま）」と②「理性的（欲求や感情に振り回されないさま）」は〈弱さを見せ合うこと〉との関連性がみられない。同段落冒頭に「弱さとは、まさに創造的な社会的相互作用の本質的な源」とある

国語

一

出典　ドミニク・チェン「非規範的な倫理生成の技術に向けて」（西垣通編『AI・ロボットと共存の倫理』岩波書店）

解答

問一　ア、不穏　イ、台頭　ウ、傾倒
問二　a、なら　b、こわだか
問三　②
問四　③
問五　②
問六　④
問七　④
問八　①
問九　①
問十　相手に～ション

◆要　旨◆

「ロボット」と人間の類似性や、人を支配しようと機械を使役する人間の危険性から考えると、恐ろしいのはテクノロジーではなく他人の自律性をコントロールする人間であろう。現代では敵か味方かという判断がコミュニケーションの近道として機能した結果、「愛情」の概念は変化し、あらゆるコミュニケーションが政治的なものになっている。周囲の人

////////////////////// · memo · //////////////////////

2022年度

問題と解答

■学部別入試

問題編

▶試験科目・配点

教　科	科　　　　目	配　点
外国語	「コミュニケーション英語Ⅰ・Ⅱ・Ⅲ，英語表現Ⅰ・Ⅱ」，ドイツ語（省略），フランス語（省略）から１科目選択	100点
地　歴	日本史Ｂ，世界史Ｂ，地理Ｂから１科目選択	100点
国　語	国語総合・現代文Ｂ・古典Ｂ	100点

英語

（60分）

〔Ⅰ〕 次の各組の3つの文のかっこに共通して入る同じ綴りの1語を答えなさい。

あ.

1. I put (　　　), sweat, and tears into that job.
2. The students did not stop talking in class, which made their teacher's (　　　) boil.
3. Red (　　　) cells deliver oxygen to the body tissues.

い.

1. The first song of her recital was an (　　　) from the sixteenth century.
2. Most TV stations planned to (　　　) special programs about the Olympics.
3. (　　　) bags are designed to inflate instantly after impact to cushion everyone in the vehicle.

う.

1. Our football team won the match (　　　) down.
2. The (　　　) of the vintage watch show some corrosion, but it is otherwise perfect.
3. Take your (　　　) out of your pockets.

え.

1. Many sentences can be easily converted from the (　　　) to the passive voice.

2. Nocturnal animals are more (　　　) at night than during the day.
3. There are more than one hundred (　　　) volcanoes in Japan.

お.

1. Being thin is not the same as being (　　　), which implies a high amount of muscle as well as a low amount of fat.
2. I'm on a diet, so I only eat (　　　) meat.
3. Do not (　　　) over the fence.　It's very dangerous.

か.

1. The meeting is over.　You may (　　　).
2. How many days are people entitled to have as sick (　　　)?
3. The five-hour exam will (　　　) the applicants completely exhausted.

〔Ⅱ〕 次の英文を完成させるために，かっこ内の語を適当な活用形(例 pay→paid)または派生語(例 music→musical)に変えて，解答欄に記入しなさい。変える必要のない場合には，かっこ内の語をそのまま記入しなさい。いずれの場合も，解答欄に記入する語は１語のみとする。

ア.

He talked on and on in yesterday's meeting.

＝He spoke at great (long) in yesterday's meeting.

イ.

It is highly likely that we will see the new model in 2022.

＝In all (probable) we will see the new model in 2022.

ウ.

She was looking for a budget hotel.

＝She wanted to find an (expense) lodging.

〔Ⅲ〕 次の英文を読んで，以下の設問に答えなさい。

1 Over the past thirty years, many people have argued that new technologies have led to fewer and fewer people reading books. In a 1992 article in *The New York Times*, the novelist Robert Coover predicted the end of books, arguing that books could not survive the age of video transmissions and computer networks. In 2004, the National Endowment for the Arts released a survey of American reading habits. The report identified a fourteen per cent decline in the reading of fiction in the 1990s with rates especially low for men and young adults. Nineteen per cent of seventeen-year-olds reported that they "never or hardly ever" read. In his 2008 article in *The Atlantic* "Is Google Making Us Stupid?," Nicholas Carr confessed that he used to find it easy to concentrate while reading a book, but now he finds it difficult. Carr was referring to reading literary writing, but his point also applies to popular bestsellers. Essay upon essay warned us that we were losing the (a) to follow a demanding idea from start to finish, to look (b) the day's news or to be alone. However, predictions of the decline of the printed book in the 1990s and 2000s underestimated the extent of the continuing popularity and everyday benefits of books, and presented a mistaken understanding of how books were used in different periods of history.

2 While some critics had predicted the printed book was going to die out, the medium became popular again. In fact, in the 2010s, sales of printed books rebounded, rising steadily as electronic book sales leveled off. In the United States, 2011 was the first year in which more ebooks were sold than hardcovers, but by 2016, hardcovers were outstripping ebooks once again. Between 2014 and 2018, print sales in the United States including both hardcovers and paperbacks increased every year. It is true that a third of Americans in their late teens and twenties reported reading an ebook in 2017, twice the rate of their counterparts(ア) over sixty-five. Nonetheless, younger Americans still believe that printed books will not die off when their grandparents do. In 2012, sixty per cent of sixteen- and seventeen-year-olds surveyed had predicted they would

always prefer print to ebooks. By 2016, that number had climbed a modest but significant five per cent. The increased sales of books, and their popularity with younger people, demonstrate that old media is not just the province of the old.

3 The argument that printed books were becoming outdated and obsolete was challenged not only by books' renewed popularity, but also by expert studies that pointed out the psychological benefits enjoyed by people who liked to read difficult writing. In other words, researchers suggested reading as a remedy (イ) for all sorts of problems. In 2013, the journal *Science* published a study that concluded that people who mostly read literary writing had a clearer appreciation of other people's ways of thinking than those who tended to prefer popular bestsellers. The authors of this study discovered readers to be better at (あ) the emotions expressed on faces or at understanding others' false beliefs when they had just read prizewinning short stories than when they had read lighter, more commercial writing. This experiment provided a new contribution to the familiar debate on the difference between literary writing and popular bestsellers. But the experiment suggested also that finding time to be captivated by a printed book remained a worthwhile activity for many people, even in the digital age.

4 The view that people in the past read more and were better readers is not (い) by historical evidence. It is true that print experienced a golden age between the rise of mass audiences in the eighteenth century and the twentieth-century triumph of the paperback. Nonetheless, well before competition from social media, only a tiny minority of volumes that were published ever found a reader. Instead of reading novels carefully, aristocrats had their hair curled while listening to a servant reading aloud. Long before people compiled favorite songs or pieces of music on their computer or mobile phone, poetry lovers scissored pages apart to paste scraps of one collection onto the margins of another. Early bookstores sold fish, while books were also sold door-to-door by clothing salesmen. Authors back then debated in print, as strongly as today's content providers do online, whether the written work should be rented or sold, licensed or owned. In short, printed books gave birth to many of the capacities

— and dangers — for which digital devices are now being faulted.(ウ)

5 Nowadays, we sometimes look back at the past and assume that the printed book was the dominant medium. But the truth is more complicated. In the first place, printed books did not put an end to handwritten documents. In the eighteenth century, for instance, most European newspapers were copied by hand by professional people called "scribes." At this time, all printed documents were checked by government officials and could be banned. Handwriting allowed writers and publishers to avoid officials who wanted to censor books. In addition, printed books have always existed alongside other printed forms. For example, during the Cold War, in East Europe and Southern Africa, photocopiers were used to circulate news, providing a middle (う) between private, handwritten papers and public, printed books and newspapers. As these episodes(エ) show, printed books are part of a broader media environment. Only by ignoring the variety of different media that have existed across different historical periods can we make the printed past seem far better than the digital present.

6 Since the invention of printing, printed books have always had to compete with other media for people's attention. However, today many writers and journalists present an idealized image of reading, imagining that reading has always meant curling up alone with a novel purchased for hard cash, and read cover to cover. This is a sentimental and inaccurate understanding of how books have been treated in history that suggests (え) that books have no importance in the present. In spite of the anxieties of writers who express such yearning for the past, printed books can have a major impact on the way people think now. Treating the printed book as a refuge from the present overlooks its potential to change the world.

Based on: Leah Price, *What We Talk About When We Talk About Books: The History and Future of Reading* (New York: Basic Books, 2019).

問1　下線部(ア)〜(エ)と最も近い意味の語をそれぞれ(A)〜(E)の中から一つ選び，解答欄の記号をマークしなさい。

(ア) <u>counterparts</u>

(A) copycats　(B) equivalents
(C) friends　(D) opposites
(E) replicas

(イ) <u>remedy</u>

(A) balance　(B) consolation
(C) makeshift　(D) reward
(E) treatment

(ウ) <u>faulted</u>

(A) blamed　(B) bleached
(C) blessed　(D) blinded
(E) blurred

(エ) <u>episodes</u>

(A) concerns　(B) examples
(C) intervals　(D) procedures
(E) sections

問 2　本文中の空欄(あ)〜(え)に入るのに最もふさわしい語をそれぞれ(A)〜(E)の中から一つ選び，解答欄の記号をマークしなさい。

(あ)

(A) assuring　(B) compelling
(C) enhancing　(D) persuading
(E) recognizing

(い)

(A) concealed　(B) confirmed

(C) connected　(D) contradicted
(E) contested

(う)

(A) age　(B) brow
(C) eight　(D) ground
(E) name

(え)

(A) falsely　(B) fondly
(C) fortunately　(D) frankly
(E) freshly

問 3　段落 1 の下線部の空欄(a)(b)に入るのに最もふさわしい語の組み合わせを(A)〜(E)の中から一つ選び，解答欄の記号をマークしなさい。

Essay upon essay warned us that we were losing the (　a　) to follow a demanding idea from start to finish, to look (　b　) the day's news or to be alone.

(A) (a) capacity　(b) between
(B) (a) capacity　(b) beyond
(C) (a) effort　(b) before
(D) (a) effort　(b) beyond
(E) (a) qualification　(b) between

問 4　段落 1 の the National Endowment for the Arts のレポートによれば，fiction を最も読まない層はどれか。(A)〜(E)の中から一つ選び，解答欄の記号をマークしなさい。

(A) Men and young adults

(B) Novelists and journalists

(C) Researchers and scribes

(D) The youngest Americans and their grandparents

(E) Women and children

問5　段落 3 の内容と一致するものを(A)～(E)の中から一つ選び，解答欄の記号をマークしなさい。

(A) Experts agreed that readers of literary writing are better able to appreciate intellectually challenging writing.

(B) Journalists value the reading of short stories because they believe such writing helps them to understand the beliefs of others.

(C) People who argue that both literary and popular writing can help reduce stress have been proven correct by psychologists.

(D) Researchers have demonstrated that people who read literary writing are better able to understand the thoughts and emotions of other people.

(E) Scientists have shown that reading popular writing can lower people's understanding of other people's emotions.

問6　段落 5 の printed books are part of a broader media environment という主張の理由として最も適切なものを(A)～(E)から一つ選び，解答欄の記号をマークしなさい。

(A) For most of human history, texts have been read as written documents, not books.

(B) Printed books have often been dominated by other media, such as newspapers and photographs.

(C) Since written records began, printed books have always been one of several types of media.

(D) The forms that books adopt are always a direct reaction to other media.

(E) Throughout history, newspapers have been more important than books.

問7　段落 6 のTreating the printed book as a refuge from the present overlooks its potential to change the world.という主張の理由として最も適切なものを(A)〜(E)から一つ選び，解答欄の記号をマークしなさい。

(A) Although a book is not a sanctuary from the world of today, books do allow us to learn about different periods of history.

(B) Critics should stop warning about the decline of printed books and focus instead on the digital future.

(C) Emphasis should be placed on books as status symbols, not on books as tools for communication.

(D) If we ignore the cultures in which books were created, this can lead us to misunderstand their contents.

(E) More attention should be paid to the ideas expressed in books, rather than the book as a physical object.

問8　本文のテーマと最も近い記述を(A)〜(E)から一つ選び，解答欄の記号をマークしなさい。

(A) The current digital era means that printed books have become remainders of the past.

(B) The growth of digital reading has not caused the printed book to decline.

(C) The popularity of printed books has been caused by the increasing availability of ebooks.

(D) The rise of new technologies enables us to read printed books more carefully.

(E) The spread of the internet has meant that people no longer value classic literature.

問 9　本文のタイトルとして最も適切なものを(A)～(E)から一つ選び，解答欄の記号をマークしなさい。

(A)　The Efficient Reader: The Importance of Skipping Passages in Books
(B)　The Electronic Threat: The End of the Printed Book
(C)　The Past, Present and Future of Books: Against Nostalgia about Reading
(D)　The Reader in the Digital Age: Improving Reading through New Technologies
(E)　The Rise of Casual Reading: How Attention Spans are Getting Shorter

〔Ⅳ〕　次の英文を読んで，以下の設問に答えなさい。

1　I'm an American who's lived in Japan for thirty years. Having spent a lot of time watching television, one thing I've noticed over the years is a difference between Japanese and American TV commercials regarding the relationship between visual and verbal elements. At first, I felt that Japanese commercials were extremely visual, whereas American commercials relied mainly on words to state their message. But as I became more fluent in Japanese and was no longer limited to observing just the visual aspects of Japanese commercials, I could appreciate the importance of their verbal content. Meanwhile, it seemed that American commercials were getting more visual, perhaps owing to advances in the technology of visual media and the globalization of advertising strategies. Compared to thirty years ago, my sense now is that Japanese and American TV commercials are more similar than different, but nonetheless, I can still detect a difference between them in their emphasis on visual or verbal elements.

2　Recently, on YouTube, I happened to see an American TV commercial for a messaging app. It's done completely in animation, and all the office workers are animals instead of human beings. It starts off with the boss, a lion, staring out the window as pedestrians hurry about in the rain. He gets an idea for a new product, pulls his smartphone from his pocket, sends a text message to everyone, and meets briefly with some team members for a traditional (ア) face-to-face meeting. All of this happens within the first twenty seconds, and after that, the messaging app takes over. The commercial moves rapidly from one individual team member to another, showing close-ups of each worker's computer or tablet screen. Dozens of messages are sent and received one after another in a constant flow of communication that stops only when the product has been created.

3 At the end of the commercial, a propeller-operated umbrella flies down to protect a pedestrian walking in the rain. We hear spoken words for the first time, saying that the messaging app is employed by all kinds of workers at all kinds of workplaces to achieve all kinds of goals. Diversity, in fact, is the central idea being expressed through a team of animals that includes a lion, lobster, owl, and rabbit, to mention just a few of the creatures appearing in this commercial. In real life, these animals would never be found near each other. There's no doubt that this commercial, done entirely in animation, effectively uses visual images for its appeal. Nonetheless, in the very last seconds, all visual images are completely replaced with a few words. The animals disappear, and the name of the messaging app appears on the screen as the last thing we see.

4 Now let's compare the messaging app commercial to a Japanese TV commercial of the same length that also depicts an event happening over the course of one day. This commercial is for a bottled water, and it features a popular singer hiking alone in the mountains. In contrast to the continuous visualization of the messaging app, the bottled water appears just three times, each time the singer takes a drink. Each close-up shot of the bottled water lasts only a few seconds at most. In fact, throughout the sixty-second commercial, the bottled water is seen for a total of just seven seconds. What is shown instead of the product is what the singer looks at during her hike. There are areas of dense (イ) tree growth, steep slopes covered in rocks, and clear mountain streams

shown from many angles. A hawk soars overhead in two scenes. A few times, the singer says something out loud, but her words are not easy for viewers to catch. For the most part, the only sounds to be heard are those of wind and water.

5 It's easy to assume that the Japanese TV commercial emphasizes visual over verbal elements because of the nature of the event itself. Obviously, unlike a day of work in a busy office, a day spent hiking up a mountain by oneself is lacking in verbal communication with others. But in fact, verbal communication is intentionally highlighted in both commercials through the same strategy of turning words into visual images. The messaging app commercial does this by showing actual text messages dozens of times. In the bottled water commercial, we "see" the singer's thoughts in visual images that are made to look like tweets through the use of hashtags. For example, "#お邪魔してます" appears on the screen when the singer begins her hike. Although she greets the mountain silently, we "hear" the greeting because unspoken words are presented as a visual image. Another example is "#はぁ———," which occurs when the singer stands barefoot in a stream. Although verbal communication is visualized as tweets in one commercial but as text messages in the other, the different degree of verbal communication in the commercials is not caused by the different technologies of tweeting and texting. Rather, the speed or amount of verbal communication is controlled by the number or length of tweets and texts. The bottled water commercial could have used more tweet images or longer ones, but it does not. In other words, the infrequency and brevity (ウ) of tweet images suggest that words are intentionally being used as little as possible in the bottled water commercial, in contrast to the messaging app commercial where multiple text messages flood (エ) the screen at any given moment.

6 Perhaps the biggest difference between the two commercials comes at the very end. As mentioned earlier, the American commercial concludes in a complete replacement of visual images with the name of the product. But in the Japanese commercial, although the name of the product is also spoken and written near the end, that is not the final message. Contrary to expectation, the

commercial continues a bit longer. Night has fallen, and the singer is still sitting on the mountaintop. She points to the stars above, while far below her the twinkling lights of a town are visible in the distance. A final thought in the form of a tweet image appears on the screen: "#星すげぇぇ." The bottled water commercial thus ends with a message about something other than the product. That is to say, the real star of this Japanese TV commercial is nature. Even the singer's celebrity is secondary to the mountains from which the bottled water comes. Viewers long to be in those mountains, because the commercial has stimulated(オ) feelings of purity, freshness, awe, and joy by emphasizing visual over verbal elements.

問 1 下線部(ア)〜(オ)と最も近い意味の語をそれぞれ(A)〜(E)の中から一つ選び，解答欄の記号をマークしなさい。

(ア) traditional

(A) casual (B) ceremonial
(C) eventual (D) normal
(E) unusual

(イ) dense

(A) mixed (B) sparse
(C) thick (D) uneven
(E) young

(ウ) brevity

(A) aptness (B) carefulness
(C) fairness (D) shortness
(E) thoroughness

(エ) flood

(A) block　(B) break
(C) dim　(D) fill
(E) freeze

(オ) stimulated
(A) approved　(B) demonstrated
(C) inhibited　(D) produced
(E) structured

問 2　段落 1 の内容と一致するものを(A)〜(E)の中から一つ選び，解答欄の記号をマークしなさい。

(A) American TV commercials are not less visual than Japanese TV commercials.
(B) American TV commercials have been influenced by Japanese computer graphics.
(C) Animated commercials on American TV are following a global trend.
(D) Japanese and American TV commercials do not have anything in common.
(E) Japanese TV commercials are modeled on American TV commercials.

問 3　段落 2 の内容と一致するものを(A)〜(E)の中から一つ選び，解答欄の記号をマークしなさい。

(A) A rainy day plays a key role in the creation of a product.
(B) Pedestrians benefit most from the functions of the messaging app.
(C) Team members use different versions of the app depending on their specific jobs.
(D) The app smoothly coordinates the complex work of making an animation.

(E) The boss discovered a new idea through a face-to-face meeting.

問 4 段落 3 の内容と一致するものを(A)〜(E)の中から一つ選び，解答欄の記号をマークしなさい。

(A) Animals always make cuter animation characters than people.

(B) Animals are used instead of people to emphasize the simplicity of the app.

(C) Animals have a special appeal for viewers most likely to buy the app.

(D) Animals that do not ordinarily live together were chosen on purpose.

(E) Animals were selected based on their popularity with American viewers.

問 5 段落 4 の内容と一致するものを(A)〜(E)の中から一つ選び，解答欄の記号をマークしなさい。

(A) Only the singer's voice breaks the silence of the mountain.

(B) The bottled water appears now and then beside a mountain stream.

(C) The mountain itself is seen more often than the bottled water.

(D) The singer explains key scenes as she hikes up the mountain.

(E) Viewers see the bottled water in seven brief close-up shots.

問 6 段落 5 の内容と一致するものを(A)〜(E)の中から一つ選び，解答欄の記号をマークしなさい。

(A) Both commercials use the same method to draw attention to verbal communication.

(B) Text messages are less capable of expressing the beauty of nature than tweet images.

(C) The activity of hiking alone causes a reduced emphasis on verbal communication.

(D) Tweet images are used to make sure that we hear what the singer says out loud.

(E) Verbal communication is purposefully shown in one commercial but not the other.

問 7　段落 5 の内容と一致するものを(A)〜(E)の中から一つ選び，解答欄の記号をマークしなさい。

(A) A comparison of the commercials shows that texting is better than tweeting whenever continuous verbal communication is necessary.

(B) Brief and infrequent verbal messages are unavoidable in the bottled water commercial.

(C) Longer or more numerous visual images of words would improve the bottled water commercial.

(D) The messaging app commercial is more verbal than the bottled water commercial because American culture itself emphasizes words over images.

(E) Verbal messages become visual images to a much greater degree in the messaging app commercial than the bottled water commercial.

問 8　段落 6 の内容と一致するものを(A)〜(E)の中から一つ選び，解答欄の記号をマークしなさい。

(A) A contrast between night and day is the most important message of the Japanese commercial.

(B) Both commercials end with a dramatic reversal of verbal and visual elements.

(C) Like the ending of the messaging app commercial, the tweet image about stars at the end of the bottled water commercial shifts the emphasis from the visual to the verbal.

(D) The Japanese commercial's continuous focus on nature is extended in the image of a star-filled sky.

(E) Viewers are led to think again about the bottled water when they see the town's twinkling lights, because both are products of technology.

問 9　文章全体の内容と一致するものを(A)〜(E)の中から一つ選び，解答欄の記号をマークしなさい。

(A) Commercials cannot meaningfully be compared if their products have nothing in common.

(B) One commercial promotes its product more directly than the other.

(C) Stories of teamwork and solo hiking challenge stereotypes of American and Japanese culture.

(D) The commercials show that using one person rather than a group is more effective.

(E) Today's globalized commercials show no influence of specific national cultures.

問10　2つのコマーシャルの比較を最もよく表す語のペアを(A)〜(E)の中から一つ選び，解答欄の記号をマークしなさい。

(A) Groups and Individuals

(B) Natural and Technological

(C) Silence and Speech

(D) Texting and Tweeting

(E) Verbal and Visual

〔V〕 次の英文を読んで，本文中の空欄(ア)〜(エ)に入るのに最も ふさわしい表現をそれぞれ(A)〜(E)の中から一つ選び，解答欄の記号をマークしなさい。ただし，空欄にはそれぞれ異なる表現が入る。

Joe: You are looking rather pale today. Are you feeling all right?

Carrie: Actually, (ア) for a couple of days now.

Joe: (イ). What's the matter?

Carrie: I have a bad cold and (ウ). I can't sleep well at night because of this cold.

Joe: Perhaps you've been taking on too much.

Carrie: (エ). I'm reaching the end of my rope.

(A) How are we doing

(B) I just can't shake it off

(C) I've been "under the weather"

(D) Oh, that's too bad

(E) Yes, I could do with a holiday

日本史

（60 分）

〔Ⅰ〕 原始・古代に関する次の文章A・Bを読み，下の設問に答えよ。解答はマーク解答欄に記入せよ。

A　人類が手を加えた初期の道具に石器があるが，日本人の祖先も違いはなく打製石器・磨製石器といった石器(ア)が使用されていた。縄文時代には伝わっていた稲作が，弥生時代に入ると，畦や潅漑施設を伴う安定した水稲耕作を行なっていたと考えられる遺跡が多数見られるようになる。また，遺跡からは多種多様の木製の農具(イ)も出土している。後には，部分的に鉄の部材が用いられ，生産性が高められていった。この時期の農具の形態は，一部が牛馬が牽くのに適した犂が多少変化するが，多くの農具は基本的にその後の時代まで大きな変化をしない。

弥生時代には農業生産の余剰物を高床倉庫などに保存するなどして，しだいに富を蓄積するようになっていくが，これらを守る，また集落自体の防御も意図した大塚・歳勝土遺跡，唐古・鍵遺跡，［ a ］遺跡といった防御性が高い環濠集落も多く見られるようになった。さらにより防御性を重視したと考えられる高地性集落も，瀬戸内海沿岸の高地に作られた。

ヤマト政権の勢力が波及・浸透して，大和朝廷として律令制を導入して徴税体制も整えられてくると，農民は水田近辺の平地や微高地に居住するようになった。主に稲といった生産物は各所にある高床倉庫に収められるが，近年ではこれらの大規模倉庫群跡が続々と見つかっている。基本税(ウ)の一つである租として収められた稲は，不動倉と呼ばれる［ b ］の一種に蓄積されることとなった。

設 問

1 空欄ａに当てはまる語句として**正しいもの**を，次の①～⑤のうちから一つ選べ。

① 三内丸山 ② 吉野ヶ里 ③ 岩宿 ④ 荒神谷 ⑤ 早水台

2 空欄ｂに当てはまる語句として**正しいもの**を，次の①～⑤のうちから一つ選べ。

① 土倉 ② 義倉 ③ 正倉 ④ 蔵人所 ⑤ 校倉

3 下線部(ア)に関して，分類として**当てはまらないもの**を，次の①～⑤のうちから一つ選べ。

① 細石刃 ② 手斧 ③ 石包丁 ④ 石鏃 ⑤ 掻器

4 下線部(イ)に関して，**当てはまらないもの**を，次の①～⑤のうちから一つ選べ。

① 木鋤 ② 竪杵 ③ 田下駄 ④ えぶり ⑤ 木棺

5 下線部(ウ)に関して，養老令制の税の説明として**誤っているもの**を，次の①～④のうちから一つ選べ。

① 租は，口分田が支給された人に等しく田地１段に対して２束２把が課された。

② 調は，その土地の特産物などを供出するが，次丁は正丁の３分の１であった。

③ 庸は，力役だが，布に置き換えて納めることが多かった。

④ 雑徭は，各地における労役で，中男は正丁の４分の１であった。

B 平安時代においては，唐風の特徴がある弘仁・貞観文化，摂関期を中心とした国風文化，さらには院政期の文化といった各時代に特色がある文化が現出した。

弘仁・貞観文化期には，現存最古とされる仏教説話集である『 c 』が編纂された。この時期には，仏教界にも新しい風である密教が伝えられた。入唐した2人の先駆的な僧侶である最澄と空海(エ)が，それぞれ天台宗・真言宗の開祖として布教に努めた。

この時期の唐風化の流れの中で，多くの儀式が変容したり新たに整備されていった。『内裏式』や『新儀式』などの儀式書も編纂されていくが，摂関期には『西宮記』・『 d 』といった年中行事書が編纂された。

承和期の遣唐使の実質的な最後の派遣(オ)から久しくなり，商船などの交流が続くなか，日本国内における文化も変容していった。国風文化(カ)の時期には，唐風文化の影響も残しつつ，日本独自の特色が有る文化を形成した。しかしながら，文化は完全に置き換わるのではなく，残存するものもあれば，変容するもの，取り込まれて再編されるものなど多様性がある。日本人の文化的な気質は，すでに古代にはその柔軟性が多分に表れていたと考えられるのである。

設問

6 空欄cに当てはまる語句として**正しいもの**を，次の①～④のうちから一つ選べ。

① 日本霊異記 ② 今昔物語集 ③ 顕戒論 ④ 日本往生極楽記

7 空欄dに当てはまる語句として**正しいもの**を，次の①～④のうちから一つ選べ。

① 釈奠次第 ② 北山抄 ③ 延喜式 ④ 江家次第

8 下線部(エ)の空海の業績として**誤っているもの**を，次の①～④のうちから一つ選べ。

① 綜芸種智院の開院や，灌漑設備の整備をするなどの事業を通じて布教を行なった。

② 平安京に教王護国寺(東寺)を賜与されて，東密と称される密教の祖となった。

③ 三筆の一人に数えられ，最澄への手紙である「風信帖」が伝わる。

④ 布教の功績が称えられ，没後に朝廷から伝教大師の称号が与えられた。

9　下線部(オ)に関して説明した文章で，**誤っているもの**を，次の①～④のうちから一つ選べ。

① 唐では長く続いた安史の乱が終わり，すでに国力も衰退し始めていた。

② 朝鮮半島情勢により，より危険な南路を用いて航海していた。

③ 帰国した阿倍仲麻呂が，唐王朝の衰退を伝えたことも要因となった。

④ 894 年に至って遣唐大使に任命された菅原道真の建言によって中止された。

10　下線部(カ)に関して，国風文化の特徴の一つを述べた文章のうち，**正しいもの**を，次の①～④のうちから一つ選べ。

① 貴族層は寝殿から延びる廊などにより対や釣殿などを結んだ寝殿造りの居宅をなしたが，南庭や池などの規模や構造には，それぞれの趣向が見られた。

② 仮名書きが浸透し，女流文学のみならず男性文学にも浸透し始めており，とりわけ『古今和歌集』の紀淑望作の仮名序は著名である。

③ 末法思想からの浄土信仰が盛行するが，それと同じく定朝ら仏師により，一木作りによる阿弥陀如来などの仏像も盛んに作られた。

④ 日本画の祖となる大和絵が発生するが，なかでも法隆寺金堂壁画は焼損するまでは国宝に指定されていた優品である。

〔Ⅱ〕 中世の守護に関する次の史料A～Eを読み，下の設問に答えよ。解答はマーク解答欄に記入せよ。なお，史料は読み下し文にするなど，書き改めたところがある。

A 一，不入の地の事，代々の判形を戴し，各露顕の在所の事ハ沙汰に及ばず。新儀の不入，自今以後これを停止す。(中略)只今ハをしなべて，自分の力量を以て，国の法度(ア)を申付け，静謐する事なれば，守護の手，入る間敷事，かつてあるべからず。(後略)

(『中世法制史料集』)

B 一，寺社本所領の事 観応三・七・廿四御沙汰

諸国擾乱(イ)に依り，寺社の荒廃，本所の牢籠，近年倍増せり。(中略)次に近江・美濃・尾張三ヶ国の本所領半分の事，兵粮料所として，当年一作，軍勢に預け置くべきの由，守護人等に相触れおわんぬ。半分に於いては，宜しく [a] に分かち渡すべし。(後略)

(『中世法制史料集』)

C 同じく守護人非法の条々 同日

一，大犯三箇条付けたり，苅田狼藉・使節遵行 の外，所務以下に相綺ひ，地頭御家人の煩ひを成す事。

(中略)

一，請所(ウ)と号し，名字を他人に仮り，本所寺社領を知行せしむる事。(後略)

(『中世法制史料集』)

D 一，諸国守護人奉行の事

右，右大将家の御時(エ)定め置かるる所は，[b] ・謀叛・殺害人付けたり，夜討・強盗・山賊・海賊 等の事なり。而るに近年，代官を郡郷に分ち補し，公事を庄保に充て課せ，国司(オ)に非ずして国務を妨げ，[c] に非ずして地利を貪る。所行の企て甚だ以て無道なり。(後略)

(『中世法制史料集』)

E 問云ク，諸国同事ト申ナカラ，当国ハ殊ニ [d] 蜂起ノ聞へ候。何ノ比ヨリ張行候ケルヤラム。

答云，(中略)正安・乾元ノ比ヨリ，目ニ余リ耳ニ満テ聞ヘ候シ。(中略)異類異形ナルアリサマ，人倫ニ異ナリ，(中略)ツカサヤハケタル太刀ヲハキ，竹ナカエサイハウ杖ハカリニテ，鎧腹巻等ヲ着マテノ兵具更ニ無シ。カカル類十人二十人，或ハ城ニ籠リ，寄手ニ加ハリ，或ハ引入・返リ忠ヲ旨トシテ，更ニ約諾ヲ本トセス，博打・博エキヲ好テ，忍ヒ小盗ヲ業トス。武方ノ沙汰，守護ノ制禁ニモカカハラス，日ヲ逐テ倍増ス。(後略)

(『峯相記』)

設　問

1　空欄a・dに当てはまる語の組み合わせとして**正しいもの**を，次の①～⑥のうちから一つ選べ。

① a一国人　d一土民
② a一本所　d一土民
③ a一地下　d一土民
④ a一国人　d一悪党
⑤ a一本所　d一悪党
⑥ a一地下　d一悪党

2　空欄b・cに当てはまる語の組み合わせとして**正しいもの**を，次の①～⑥のうちから一つ選べ。

① b一大番催促　c一借上
② b一大番催促　c一地頭
③ b一大番催促　c一領家
④ b一新恩給与　c一借上
⑤ b一新恩給与　c一地頭
⑥ b一新恩給与　c一領家

3　下線部(ア)に関連して，分国法の説明として**誤っているもの**を，次の①～④のうちから一つ選べ。

① 国人らが結んだ一揆の規約を吸収した法を含むことがある。

② 御成敗式目などの幕府法や守護法を継承した法もみられる。

③ 家臣相互の実力による紛争解決を奨励する法があらわれた。

④ 商人たちに城下町での自由な商取引を認める法も出された。

4　史料**B**の下線部(イ)に含まれる兵乱として**正しいもの**を，次の①～④のうちから一つ選べ。

① 将軍尊氏と政務を分担した弟の足利直義は，執事の高氏らと抗争した。

② 美濃・尾張等の守護を兼ねる土岐一族の分裂により土岐康行が敗れた。

③ 六分の一衆といわれた山名一族の内紛に乗じて山名氏清が滅ぼされた。

④ 堺で挙兵した有力守護の大内義弘が幕府軍の攻撃により討ち取られた。

5　下線部(ウ)に関連して，荘園・公領の支配や年貢納入についての説明として**正しいもの**を，次の①～④のうちから一つ選べ。

① 地頭請の契約は，下地中分により地頭分となった土地で結ばれた。

② 毎年一定の年貢の納入を請け負う代官には，禅僧も任命された。

③ 諸国に散在する御料所の経営は，在京する守護たちに委ねられた。

④ 領主へ納める年貢を百姓が個人で請け負う百姓請もあらわれた。

6　下線部(エ)の時期における公武関係についての説明として**正しいもの**を，次の①～④のうちから一つ選べ。

① 平氏滅亡を経て，後白河院は源義経に源頼朝追討の命令をくだした。

② 右近衛大将となった源頼朝は，国ごとに守護の任命権を認められた。

③ 朝廷は源頼朝を征夷大将軍に任命し，奥州藤原氏の征討を許可した。

④ 後白河院の死後，朝廷は源頼朝に東海道・東山道の支配権を与えた。

7　下線部(オ)に関連して，中世の国司についての説明として**誤っているもの**

を，次の①～④のうちから一つ選べ。

① 国司により派遣された目代は，国衙で在庁官人を指揮した。

② 院近臣である院司には，国司やその歴任者が含まれていた。

③ 関東知行国では国司が任命されず，守護が国衙を支配した。

④ 建武の新政においては，国ごとに国司と守護が併置された。

8 下線部(カ)に関連して，鎌倉時代後半の思想や学問についての説明として**誤っているもの**を，次の①～④のうちから一つ選べ。

① 鎌倉の外港六浦に北条実時が金沢文庫を設け，和漢の書物が収集された。

② 宋学が伝えられ，その大義名分論が後醍醐天皇らの倒幕運動に影響を与えた。

③ 有職故実の研究に取り組んだ一条兼良は，多くの研究書や注釈書を著した。

④ 鎌倉仏教の影響を受けた神道理論(伊勢神道)が度会家行により形成された。

9 下線部(キ)に関して，このような行動をとる反幕府勢力を結集して倒幕の兵を挙げた人物として**正しいもの**を，次の①～⑤のうちから一つ選べ。

① 北畠顕家　　② 竹崎季長　　③ 新田義貞

④ 楠木正成　　⑤ 北条時行

10 史料**A**・**B**・**C**・**D**を古いものから年代順に並べかえた場合，**正しいもの**を，次の①～⑥のうちから一つ選べ。

① **C**→**B**→**D**→**A**

② **C**→**D**→**A**→**B**

③ **C**→**D**→**B**→**A**

④ **D**→**B**→**C**→**A**

⑤ **D**→**C**→**A**→**B**

⑥ **D**→**C**→**B**→**A**

〔Ⅲ〕 近世の政治・経済に関する次の文章A～Eを読み，下の設問に答えよ。解答は記述解答欄に記入せよ。

A　この将軍の在職中は，清が明を完全に滅亡させ，東アジア全体に平和が訪れた。日本でも秩序が安定し，諸藩では軍役動員の負担が軽減して領内経済の発展がはかられた。岡山藩では池田光政が儒者［ a ］を登用し，学問の振興も見られた。

B　この将軍は年貢率を引上げるため，［ b ］を広く採用した。さらに新しい産業を取り入れるため，漢訳洋書の輸入制限をゆるめ，蘭学を奨励した。しかし在職中に全国的な飢饉が発生し，江戸では米問屋が米価急騰の原因をつくったとして打ちこわしにあった。

C　この将軍の在職中に鉱山の金銀産出量が減少し，幕府財政は収入減となった。このため貨幣を改鋳させたが，かえって物価の騰貴を引き起こし，人びとの暮らしを圧迫した。そのうえ富士山の大噴火が起こり，周辺の国々に降砂による大被害をもたらした。

D　江戸時代最初の深刻な大飢饉を経験した将軍は，［ c ］を発令した。この法令は，富農への土地集中による本百姓の没落を防ぎ，年貢・諸役を安定して徴収する狙いがあり，明治5(1872)年まで継続した。

E　この時代には佐渡相川，石見大森などの鉱山開発で金銀が増産され，金座および銀座が設けられ，貨幣が鋳造された。とくに銀は博多商人により朝鮮から伝来した［ d ］という精錬技術が用いられて大増産となり，ピーク時には世界の総産銀量の3分の1を占めるにいたった。

設　問

1　空欄a～dに入るのに適当な名称を記せ。漢字を適切に用いること。

2　A～Eを古い順に記せ。

3　A～Dの将軍の襲職を祝賀する使命で朝鮮から使節が来日した。対馬藩主宗氏と朝鮮との間で結ばれ，近世の日本と朝鮮との関係の基本となった条約の名称を漢字で記せ。また締結された年を西暦で記せ。

4　Bの将軍は幕府財政再建のため，諸大名に法令を発し「万石以上の面々より八木差し上げ候様ニ仰せ付けらるべしと思召し，左候ハねば御家人の内数百人，御扶持召放さるべきより外は之無く候故，御恥辱を顧みられず仰せ出され候」と訴えた。この法令名と命令の具体的な内容を 20 字以内で記せ。

5　Cの将軍の氏名を漢字で記せ。

〔Ⅳ〕 19 世紀後半の政治状況に関する次の文章を読み，下の設問に答えよ。解答は記述解答欄に漢字を適切に用いて記入せよ。

1853 年のペリー艦隊来航は，日本の政治・外交を大きく変える契機となる。こうした危機のなかで，老中首座として幕政を主導していた阿部正弘は，幕政への関与が許されていなかった薩摩藩主 [a] などとの連携を強めた。しかし，それは幕閣を中心とした既存の秩序を重視する勢力の反発を招き，(ア)さらに尊王攘夷を求める運動が展開し，政局をめぐる対立が激化していく。

そうしたなかで，公議政体の確立と公議輿論の尊重が，政治運動の大きな項目となった。1867 年には，大政奉還を将軍に求める動きが土佐藩から提議され，徳川慶喜はこれを受け入れて政権を返上し，(イ)王政復古が断行された。

発足した新政府は，1868 年に政府の組織を示す政体書を定めたが，そこでは最初の立法機関として [b] が置かれた。

廃藩置県後に太政官制度が改革され，大臣・参議への諮問および建白書を受理する機関として，[c] が設置された。1873 年の政変の際に参議を辞職した板垣退助らは，翌年に民撰議院設立建白書を [c] に提出する。

1875 年に板垣退助は，台湾出兵に反発して参議を辞職した [d] とともに参議兼内務卿大久保利通と大阪で会見し，漸進的な立憲制の樹立で合意に至り，政府に一時的に復帰した。

西南戦争をへたのち，国会開設運動が全国的に展開し，政治への関心が幅広い層の間で広まった。(ウ)こうしたなか，開拓使官有物払下げ事件による世論の強い攻撃をうけた薩長出身の参議は，明治14年の政変で大隈重信らを政府から排除した。

政変の前後に，板垣退助や大隈重信らを中心に結成された全国的政党は，一時期活動が低調となったが，外務大臣井上馨が示した条約改正案への反対運動を機に，再結集の動きが強まる。これに対して政府は，1887年に［ e ］を制定して活動家を東京から退去させるなど，政党に対して強い姿勢を示した。

1889年，大日本帝国憲法が発布され，翌年には帝国議会が開設されたが，衆議院では内閣と民党が激しく対立した。(エ)しかし，政党はしだいに政治上での存在感を強め，藩閥との妥協や提携がすすむ。(オ)そして1900年には，元老の伊藤博文を総裁とする立憲政友会が結成された。

設　問

1　空欄aにあてはまる人物の氏名を記せ。

2　空欄bにあてはまる機関名を記せ。

3　空欄cにあてはまる機関名を記せ。

4　空欄dにあてはまる人物の氏名を記せ。

5　空欄eにあてはまる法令名を記せ。

6　下線部(ア)に関連し，尊王攘夷運動の中心的勢力が1864年に京都に侵入し，薩摩など諸藩兵に撃退された事件の名を記せ。

7　下線部(イ)に関連し，新政府が辞官納地として徳川慶喜に返上を命じた官職を記せ。

8　下線部(ウ)に関連し，東海散士の代表作となった政治小説の題名を記せ。

9　下線部(エ)に関連し，黒田清隆首相が議会に対応する政府の方針として，声明で示した立場を記せ。

10　下線部(オ)に関連し，第二次山県有朋内閣が地租増徴案を成立させるために提携した政党の名を記せ。

〔V〕 次の史料A・Bを読み，下の設問に答えよ。解答は，マーク解答欄に記入せよ。史料は，一部省略したり，書き改めたりしたところがある。

A

本年(ア)二月二十四日臨時総会の採択せる報告書(イ)は，帝国が東洋の平和を確保せんとする外何等異図なきの精神を顧みざると同時に，事実の認定及之に基く論断に於て甚しき誤謬に陥り，就中（なかんずく）［ a ］事件当時及其の後に於ける日本軍の行動を以て自衛権の発動に非ずと臆断し，又同事件前の緊張状態及事件後に於ける事態の悪化が支那側の全責任に属するを看過し，為に東洋の政局に新なる紛糾の因を作れる一方，満州国成立の真相を無視し且同国を承認せる(ウ)帝国の立場を否認し東洋に於ける事態安定の基礎を破壊せんとするものなり。

B

日本側は，過去において日本国が戦争を通じて中国国民に重大な損害を与えたことについての責任を痛感し，深く反省する。また，日本側は，［ b ］政府が提起した「復交三原則」を十分理解する立場に立って［ c ］の実現をはかるという見解を再確認する。中国側は，これを歓迎するものである。〔中略〕
五，［ b ］政府は，中日両国国民の友好のために，日本国に対する［ d ］を放棄することを宣言する。

(出典：史料A『日本外交年表竝主要文書』，史料B『日本外交主要文書・年表』)

設 問

1 空欄aには「事件」勃発の月日が入る。あてはまる月日として**正しいもの**を，次の①～④のうちから一つ選べ。

① 六月四日　② 七月七日　③ 九月十八日　④ 十二月八日

2 空欄b・cにあてはまる語の組み合わせとして**正しいもの**を，次の①～④のうちから一つ選べ。

① b－中華民国　c－国交正常化
② b－中華人民共和国　c－国交正常化
③ b－中華民国　c－経済交流
④ b－中華人民共和国　c－経済交流

3 空欄dにあてはまる語句として**正しいもの**を，次の①～④のうちから一つ選べ。

① 戦争賠償の請求　② 戦争犯罪人処罰の要求
③ 国境線確定の請求　④ アジア・太平洋地域での覇権の要求

4 史料**A**が決定された時の総理大臣と外務大臣の組み合わせとして**正しいもの**を，次の①～④のうちから一つ選べ。

① 総理大臣 － 斎藤実　外務大臣 － 内田康哉
② 総理大臣 － 犬養毅　外務大臣 － 内田康哉
③ 総理大臣 － 斎藤実　外務大臣 － 広田弘毅
④ 総理大臣 － 犬養毅　外務大臣 － 広田弘毅

5 下線部(ア)と同じ年に起こった出来事として**誤っているもの**を，次の①～④のうちから一つ選べ。

① 文部大臣が京都帝国大学教授・滝川幸辰の処分を要求した。
② 関東軍が熱河省へ侵攻した。
③ 共産党幹部佐野学・鍋山貞親が獄中で転向声明を出した。
④ 陸軍省が『国防の本義と其強化の提唱』を頒布した。

6　下線部(イ)の内容として**正しいもの**を，次の①～④のうちから一つ選べ。表における○は容認，×は否認を意味する。

	満州における日本の特殊権益	満州事変は日本の自衛措置	満州国は自発的な独立運動の結果
①	○	○	○
②	○	×	×
③	×	○	○
④	×	×	×

7　下線部(ウ)と同時に締結された協定の内容として**正しいもの**を，次の①～④のうちから一つ選べ。

①　日本軍と国民政府軍との間の停戦を取り決めた。

②　日本軍と満州国軍との間の停戦を取り決めた。

③　満州国に日本軍が駐屯することを取り決めた。

④　満州国に満蒙開拓青少年義勇軍を派遣することを取り決めた。

8　史料**A以後**に起こった出来事Ⅰ～Ⅳを**古いものから順に並べたもの**を，次の①～④のうちから一つ選べ。

Ⅰ　国民徴用令の公布

Ⅱ　国民精神総動員運動の始まり

Ⅲ　七・七禁令の施行

Ⅳ　国家総動員法の公布

①　Ⅱ ― Ⅳ ― Ⅰ ― Ⅲ

②　Ⅱ ― Ⅰ ― Ⅳ ― Ⅲ

③　Ⅳ ― Ⅱ ― Ⅲ ― Ⅰ

④　Ⅳ ― Ⅲ ― Ⅱ ― Ⅰ

9　史料**B**の声明が発表された時の内閣の政策に関して述べたものとして**正しいもの**を，次の①～④のうちから一つ選べ。

①　高度経済成長の歪みを是正するために公害対策基本法を制定した。

②　新幹線・高速道路の整備と工業の地方分散を図る列島改造政策を打ち出した。

③ 産業と人口の大都市への集中を緩和するために全国総合開発計画を策定した。

④ この時期の物価・地価の暴騰はのちに「バブル経済」と呼ばれた。

10 史料**B以後**に起こった出来事として**誤っているもの**を，次の①～④のうちから一つ選べ。

① 第1次石油危機

② 第1回先進国首脳会議の開催

③ 米中国交正常化

④ スミソニアン体制（1ドル＝308円）の成立

世界史

（60分）

〔Ⅰ〕　次の文章を読み，下記の問いに答えなさい。

イタリア半島を統一したローマは，西地中海への進出に向けて<u>カルタゴと対立・抗争を繰り広げる</u>(a)ことになった一方で，<u>アドリア海</u>(b)を挟んだ対岸の地域ではマケドニアとの戦争に突入した。これはもともとローマ挟撃をねらったカルタゴのハンニバルがマケドニアに同盟を持ちかけたためだと言われるが，第2次［（ア）］戦争が終結すると，ペルガモンやロドスなどからの要請を受けて，ローマは東地中海にも進出し始める。

当時この地域では，アレクサンドロス大王死後の［（イ）］戦争を勝ち抜いた<u>3つの王国が並び立っていた</u>(c)。その一角を占めるアンティゴノス朝マケドニアはフィリッポス5世のもとで勢力を拡大し，同じくセレウコス朝シリアもアンティオコス3世の治世下で富強を誇っていた。近隣の小国や都市国家は，この状況に脅威を感じて西方からの支援を求めたのである。

ローマは当初，介入には消極的であったが，前197年にキュノスケファライでマケドニア王国軍を破りギリシア地域の諸国解放を宣言した。セレウコス朝にもマグネシアの戦いで勝利し，さらに前188年にはアパメイアの和約によって小アジアからシリア王国の勢力を退かせた。そして，<u>兵員に好戦的な下層市民が増える</u>(d)に従い，ローマは東方への関与を強めていくことになった。

マケドニア王ペルセウスが失地回復を試み，それに呼応してギリシア各地で反ローマの動きが活発になると，前171～168年に3度目のマケドニア戦争が行われた。ローマは前168年のピュドナの戦いで勝利を収めた後，<u>多数のギリシア人有力者を捕虜として連行</u>(e)し，前148年にはマケドニアをローマの属州の一つに編入した。

ローマ内部では<u>無産市民を私兵集団に吸収し強力な軍団を作り上げる兵制改革</u>(f)

が実行され，その新たな軍隊で周辺諸地域の外敵や奴隷の反乱を平定して名声を獲得する有力者が登場した。他方では，それまでの戦争に兵員を提供しながら見返りの少なかったイタリアの諸都市が，前91年に市民権を求めて蜂起する［(ウ)］戦争が起こった。

シリア王国が後退した後の小アジアで勢力を広げたポントス王国は，東方に進出してくるローマと衝突して，前88年よりミトリダテス戦争を引き起こした。ローマは3次にわたるこの戦争でポントス王国を降し，前65年にはアルメニアに侵攻して併合した。翌年南下してセレウコス朝シリアを滅ぼした(g)ローマ軍は，さらにヘブライ人(h)をも制圧して支配下に置いた。

こうしたローマの東方進出は，元老院の意向を無視した有力者たちの軍事行動によるところが大きかった。その最終的な局面では，西方での戦功で平民派の筆頭となったカエサル(i)が東方へ転戦し，そして彼の後継者を争ったアントニウスとオクタウィアヌスの内戦の中で，前31年アクティウムの海戦の後，地中海全域が政治的に統一されることになったのである。

問1　空欄(ア)・(イ)・(ウ)に適切な語句を入れなさい。

問2　下線部(a)に関連して，ローマがカルタゴから獲得した海外領土で，最初の属州となった地域を答えなさい。

問3　下線部(b)に関連して，古代のギリシアはこの海を通じて北イタリアのエトルリア人と古くから交流したが，次の中からエトルリア人の都市としては**適切でないもの**を一つ選びなさい。

A．ウェイイ　　B．タレントゥム

C．タルクィニア　　D．フロレンティア

問4　下線部(c)に関連して，前3世紀後半にギリシア人の将軍がシリア王国から独立して建国した中央アジアの国を答えなさい。

問5　下線部(d)に関連して，こうしたローマ軍の変質は大土地経営の拡大と中小農民の没落が背景にあった。その傾向を止めようと前133年護民官となって大土地所有を制限し，市民軍の再建を試みた人物として，最も適切なものを，次の中から一つ選びなさい。

A．ティベリウス＝グラックス　　B．ガイウス＝グラックス

C．リキニウス＝セクスティウス　　D．ホルテンシウス

問 6　下線部(e)に関連して，この時の捕虜であったが，その後小スキピオの知遇を得て，政体循環論を説いてローマの歴史を著した人物を答えなさい。

問 7　下線部(f)に関連して，このような兵制改革を最初に実施してユグルタ戦争で戦績をあげ，閥族派のスラと激しく対抗した平民派の指導的人物を答えなさい。

問 8　下線部(g)に関連して，この時の東方戦線のローマ軍指揮官であり，地中海の海賊掃討で名を挙げ，元老院に対抗する「三頭政治」にも参加した人物を答えなさい。

問 9　下線部(h)に起こった，以下の4つの出来事を時代順に記号で並べなさい。

A．バビロン捕囚からの解放　　B．イスラエル王国とユダ王国への分裂

C．イエスの十字架上の処刑　　D．モーセに率いられての「出エジプト」

問10　下線部(i)に関連して，カエサル自身が西方での戦績を書き残した作品を答えなさい。

〔Ⅱ〕 次の文章を読み，下記の問いに答えなさい。

現在の中華人民共和国北部にあるいわゆる万里の長城は，世界一長い城壁として知られている。その全長は6,000 kmを越え，日本列島を囲むほどの長さになるといわれる。しかしながら，万里の長城が防衛線としての役割を果たしていた時間は必ずしも長くはない。

戦国七雄の一つであった秦は，前221年に中国を統一すると，各国が建設していた城壁をつなげ，匈奴をはじめとする北方勢力の侵入に備えた(a)。匈奴ののちにモンゴル高原を支配した［(ア)］は，やがて南下して北魏を建国(b)するが，北方の柔然の侵入に備えてやはり長城を建設した。

その後，長城は境界としての機能を弱めた。隋の煬帝は長城外の［(イ)］への遠征を繰り返し，唐の最大版図も長城を越えて北へ大きく広がるものであった。その後も，長城以北にルーツをもつ国々が華北を足掛かりとして南方に影響力を保持する形勢(c)が続いた。

このような状況が変化したのが1368年における明の建国である。貧農出身の朱元璋が，方国珍や張士誠といった海上勢力との争いを制して南京(金陵)で洪武帝として即位すると，［(ウ)］に首都を置いていた元と対峙することになる。元はやがて北方に逃れるが，なおも影響力を保持し，明との間でし烈な攻防戦(d)を繰り広げた。この過程で北辺の守りについた洪武帝の第四子が［(エ)］によって永楽帝として即位すると，自身が駐留していた北京に遷都した。永楽帝のモンゴル遠征(e)は計五回におよんだが，永楽帝は遠征中に客死した。その後，正統帝がオイラトのエセン＝ハンに捕えられる［(オ)］が起こるなど，明軍はモンゴルに対して次第に劣勢になっていった。こうして16世紀中ごろにはモンゴルに対する防壁として万里の長城の役割が高まり，大規模な補修・新築が行われたのである。

明が農民反乱で倒れ，清が長城東端の山海関から進軍して北京に入ると，長城の境界としての役割はまたも低下した。清の皇室はモンゴルの諸王家と婚姻関係を結び，ジュンガルを滅ぼして最大版図を達成すると，その領域は中央アジアにまで広がった。この間，シベリアへ進出してきたロシアと条約を結び(f)，国境を定めた。1980年代以降，中国において長城の遺跡調査が活発となり，1987年にはユネスコ(国際連合教育科学文化機関)(g)の世界遺産(文化遺産)に登録された。

問1　空欄(ア)・(イ)に入る国・民族名として最も適切な語句をそれぞれ一つ選びなさい。

A．吐蕃　B．ウイグル　C．鮮卑　D．高句麗　E．新羅

問2　空欄(ウ)に入る都市名として最も適切な語句を一つ選びなさい。

A．洛陽　B．大都　C．杭州　D．漢城

問3　空欄(エ)・(オ)に入る戦争・事件名として最も適切な語句をそれぞれ一つ選びなさい。

A．靖康の変　B．土木の変
C．三藩の乱　D．靖難の役
E．白蓮教徒の乱

問4　下線部(a)に関連して，漢の武帝が匈奴を挟撃しようと使者を派遣した大月氏に隣接した，イラン高原の国の名前として，最も適切なものを一つ選びなさい。

A．東ゴート王国　B．パルティア
C．マガダ国　D．クシャーナ朝

問 5 下線部(b)に関連して，北魏の文化を表すものとして，最も適切なものを図版の中から一つ選びなさい。

A.

B.

C.

D.

問 6 下線部(c)に関連して，10～12世紀に興亡した諸国とその開祖となった人物の名前の組み合わせとして，**誤りを含むもの**を一つ選びなさい。

A．宋(北宋)・趙匡胤　　B．契丹(遼)・耶律大石

C．高麗・王建　　D．金・完顔阿骨打

問 7 下線部(d)に影響力をもったティムール朝に関する説明として，最も適切なものを一つ選びなさい。

A．サマルカンドを首都とし，陸路の東西交易の拠点として繁栄した。

B．アンカラの戦いでオスマン帝国を破り，スレイマン一世を捕虜とした。

C．君主の座をめぐって一族間で争いが絶えず，サファヴィー朝によって滅ぼされた。

D．第4代君主ウルグ＝ベクは明への遠征途上，中央アジアのオトラルで病死した。

問8　下線部(e)に関連して，永楽帝在位中の出来事として，**誤りを含むもの**を一つ選びなさい。

A．足利義満が使節を派遣し，明と日本の間で勘合貿易が開始された。

B．基本通貨である銀の補助通貨として交鈔と呼ばれる紙幣が発行された。

C．ベトナムに出兵して交趾布政司を設置し，北部地域を併合した。

D．文化事業の一環として『四書大全』『五経大全』などが編纂された。

問9　下線部(f)についての説明として，最も適切なものを一つ選びなさい。

A．1689年のキャフタ条約で清の東北方面の，1727年のネルチンスク条約でモンゴル方面の国境が定められた。

B．1689年のキャフタ条約でモンゴル方面の，1727年のネルチンスク条約で清の東北方面の国境が定められた。

C．1689年のネルチンスク条約で清の東北方面の，1727年のキャフタ条約でモンゴル方面の国境が定められた。

D．1689年のネルチンスク条約でモンゴル方面の，1727年のキャフタ条約で清の東北方面の国境が定められた。

問10　下線部(g)とならぶ国際連合の専門機関に**あてはまらないもの**を一つ選びなさい。

A．世界保健機関(ＷＨＯ)　　B．国際復興開発銀行(ＩＢＲＤ，世界銀行)

C．国際通貨基金(ＩＭＦ)　　D．国際オリンピック委員会(ＩＯＣ)

〔Ⅲ〕 次の文章を読み，下記の問いに答えなさい。

いわゆる大航海時代が始まると，ヨーロッパ人は世界各地へと進出した。近世におけるヨーロッパ諸国の海外進出は，征服や植民地化を伴いながら，とりわけアジアにおいては貿易を主体として展開し，経済的なグローバル化の推進力となった。

この動きの先陣を切ったポルトガル(a)は，15世紀にアフリカ西岸からアジアへ到達するルートを切り拓くと，ゴア(あ)をはじめとするアジアの各地を拠点に(b)，それまでムスリム商人(c)が独占していた香料をはじめとするアジア貿易へ参入した。他方，スペインは神聖ローマ皇帝に選出されたカルロス1世の治世(d)にコンキスタドールをアメリカ大陸に送り込んでアステカ王国やインカ帝国を征服し，各地に植民都市を建設して先住民やアフリカ大陸から奴隷として連行した人々(e)を使役して鉱山やプランテーションを開発した。フェリペ2世の治世(f)にはアジアへと進出し，フィリピンを侵略してマニラを拠点にアジア貿易を展開した。16世紀中葉にマニラとメキシコのアカプルコを結ぶ航路を開拓すると，アメリカ産の銀がメキシコ経由で中国へと運ばれた。

ポルトガルとスペインの後に続いたヨーロッパ諸国は重商主義政策(g)を採用し，東インド会社(h)をはじめとする特権貿易会社を設立して海外進出を行った。スペインからの独立間も無いオランダは，海洋の自由を主張しつつ各地を占領して植民地化を進めた(i)。イギリスも同様にアジアやアメリカへと進出し，ボンベイ(ムンバイ)やカルカッタ(コルカタ)(い)などに拠点をおいて活動した。アメリカでは，ヴァージニア植民地(j)を嚆矢として，18世紀前半までに北米大陸や西インド諸島に植民地を形成した。オランダとイギリスは商業覇権をめぐって三度の英蘭戦争(k)を戦い，最終的にイギリスが勝利した。フランスは17世紀後半にポンディシェリ(う)やシャンデルナゴルを占領し，アジア貿易の基地とした。

17世紀末以降，英仏両国は世界各地で衝突を繰り返した。この時期の植民地における衝突はヨーロッパにおける戦争(l)と連動し，両国の対立は七年戦争においてクライマックスを迎えた。1763年にパリ条約が締結された結果，イギリスはアメリカからアジアへと広がる植民地帝国を築くことになった。

問 1　下線部(a)の海外進出についての説明として**誤りを含むもの**を一つ選びなさい。

A．バルトロメウ＝ディアスによる喜望峰の到達は，ジョアン 2 世治世の出来事であった。

B．ヴァスコ＝ダ＝ガマはアフリカ東岸を経由してカリカットに到達した。

C．教皇子午線をめぐって，スペインとの間にトルデシリャス条約が結ばれた。

D．カボットの航海の結果，ブラジルはポルトガル領とされた。

問 2　下線部(あ)～(う)の最も適切な位置を，それぞれ地図のA～Dから選びなさい。

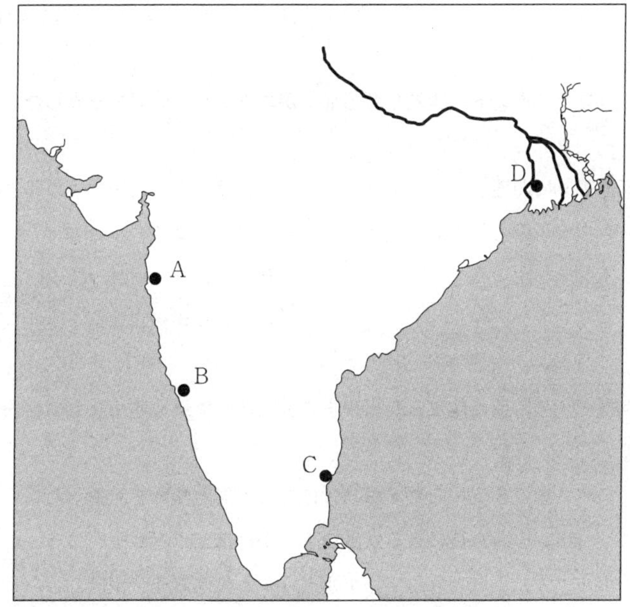

問 3　下線部(b)に関連して，ポルトガルがアジア貿易の拠点とした都市や地域として**適切でないもの**を一つ選びなさい。

A．マラッカ　　B．セイロン

C．マドラス　　D．マカオ

問 4　下線部(c)の進出の結果，東南アジアに成立した国家の説明として**誤りを含むもの**を一つ選びなさい。

A．ジャワ島では，イスラーム国家としてマジャパヒト王国が成立した。

B．ジャワ島では，イスラーム国家としてマタラム王国が成立した。

C．ジャワ島では，イスラーム国家としてバンテン王国が成立した。

D．スマトラ島では，イスラーム国家としてアチェ王国が成立した。

問 5　下線部(d)の時期に起こった出来事の説明として最も適切なものを一つ選びなさい。

A．フランスと結んだオスマン帝国軍がウィーンを包囲した。

B．マルティン＝ルターがトリエント公会議に召喚された。

C．フランスのフランソワ１世との間にカトー＝カンブレジ条約が結ばれた。

D．プロテスタントの諸侯や帝国都市がユトレヒト同盟を結成した。

問 6　下線部(e)に関連して，ラテンアメリカにおける白人と先住民の間の混血の人々を指す名称として最も適切なものを一つ選びなさい。

A．インディオ　　B．メスティーソ

C．ムラート　　D．クリオーリョ

問 7　下線部(f)の時期に起こった出来事の説明として最も適切なものを一つ選びなさい。

A．スイス独立を支援したイギリスに対して無敵艦隊を派遣した。

B．ベーメンの新教徒による反乱をきっかけに三十年戦争がおこった。

C．ポルトガル王位を兼ねて，ポルトガルとの同君連合が成立した。

D．プレヴェザの海戦でオスマン帝国軍を破った。

問 8　下線部(g)の説明として**誤りを含むもの**を一つ選びなさい。

A．輸入の抑制と輸出の促進によって国家財政の増大を目指した。

B．国内産業の育成のため，保護政策を推進した。

C．金や銀の獲得を通じて国家財政を富ませようとした。

D．土地を富の源泉と見なし，穀物取引の自由化を図った。

問 9　下線部(h)に関連して，各国の東インド会社が設立された年代順に並べたものとして最も適切なものを一つ選びなさい。

A．オランダ→フランス→イギリス

B．オランダ→イギリス→フランス

C．イギリス→オランダ→フランス

D．イギリス→フランス→オランダ

E．フランス→オランダ→イギリス

F．フランス→イギリス→オランダ

問10　下線部(i)に関連して，オランダが植民地化した都市や地域として**適切でないもの**を一つ選びなさい。

A．ケープ植民地　　B．ニューファンドランド

C．台湾　　D．バタヴィア

問11　下線部(j)の説明として**誤りを含むもの**を一つ選びなさい。

A．本国での迫害を逃れたピューリタンによって建設された。

B．アフリカから奴隷として連行された黒人を使役して，タバコ生産が行われた。

C．英領植民地で最初の植民地議会が開設された。

D．独立戦争の際にヨークタウンの戦いの舞台となった。

問12　下線部(k)に関連して，第一次英蘭戦争の最中に起こった出来事として最も適切なものを一つ選びなさい。

A．クロムウェルが長期議会から長老派を追放した。

B．クロムウェルが護国卿となり，独裁体制をしいた。

C．クロムウェルがニューモデル軍を編成した。

D．クロムウェルがチャールズ１世を処刑した。

問13　下線部(1)に関連して，18世紀のヨーロッパで起こった戦争についての説明として最も適切なものを選びなさい。

A．ルイ14世がフェリペ5世をスペイン王位につけたことをきっかけにスペイン継承戦争が勃発した。

B．スペイン継承戦争後のユトレヒト条約において，ハプスブルク家の王位継承が認められた。

C．フリードリヒ＝ヴィルヘルム1世は，マリア＝テレジアによるハプスブルク家継承に異を唱えて，オーストリア継承戦争が勃発した。

D．七年戦争では，フランスやスペインがプロイセン側についた。

〔Ⅳ〕 次の文章を読み，下記の問いに答えなさい。

「留学」という言葉は，古代日本に起源をもつといわれる。すなわち［(ア)］の一員として中国へ派遣され，使節とともに帰国せず残留して学業を続けることを指した。当時の中国は東アジア世界の中心であり，周辺国はさまざまな手段により<u>中国王朝の国家体制</u>(a)や文化を学ぼうとした。一方，中国の王朝が留学生を外国へ派遣することはなかった。

ただ，中国にも外国の文化を求めて出国する動きはあった。たとえば，唐の玄奘は国禁を犯してインドへ行き，<u>仏教を学んだ</u>(b)。またイスラームが中国へ伝わると，巡礼や修行のため中国からメッカなどイスラームの聖地へ向かうムスリムも現れた。明の鄭和の父もメッカ巡礼を果たしている。さらに16世紀になるとキリスト教を学ぶためにヨーロッパへ渡る者も現れた。［(イ)］宣教師は中国にはない技術や学問をもたらし，<u>歴代の皇帝も彼らを重用したが</u>(c)，留学生を派遣してこれらの技術や学問を積極的に取り入れようとはしなかった。

このような状況が一変するのはアヘン戦争後である。近代国家の政治制度や科学技術を導入するため東アジアでいち早くヨーロッパへ留学生を派遣したのは日本だった。中国(清)もやや遅れて<u>1872年にアメリカへの留学生派遣を開始する</u>(d)が，この留学生大量派遣は長続きせず，代わって<u>1896年に日本への留学生派遣が開始され</u>(e)，1900年以降日本留学ブームが起きるのである。

こうした留学生の派遣は，中国政府の意図，留学生自身の志望，そして留学生受け入れ国の思惑(f)によって実現した。アメリカは，［(ウ)］宣教の一環として教会学校からアメリカへの留学を推進していたが，日本留学ブームに対抗して，米中の協定にもとづき，1911年，清朝政府にアメリカ留学の予備学校(清華学堂，現在の清華大学)を設立させる。日本もアメリカ留学の増加に対抗し，1920〜30年代には(g)日米間で中国人留学生の勧誘を争った。

その一方で，留学生はしばしば派遣する国，受け入れ国の思惑を超えた動きをした。たとえば，(h)辛亥革命には多くの中国人留学生が参加したし，中国における社会主義や(i)プラグマティズムなどの新思想の普及にも留学生が関わっている。中国に限らず，近代アジアの社会的・政治的・文化的運動において留学生が果たした役割は大きく，(j)植民地の独立運動も元留学生がリーダーとなっていることが少なくないのである。

問1　文中の空欄(ア)に最も適切な語を書きなさい。

問2　文中の空欄(イ)・(ウ)に入る最も適切な組み合わせを一つ選びなさい。

A．(イ)ロシア正教　　(ウ)カトリック
B．(イ)ロシア正教　　(ウ)プロテスタント
C．(イ)カトリック　　(ウ)プロテスタント
D．(イ)カトリック　　(ウ)ロシア正教

問3　下線部(a)について，この国家体制を何とよぶか。

問4　下線部(b)について，玄奘が学んだ学校は何か。

問5　下線部(c)に関連して，康熙帝の下でブーヴェが作成した地図は何か。

問6　下線部(d)に関連して，この留学生派遣を含む当時の一連の富国強兵運動を何とよぶか。

問 7　下線部(e)について，日本への留学生派遣の契機となった東アジアの大事件は何か。

問 8　下線部(f)について，日本陸軍は清国から多くの留学生を受け入れたが，日本側の利点は何か。20字以内で書きなさい。

問 9　下線部(g)に関連して，日米両国はともに，同じ条約で中国から獲得した賠償金を留学生事業に使っている。その条約とは何か。

問10　下線部(h)について，辛亥革命の勃発により留学先の日本から革命に参加した人物の名を一つ選びなさい。

A．周恩来　　B．蔣介石　　C．孫文　　D．毛沢東

問11　下線部(i)について，中国にプラグマティズムを導入し，新文化運動の旗手となった人物は誰か。

問12　下線部(j)について，ロンドン留学後，南アフリカにおける移民差別に対する弁護士活動の経験から独立運動のリーダーとなった人物は誰か。

地理

（60分）

〔Ⅰ〕 地図に関する問題Ａ・Ｂに答えよ。

Ａ　以下の文章をよく読んで問 1～7に答えよ。

香川県の平野部には，讃岐富士の別名をもつ円錐形に近い飯野山を代表例とする孤立丘が点在する。図Ａは平野西端部を示したものだが，ここにも南部中央の山条山のような孤立丘的な山が認められる。また南東部の爺神山や北西部の汐木山のように，山頂部が平坦であったり崩れて崖や水溜りが生じているように見えるものもある。これらの孤立丘に共通する地質の特徴として，山頂部が安山岩質の火山岩から成ることが指摘されている。

問 1　上の文中の飯野山のようなほぼ円錐形の孤立丘を表す地形用語としてもっとも適切なものを，つぎの①～⑤から1つ選んで解答欄にマークせよ。

①　カレン　　②　ホルン　　③　ビュート
④　マール　　⑤　メサ

問 2　図Ａの北西部にある汐木山の地形の説明としてもっとも適する文を，つぎの①～⑤から1つ選んで解答欄にマークせよ。

①　この平野が浅い海底であった時代にマグマ水蒸気爆発により生じた円形のクレーターをもつ火山が離水したものである。

②　江戸時代の新田開発の一環として山頂部を掘削して凹地とし雨水を溜めて農業用水とした貯水池の跡地である。

③　元は富士山型の円錐形の火山であったものが，噴火を繰り返してカルデラとなったものである。

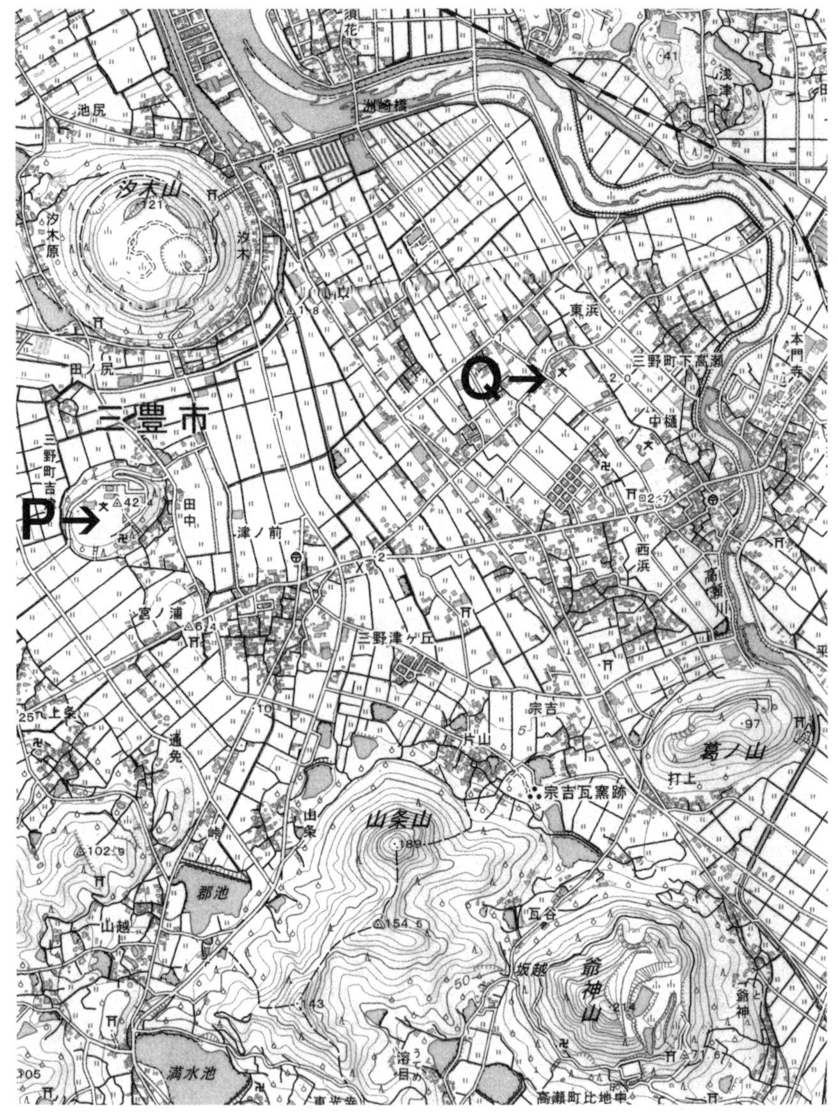

図A　2万5千分1地形図『仁尾』

（平成 31 年　国土地理院発行の一部：原寸）

④　ほぼ円錐形であった山体の山頂部を覆う硬質の岩石を石材として採取したために山頂部を切り取って平坦にしたような地形となったものである。

⑤　讃岐平野一帯が隆起して陸地となる際に，波の侵食により山頂部が失われて平坦になったものである。

問 3　北東部を流れる高瀬川は，図の北端から1kmほどで瀬戸内海に注いでいる。江戸時代には入江がこの地図の領域に伸び，昭和初期までさまざまな物品の陸揚げや積出が行われる港町が形成されていた。その港町の様子はこの地図の街並みに受け継がれている。この港町由来の集落としてもっとも適するものを，つぎの①～⑤から1つ選んで解答欄にマークせよ。

①　汐木　　②　下高瀬　　③　宮ノ浦　　④　片山　　⑤　上条

問 4　図Aには郡池などの溜池が分布している。これらの溜池の多くに共通している地形条件に言及しながら，溜池の主要な用途について解答欄に収まる程度で簡潔に説明せよ。

（解答欄：1行14.7cm×2行）

問 5　図Aに記載されている地図記号の分布をよく見て，この領域の樹林分布の特徴を正しく表現している説明文を，つぎの①～⑤から1つ選んで解答欄にマークせよ。

①　樹林は主に山地斜面に分布しており，山麓部から中腹には果樹園があって，山頂付近の急斜面には針葉樹林が多い。

②　樹林は主に山地斜面に分布しており，山麓部から中腹には果樹園があって，山頂付近の急斜面にはヤシ科樹林が多い。

③　樹林は主に山地斜面に分布しており，山麓部から中腹には広葉樹林があって，山頂付近は竹林となっている。

④　樹林は主に山地斜面に分布しており，山麓部から山頂付近まで広葉樹林と針葉樹林が混在する混交林となっている。

⑤　樹林は主に山地斜面に分布しており，山麓部から中腹には果樹園と針葉樹林があるが，平坦な山頂部と平野部にわずかながら原生林が残存している。

問 6　自然災害には様々なものがあるが，何が被害を受けるのかによって分類することも可能である。図Aの範囲にある住宅などの建物からなる集落に注目したとき，被害およびその原因として想定される自然現象の説明として**適切ではないもの**を，つぎの①～⑤から１つ選んで解答欄にマークせよ。

①　地震の振動によって低地の集落の地盤に液状化現象が起きると，建物が傾くなどの被害が発生する。

②　台風が太平洋からゆっくり四国を横断して北上するとき，海面が異常に上昇すると海水が高瀬川を逆流し，堤防を越えて川沿いの集落が浸水する。

③　孤立丘はいずれも火山であるが，山腹侵食が少ない汐木山はもっとも新しい活火山と認定され，山麓部の集落は溶岩流による家屋倒壊の危険がある。

④　四国北東部で短時間に大雨が降ると東部を流れる高瀬川の流量が増すため，左岸側(西側)では広域で洪水による家屋浸水の危険がある。

⑤　太平洋側(南海トラフ)で発生する巨大地震による津波は瀬戸内海にも侵入するため，標高５m未満の低地の集落は大きな被害を受ける危険がある。

問 7　小中学校は災害時の避難場所に指定されることが多い。その指定には例えば地震発生時の集落の建物被害を始めとして，斜面崩壊や土石流などの土砂災害や，溜池の堤が破損することによる溜池氾濫などが詳細に検討されている。図Aに矢印で示した学校Ｐと学校Ｑがいずれも三豊市の災害時避難場所に指定されていると想定して，両者が**共通して**避けることができる災害の原因としてもっとも適切なものを，つぎの①～⑤から１つ選んで解答欄にマークせよ。

①　洪水　　②　高潮　　③　溜池氾濫
④　津波　　⑤　土砂災害

B　以下の文章をよく読んで問 8～13に答えよ。

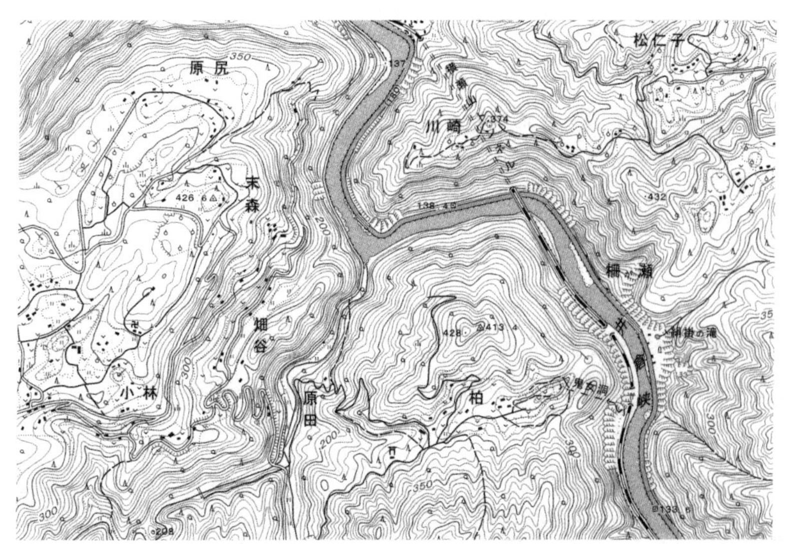

図B　2万5千分1地形図『川面市場』
（平成19年　国土地理院発行の一部：原寸）

（編集の都合上，80％に縮小――編集部）

前問（図A）の範囲から瀬戸内海を挟んで対岸に位置する岡山平野には中国山地から高梁川が流れている。図Bは高梁川の上流部の岡山県新見市の南部を示したもので，標高500 m 前後の台地状の平坦な地形を呈するところがあって阿哲台と呼ばれている。阿哲台は［　あ　］台（山口県）や［　い　］台（福岡県）と同じようなカルスト台地とされている。図Bの西側に広がる緩やかな起伏の土地や，東側半分の山地に部分的に認められる緩斜面が，阿哲台の平坦な地形をよく表している。

問 8　カルスト地形は特定の岩石が広く分布するところに発達するが，その岩石名としてもっとも適するものを，つぎの①～⑤から1つ選んで解答欄にマークせよ。

①　花崗岩　　②　凝灰岩　　③　玄武岩　　④　石炭　　⑤　石灰岩

問 9　上の文中の空欄［　あ　］と［　い　］にもっとも適する地名をそれぞれ漢字２文字で解答欄に記せ。

問10　カルスト台地自体が大規模なカルスト地形の一種と考えられるが，もう少し小さいカルスト地形に着目したとき，図Bにはどんなものが認められるか。２種類のカルスト地形についてそれぞれ１語の地形用語を記したうえで，どんな形態の地形なのか解答欄に収まる程度で簡潔に説明せよ。

（説明の解答欄：各１行，12.2cm）

問11　高梁川は，両岸が切り立った崖や急斜面になる深い峡谷を形成している。図Bの範囲内の最高地点と高梁川の水面の標高差はどの程度になるか，もっとも近いものを，つぎの①～⑤から１つ選んで解答欄にマークせよ。ただし図の範囲内での高梁川の水面の標高は同一であるとする。

①　200 m　　②　250 m　　③　300 m　　④　350 m　　⑤　400 m

問12　図Bの範囲内の標高 300 m 以上の部分にある閉曲線の等高線に囲まれた凹地はいくつあるか，その数をつぎの①～⑤から１つ選んで解答欄にマークせよ。ただし，２本以上の等高線で囲まれた凹地は，いちばん外側つまり標高の高い等高線で囲まれた１か所の凹地とみなす。

①　10　　②　11　　③　12　　④　13　　⑤　14

問13　国道 180 号線上には，破線で囲まれた斜線部の地図記号「建物類似の構築物」が３か所ある。これは覆道といい，道路をすっぽりとトンネル状におおう頑丈な建築物である。３か所に共通する地形的な立地条件を明記しつつこの覆道の設置目的を考えて，解答欄に収まる程度で簡潔に説明せよ。

（解答欄：１行 14.7cm×２行）

〔Ⅱ〕 以下の問題A・Bに答えよ。

A　以下の文章をよく読んで問 1～8に答えよ。

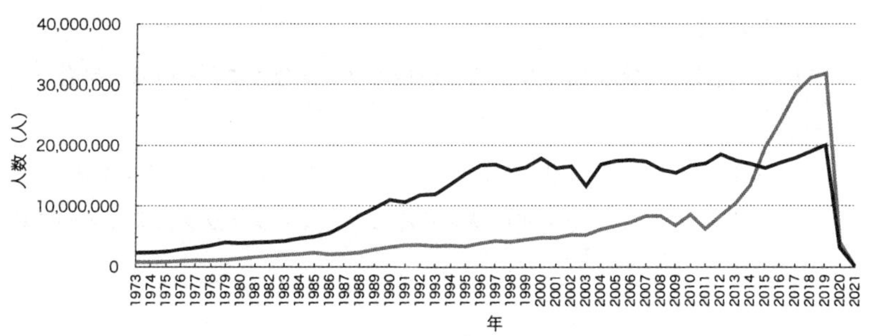

図 1

（データ：日本政府観光局）

新型コロナウイルス感染症(COVID－19)の世界的流行によって，私たちの日常の風景も随分以前とは変わってきている。街や観光スポットにあれほど多かった訪日外国人観光客はすっかり消えてしまい，宅配業者や調理済み料理運搬人の姿ばかりが目に付くようになった。私たち自身についてみても，観光という行為から遠のき，ショッピングも最低限度でしか行えず，外食すらしにくくなっている状況に置かれている。ワクチンの接種などが進むことで，かつての日常をいつ取り戻せるかがマスコミなどで喧伝されているところである。

訪日外国人観光客の旅行形態を見てみると，ゴールデンルートやドラゴンルートなど，中国人観光客が多く旅行するルートの外に，映画・テレビドラマのロケ地を訪れることも少なくない。また，訪日外国人観光客のうち一定程度はマンガやアニメへの関心度が高く，それらで描かれた舞台を実際に訪れる「聖地巡礼」も盛んとなっている。

ところで，日本における海外旅行自由化は1964年に始まった。図1の2本の折れ線グラフはその後1973年から2021年(年度の途中)までの年ごとの訪日外国人(灰色線)と出国日本人(黒線)の数を示している。2020年からの新型コロナウイルス感染症の世界的流行で，2021年も訪日外国人観光客はほぼゼロであり，日本人の海外旅行もまだまだ積極的には行き辛い状況にある。

問１　図１について記したつぎの文①～⑤の中から，**誤っているもの**を１つ選んで解答欄にマークせよ。

① 訪日外国人数の2012年以降の急激な伸びは主に円安による。

② 訪日外国人数の2004年以降の増加はインターネットを利用した旅行手配の簡便化による。

③ 出国日本人数の1986年からの急増はプラザ合意による円高に起因している。

④ 出国日本人数の2003年の落ち込みは経済的不況によるものである。

⑤ 出国日本人数の2009年の落ち込みはリーマンショックによるものである。

問２　日本における外国からの観光客の行動として**当てはまらないもの**を，つぎの①～⑤の中から１つ選んで解答欄にマークせよ。

① 映画やドラマのロケ地巡り　② カジノ

③ スキー　④ 買い物

⑤ 寺社巡り

問３　国は訪日外国人観光客の増加を図るために様々な施策を行ってきた。そうした施策の例として**誤っているもの**を，つぎの①～⑤の中から１つ選んで解答欄にマークせよ。

① 修学旅行生に対するビザ免除

② 観光数次査証(マルチビザ)の導入

③ 滞在可能期間の延長

④ 宿泊・食事割引クーポンの一律配布

⑤ 案内板等の多言語表記化

問４　下の表１は日本におけるインバウンド観光客の１人あたりの項目別支出割合を示したものである。表中のＡ国・Ｂ国・Ｃ国は，アメリカ合衆国，タイ，中国のいずれかである。国の組み合わせとして正しいものを，つぎの選択肢①～⑥の中から１つ選んで解答欄にマークせよ。

表1 旅行者1人あたりの項目別支出割合(2018年，単位%)

消費項目	A国	B国	C国
宿泊料金	21.3	43.0	29.6
飲食費	17.8	26.4	22.3
交通費	7.5	14.3	12.1
娯楽サービス費	3.6	4.1	3.5
買物代	49.9	12.2	32.3
その他	0.0	0.0	0.1

(データ：日本政府観光局)

	①	②	③	④	⑤	⑥
A国	アメリカ合衆国	アメリカ合衆国	タイ	タイ	中国	中国
B国	タイ	中国	アメリカ合衆国	中国	アメリカ合衆国	タイ
C国	中国	タイ	中国	アメリカ合衆国	タイ	アメリカ合衆国

問5 下線部のドラゴンルートにおける訪問先として適当なものを，つぎの①〜⑤から1つ選んで解答欄にマークせよ。

① 大阪・京都　② 金沢・高山　③ 日光・水戸

④ 福岡・別府　⑤ 松本・甲府

問6 新型コロナウイルス感染症の世界的流行の直前まで，一部の人気観光地では地元で対処できないほど観光客が押し寄せて問題となっていた。これをオーバーツーリズムというが，そこで問題となっていた状況の具体例を1つ解答欄に記せ。

(解答欄：1行14.7cm×2行)

問7 観光収支は，各国・地域によって大きく異なっている。下の選択肢①〜⑤は，2017年時点での国際観光収入と支出の上位10か国にみられる事柄について述べたものである。それらの事柄として正しいものを，つぎの①～⑤から1つ選んで解答欄にマークせよ。

① アメリカ合衆国は，国際観光収入においても国際観光支出においても第1位である。

② 中国は，国際観光収入においても国際観光支出においても第1位である。

③ ドイツは，国際観光収入の方が国際観光支出よりも多い。

④ フランスは，国際観光収入と国際観光支出がほぼ同じである。

⑤ 日本は，国際観光収入の方が国際観光支出よりも多い。

問8　下の表2は，アメリカ合衆国，イギリス，日本のいずれかの国の輸送機関別国内旅客輸送量の割合を示したものである。各国の組み合わせとして正しいものを，つぎの選択肢①～⑥から1つ選んで解答欄にマークせよ。

表2　輸送量割合(2009年，単位%)

	鉄道	自動車	航空	水運
A国	0.1	88.4	11.5	0
B国	7.9	91	1.1	0
C国	28.7	65.6	5.5	0.2

(データ：UNWTOによる)

	A国	B国	C国
①	アメリカ合衆国	イギリス	日本
②	アメリカ合衆国	日本	イギリス
③	イギリス	アメリカ合衆国	日本
④	イギリス	日本	アメリカ合衆国
⑤	日本	アメリカ合衆国	イギリス
⑥	日本	イギリス	アメリカ合衆国

B　以下の文章をよく読んで問 9～14に答えよ。

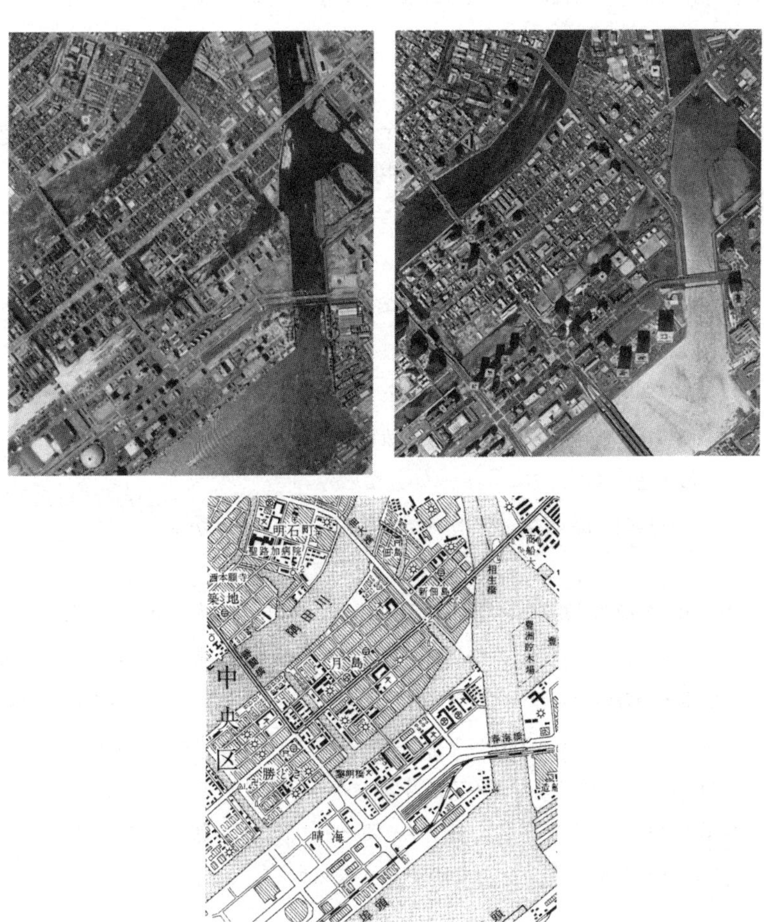

図 2　空中写真と 2 万 5 千分 1 地形図(国土地理院)

(空中写真は KT-71-2X-C7-9 と CKT-2019-5-C4-11，地形図は『東京南部』の一部でそれぞれほぼ同じ領域を示すが，いずれも原寸ではない。)

(編集の都合上，80％に縮小――編集部)

埋め立てによって拡大する都市部の湾岸地域は，産業の構造変化によってその土地利用を大きく変貌させる。図 2 の上部に示した 2 枚の空中写真は，東京の隅田川河口付近を写した 1971 年(左)と 2019 年(右)のものであり，下部の地形図

（1/25,000）は 1966 年のものである。図 2 に使用した 3 枚の原図の縮尺は異なるが，印刷の都合上ほぼ同じ領域を表示するように大きさを変えてある。なお地形図の横幅は約 1.8 km である。

問 9　図 2 の 2 枚の空中写真と地形図を見て判読できることを述べた文として**誤っているもの**を，つぎの①～⑤の中から 1 つ選んで解答欄にマークせよ。

① 写真中心の最上部の 2 本の川に挟まれた区域には，もともと大工場があった。

② 写真の右側の川の川幅が広くなっている区域には，かつて貯木場があった。

③ 写真中央部の区域には，変わらず小規模な建造物が密集している。

④ 写真の下部では，大規模な建造物が無くなり高層の建築物の北に延びる影が見られる。

⑤ 写真の下部では，ダムが構築されていることが分かる。

問10　図 2 の範囲は東京駅や銀行や商社の本社が集中する大手町の中心業務地区からほど近いものの，かつては大規模な製造業地帯であり，またそこに就業する労働者のための低廉な住宅地区も形成されていた。このような再開発の事例としてよく知られるロンドンの地区名としてもっとも相応しいものを，つぎの①～⑤から 1 つ選んで解答欄にマークせよ。

① グリニッジ　② ソーホー　③ デファンス

④ ドックランズ　⑤ トライベッカ

問11　図 2 の下部の埋立地は晴海地区であり，図の範囲外であるが南西部には，2021 年に開催された東京オリンピックの選手村の高層建築物が林立している。オリンピック終了後には分譲マンションとなることになっており，販売も進められている。この地域は東京駅からおよそ南南東方向 4 ～ 5 km に位置している。こうした湾岸の再開発地区が居住地として選好される理由として，**適当でないもの**を，つぎの①～⑤から 1 つ選んで解答欄にマークせよ。

① 周囲に地形的障壁が無いため眺望が良いから。

② ウォーターフロントのアメニティを享受できるから。

③ 都心の業務地区に近く通勤の負担が比較的少ないから。

④ かつての土地利用に由来する空間的広がりが担保されているから。

⑤ 社寺仏閣が多く点在し中世以来の歴史的街並みを散策できるから。

問12 CBD(中心業務地区)に近接する地区の再開発によって，中・高所得層の人口が都心近隣に集中する現象，とりわけ地価の高騰によりかつての住民の立ち退きを伴うこうした現象を何というか，つぎの①〜⑤から1つ選んで解答欄にマークせよ。

① スプロール　② インナーシティ化

③ ジェントリフィケーション　④ 区画整理

⑤ ゲットー化

問13 前問と同様，都心部が生産的な空間から消費的な空間への様相を強めていくのと並行して，かつての工場が立ち並ぶ風景も随分変わっていった。こうした地区の風景はどのように変わっただろうか。その状況を示す語として**誤っているもの**を，つぎの①〜⑤から1つ選んで解答欄にマークせよ。

① 工場移転　② 住宅地への転用

③ 工場団地の建設　④ 大規模商業施設の出店

⑤ 娯楽施設の開設

問14 晴海地区のような湾岸の埋立地で起こりうる災害として，**もっとも想定しにくいもの**を，つぎの①〜⑤から1つ選んで解答欄にマークせよ。

① 液状化によるインフラの破損　② 高潮による冠水

③ 強風による塩害　④ 津波による浸水

⑤ 地すべりによる地盤の崩壊

〔Ⅲ〕 南アメリカ大陸に関する以下の文章を読み，問 1～13に答えよ。

南アメリカ大陸は，スペインやポルトガルなどの植民地となった歴史から，ラテンアメリカと呼ばれる地域の一部である。先住民都市が［　A　］地域の高地に形成されたのに対し，ヨーロッパからの植民者たちは［　B　］に都市を形成し，世界遺産も多くある。<u>19世紀に多くの国が独立</u>1)し，近年では，豊かな自然と資源をもつなかで，<u>目覚ましい経済成長</u>2)がみられる国もある。

問 1　急峻なアンデス山脈を形成したぶつかるプレートの組み合わせとしてもっとも適当なものを，つぎの①～⑥から1つ選んで解答欄にマークせよ。

① 南アメリカプレートとナスカプレート
② 南アメリカプレートとカリブプレート
③ アフリカプレートとナスカプレート
④ アフリカプレートとカリブプレート
⑤ 太平洋プレートとナスカプレート
⑥ 太平洋プレートとカリブプレート

問 2　アンデス山脈西部にあるアタカマ砂漠とほぼ同じ成因の砂漠としてもっとも適切なものを，つぎの①～⑤から1つ選んで解答欄にマークせよ。

① カラハリ　② ゴビ　③ サハラ
④ タクラマカン　⑤ ナミブ

問 3　次ページのグラフは，コロンビア，ペルー，ブラジル，ウルグアイ，チリの5か国の首都の雨温図である。ウルグアイの首都を表す雨温図としてもっとも適当なものを，つぎの①～⑤から1つ選んで解答欄にマークせよ。

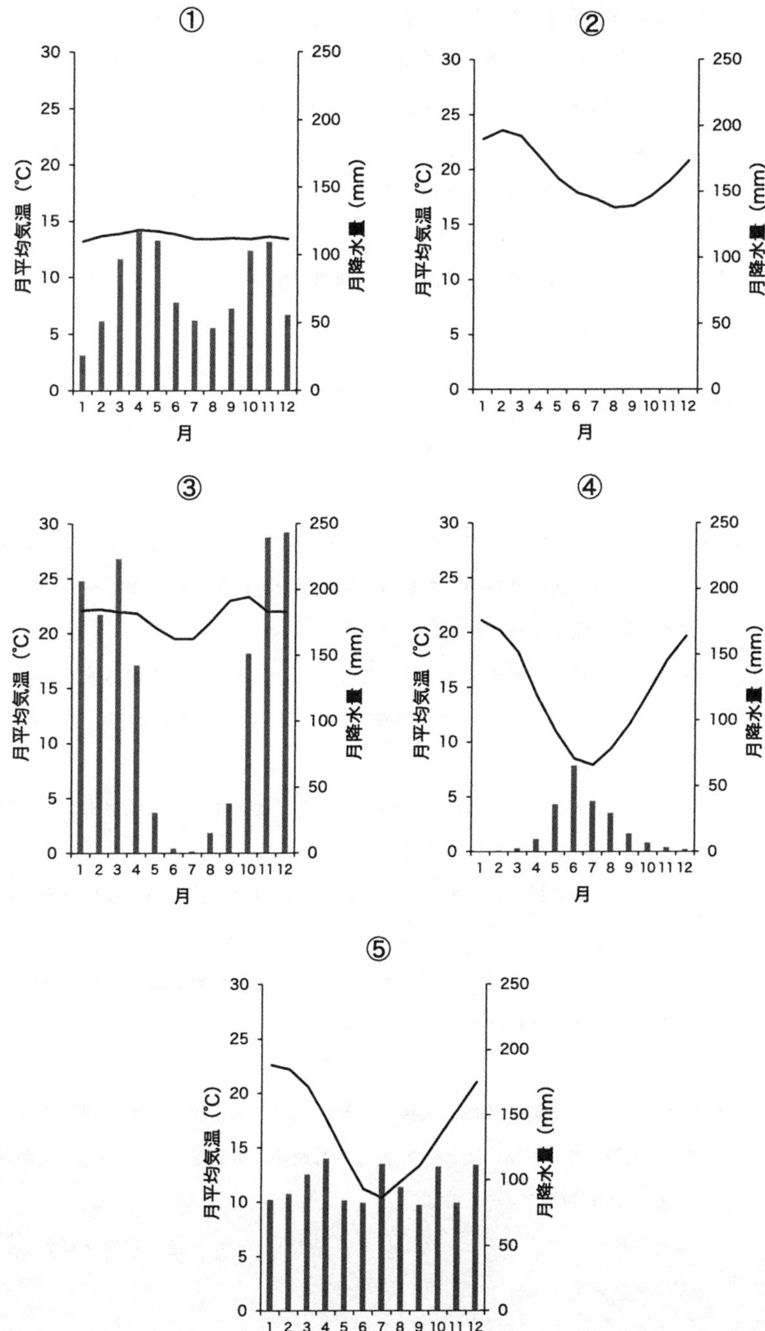
①
②
③
④
⑤
月平均気温（℃）
月降水量（mm）
月
30
25
20
15
10
5
0
250
200
150
100
50
0
1 2 3 4 5 6 7 8 9 10 11 12

問４　文中の空欄［　A　］，［　B　］に入る語句の組み合わせとしてもっとも適当なものを，つぎの①～⑥から１つ選んで解答欄にマークせよ。

①　A―低緯度，B―太平洋沿岸　　②　A―低緯度，B―大西洋沿岸
③　A―中緯度，B―太平洋沿岸　　④　A―中緯度，B―大西洋沿岸
⑤　A―高緯度，B―太平洋沿岸　　⑥　A―高緯度，B―大西洋沿岸

問５　南アメリカ諸国の世界遺産として**適切でないもの**を，つぎの①～⑤から１つ選んで解答欄にマークせよ。

①　アマゾン河口の大湿原　　②　イグアス国立公園
③　ガラパゴス諸島　　④　ポトシ市街
⑤　マチュピチュの歴史保護区

問６　下線部１)について，南アメリカ諸国の独立の特徴と現在まで残る影響について述べた次の文章のうちもっとも適当なものを，つぎの①～⑤から１つ選んで解答欄にマークせよ。

①　南アメリカ大陸の国々はすべてスペイン，ポルトガルから独立した。
②　ウルグアイがポルトガル語圏なのは，15世紀末の条約で決められた権益区分線による。
③　アルゼンチンで行われているファゼンダとよばれる大土地所有制の農業は，ヨーロッパから持ち込まれた。
④　ブラジルで行われるカーニバルは，ヨーロッパ社会の宗教行事をもとにしている。
⑤　エクアドルは大規模プランテーションによる世界有数のコーヒー生産国であり続け，近年はカカオ豆の生産も伸ばしている。

問７　南アメリカ諸国の多様な人種・民族構成は，国によって偏りがある。ヨーロッパ系の割合が高い国としてもっとも適切なものを，つぎの①～⑤から１つ選んで解答欄にマークせよ。

①　ペルー　　②　パラグアイ　　③　コロンビア
④　ブラジル　　⑤　アルゼンチン

問 8　南アメリカ大陸には19世紀末から多くの日本人が移住したが，1990年代以降は，逆にその子孫が日本で働くようになった。このことに関する記述としてもっとも適切なものを，つぎの①～⑤から1つ選んで解答欄にマークせよ。

① 日本人の南アメリカ諸国への移住は，第二次世界大戦前までに終了した。

② ブラジルでは，さとうきび農園での住み込み労働に従事するために集団移住が行われた。

③ 南アメリカ諸国で最大の日系社会が存在するのはペルーである。

④ ボリビアのように，日系人が大統領を務めた国もある。

⑤ 南アメリカ諸国から来日した日系人は，自動車関連工場が多い都市に多く居住している。

問 9　下線部2)に関連して，下の表はブラジルの貿易総額および主要輸出入品とその割合を示している。以下の設問 1)～4)に答えよ。

(2019年，単位：百万ドル，%)

輸出総額	225, 401	輸入総額	184, 370
(ア)	11. 6	機械類	24. 9
原油	10. 7	化学薬品	7. 3
鉄鉱石	10. 1	石油製品	7. 3
機械類	7. 3	自動車	6. 8
肉類	7. 2	肥料	5. 1

データ：『データブック・オブ・ザ・ワールド　2021』

1) 上の表の(ア)は，農業には向かないとされてきたサバナの開発によって，下の表のとおり，世界有数の生産国となったものである。(ア)に当てはまる品目としてもっとも適当なものを，つぎの①～⑤から1つ選んで解答欄にマークせよ。

(ア)の主な生産国(2018年，単位：千 t)

アメリカ合衆国	123,664
ブラジル	117,888
アルゼンチン	37,788
中国	14,189
インド	13,786

データ：『世界国勢図会　2020/21』

①　大豆　②　とうもろこし　③　さとうきび
④　小麦　⑤　綿花

2）ブラジルのサバナの呼称としてもっとも適当なものを，つぎの①～⑤から1つ選んで解答欄にマークせよ。

①　リャノ　②　パンパ　③　セラード
④　グランチャコ　⑤　プレーリー

3）(ア)は遺伝子組み換え作物のなかでもっとも多く栽培されており，ブラジルやアルゼンチンは遺伝子組み換え作物の大きな生産国となっている。このような作物の普及につとめる多国籍企業の事業の総称を，解答欄に記せ。

4）ブラジルの都市の中心地周辺の傾斜地や低湿地には，貧しい人びとの居住地が形成されている。その呼称としてもっとも適切なものを，つぎの①～⑤から1つ選んで解答欄にマークせよ。

①　バリオ　②　ビドンヴィル　③　ゲジェコンドゥ
④　ファベーラ　⑤　カンポン

問10　下の表は，ブラジル，アメリカ合衆国，中国，フランス，カナダの発電エネルギー源別割合を示している(ただし合計が100％になるように調整していない)。ブラジルにあたるものを，表の①～⑤から1つ選んで解答欄にマークせよ。

国別にみた発電エネルギー源別の割合(2017 年，%)

①	水力　17.9	火力　71.9	原子力　3.7	地熱·新エネルギー　6.4
②	水力　7.6	火力　64.6	原子力　19.6	地熱·新エネルギー　8.1
③	水力　59.6	火力　20.1	原子力　15.4	地熱·新エネルギー　4.9
④	水力　62.9	火力　27.0	原子力　2.7	地熱·新エネルギー　7.3
⑤	水力　9.8	火力　13.0	原子力　70.9	地熱·新エネルギー　6.1

データ：『世界国勢図会　2020/21』

問11　次の表は，ブラジル以外の南アメリカ諸国の輸出品目と輸出額に占める割合(%)，そして輸出相手国と輸出全体に占める割合(%)を示している。以下の設問 1)，2)に答えよ。

	イ	ウ	エ	オ	カ
輸出品目	大豆油かす 13.1	牛肉 21.7	銅鉱 26.5	原油 85.1	天然ガス 33.1
	とうもろこし 9.1	木材 13.0	銅 21.5	石油製品 12.5	亜鉛鉱 16.9
	自動車 6.6	酪農品 9.0	野菜と果実 10.6	化学薬品 0.9	金 13.0
	肉類 5.8	穀物 8.2	魚介類 8.8	鉄鋼 0.3	大豆油かす 5.9
	大豆 5.2	大豆 7.0	パルプと古紙 3.9	鉄鉱石 0.3	銀鉱 5.8
輸出相手国	A　15.9	B　20.0	B　32.4	アメリカ合衆国 34.5	A　19.0
	B　10.5	A　15.1	アメリカ合衆国 13.6	C　16.3	アルゼンチン 16.0
	アメリカ合衆国 6.3	アメリカ合衆国 6.1	日本 9.1	B　14.6	C　8.0

(統計年度は国等により若干異なる)

データ：『データブック・オブ・ザ・ワールド　2021』

1）アルゼンチンとボリビアを表すデータの組み合わせとしてもっとも適当なものを，つぎの①～⑥から1つ選んで解答欄にマークせよ。

① アルゼンチン―イ，ボリビア―オ
② アルゼンチン―イ，ボリビア―カ
③ アルゼンチン―ウ，ボリビア―オ
④ アルゼンチン―ウ，ボリビア―カ
⑤ アルゼンチン―エ，ボリビア―オ
⑥ アルゼンチン―エ，ボリビア―カ

2）A～CはBRICS諸国を表している。Cにあたる国としてもっとも適当なものを，つぎの①～⑤から1つ選んで解答欄にマークせよ。

① ブラジル　② ロシア　③ インド
④ 中国　⑤ 南アフリカ共和国

問12　ブラジルやアルゼンチンなどをはじめとする南アメリカ諸国において，対外共通関税，共通貿易政策などの策定を行っている経済同盟の略称としてもっとも適当なものを，つぎの①～⑤から1つ選んで解答欄にマークせよ。

① MERCOSUR　② NAFTA　③ GATT
④ SAARC　⑤ UNEP

問13　南アメリカ諸国のなかには，2019年のUNHCRの統計データで450万人もの人々が国外に避難している国がある。その国名を解答欄に記せ。

問五　本文の内容に合致するものとして最も適切なものを、次の中から一つ選び出して、その番号をマークせよ。

①　主人は、虎や狼よりも恐れていた怪物の足音を耳にして、家を出て逃げ出した。
②　群獣は、逸馬に追われたものの最後尾の猿を犠牲にして、なんとか逃げのびた。
③　主人は、馬が逃げているとみて追いかけ尾を捕まえたが、捕らえきれなかった。
④　群獣は、怪物に追いかけられて先を争って逃げ出したが、猿が最後尾になった。

注　敝屋 —— あばら屋。
廡 —— ひさし。
行響 —— 足音。
逸馬 —— 逃げ出した馬。

問一　傍線a「良」・b「仍」の読みとして、それぞれ最も適切なものを、次の中から一つずつ選び出して、その番号をマークせよ。

①　また　②　やや　③　なほ　④　あまねく
⑤　しきりに　⑥　やうやく　⑦　よく

問二　傍線Aを書き下し文にすると、「未だ以て比ぶるに足らざるなりと」となる。これをふまえて、「未」と「比」の部分に返り点を付けよ。（送り仮名は不要である）

問三　傍線B「図」と**異なる意味**の「図」を含む熟語はどれか。次の中から一つ選び出して、その番号をマークせよ。

①　版図　②　意図　③　壮図　④　後図

問四　傍線C「不若速避之」を、「之」が指しているものがわかるように口語訳せよ。

三

次の文章を読んで、後の問に答えよ。（返り点・送り仮名を省いた箇所がある）

群獣倶往、途避暴雨於敝屋廡下。主人在内、自訴曰、「屋漏可畏、虎狼雖暴乎、〔A〕未足以比也」。群獣聞之、愕然相謂曰、「我輩常謂威力雄壮莫過於虎狼。不〔B〕図屋漏者在此、其暴更有尚焉。〔C〕不若速避之」。主人聞其行嚮、以為逸馬来過、出而追之。群獣以為主人出為屋漏追躡、各争先奔走。而猿最在後、已被追及拿尾。窮力脱身、満面如朱。相持〔a〕良久、絶尾而纔逃。自是之後、猿面〔b〕仍赤、不復生尾。

（『奇談一笑』より）

③　『古今和歌集』の中でも、特に後人の加筆部分において、『万葉集』やその同時代の歌人・歌についての誤解に基づいた記述が、頻繁に認められること。

④　『古今和歌集』が編纂された時代において、『万葉集』やその同時代の歌人・歌について、どの程度正確な研究がなされていたのか、判然としないこと。

問七　傍線C「君も人も身をあはせたりといふなるべし」とあるが、これは具体的にはどのようなことを言っているのか。最も適切なものを、次の中から一つ選び出して、その番号をマークせよ。

①　君主も臣下もともによい歌を詠もうと、神に祈っていたということ。

②　君主も臣下も一心同体で、ともに歌の道に精進していたということ。

③　君主も臣下もともによい歌を詠もうと、優劣を競っていたということ。

④　君主も臣下も一心同体で、ともに民の救済に尽くしていたということ。

問八　『古今和歌集』は、日本で最初の勅撰和歌集である。次の歌集のうち、勅撰和歌集**ではないもの**を一つ選び出して、その番号をマークせよ。

①　拾遺和歌集　　②　金槐和歌集　　③　詞花和歌集　　④　千載和歌集

④　掛詞や縁語を使用しつつ、作者ならではの巧みな詠法を前半部分に凝縮させ、後半部分も叙情性豊かに詠んでいる。

問四　問題文【甲】中の二重傍線「べき」と同じ用法で使われている助動詞「べし」として、最も適切なものはどれか。次の中から一つ選び出して、その番号をマークせよ。

①　男わづらひて、心地死ぬべくおぼえければ
②　首をはねて、わが墓の前に掛くべしと宣ひける
③　毎度ただ得失なく、この一矢に定むべしと思へ
④　さりぬべき折をも見て、対面すべくたばかれ

問五　空欄 Ⅱ にあてはまるものとして、最も適切なものを、次の中から一つ選び出して、その番号をマークせよ。

①　いちじるし　②　あわただし　③　はなはだし　④　いそがはし

問六　傍線B「いといぶかし」とあるが、問題文【甲】の著者は何についてそう感じているのか。最も適切なものを、次の中から一つ選び出して、その番号をマークせよ。

①　『古今和歌集』の編纂に関わった紀貫之をはじめとする歌人たちが、『万葉集』やその同時代の歌人・歌について、しばしば誤った認識をしていること。
②　『古今和歌集』の仮名序などにおける、『万葉集』やその同時代の歌人・歌についての記述中に、後人の加筆がどの程度混じるのか、不分明であること。

がある。

真名序に合けざれば ―― 真名序には、大津皇子（六六三～六八六）の後の漢詩隆盛期に人麻呂・赤人が出現したとある。

古よりかく伝はるうちにも ―― 問題文【乙】の直前のところで、古い時代から帝をはじめ世の人々が日常的に歌に親しんだことが記されている。

問一 傍線1・2を口語訳せよ。

1 見給はざりけるにや

2 あやしく妙なりけり

問二 空欄 [I] にあてはまるものとして、最も適切なものを、次の中から一つ選び出して、その番号をマークせよ。

① 国学 ② 初学 ③ 衒学 ④ 歌学

問三 傍線A「かみな月時雨降りおけるならの葉の名におふ宮のふることぞこれ」の和歌の特徴を解説したものとして、最も適切なものを、次の中から一つ選び出して、その番号をマークせよ。

① 比喩表現を多く用いつつ、歴史的事実を正確に叙述できている一方で、和歌ならではの叙情性が前面に出ている。

② 掛詞や縁語を使用しつつ、前半部分を序詞的に詠んでおり、作者の詠み込みたい内容は後半部分に集約されている。

③ 比喩表現を多用しつつも、効果的には活用できておらず、和歌ならではの暗示的な表現だけが見所となっている。

歌と称せる誤りはまぬがるべからず。然れば、貫之も『万葉集』をば見ざりけるにや。または見つれども一切によめざりけるやらん。Bいといぶかし。

【乙】

古よりかく伝はるうちにも、奈良の御時よりぞ広まりにける。かの御世や歌の心をしろしめしたりけむ。かの御時に、正三位柿本人麻呂なむ歌の聖なりける。これは、C君も人も身をあはせたりといふなるべし。（中略）また山部赤人といふ人ありけり。歌に2あやしく妙（たへ）なりけり。人麻呂は赤人が上に立たむことかたく、赤人は人麻呂が下に立たむことかたくなむありける。（中略）この人々をおきて、またすぐれたる人も、呉竹の世々に聞こえ、片糸のよりよりに絶えずぞありける。これよりさきの歌を集めてなむ、『万葉集』と名づけられたりける。

注　天平宝字 ―― 奈良時代の元号（七五七～七六五）。　大伴家持 ―― 奈良時代の歌人。七一八？～七八五。
貞観の御時 ―― 清和天皇の治世（八五九～八七七）。　文屋有季 ―― 貞観年間頃の歌人。生没年未詳。
元明より光仁まで ―― 第四三代元明天皇から、第四九代光仁天皇まで。ただし、平城京は、元明天皇の和銅三年（七一〇）から、光仁天皇を継いだ第五〇代桓武天皇の延暦三年（七八四）までである。
貫之・淑望が古今の序 ―― 『古今和歌集』は、紀貫之（？～九四五？）が仮名序を、紀淑望（？～九一九）が真名序を書いている。
平城天皇 ―― 第五一代天皇。七七四～八二四。八〇六～八〇九在位。「奈良の帝」とも呼ばれた。
人麻呂・赤人 ―― 柿本人麻呂（生没年未詳）と山部赤人（生没年未詳）。いずれも奈良時代前期までに活躍した歌人。
長歌を集めてその端に短歌と題し ―― 『古今和歌集』巻第十九には、冒頭に「短歌」と記して、長歌を集めている箇所

二

問題文【甲】は、江戸時代の国学者荷田在満の著した『国歌八論』古学論の一節であり、問題文【乙】として抜粋したのは、『古今和歌集』仮名序の一節である。問題文【甲】には問題文【乙】に言及した箇所がみられる。これらを読んで、後の問に答えよ。

（両問題文には、一部本文を省略し、表記を改めた箇所がある）

【甲】

それ歌書の中には『万葉集』より古きはなし。これを学びずば　Ⅰ　といふべからず。かの集は、天平宝字三年元日の歌までを載せたれば、これを作りたる時世知るべく、これを記せる人は大伴家持なる事、書中にて明らかなり。然るを、『古今集』巻第十八に、

貞観の御時、『万葉集』はいつばかり作れるぞと問はせ給ひければ、よみてたてまつりける　文屋有季

A かみな月時雨降りおけるならの葉の名におふ宮のふることぞこれ

と見えたり。然れば、清和天皇も万葉をば1見給はざりけるにや。または、見給ひても作者を解し給はざるから、天平宝字までの歌を後より書き集めたるにもや、とおぼしけるにや。有季が「ならの葉の名におふ宮」と答へたてまつりしも、汎（ばつ）としたる答にこそありけれ。

平城宮は、元明より光仁まで七世の間なれば、その七世の中いづれの御世とか聞くべき。貫之・淑望が古今の序を見れば、かの平城宮といへるより混じて、平城天皇の御宇に成れる書と心得たると見えたり。仮名序のごとくなれば、人麻呂・赤人も同じくその時の人なると心得たるにや。さらばまた　Ⅱ　からずや。しかのみならず、長歌を集めてその端に短歌と題し、『万葉集』に入らぬ歌を集むると序して、なほ万葉の歌を撰み入れたり。ただし、その中、人麻呂・赤人を平城天皇の時の人とせる文は真名序に合はざれば、もしくは、人麻呂の上の正三位（おほきみつのくらゐ）の字などと同じく、後人の加筆なるも知らず。万葉にある歌の入りたるもまた、後人の加へたるもはかるべからず。ただ、『万葉集』を平城天皇の御宇に作る所とし、長歌を以て短

問十　本文の内容と合致するものとして最も適切なものを、次の中から一つ選び出して、その番号をマークせよ。

① 法ならぬ真理や芸術であれば、幸福実現の役に立たなくても価値があると見なされるが、法と法以外のものを理屈だけで分けてしまう発想には危ういところがある。

② 法の世界はデカルトのように考えていてはやってゆけない領域だが、それでも学問の対象として法を扱う以上は、徹底的な懐疑を基本とするのが方法論として正しい。

③ 少なからぬ人々が、法という言葉に人間関係を引き裂く異物のような感触を覚え、現存の法を頼っても幸福な解決にならないのではないかという印象を抱いている。

④ カントは国家の危険な自己保存主張に対抗するために、法と正義の重要性を主張したが、人々の幸福よりも法と正義の実現を重んじる点で本末転倒と言わざるを得ない。

らも目を背けなかったということ。

③ パルテノン神殿を装飾するフィディアスの彫像には、何百万もの奴隷たちの困窮を救えたくらいの高値が付くと言っても過言ではないということ。

④ パルテノン神殿を装飾するフィディアスの彫像のためなら、無数の奴隷たちが犠牲になってもよいという残忍な言い分も否定されないということ。

問七　傍線C「法はなされよ、たとえ世界は滅びんとも」とあるが、この格言に「人びと」は「反発する」と筆者は述べている。その「反発」を招く格言の根底にあるものは何か。最も適切な箇所を本文中から八字で抜き出し、記せ。

問八　空欄［Ⅲ］にあてはまるものとして最も適切なものを、次の中から一つ選び出して、その番号をマークせよ。

① 目　的　　② 弁　護　　③ 暗　示　　④ 欺　瞞

問九　傍線D「自明な道理ほど隠された落とし穴も多い」とあるが、ここで言われている「落とし穴」に**あてはまらないもの**を、次の中から一つ選び出して、その番号をマークせよ。

① 幸福以外に法が守るべき価値への相対的な軽視

② 自己の幸福と他者の幸福が衝突したときの矛盾

③ 通常は不幸と見なされる状態を選ぶ人々の存在

④ 法律に関する立法者と一般の人々の認識の齟齬

① 迂闊さ・不規則性　② つめたさ・非協調性　③ 曖昧さ・不確実性　④ いびつさ・非対称性

問五　傍線A「法と、法以外のものとの違い」とあるが、この「違い」の説明として最も適切なものを、次の中から一つ選び出して、その番号をマークせよ。

① 真理や芸術を追求する際には、人が喜んだり幸福を感じたりするだけでは不十分だと見なされるのに対して、法は端的に幸福の手段と思われがちである。

② 真理や芸術が、表層的な満足ではなく本当の幸福とは何かを追求するのに対して、法は現実的な問題を解決すれば人間は幸福であると見なす。

③ 真理や芸術が人を不幸にすることがあるのに対して、法は人々から情熱的なまでに幸福を守る機能を期待されており、最も幸福に寄与しやすい。

④ 真理や芸術が人の知性や感性に働きかけ変化させてゆくのに対して、法は既存の概念における幸福を守るものであり、固定観念につながりやすい。

問六　傍線B「こういう「苛酷」なレトリックでさえ、たわごととして無視されない」とあるが、ここで言われていることの説明として最も適切なものを、次の中から一つ選び出して、その番号をマークせよ。

① 古代ギリシャの芸術文化がいかに優れたものであっても、それが奴隷たちの犠牲の上に成り立っている限り、極めて厳しい批判を免れないということ。

② 古代ギリシャの芸術文化は、人間の感性を洗練し高めるための活動が奴隷制に支えられている、というつらい真理か

注
デカルト ―― 一五九六〜一六五〇。フランスの哲学者、数学者、自然科学者。
トライチュケ ―― 一八三四〜一八九六。ドイツの歴史家、政治評論家。
フィディアス ―― 紀元前四九〇頃〜四三〇頃。古代ギリシャの彫刻家。アテナ・パルテノス像やゼウス像などを制作した。フェイディアス、ペイディアスとも表記される。
カント ―― 一七二四〜一八〇四。ドイツの哲学者。

問一　傍線ア「**セイヘキ**」、傍線イ「**センシン**」、傍線ウ「**リコウ**」をそれぞれ漢字に改めて記せ。

問二　傍線a「**与**」、傍線b「**杓子**」の漢字の読みをそれぞれひらがなで記せ。

問三　空欄 Ⅰ にあてはまるものとして最も適切なものを、次の中から一つ選び出して、その番号をマークせよ。

① はたして法だけが人間の幸福を守るべきなのか
② はたして法は人間を幸福にすべきものなのか
③ いかにして法に頼らず幸福な人間たり得るか
④ いかにして法から幸福な人間関係を守り得るか

問四　空欄 Ⅱ にあてはまるものとして最も適切なものを、次の中から一つ選び出して、その番号をマークせよ。

義務論的思想はなかなか受け入れられ難いだろう。義務論(deontology)とは目的論(teleology)や帰結主義(consequentialism)に対立する立場である。それによれば、義務が[ウ]リコウされなければならないのは、「そうすれば幸福な結果が得られるから」ではなく、「まさにそれが義務だから」である。このような思想に対しては、「法は法のためにあるわけではなく、正義は正義のためにあるわけではない、法も正義も人々が幸福な社会生活を営むための手段にすぎない」というのが、多くの人々にとって「健全な常識の声」であろう。しばしば専門の法律家あるいは法律を運用する公務員がこういう良識を忘れ、法律の実現を自己【Ⅲ】的に追求し、人々の不便不都合を無視して法律を[b]杓子定規的に適用する。そういう態度がリーガリズムなどと呼ばれて批判されている。

そういう意味で「法は人間の幸福のためにある」ということは、もっともな道理のように思われる。しかし、[D]自明な道理ほど隠された落とし穴も多い。法が幸福のためにあるとしても、誰の幸福のためなのか。各人の幸福か、全員の幸福か。全員とはどの集団の全員か。私の幸福とあなたの幸福、個人の幸福と全体の幸福、ある集団の幸福と他の集団の幸福がそれぞれ相剋する場合、法はどうすべきなのか。法が一部の人々の幸福を犠牲にして他の人々を幸福にすることはそもそも、どこまで、いかなる条件の下で許されるのか。個人が自らに不幸な結果を招く行為をあえて選択することを法は抑止できるのか。そもそも個人にとって何が幸福かを社会や立法者が決められるのか。法は法のためにあるのではないということから、法は幸福のためにあると結論するのは飛躍ではないか。幸福以外にも法が奉仕すべき価値はないのか。このように、幸福主義的法観念には直ちにさまざまな問題が提起される。かかる問題を十分に考慮しないで法を幸福実現の手段に還元してしまうと、我々は思わぬ罠にはまる。

(井上達夫「法は人間を幸福にできるか?」より)

花開く余裕ができた。古代の芸術文化を象徴する一片の作品を残すために無数の奴隷が苦しまなければならなかったとしても、それは歴史的には必要な犠牲であったという趣旨である。これは一種のレトリックだが、B こういう「苛酷」なレトリックでさえ、たわごととして無視されないのは、「芸術のための芸術」という観念がもつ重みのゆえである。

ところが、「法のための法」という法至上主義の観念が同様な理解可能性や魅力をもつかというと、決してそうではない。このことを象徴的に示すのが「正義はなされよ、たとえ世界が滅びんとも(fiat iustitia, pereat mundus)」という格言である。これは哲学者イマニュエル・カントが『永遠平和のために』のなかで引いている言葉であるが、専門用語でいえば義務論倫理学の立場をあらわすレトリックである。この場合の「正義(iustitia)」という言葉と「法(ius)」という言葉は同根であるが、意味の上でもつながっているので、C「法はなされよ、たとえ世界は滅びんとも」という姉妹編の格言も考えられる。こういう格言に対して多くの人びとは「言語道断」と反発するだろう。

ただ、カントの弁護のために若干付言すれば、カント自身はこの格言をもう少し穏健に解釈している。「世界は滅びんとも」というのは「たとえこの世の悪しき徒輩がすべて滅びんとも」という意味で、文字どおり人類が滅亡しても正義さえ実現すればいい、という意味ではない。さらにもう一つ、『永遠平和のために』という著作のなかで引かれていることから推察されるように、彼はこの格言を国家と国家の関係を律する規範に結びつけている。国家は自国民の生命・財産・自由等の防衛を口実にしてしばしば他国を侵略したり、自国の繁栄・幸福のために国際法や国際正義を蹂躙する。カントはこういう攻撃的な国家の自己保存主張を批判する文脈でこのレトリックを援用している。たしかに「国家存亡の危機の前に法や正義など何の意味もない」という危険な国家理性のレトリックに対抗する上で、この格言は重要な意義をもつ。私どもの国家もかつて「満蒙は日本の生命線なり」などといってアジアを侵略した歴史があるわけで、これは決して他人事ではない。

しかし、そのような留保を付した上でも、「法(正義)はなされよ。たとえ世界は滅びんとも」という格言の基礎にある厳格な徹底的に疑って、もはやこれだけは疑えないとして最後に残ったものが本当の知識であると考えた。しかし、私自身はこういう立場には与[a]していない。法の世界は、もはや疑えないものだけを前提にするというのではやっていけない領域である。およそ人間にかかわる事柄は、数学や論理学とは違って、［Ⅱ］は避けられない。にもかかわらず、なぜ法と幸福の関係に対して哲学者特有の職業病的な懐疑を提示するのかというと、人々の幸福への情熱が法に対する無い物ねだりや場違いな批判に転化したり、また幸福の手段としての法の誤用・濫用がかえって人々の幸福の破壊をもたらす危険があるからである。このような危険を自覚し、法と幸福との適切な関係を理解するためには、「法は人間を幸福にできるか?」という問いを、「法はそもそも幸福の実現を自己の目的とすべきなのか」、あるいは「人間の幸福は法によって実現さるべきものなのか」という問題意識にまで掘り下げて考察しなければならない。

法と幸福との関係はくせものというか、なかなか両義的で屈折している。一方で、「法は何のためにあるか」と問うと、人間を幸福にするためにある、決まっているではないか、というのが自然な応答だろう。[A]法と、法以外のものとの違いもここにあるように思われる。例えば、知のための知、あるいは真理のための真理という真理至上主義や、芸術のための芸術という芸術至上主義をわれわれは一応理解できる。

真理を知ることによって人間は不幸になることもあるかもしれないが、自分の知りたいことだけを知ろうとするのは幼児的な願望志向に陥るから、つらい真理も受けとめなければいけない。そういう意味では、真理は幸福の手段ではない。また人の感性を喜ばせるためだけの芸術は低級である。むしろ優れた芸術は人間の感性を洗練し高めるものである。さらにトライチュケという歴史学者は、「フィディアスの一彫像は何百万もの古代の奴隷のあらゆる困窮を償うに足りる」と言ったそうである。生産力の低い(と想定された)古代ギリシャにおいては奴隷制によって余暇を享受し、精神活動にセンシン[イ]する階級が生まれ、ギリシャ哲学のような学問、さらに、パルテノン神殿の建造を指揮したフィディアスの諸作品に具現されるような芸術文化が

国語

（六〇分）

一　次の文章を読んで、後の問に答えよ。（本文の表記を改めた箇所がある）

さて、「法は人間を幸福にできるか?」という論題の最後の疑問符は、法哲学研究者ではない普通の人も付けてみたくなるだろう。「法」という言葉に何か冷たい、人の和を引き裂くような異物を連想する人々、法に訴えたりすると幸福な人間関係が破壊されてしまう、あるいは破壊されたところに法がやってくるという印象をもつ人々は、日本だけでなく欧米においても少なくない。その際、この疑問符は二つの異なった次元の懐疑ないし問題意識を孕んでいる。一つは、「本来、法は人間を幸福にすべきである」ことを前提した上で、いまあるような法では人間を幸福にできないのではないかと問う懐疑である。人間を幸福にできない法への批判といってもよい。もう一つの問題意識はこの批判の前提自体を疑い、「　I　」を問う。法によって人間を幸福にしようとすることへの懐疑ともいえる。前者の批判が多くの人々の関心をなすと思われるが、私の関心は後者の問いにある。

なぜ、こういう妙な問いを立てるのか。一般に「哲学」と名のつく学問には根本的な前提にさかのぼって、それを問い直す**セイヘキ**（ア）がある。とりわけデカルトのような有名な哲学者は「懐疑」ということを哲学の基本的な方法と考え、疑って、疑って、

解答編

英語

I **解答** あ．blood　い．air　う．hands　え．active
お．lean　か．leave

◀解　説▶

あ．1．「私はその仕事に，血と汗と涙を注いだ」 blood, sweat, and tears は直訳では「血と汗と涙」，比喩的に「多大な苦労」という意味。 2．「その学生たちは授業でしゃべるのをやめなかったので，先生は激怒した」 make *A*'s blood boil で「*A* を激怒させる」という意味。 3．「赤血球は体の組織に酸素を運ぶ」 red blood cell で「赤血球」の意。

い．1．「彼女のリサイタルの最初の曲は 16 世紀の雰囲気がした」 an air of *A* で「*A* の雰囲気，態度」という意味。 2．「ほとんどのテレビ局はオリンピックに関する特別番組を放送する予定だった」 air は動詞で「～を放送する」という意味。 3．「エアバッグは，衝撃を受けると瞬時に膨らみ，車内にいるすべての人を守るように設計されている」 air bag で「エアバッグ」の意。

う．1．「私たちのサッカーチームはその試合で楽勝した」 win *A* hands down で「*A* で楽勝する」の意。 2．「この年代物の時計の針にはやや腐食がみられるが，それ以外は完ぺきだ」 hands は「時計の針」の意。 3．「ポケットから両手を出しなさい」 hands は「(両) 手」の意。

え．1．「多くの文は能動態から受動態に簡単に変換することができる」 active voice は「能動態」，passive voice は「受動態」の意。 2．「夜行性の動物は日中より夜の方が活動的である」 active は「活動的」の意。 3．「日本には 100 以上の活火山がある」 active volcano は「活火山」の意。

お．1．「痩せているのと引き締まっているのは同じではない。後者は脂肪が少なく筋肉が多いことを意味する」 lean は形容詞で「ほっそりした，引き締まった」という意味。　2．「私はダイエット中なので，赤身の肉しか食べない」 lean meat で「脂肪の少ない肉，赤身の肉」という意味。 3．「フェンスにもたれかかってはいけない。とても危険だ」 lean は動詞で「もたれかかる」の意。

か．1．「会議は終わった。帰っていいよ」 leave は動詞で「去る」の意。　2．「何日の病気休暇を持つ権利がありますか」 leave は名詞で「休暇」の意味があり，sick leave で「病気休暇」の意。　3．「5時間の試験で志願者たちは完全に疲れ果ててしまうだろう」 leave O C で「OをCにする」の意。

II　解答　ア．length　イ．probability　ウ．inexpensive

◀解　説▶

ア．「彼は昨日の会議で長々と話し続けた」

on and on は「引き続き，延々と」，at great length で「長々と」の意。length は long の名詞形で「長さ」。

イ．「2022年には新しいモデルを見る可能性がかなり高い」

It is likely that … で「…しそうである」の意。highly は likely を強調する。In all probability は「きっと，十中八九」の意。

ウ．「彼女は安いホテルを探していた」

budget は名詞では「予算」の意だが，形容詞では「安い」の意。inexpensive は形容詞で「安い」。

III　解答　問1．(ア)―(B)　(イ)―(E)　(ウ)―(A)　(エ)―(B)

問2．(あ)―(E)　(い)―(B)　(う)―(D)　(え)―(A)

問3．(B)　問4．(A)　問5．(D)　問6．(C)　問7．(E)　問8．(B)

問9．(C)

◆全　訳◆

≪本の過去，現在，未来：本への郷愁に対抗して≫

1　この30年間で，新しい科学技術によって本を読む人の数がますます減ったと，多くの人が主張してきた。1992年にニューヨーク・タイムズ紙の記事で，小説家であるロバート=クーヴァーは，本は，ビデオ配信やコンピューターネットワークの時代を生き残ることができないと主張して，本の終わりを予言した。2004 年に，全米芸術基金はアメリカ人の読書習慣に関する調査結果を発表した。その報告書では，1990 年代に小説の読書が 14％減少し，特に男性と若年層でその割合が低いことが指摘されている。17 歳の若者のうち 19％が，読書をすることは「まったく，またはほとんどない」と回答した。2008 年に，アトランティック誌の「グーグルのせいで私たちは愚かになっているのか」という記事の中で，ニコラス=カーは，以前は本を読んでいるときに集中するのは簡単だったが，今はそれが難しいと感じていると述べている。カーは文学的な文章を読むことについて言及していたが，彼の指摘は人気のあるベストセラーにも当てはまる。私たちが難解な考えに最初から最後までついていく能力，その日のニュースの先を見る能力，一人でいる能力を失いつつあるということが，次々にエッセイで警告された。しかし，1990 年代と 2000 年代の活字本衰退に関する予測は，本の継続的人気と日常的な利点の程度を過小評価していて，歴史上，様々な時代において本がどのように使われていたか，ということに関して誤った理解を示していた。

2　一部の批評家は活字本が消滅すると予言していたが，活字本は再び人気を取り戻した。実際，2010 年代には活字本の売り上げが回復し，電子書籍の売り上げが横ばいになる中，着実に売り上げを伸ばした。アメリカでは，2011 年に史上初めて電子書籍の売り上げがハードカバーを上回ったが，2016 年までにはハードカバーが再び電子書籍を上回った。2014 年から 2018 年にかけて，ハードカバーとペーパーバックを含むアメリカの出版物の売り上げは毎年増加した。2017 年には，10 代後半から 20 代のアメリカ人のうち 3 分の 1 が電子書籍を読むと回答し，65 歳以上の 2 倍の割合であったのは事実である。それでも，若いアメリカ人たちは，自分たちの祖父母が死んでしまっても，活字本は滅びないと，まだ信じている。2012 年に，調査された 16 歳と 17 歳のうち 60％が，自分たちはずっと電子書籍より活字本を好むと予測した。2016 年にはこの数字が 5％増加したが，これは控えめではあるがかなりの増加だ。書籍の売り上げが伸び，若者にも人気があることが，その古いメディアが，年配者だけの領域ではないということを示している。

3　活字本は時代遅れで廃れつつあるという主張は，本の人気の回復だけでなく，難しい文章を読むのを好む人が享受する心理的恩恵を指摘する専門家の研究によっても異議を唱えられた。つまり，研究者たちは，読書があらゆる種類の問題の解決策になることを示したのだ。2013年に，サイエンス誌は，人気のベストセラーを好む傾向のある人よりも文学作品を主に読む人の方が，他人の考え方を明確に理解できると結論づける研究を発表した。この研究の著者は，賞を受賞した短編小説を読んだときの方が，より軽い商業的な文章を読んだときよりも，読者は顔に表れた感情を認識したり，他人の誤った考えを理解したりする能力が高いということを発見した。この実験は，文学的文章と大衆ベストセラーの違いに関するおなじみの議論に新たな貢献を果たした。しかし，この実験は，活字の本に魅了される時間を見つけることは，デジタル時代においてでさえ，多くの人にとって依然として価値のある活動であるということも示した。

4　昔の人はよく本を読み，すばらしい読書家であったとする考えは，歴史的な証拠によって裏付けられるわけではない。印刷物が，18世紀の大衆読書の台頭から20世紀のペーパーバック全盛の時代まで，黄金期を経験したのは確かである。それでも，ソーシャルメディアとの競争が始まるずっと前に，出版された書籍の中で読者を獲得したのはほんの一部であった。貴族たちは，小説をじっくり読むのではなく，使用人が音読するのを聞きながら髪を巻いてもらっていたのだ。人々がパソコンや携帯電話で自分の好きな曲や音楽を編集するよりずっと前に，詩の愛好家たちはページをはさみで切り離し，詩集の切れ端を別の詩集の余白に張り付けていた。洋服の販売員によって戸別訪問で本も売られていたが，昔の書店では魚が売られていた。当時の作家たちは，著作物をレンタルにすべきか販売すべきか，あるいはライセンスを取得すべきか所有すべきかといったことを，今日のネット上のコンテンツプロバイダーと同じくらい激しく，印刷物上で議論していた。要するに，活字本は現在デジタル機器が非難されている理由である多くの能力，そして危険性を生んだのである。

5　今，私たちは時々過去を振り返って，活字本が支配的な媒体であったと思い込んでいる。しかし，真実はもっと複雑である。まず第一に，活字本が手書きの文書に終わりをもたらしたわけではなかった。たとえば，18世紀には，ほとんどのヨーロッパの新聞が，「写本筆写者」と呼ばれる専門家によって手書きで筆写されていた。この時代には，印刷されたすべての文書が政府の役人により検査され，禁止されることもあった。手書きによって，作家や出版社は本の検閲をしたい役人の目を逃れることができたのだ。さらに，活字本は常に他の印刷物とともに存在してきた。たとえば，冷戦中は東ヨーロッパと南アフリカでは，ニュースの流通にはコピー機が使われ，私的な手書きの書類と公的な印刷物や新聞の中間的な存在になっていた。こうしたエピソードが示すように，活字本はより広いメディア環境の一部なのである。異なる歴史的時代を通して存在してきた様々なメディアを無視することによってのみ，印刷時代の過去がデジタル時代の現在よりはるかによく見えるのである。

6　印刷が発明されて以来，活字本は常に人々の関心をめぐって他のメディアと競い合わなければならなかった。しかし，今日多くの作家やジャーナリストが，読書とは常に，現金で購入した小説を一人で体を丸めて初めから終わりまで読むことだと想像し，読書の理想的なイメージを提示している。これは，本が歴史的にどのように扱われてきたかについて，今では本は全く重要ではないということを間違って示す，感傷的で不正確な理解である。そのような過去に対する憧れを口にする作家の切望とは裏腹に，活字本は現在の人々の考え方に大きな影響を与える可能性がある。活字本を現代からの避難所として扱うと，世界を変えるその可能性を見落とすことになるのだ。

◀解　説▶

問1．(ア)「相当するもの」

(A)「まねる人」 (B)「相当するもの」 (C)「友人」 (D)「正反対のもの」 (E)「複製品」

同意の(B)が正解。「10代後半から20代のアメリカ人」と「65歳以上の相当する人々」を比べる文。ここでのcounterpartsは「2017年に電子書籍を読むと報告したアメリカ人」を指す。

(イ)「解決策，治療」

(A)「バランス」 (B)「慰め」 (C)「一時しのぎ」 (D)「報酬」 (E)「治療」

remedyはmedical「医学の」と語源を共有する語だと知っていれば，記憶しやすい。同意の(E)が正解。remedyの意味を知らなくても，「あらゆる種類の問題のための～」に合うものを選べば正解にたどりつくだろう。

(ウ)「非難される」

(A)「非難される」 (B)「漂白される」 (C)「守られる」 (D)「見えなくなる」 (E)「ぼやける」

fault は名詞では「責任，欠点」，動詞では「～を非難する」の意。同意の(A)が正解。

(エ)「挿話」

(A)「懸念」 (B)「例」 (C)「隔たり」 (D)「手順」 (E)「部分」

these episodes が指すのが「手書きの文書やコピー機も情報媒体として使われていた」ということ。これらは「具体例」とも言えるので，(B)が正解。

問2．(あ)(A)「～を保証する」 (B)「～を強いる」 (C)「～を高める」 (D)「～を説得する」 (E)「～を認識する」

目的語が「顔に表れた感情」なので，これに合う(E)が正解。

(い)(A)「隠される」 (B)「裏付けされる」 (C)「接続される」 (D)「否定される」 (E)「異議を唱えられる」

「昔の人はよく本を読み，すばらしい読書家であったとする考えは，歴史的な証拠によって（　い　）わけではない」の穴埋め。第4段では「昔の人がすばらしい読書家であったこと」が否定されているので，(B)が正解。同段第3文（Nonetheless, well before …）から昔の読者数の少なさがうかがえるし，同段第4文（Instead of reading …）では過去の貴族に読書習慣が身についていなかったことが書かれている。

(う)(A)「年齢」 (B)「ひたい」 (C)「8」 (D)「立場，地面」 (E)「名前」

意味が通る(D)が正解。middle ground は「中立の立場，折衷案」の意で，ここでは「コピー機が手書きと印刷との中立の立場」という意味で使われている。

(え)(A)「誤って」 (B)「優しく」 (C)「幸運にも」 (D)「率直に」 (E)「新たに」

that suggests（　え　）… 以下が a sentimental and inaccurate understanding を修飾する関係代名詞節であることを見抜こう。すると「…を（　え　）示す，感傷的で不正確な理解」の穴埋めとして考えられる。「不正確な理解」を修飾するのだから，(A)が正解。

問3．(A)(a)「能力」 (b)「～の間に」

(B)(a)「能力」 (b)「～を越えて」

(C)(a)「努力」 (b)「～の前に」

(D)(a)「努力」 (b)「～を越えて」

(E)(a)「資格」 (b)「～の間に」

第1段第6文（In his 2008 …）に「本を読んでいるときに集中するのは簡単だったが，今はそれが難しい」とあり，この否定的な内容が引き続き書かれているのが下線部である。(a)には「今は～するのが難しい」と同意になるように capacity を入れて「～する能力を失う」とすればよい。(b)に入るのは between と beyond の二択に絞られるが，between を入れると look between the day's news となり意味が通らないので不適。残った beyond を入れる。look beyond *A* で「*A* の先を見る」の意。よって(B)が正解。

問4．第1段第4文（The report identified …）の「小説を読む人が14%減少し，特に男性と若年層でその割合が低くなっている」という内容に一致する(A)が正解。

問5．(A)「専門家たちは，文学を読む人は難解な文章をより正しく理解することができるということに同意した」

(B)「ジャーナリストたちは，短編小説は他人の考えを理解するのに役立つので，短編小説を読むことを高く評価する」

(C)「文学作品も大衆文芸もストレスを減らすのに役立つ可能性があると訴える人たちは正しいと，心理学者によって証明された」

(D)「研究者たちは，文学作品を読む人は他人の考えや感情を理解する能力がより高いということを証明した」

(E)「科学者たちは，大衆文芸を読むと他人の感情を理解する能力が低下しうると示した」

第3段第4文（The authors of …）の内容に合う(D)が正解。(A)は，「難解な文章をより正しく理解することができる」とは書かれていない。(B)は，ジャーナリストに関する記述がない。(C)はストレスに関する記述がない。(E)は「低下しうる」とは書かれていない。

問6．(A)「人類の歴史の大半において，文章は本ではなく，書かれた書類として読まれてきた」

(B)「印刷された本は，新聞や写真など他のメディアにたびたび優位に立たれてきた」

(C)「文字による記録が始まって以来，印刷された本は常に数種類のメディアのうちの一つであった」
(D)「本が採用する形式は常に他のメディアに対する直接的な反応である」
(E)「歴史を通じて，新聞は本より重要であった」
下線部の「より広いメディア環境」の具体例として筆者が紹介しているのが第3文から第6文（In the first … to censor books.）の「手書きの文書」と，第7文から第8文（In addition, printed … books and newspapers.）の「コピー機」である。つまり「活字本だけでなく，手書きの文書やコピー機も情報媒体として使われることがある」というのが下線部の理由に当たる。この内容と一致する(C)が正解。(A)は「本ではなく…」と記録媒体としての本を否定している点が不適。
問7．(A)「本が現代社会からの避難所になっているわけではないが，本により私たちは様々な時代の歴史について学ぶことができる」
(B)「批評家たちは活字本の衰退について警告を発するのをやめて，代わりにデジタルの未来に焦点を当てるべきだ」
(C)「コミュニケーションの手段としてではなく，地位の象徴として本を強調すべきだ」
(D)「本が作り出された文化を無視すると，本の内容を誤解することになりかねない」
(E)「物理的な物体としての本ではなく，本で表現されている考えにもっと注目すべきだ」
下線部は印刷された本を読むというイメージを過去のものとして美化する行為は，本質を見失うことにつながるということである。第6段第2・3文（However, today many …）で，「読書はこうあるべき」という見方についてふれており，これに捉われると「本は重要ではない」という間違った理解に至ると述べられている。また，第4段最終文にも，「活字本は現在デジタル機器が非難されているような多くの能力，そして危険性を生んだのである」とあることから，本の形態は本の能力（＝可能性）にとってそれほど重要なことではない，書籍の本質は形態によるものではないと考えていることがうかがえる。以上のことを「物質としての本ではなくその内容に目を向けるべき」と表した(E)が正解。(A)は「本によって歴史について学べる」，(B)は「デジタルの未来に焦点を当てるべき」という部分が本文と合わない。

問8．(A)「現在のデジタル時代が意味するのは，本が過去の遺物になったということだ」
(B)「電子書籍の成長が，活字本の衰退を引き起こしたわけではない」
(C)「活字本の人気は電子書籍の普及によって引き起こされた」
(D)「新しい科学技術の台頭により，私たちは活字本をより注意深く読むことができるようになる」
(E)「インターネットの普及により，人々が古典文学に価値を見出さなくなった」
第1段最終文（However, predictions of …），第3段，第4段に本の人気が続いていることが述べられており，この内容と一致する(B)が正解。(A)は現在でも本は価値があるとする本文の内容に合わない。(C)，(D)，(E)はいずれも本文に書かれていない。
問9．(A)「効率的な読者：本の読み飛ばしの重要性」
(B)「電子の脅威：活字本の終わり」
(C)「本の過去，現在，未来：本への郷愁に対抗して」
(D)「デジタル時代の読者：新しい科学技術による読書の向上」
(E)「カジュアルリーディングの台頭：いかにして注意力が持続しなくなっているのか」
全体の内容に合う(C)が正解。第1段から第5段までは本の過去，現在について述べられており，第6段最終文（Treating the printed …）で，本が将来の世界を変える可能性が述べられている。「本への郷愁」に関しては主に第4～6段に述べられている。(B)は，「現在でも本は価値があり，人気もある」とする本文の内容に合わない。

Ⅳ 解答

問1．(ア)―(D)　(イ)―(C)　(ウ)―(D)　(エ)―(D)　(オ)―(D)
問2．(A)　問3．(A)　問4．(D)　問5．(C)　問6．(A)
問7．(E)　問8．(D)　問9．(B)　問10．(E)

◆全　訳◆

≪視覚・言語的要素に関するテレビコマーシャルの比較≫

1　私は日本に30年住んでいるアメリカ人だ。長い間テレビを見てきて，この数年で一つ気づいたことは，視覚的要素と言語的要素の関係に関する日本とアメリカのテレビコマーシャルの違いである。はじめは，日本のコマーシャルは極端に視覚的で，一方アメリカのコマーシャルは，メッセージを伝えるのに主に言葉に頼っていると感じた。しかし，私が日本語に流暢になり，日本のコマーシャルの視覚的側面以外にも注目するようになって，言語的内容の重要性を認識できるようになった。一方，アメリカのコマーシャルは，映像メディア技術の進歩と広告戦略のグローバル化が原因かもしれないが，より視覚的であるように思われた。30年前と比べると，私の今の感覚では，日本とアメリカのテレビコマーシャルは違うというよりは似ていると思うが，それでも，視覚的要素と言語的要素に対する，ある重点の違いに気づく。

2　最近 YouTube で，アメリカのあるメッセージアプリのテレビコマーシャルを偶然見かけた。それは完全にアニメーションで行われており，そこに登場する従業員はみな人間ではなく動物である。上司役のライオンが，雨の中を足早に過ぎていく歩行者たちを窓越しに見ているところから始まる。彼は新製品のアイデアを思いつき，ポケットからスマートフォンを取り出して，みんなにメッセージを送信し，数人のチームメンバーと従来の対面式で短い会議をする。これがすべて最初の20秒以内に行われ，その後，メッセージアプリが引き継ぐ。コマーシャルはあるメンバーから別のメンバーへと素早く切り替えながら，各メンバーのパソコンやタブレット画面のアップを映していく。絶え間ないやり取りの中で何十通ものメッセージが次々に送受信されて，製品が作られたところでそのやり取りが終了する。

3　そのコマーシャルの最後に，雨の中を歩く歩行者を守るためにプロペラ付きの傘が飛んで降りてくる。そのメッセージアプリが，あらゆる職場であらゆる職業の人によって，あらゆる目的を達成するために使われている，という声をここで初めて聞く。実際は，このコマーシャルに出演した生き物をほんの数例挙げると，ライオン，ロブスター，フクロウ，ウサギがいるが，これらを含む動物のチームを通して表現されている中心的な考えは多様性である。現実では，これらの動物がお互い近くにいるところは決して見られない。完全にアニメで行われているこのコマーシャルが，映像を効果的に使ってアピールしているのは間違いない。それでも，最後の数秒で映像が完全にいくつかの文字に置き換えられる。動物たちは消えて，最後にそのメッセージアプリの名前が画面に表示される。

4　ここで，このメッセージアプリのコマーシャルを，ある同じ長さの日本のテレビコマーシャルと比べてみよう。こちらも，一日に起きる出来事を描いたものだ。ペットボトルの水のコマーシャルで，ある人気歌手が山を一人でハイキングしているシーンが収められている。メッセージアプリが絶えず視覚化されているのとは対照的に，そのペットボトルの水は，歌手が飲むシーンで3回だけ登場する。ペットボトルの水のアップはそれぞれ最長でも数秒で終わる。実際，60秒のコマーシャルを通して，ペットボトルの水は合計でたったの7秒しか映らない。商品の代わりに映し出されるのは，その歌手がハイキング中に見るものである。木々が生い茂る場所，岩で覆われた険しい斜面，澄み切った小川が様々な角度から映し出される。タカが空高く飛ぶシーンが2回ある。歌手が大きな声で数回何かを言っているが，視聴者には何を言っているのかわかりにくい。ほとんどの時間は，風と水の音しか聞こえない。

5　その日本のテレビコマーシャルが，内容の性質上，言語的要素よりも視覚的要素を重視しているのは容易に推測できる。明らかに，忙しいオフィスで仕事を行う一日と違って，一人で山登りをする一日は，他者と言語による意思疎通を図る機会がない。しかし，実はどちらのコマーシャルにおいても，言葉を映像に置き換えるという同じ戦略によって，言語によるコミュニケーションが意図的に強調されているのである。メッセージアプリのコマーシャルでは，実際のテキストメッセージを何十回も見せることによってそうしている。ペットボトルの水のコマーシャルでは，ハッシュタグを用いたツイートに見立てた映像で，歌手の考えを「見る」ことができる。例えば，ハイキングを始めると「#お邪魔してます」という文字が画面に表示される。その歌手は無言で山に挨拶をしているのだが，声に出されていない言葉が映像として表示されるので，私たちには彼女の挨拶が「聞こえる」のである。別の例は「#はぁーーー」である。小川に裸足で立つときのものだ。言語によるコミュニケーションが，一方のコマーシャルではツイートとして，もう一方ではテキストメッセージとして視覚化されているわけだが，コマーシャルの中での言語コミュニケーションの程度の違いは，ツイートとテキストメッセージというテクノロジーの違いによるものではない。むしろ，言語コミュニケーションのスピードと量が，ツイートとテキストメッセージの数と長さによって調節されているのである。

ペットボトルの水のコマーシャルは，もっと多く，もっと長くツイート画像を使うことができたはずだ。しかしそうしていない。つまり，ツイート画像の回数を抑えて時間を短くするというのは，メッセージアプリのコマーシャルでは複数のテキストメッセージが常に画面に溢れているのとは対照的に，水のコマーシャルでは，あえて言葉をできるだけ使わないようにしているということだ。

[6]　2つのコマーシャルの最大の違いはおそらく最後に表れる。前述したように，アメリカのコマーシャルは画面が製品の名前に完全に切り替わって終わる。しかし日本のコマーシャルでは，最後の方で製品名が口にされ書かれてもいるが，それが最後のメッセージではない。予想に反して，コマーシャルはもう少し続く。日が落ちても，歌手はまだ山頂で座っている。遠く離れた眼下で街の明かりが輝いている中，彼女は頭上の星を指差す。「＃星すげぇぇ」という彼女の最後の思いがツイート画像という形で画面に表示される。このように，ペットボトルの水のコマーシャルは，商品以外のことに関するメッセージで締めくくられる。つまり，この日本のテレビコマーシャルの真の主役は自然なのである。その歌手の知名度でさえ，そのペットボトルの水が採取される山の二の次だ。このコマーシャルは，言葉より視覚的要素に重点を置くことによって，純粋さ，新鮮さ，畏怖，喜びといった感情を刺激するので，視聴者はその山々に行きたくなるのである。

◀解　説▶

問1．(ア)「従来の」

(A)「堅苦しくない」 (B)「儀式的な」 (C)「最終的な，偶発的な」 (D)「普通の」 (E)「異常な」

traditionalには「伝統的な」という意味もあるが，ここでは「伝統的な対面会議」では通じない。新しいタイプのオンラインと従来の対面式という対比の文脈をヒントに「従来の対面式の会議」と解釈しよう。同意の(D)が正解。

(イ)「密集した」

(A)「混じった」 (B)「まばらな」 (C)「厚い，茂った」 (D)「平らではない」 (E)「若い」

同意の(C)が正解。denseは「(草木などが) 密集している」つまり，areas

of dense tree growth は「木が生い茂っている場所」という意味。ハイキング中に見るもので，「岩で覆われた険しい斜面，澄み切った小川」との並列なので，「山奥にあるもの」というイメージを持てば選択肢を絞れたはずである。

(ウ)「時間の短さ」

(A)「適切さ」 (B)「慎重さ」 (C)「公平さ」 (D)「短いこと」 (E)「徹底」

brevity は brief「短い」の名詞形で「時間の短さ」の意なので，同意の(D)が正解。第5段第11文（The bottled water …）でも，水のコマーシャル内のツイート画像の「回数と時間」について述べている点に注目。下線部 brevity が，infrequency「まれなこと」と並列関係であることから「時間の短さ」を述べている単語だと推測できるはず。

(エ)「〜をいっぱいにする」

(A)「〜を妨害する」 (B)「〜を壊す」 (C)「〜を曇らせる」 (D)「〜を満たす」 (E)「〜を凍らせる」

同文の in contrast to「〜とは対照的に」に注目し，前後に対照的な内容が述べられると推測しよう。in contrast to の前に「言葉をできるだけ使わない」とあることから，後ろには「言葉を多く使う」ということが述べられるはず。「テキストメッセージが画面を〜する」に当てはまるものとしてふさわしいのは(D)だとわかる。

(オ)「〜を刺激した」

(A)「〜を承認した」 (B)「〜を証明した」 (C)「〜を抑えた」 (D)「〜を生産した」 (E)「〜を組み立てた」

意味が近い(D)が正解。(D)の produce は「(結果・影響・効果など）を生じさせる」という意味でも用いる。例えば produce ill feelings で「悪い感情を生じさせる」の意。

問2．(A)「アメリカのテレビコマーシャルは，日本のテレビコマーシャルほど視覚的ではないということはない」

(B)「アメリカのテレビコマーシャルは，日本のコンピューターグラフィックスに影響されている」

(C)「アメリカのテレビのアニメを用いたコマーシャルは，世界的傾向をまねている」

(D)「日本とアメリカのテレビコマーシャルは，何ら共通する点がない」

(E)「日本のテレビコマーシャルは，アメリカのテレビコマーシャルの手本にされている」
第1段第5文（Meanwhile, it seemed …）の内容と一致する(A)が正解。(A)の not less ～ は「より～ではないということはない」という意味。二重否定なので肯定の意味合いになる点に注意。

問3．(A)「雨の日が，製品作りにおいて重要な役割を果たしている」
(B)「メッセージアプリの機能の恩恵を最も受けるのは歩行者である」
(C)「チームメンバーは，それぞれの特定の仕事に応じてそのアプリの様々なバージョンを使う」
(D)「アプリがアニメーション制作の複雑な仕事をうまく調節する」
(E)「上司は対面の会議を通じて新しいアイデアを思いついた」
雨の日に新しいタイプの傘を作ることを思いついたという内容なので，正解は(A)。(C)は，使う機器は異なるが，アプリのバージョンが違うわけではないので，不正解。(E)は，上司が新しいアイデアを思いついたのは会議前なので不正解。

問4．(A)「人間より動物の方が常に可愛いアニメのキャラクターになる」
(B)「そのアプリの単純さを強調するために，動物が人間の代わりに使われている」
(C)「そのアプリを購入する可能性が最も高い視聴者に対して，動物が特別な魅力を持っている」
(D)「普通であれば一緒に暮らさない動物たちが，あえて選ばれた」
(E)「動物たちは，アメリカの視聴者の人気に基づいて選ばれた」
第3段第3・4文（Diversity, in fact … near each other.）に，「普段ともに暮らすことのない動物同士が，多様性を表すために同僚として働いている」とある。この内容と合う(D)が正解。

問5．(A)「その歌手の声だけが山の静寂を破る」
(B)「ペットボトルの飲料水は山の小川のそばに時々現れる」
(C)「ペットボトルの水より山そのものの方がたびたび映される」
(D)「歌手が山をハイキングしながら重要なシーンを説明する」
(E)「視聴者はペットボトルの水を，短時間のアップの映像で7回見る」
第4段第3～5文（In contrast to …）に，ペットボトルの水はあまり映されないことが書かれている。また，第2文（This commercial is …）に

「歌手が山をハイキングする」ことが，第６文（What is shown …）に「商品の代わりに映し出されるのは，その歌手がハイキング中に見るものである」とあるので，「歌手がハイキング中に見るもの」とは「山（の景色）」である。つまりこのコマーシャルでは，商品である飲料水の代わりに山の映像が多く流されるということ。これと一致する(C)が正解。

問６．(A)「言語コミュニケーションに注目させるために，同じ方法が両方のコマーシャルで使われている」

(B)「テキストメッセージは，ツイート画像と比べると自然美を表現する能力が低い」

(C)「一人でハイキングをするという活動により，言語コミュニケーションが強調されなくなる」

(D)「ツイート画像は，その歌手が声に出して言っていることを確実に聞き取るために用いられている」

(E)「言語コミュニケーションは一方のコマーシャルでは意図的に使われているが，もう一方ではそうではない」

第５段第３文（But in fact, …）に「どちらのコマーシャルにおいても，言葉を映像に置き換えるという同じ戦略によって，言語によるコミュニケーションが意図的に強調されている」とあり，この内容と一致する(A)が正解。ツイートとテキストメッセージという違いはあるが，両者の優劣などが問題になっているわけではないので(B)は一致しない。(C)は「強調されなくなる」という点が，(D)は「声に出して言っている」という点が，(E)は「もう一方（のコマーシャル）ではそうではない」という点が一致しない。

問７．(A)「コマーシャルの比較によって，継続的な言語コミュニケーションが必要な場合はいつでも，テキストメッセージの方がツイートよりも優れていると示される」

(B)「ペットボトルの水のコマーシャルでは，言葉のメッセージの時間を短くすることと頻度を抑えることが避けられない」

(C)「言葉の視覚化の時間を長くしたり回数を増やしたりすることによって，ペットボトルの水のコマーシャルは改善できるだろう」

(D)「アメリカ文化自体が映像より言葉を重視するので，メッセージアプリのコマーシャルはペットボトルの水のコマーシャルよりも視覚的である」

(E)「言語メッセージの映像化は，ペットボトルの水のコマーシャルよりもメッセージアプリのコマーシャルの方が，度合いが高い」
二つのコマーシャルの言語メッセージの映像化の程度に関する違いが，主に第5段第9～最終文（Although verbal communication … any given moment.）に書かれているが，特に最終文からわかるように，メッセージアプリのコマーシャルの方が言語メッセージを視覚化しているので，(E)が正解。第11文（The bottled water …）は仮定法で書かれており，「(使おうと思えば) ツイート画像をもっと使うこともできた」ということ。ここを誤読して(B)や(C)を選ぶ受験生がいるかもしれない。仮定法で書かれている点を見抜くことが肝要である。

問8．(A)「昼と夜の対比が，その日本のコマーシャルの最も重要なメッセージである」
(B)「2つのコマーシャルはともに，言語と映像の要素が劇的に反転して終わる」
(C)「メッセージアプリのコマーシャルの最後と同様に，ペットボトルの水のコマーシャルの最後に星に関するツイートの映像があり，視覚から言語に重点が切り替わる」
(D)「日本のコマーシャルの自然への継続的な焦点が，満天の星空の映像へと拡張されている」
(E)「視聴者は街の輝く明かりを見てペットボトルの水に関してもう一度考えさせられる。どちらもテクノロジーの産物であるからだ」
第6段第9文（That is to …）に「この日本のコマーシャルの真の主役は自然なのである」とあり，この内容と一致する(D)が正解。(B)は，「反転」という内容が本文に述べられていないので不正解。

問9．(A)「商品に共通点がなければ，コマーシャルを比較しても意味がない」
(B)「一方のコマーシャルの方がもう一方のコマーシャルよりも直接的に商品を宣伝している」
(C)「チームワークと単独でのハイキングというストーリーは，アメリカと日本文化の固定観念に異議を唱えるものだ」
(D)「それらのコマーシャルは，集団ではなく一人の人を使う方が効果的だと示している」
(E)「グローバル化した今日のコマーシャルは，特定の国の文化の影響を示さない」

第６段第１文（Perhaps the biggest …）に，「２つのコマーシャルの最大の違いが最後に表れる」とある。それぞれ最後に関して，アメリカのコマーシャルは同段第２文（As mentioned earlier, …），日本のコマーシャルは同段第８文（The bottled water …）に述べられており，前者は製品名，後者は商品以外のことに関するメッセージである。この内容と一致する(B)が正解。

問 10. (A)「グループと個人」 (B)「自然とテクノロジー」 (C)「静けさと話すこと」 (D)「テキストメッセージとツイート」 (E)「言語的と視覚的」

第１段最終文（Compared to thirty …）の「視覚的要素と言語的要素に対するある重点の違い」がこの文章のテーマで，２つのコマーシャルを比較して論じている。どちらのコマーシャルも言語を視覚化するという同じ方法（テキストメッセージかツイートかの違いはあるが）が用いられてはいるが，第５段最終文（In other words, …）にあるように，アメリカのコマーシャルは言語的要素が多く，日本のコマーシャルはそれが少ない。この内容と合う(E)が正解。

V 解答 (ア)―(C) (イ)―(D) (ウ)―(B) (エ)―(E)

◆全 訳◆

≪体調に関する会話≫

ジョー（以下Ｊ）：今日はやけに顔色が悪いね。体調は大丈夫？

キャリー（以下Ｃ）：実は，ここ２，３日「体調不良」なの。

Ｊ：それはお気の毒に。どうしたんだい？

Ｃ：ひどい風邪をひいてしまって，どうしても治らないの。この風邪のせいで夜もよく眠れないわ。

Ｊ：無理をしすぎていたのかもしれないね。

Ｃ：そうよ。休暇が欲しいわ。もう限界だわ。

◀解 説▶

(ア)「体調は大丈夫？」に対する答えとなるものを選ぶとよい。(C)が正解。be under the weather で「少し体調を崩している」の意。

(イ)「体調不良」の相手に対する言葉として合う(D)が正解。too bad は「お気の毒な，残念な」という意味の成句。

(ウ)「ひどい風邪で…」に合う(B)が正解。shake off / shake ～ off で「～（病気など）から回復する」の意。

(エ) can［could］do with *A* で「*A* があればありがたい」の意。よって(E)が正解。空欄の後ろの文の the end of *A*'s rope は「*A* の限界」という意味の成句。

❖講 評

2022 年度は，Ⅰが空所補充問題，Ⅱが語形変化問題，ⅢとⅣが長文読解問題で，Ⅴが会話文の問題であった。2021 年度と比べるとⅠの問題数が増加したが，Ⅱの問題数が減少した。ⅠとⅡの合計問題数は 1 問減少したが文章量は増加している。ⅢとⅣの問題数は減少したが，Ⅴが出題されたので，トータルでの負担はそれほど変わらない。全体としては標準レベルの問題である。

Ⅰは 3 つの文の空所に共通の 1 語を補う問題。出題形式は少し変化したが問われていることは同じで，熟語や多義語など語句に関する知識が必要となる。Ⅱの語形変化は派生語，準動詞などについての知識が問われる。ⅢとⅣの長文読解では，同意表現や空所補充，内容説明などが出題されている。空所や下線部については，その前後をじっくりと読んで文脈を把握することが重要である。全体として英文の分量が多いので，時間配分に十分注意してほしい。

日本史

I 解答

1－②　2－③　3－②　4－⑤　5－②
6－①　7－②　8－④　9－③　10－①

◀解　説▶

≪原始・古代の遺物・遺構・税，古代の文化≫

1．②が正解。吉野ヶ里遺跡は佐賀県にある弥生時代の環濠集落。③の岩宿遺跡と⑤の早水台遺跡は旧石器時代，①の三内丸山遺跡は縄文時代。④の荒神谷遺跡は大量の青銅器が発見された弥生時代の遺跡で，環濠集落ではない。

2．③が正解。リード文から，空欄bには租として集められた稲が収納された倉が入ると判断できる。よって，③の正倉が正しいとわかる。正倉は諸国の郡家に置かれた不動倉の1つで，租で集められた稲を蓄えた。

3．やや難。②が正解。②の手斧(ちょうな)は鉄製の斧である。①の細石刃，③の石包丁，④の石鏃は石器なので消去できる。⑤の掻器(そうき)は石の刃であり，動物の皮をなめし加工するための道具であるが，判断が難しい。

5．②誤文。地域の特産物を納める調に関して，次丁は正丁の「3分の1」ではなく，2分の1を納入する規定となっていた。

7．やや難。②が正解。『北山抄』は藤原公任の著した摂関期の年中行事書である。④の『江家次第』は大江匡房が院政期に記した年中行事書で時期が異なり，③の『延喜式』は律令の施行細則で年中行事書ではないため，消去できる。①の『釈奠次第』は儒教における儀式の1つ釈奠の儀礼・作法書。

8．④誤文。空海が与えられた称号は弘法大師。伝教大師の称号は最澄に与えられた。

9．③誤文。阿倍仲麻呂は8世紀に遣唐使として唐に渡り，唐の朝廷に仕えた人物で，船の遭難により帰国できず，長安で亡くなったため，「帰国した」は誤り。また，遣唐使の実質的な最後の派遣がされた承和期は9世紀なので，時期も異なる。

10．①正文。②誤文。『古今和歌集』仮名序を記したのは紀貫之である。

紀淑望は『古今和歌集』真名序の作者である。
③誤文。国風文化期の仏像彫刻は寄木造である。一木作り（一木造）は弘仁・貞観文化期の仏像彫刻の特徴である。
④誤文。法隆寺金堂壁画は白鳳文化期の作品であり，時期が異なる。

Ⅱ　解答

1－⑤　2－②　3－③　4－①　5－②　6－①
7－③　8－③　9－④　10－⑥

◀解　説▶

≪中世の守護≫

1．⑤が正解。史料Bは「近江・美濃・尾張三ヶ国の本所領半分の事，兵粮料所として，当年一作，軍勢に預け置くべきの由，守護人等に相触れおわんぬ」から，観応の擾乱の最中に室町幕府が出した観応の半済令とわかる。観応の半済令は一国の荘園年貢の半分を軍事費として守護が徴収することを認める代わりに，残りの半分を荘園領主に納めることを定めたもので，北朝方の武士の軍事費の確保と荘園領主の経済基盤の確保を両立する目的で発布された。「近江・美濃・尾張三ヶ国の本所領半分の事，兵粮料所として，当年一作，軍勢に預け置くべき」とあるので，空欄aには残りの半分を受け取る荘園領主を意味する本所が入る。
史料Eは「異類異形ナルアリサマ」「武方ノ沙汰，守護ノ制禁ニモカカハラス」，出典の『峯相記』などから，悪党に関する記述とわかる。
2．②が正解。史料Dは冒頭の「諸国守護人奉行の事」，「右，右大将家の御時定め置かるる所は」やその後に守護の職務を定めている文章が続いていることから，御成敗式目と判断できる。空欄bは直後に「謀叛・殺害人…等の事」とあり，守護の職務とわかれば，大犯三カ条の1つである大番催促が入ると判断できる。空欄cは御成敗式目が武家法であることを念頭に置けば，借上，領家ではなく，地頭が入ることは判断できるだろう。
3．③誤文。分国法に記されている喧嘩両成敗の法は家臣相互の実力による紛争解決を禁止しており，「奨励する」は誤り。
4．①正文。史料Bが観応の半済令とわかれば，①の観応の擾乱と判断できる。
②・③・④誤文。②は土岐康行の乱，③は明徳の乱，④は応永の乱で，いずれも室町時代に足利義満が行った守護の勢力削減策に伴う戦乱の記述。

5．②正文。①誤文。地頭請は荘園領主が地頭に荘園の支配を任せる代わりに，地頭が荘園領主への年貢納入を請け負うものであり，下地中分は関係ない。
③誤文。御料所の経営は守護ではなく，将軍に仕える奉公衆が担った。
④誤文。百姓請は領主への年貢納入を村単位で請け負うもので，「個人」で請け負うものではない。
6．①正文。②誤文。源頼朝が守護の任命権を朝廷に認められたのは1185年，頼朝が右近衛大将に就任したのは1190年であり，時期が異なる。
③誤文。源頼朝の奥州藤原氏征討は1189年，頼朝の征夷大将軍就任は1192年であり，時期が異なる。
④誤文。「東海道・東山道の支配権」を源頼朝に認めた寿永二年十月宣旨は1183年に後白河院から頼朝に与えられており，「後白河院の死後」は誤り。
7．③誤文。関東知行国は鎌倉殿の知行国であり，知行国に国司が任命されていることを念頭に置けば，「国司が任命されず」は誤りとわかる。
8．③誤文。時期が誤り。一条兼良は東山文化期の人物であり，鎌倉時代の人物ではない。
10．やや難。⑥が正解。史料Aは問3の分国法から戦国時代，史料Dは御成敗式目なので鎌倉時代。史料B・Cは，いずれも室町時代に追加された守護の権限についての記述で，大犯三カ条に加えて刈田狼藉の取り締まりや使節遵行の権限が加えられたことを示す史料C（1346年），次いで，観応の擾乱に際して出された半済令を示す史料B（1352年）の順となる。よって，D→C→B→Aとなる。

Ⅲ 解答

1．a．熊沢蕃山　b．定免法
c．田畑永代売買禁止令　d．灰吹法
2．E→D→A→C→B　3．条約名：己酉約条　締結年：1609年
4．法令名：上米　1万石につき100石の米を大名に上納させた。(20字以内)
5．徳川綱吉

◀解　説▶

≪近世の政治・経済≫

1．a．熊沢蕃山は中江藤樹に学んだ陽明学者で，岡山藩主の池田光政が起用した。熊沢は朱子学に批判的なうえ，著書の『大学或問』で幕政批判を展開したため，幕府によって弾圧された。

c．文章Dの「江戸時代最初の深刻な大飢饉」は1641～42年の寛永の飢饉で，この時の将軍は3代徳川家光である。「富農への土地集中による本百姓の没落を防」ぐ法令は，田畑の売買による本百姓の没落を防ぐ意図で出された田畑永代売買禁止令である。

2．文章A～Eは江戸時代である。文章A～Dは冒頭に「将軍」とあるので，文章Eも含めて将軍を特定し，並び替えればよい。文章Aは池田光政が活躍し，「東アジア全体に平和が訪れた」時期であるので，4代徳川家綱。文章Bは「漢訳洋書の輸入制限をゆるめ」から，8代徳川吉宗。文章Cは金銀産出量の減少と貨幣改鋳による物価騰貴，富士山の大噴火などから，5代徳川綱吉。文章Dは問1から3代徳川家光。文章Eは「金座および銀座が設けられ，貨幣が鋳造」とあり，慶長金銀を想起すれば，徳川家康の時期とわかる。よって，A～EはE→D→A→C→Bとなる。

3．対馬藩と朝鮮の間で1609年に結ばれた己酉約条（慶長条約）では日朝間の貿易は釜山に設けられた倭館で行われ，対馬藩が対朝鮮貿易を独占することになった。

4．問われているのは，幕府財政の再建のため諸大名に命じられた法令の名称と具体的な内容である。「万石以上の面々より八木差し上げ候様ニ」とあるので，上米とわかる。よって，論述は上米の具体的な内容を説明すればよい。上米は幕府の財政を再建するため，大名に対し，毎年，石高1万石につき100石を上納させるもので，その代わりに参勤交代の江戸在府期間を半年とし，大名の負担軽減をはかった。参勤交代は将軍と大名の主従関係の確認を目的とする儀礼行為であり，これを緩和することは，幕藩体制のゆるみにつながりかねないことから，吉宗は上米を命じることを法令で「御恥辱」と表現している。そのため，財政再建がある程度進んだ1731年には中止された。

字数に限りがあるので，大名に対して命じたこと，石高1万石につき100石の米を納めたことの2点を明記すればよい。

Ⅳ　解答

1．島津斉彬　2．議政官　3．左院
4．木戸孝允　5．保安条例
6．禁門の変〔蛤御門の変〕　7．内大臣　8．佳人之奇遇
9．超然主義　10．憲政党

◀解　説▶

≪19世紀後半の政治状況≫

1．島津斉彬は幕末期の薩摩藩主で，開明的な人物として知られ，洋式工場群である集成館の建設など藩政改革を進めた。

2．1868年閏4月に定められた政体書はアメリカに倣った三権分立制を導入しており，立法機関として議政官が設置された。

3．廃藩置県後の太政官制度の改革で設置された左院は，立法機関であり，正院の諮問に応えるとともに，建白書を受理する機関でもあった。2つ目の空欄の前後に民撰議院設立の建白書が提出された旨が記されているところから，判断したい。

6．設問文の尊王攘夷の中心的勢力が長州藩とわかれば，禁門の変（蛤御門の変）を導ける。長州藩は過激攘夷を唱えたため，1863年に公武合体派により京都から追放された（八月十八日の政変）。この後，復権を目指す長州藩が軍勢を率い上京したが，薩摩藩・会津藩などに敗北したのが，禁門の変である。

7．徳川慶喜が辞官納地で返上した官職は内大臣である。征夷大将軍は大政奉還の際に返上しているので関係がないことに注意したい。

8．自由民権運動が盛んになる中で，政治小説は民権運動の思想を広めるために著された。東海散士の『佳人之奇遇』はその1つで，主人公で旧会津藩士の東海散士がスペイン，アイルランド，中国の独立運動に従事する人々と交流する中で，自らの政治思想を語るという体裁で，天賦人権論などの普及を目指した。

10．第2次山県有朋内閣が衆議院対策として提携したのは，旧自由党系の憲政党である。しかし，山県内閣は，政党の力が官僚や軍部に及ぶのを防ぐ目的で，文官任用令改正や軍部大臣現役武官制制定を進めたので，この後，憲政党は伊藤博文に接近して立憲政友会に合流した。

V 解答

1―③　2―②　3―①　4―①　5―④　6―②
7―③　8―①　9―②　10―④

◀解　説▶

≪近現代の外交・政治・社会経済≫

史料Aは冒頭の「臨時総会の採択せる報告書」や3行目の「［　a　］事件当時及其の後に於ける日本軍の行動を以て自衛権の発動に非ず」，6行目の「満州国成立の真相を無視し」から，リットン報告書を採択した国際連盟への批判とわかる。史料Bは冒頭の「過去において日本国が戦争を通じて中国国民に重大な損害を与えた」と問9の選択肢から日中共同声明とわかる。

1．③が正解。史料が特定できれば，日本軍の行動は柳条湖事件（1931年）以降とわかるので，柳条湖事件が発生した9月18日を選べばよい。

3．①が正解。日中共同声明では戦争賠償請求権の放棄が盛り込まれた。

4．①が正解。やや難。1933年の国際連盟脱退を通告した際の内閣総理大臣は斎藤実である。一方，同時期の外務大臣は内田康哉であるが，受験生には判断が難しかったかもしれない。

5．④誤文。陸軍省が『国防の本義と其強化の提唱』（通称「陸軍パンフレット」）を頒布したのは，1934年である。リットン報告書が国際連盟総会で採択され，日本が連盟脱退を通告したのは1933年である。

6．②が正解。やや難。下線部(イ)のリットン報告書では史料文「［　a　］事件当時及其の後に於ける日本軍の行動を以て自衛権の発動に非ず」にある通り，満州事変を日本の自衛措置と認めず，日本の軍事行動を批判する一方，日本の満州における特殊権益を認めて妥協を図ろうとしたものである。

7．日本が満州国を承認したのは，1932年9月締結の日満議定書である。
③正文。日満議定書では満州国に日本軍が駐屯することが認められた。
①誤文。満州事変において，日本軍と国民政府軍との停戦を取り決めたのは，1933年5月に締結された塘沽（タンクー）停戦協定である。
②誤文。満州事変において，日本軍と満州国軍は戦っていない。
④誤文。満蒙開拓青少年義勇軍の派遣は1930年代後半以降であり，日満議定書は関わりがない。

8．①が正解。Ⅰ～Ⅳはいずれも日中戦争勃発以降の出来事である。Ⅱの国民精神総動員運動は日中戦争勃発直後の1937年9月，Ⅳの国家総動員法は1938年4月に公布され，それに基づく勅令の1つとして，Ⅰの国民徴用令が1939年に公布された。また，Ⅲの七・七禁令は，ぜいたく品の製造・販売を禁止したもので，1940年7月である。

9．日中共同声明発表時の内閣は田中角栄内閣である。
②正文。列島改造政策を打ち出したのは田中角栄内閣である。
①誤文。公害対策基本法（1967年）を制定したのは佐藤栄作内閣である。
③誤文。全国総合開発計画を策定したのは池田勇人内閣である。
④誤文。バブル経済は1980年代後半から1990年代初頭であり，田中角栄内閣期の1970年代前半とは時期が異なる。

10．④誤り。日中共同声明の発表が1972年，④のスミソニアン体制の成立が1971年末なので，史料B以後ではなく，以前である。

❖講　評

Ⅰ．原始・古代に関する文章A・Bをもとに，関連事項を問う設問。時代別では旧石器時代～平安時代中期，分野別では社会史と文化史を中心に出題された。全問マークシート形式で，用語選択問題と正文・誤文選択問題が出題された。問3・問7を除き，おおむね標準的な内容で，高得点が可能である。

Ⅱ．中世の守護に関する5つの史料をもとに，関連事項を問う設問。時代別では鎌倉時代から室町時代，分野別では主に政治史から出題された。全問マークシート形式で，配列問題が1問，その他は用語選択問題と正文・誤文選択問題が出題された。問1・問2のように史料対策の有無が問われる問題が複数，出題された。多くが入試で頻出の定番史料であり，史料内容を読み取ること自体は難しくないが，史料Cの時期を特定するのが難しく，問10はやや難問。その他はおおむね標準的な内容で，高得点が可能である。

Ⅲ．江戸時代の政治・経済に関する文章A～Eをもとに，関連事項を問う設問。時代別では戦国時代と江戸時代，分野別では政治史を中心に出題された。20字以内で記述する論述問題が1問，配列問題が1問，その他は語句記述問題が出題された。論述問題を含め，おおむね標準的な内容で，高得点が可能である。

Ⅳ．19 世紀後半の政治状況に関する文章をもとに，その関連事項を問う設問。時代別では幕末〜明治期，分野別では政治史を中心に出題された。全問語句記述問題が出題された。おおむね標準的な内容で，高得点が可能である。

Ⅴ．近現代史の外交に関する史料Ａ・Ｂをもとにその関連事項を問う設問。時代別では 1930〜1940 年代と 1960〜80 年代，分野別では外交史を中心に出題された。全問マークシート形式で，用語選択問題と正文・誤文選択問題，正誤問題，配列問題が出題された。問４・問６を除き，おおむね標準的な内容で，高得点が可能である。

2022 年度は 2021 年度同様，論述問題と史料問題が出題された。史料は近現代史で出題されたため，2021 年度に比べ，読みやすく難度は低くなった。問題はおおむね標準的であり，全体の難易度は 2021 年度と同じと言える。

世界史

I 解答

問1．(ア)ポエニ　(イ)ディアドコイ　(ウ)同盟市
問2．シチリア島　問3．B　問4．バクトリア
問5．A　問6．ポリビオス　問7．マリウス　問8．ポンペイウス
問9．D→B→A→C　問10．ガリア戦記

◀解　説▶

≪古代ローマ≫

問3．B．誤り。タレントゥムは南イタリアのギリシア人植民市で，ローマはこの都市を征服してイタリア半島を統一した。

問4．セレウコス朝シリアから，ギリシア系の国家としてバクトリアがアム川流域に独立した。

問5．やや難。A．前133年に護民官となったのは兄のティベリウス=グラックス。自作農と軍の再建をめざしたが保守派に殺害された。弟の，B．ガイウス=グラックスは前123年に護民官となり改革を試みたが，自害に追い込まれた。

問6．ポリビオスは小スキピオとともに第3次ポエニ戦争に同行し，政体循環史観にもとづくローマの歴史を著した。

問9．D．モーセに率いられての「出エジプト」は前13世紀頃。→B．前10世紀，ソロモン王の死後イスラエル王国とユダ王国に分裂した。→A．前538年，ヘブライ人はアケメネス朝によってバビロン捕囚から解放された。→C．イエスがユダヤ総督ピラトにより刑死したのは30年頃。

II 解答

問1．(ア)―C　(イ)―D　問2．B
問3．(エ)―D　(オ)―B　問4．B
問5．A　問6．B　問7．A　問8．B　問9．C　問10．D

◀解　説▶

≪万里の長城をめぐる歴史≫

問4．B．武帝時代にイラン高原に位置した国はイラン系のパルティア（前248年頃～224年）で，中国では安息とよばれた。

問5．A．北魏では仏教が保護され，石窟寺院が造られた。Aは雲崗（山西省大同市の西郊）の石窟寺院の大仏でガンダーラ・グプタ様式の影響がうかがえる。なお，Bは北インドのヒンドゥー教寺院，Cは高句麗の壁画，Dは新羅の天文の観測台とされる石造建築。

問6．B．誤り。契丹（遼）の開祖は耶律阿保機。耶律大石は西遼（カラキタイ）の開祖。

問7．B．誤文。ティムールは，アンカラの戦いでオスマン帝国を破り，バヤジット1世を捕虜とした。

C．誤文。ティムール朝はトルコ系の遊牧ウズベクによって滅ぼされた。

D．誤文。明への遠征途上，中央アジアのオトラルで病死したのはティムール。ウルグ=ベクは天文学の発展に寄与した学芸君主として知られる。

問8．B．誤文。交鈔は金，元の紙幣。元では銀の補助通貨として用いられた。

問9．C．正文。康熙帝時代，1689年のネルチンスク条約で中国東北部のアルグン川とスタノヴォイ山脈（外興安嶺）を国境に画定し，1727年のキャフタ条約でモンゴル方面における国境を定めた。

III　解答

問1．D　問2．(あ)―B　(い)―D　(う)―C
問3．C　問4．A　問5．A　問6．B　問7．C
問8．D　問9．C　問10．B　問11．A　問12．B　問13．A

◀解　説▶

≪近世ヨーロッパ諸国の海外進出≫

問1．D．誤文。カブラルが漂着し，ブラジルはポルトガル領になった。カボット（父子）は北米東北部に到達した航海者。

問4．A．誤文。マジャパヒト王国（1293～1520年頃）は元の侵入を機に成立したヒンドゥー国家。イスラーム勢力の拡大によって衰退した。

問5．カルロス1世の治世は1516～56年。

B．誤文。カルロス1世（神聖ローマ皇帝カール5世）によりルターが召喚されたのはヴォルムス帝国議会。

C．誤文。カトー=カンブレジ条約（1559年）はイタリア戦争の講和条約で，フェリペ2世時代にスペイン，フランス（アンリ2世），イギリス（エリザベス1世）を中心に締結され，フランスはイタリアに対する権利を放棄した。

D．誤文。プロテスタント諸侯や帝国都市が結成した同盟はシュマルカルデン同盟。ユトレヒト同盟（1579 年）はフェリペ 2 世時代に成立した。

問 7．フェリペ 2 世の治世は 1556～98 年。

A．誤文。オランダ独立を支援したイギリスに対し無敵艦隊を派遣した。

B．誤文。三十年戦争が起きたのはフェリペ 2 世の治世よりも後の 1618 年。

D．誤文。プレヴェザの海戦（1538 年）でオスマン帝国軍に敗れたのはカルロス 1 世時代。フェリペ 2 世時代にはレパントの海戦（1571 年）でオスマン帝国に勝利した。

問 9．C．各国の東インド会社設立年はイギリス：1600 年→オランダ：1602 年→フランス：1604 年（1604 年に設立されたがほとんど機能せず，1664 年に再建）である。

問 10．B．ニューファンドランドはフランスが領有していたカナダ東部の島で，ユトレヒト条約によりイギリスが獲得した。

問 11．A．誤文。イギリス本国での迫害を逃れたピューリタンが建設したのはニューイングランド植民地。

問 12．B．クロムウェルが護国卿となったのは 1653 年で，第一次英蘭戦争（1652～54 年）中。

問 13．B．誤文。スペイン継承戦争後のユトレヒト条約で，ブルボン家のスペイン王位継承が認められた。

C．誤文。マリア=テレジアのハプスブルク家継承に対して異を唱え，オーストリア継承戦争を戦ったのはプロイセンのフリードリヒ 2 世。

D．誤文。七年戦争ではオーストリアがフランスと同盟し，プロイセン側をイギリスが支援した。

Ⅳ 解答

問 1．遣唐使または遣隋使　問 2．C

問 3．律令体制〔律令国家体制〕

問 4．ナーランダー僧院　問 5．皇輿全覧図　問 6．洋務運動

問 7．日清戦争

問 8．知日派軍人を育成し列強に対抗できること。(20 字以内)

問 9．北京議定書（辛丑和約）　問 10．B　問 11．胡適

問12. ガンディー

◀解　説▶

≪中国における留学≫

問1．遣唐使における留学生としては，阿倍仲麻呂や吉備真備などが有名。また，608年に派遣された遣隋使でも留学生が派遣されている。

問3．東アジア世界の中心となった唐の国家体制は，律・令・格・式にもとづく律令体制であり，日本だけでなく朝鮮や大越などにも影響を与えた。

問5．康熙帝時代にブーヴェらが作成したのは，中国初の実測による全国地図である「皇輿全覧図」である。

問6．アロー戦争後から洋務運動が展開され，西欧の技術導入による富国強兵がめざされた。

問7．リード文下線部の「1896年」に注目しよう。日清戦争を契機に日本への留学生派遣がさかんとなり，1905年に科挙が廃止され，ついで日露戦争での日本の勝利も相まって留学生の数は急速に増加した。

問8．難問。リード文には「1896年に日本への留学生派遣が開始」「1900年以降日本留学ブームが起きる」「1920～30年代には日米間で中国人留学生の勧誘を争った」とある。「日本陸軍」が「多くの留学生を受け入れた」のだから，その背景には軍事的目的があると推測したい。〔解答〕では知日派の人材を養成することで，将来にわたって中国軍との結びつきを強化するという点を考えた。中国軍の中に知日派の軍人を作ることで，列強の進出に対抗しようとしたのである。

問9．義和団事件の北京議定書（1901年）で8カ国共同出兵に参加した日本とアメリカは清から賠償金を獲得した。

問10. 難問。蔣介石は日本の陸軍士官学校に留学しており，士官候補生となって新潟県に配属されていたが，辛亥革命で帰国している。なお，孫文は辛亥革命の際，アメリカから帰国している。

問11. 胡適は五・四運動後アメリカに留学し，アメリカのデューイが唱えたプラグマティズムを中国に紹介した。

❖講　評

Ⅰ．古代ローマについての大問。問5はグラックス兄弟の兄の名が問われておりやや難であった。その他の設問はほぼ教科書の内容で対処できる問題で，問9の配列法も標準レベルであったので得点につなげたい。

Ⅱ．万里の長城の歴史をテーマとした大問。問5では北魏の文化が視覚資料で問われた。建造物や美術作品は日頃の学習で注意しておきたい。問7～問9の正文・誤文選択問題は標準的な内容であり，丁寧に読んで誤りの部分を判断して正解を導きたい。問10は国際連合の機関が押さえられているかが問われた。

Ⅲ．近世ヨーロッパ諸国の海外進出に関する大問。問2は地図を用いた設問で，明治大学文学部では地図問題は出題率が高いので，都市や国の位置は必ず確認するようにしておきたい。問4のマジャパヒト王国が奉じた宗教は要注意である。

Ⅳ．中国における留学をテーマとした大問。問7はリード文の1896年に着目し日清戦争が日本への留学の契機となったことを導きたい。問8では20字の論述問題が出題されたが，文字数が厳しいこともあって難問となった。また，問10では蔣介石か孫文かで迷うと思われる。記述問題では漢字の表記に注意したい。

ほぼ教科書の内容で対処できるが，Ⅳ．問8のような考察が必要な難問が出題されることもあり，用語集の説明文レベルの正誤が要求される場合もあるため得点差が生じやすい。難易度は2021年度とほぼ同程度であった。

地理

I　解答

問1．③　問2．④　問3．①

問4．降雨が集まりやすい山間の沢をせき止めて谷筋の水を貯留し，農業用水を確保する。

問5．①　問6．③　問7．⑤　問8．⑤　問9．あ．秋吉　い．平尾

問10．地形1：ドリーネ

地形1の説明：石灰岩が二酸化炭素を含んだ雨水に溶食されてできたすり鉢状の凹地。

地形2：ウバーレ

地形2の説明：複数のドリーネが溶食の進行によりつながってできた広い凹地。

問11．③　問12．①

問13．道路が急峻な崖に面しており，主に落石や崖崩れから道路を守るために設置された。

◀解　説▶

≪(A)香川県三豊市の地形図読図，(B)岡山県新見市の地形図読図≫

問1．①カレンは石灰岩台地が溶食されてできる溝状の地形である。②ホルン（尖峰）は氷河の侵食によるカール（圏谷）に囲まれ角錐状に孤立した山頂である。④マールはマグマ中のガスや水蒸気の微弱な爆発により生じた円形の火口で，秋田県の一ノ目潟のように池になることが多い。⑤メサは水平な硬岩層に覆われ，周囲が急斜面となったテーブル状の地形で，侵食が進み平坦な山頂をもつ孤立丘となったものが③ビュートである。

問2．汐木山の山頂は硬い安山岩からなり，安山岩は耐久性や耐火性が優れていることから，昔から山頂部で土石採掘が行われてきた。そのため，かつてはほぼ円錐状の山体であった汐木山は，山頂部が平坦化した。

問3．かつて汐木山の麓は大きな干潟で港となっていた。汐木港は周辺地域の荷物の集積地となり，昭和初期までは港町として機能していた。現在，干潟は埋め立てにより見ることができなくなっている。

問4．降水量が少なく渇水の多い香川県では，古くから農業用水を溜池に

貯めて農業を営んできた。溜池は降雨の集まりやすい谷筋に沿って発達しており，沢をせき止めた池が多く見られる。

問6．③不適。現在，四国には火山はないとされており，溶岩流による家屋倒壊など火山活動による被害は想定されていない。

問7．学校Qは標高 2.0m の三角点付近，学校Pは標高 42.4m の三角点付近に位置する。このことから，標高の低い学校Qは低地に大きな被害をもたらす①洪水，②高潮，③溜池氾濫，④津波発生時の避難場所としては不適切である。一方，斜面崩壊や土石流などの土砂災害は急傾斜地で発生しやすいことから，平坦地に位置する学校P・Qはともに⑤土砂災害の避難場所としては適切であると考えられる。

問8・9．カルスト地形は石灰岩地域に発達し，石灰岩の主成分である炭酸カルシウムが二酸化炭素を含む雨水や地下水により溶食されて形成され，ドリーネ・ウバーレ・ポリエ・カレンフェルト・鍾乳洞などが見られる。日本ではあまり広大なカルスト地形は見られないが，山口県秋吉台，福岡県平尾台，広島県帝釈（たいしゃく）台，愛媛県大野ヶ原などに発達している。

問 10．カルスト地形では，すり鉢状の小凹地であるドリーネや，複数のドリーネが溶食の進行によりつながってできた広い凹地であるウバーレが形成され，右のような地図記号で表される。

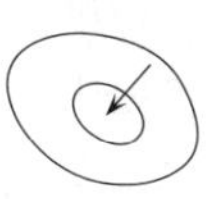
(小)ドリーネ

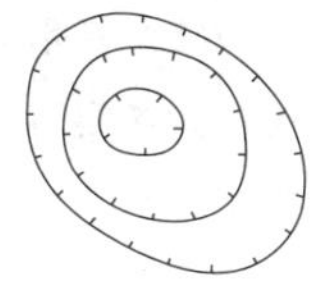
(大)ウバーレ

問 11．図Bの範囲内の最高地点は北東部の 432m の標高点であり，高梁川の水面の標高は 135m 程度であることから，選択肢の中で最も近い標高差は③ 300m となる。

問 12．凹地の地図記号は問 10 の〔解説〕で示したものである。標高 300m よりも高い部分において，凹地の地図記号は，西部の「原尻」の南西から「小林」の北西にかけての 7 か所，東部の「柵が瀬」の北東の 3 か所の計 10 か所に見られる。井倉峡西岸の「柏」に見られる凹地は標高 250m 付近に位置し，問題の条件にあてはまらない。

問 13．地形図中，覆道の地図記号は岩崖や土崖の直下に位置することから，落石や崖崩れが発生した際に事故や道路の破損を防ぐため，道路を覆う頑丈な構築物である覆道が設置されていると考えられる。

II　解答　問1．④　問2．②　問3．④　問4．⑤　問5．②

問6．ゴミの増加や建物への落書きや破損などによる自然や景観の破壊，マナーの悪い観光客や観光客相手に悪徳商売を営む人の増加による治安の悪化，交通渋滞に伴うバスなどの公共交通機関による移動の利便性の低下，急激な観光地化による地域の伝統や風習の喪失，などから1つ。

問7．⑤　問8．①　問9．⑤　問10．④　問11．⑤　問12．③
問13．③　問14．⑤

◀解　説▶

≪(A)日本の観光・交通，(B)東京都心の特色≫

問1．④が誤り。2003 年には，イラクでの戦争や，アジアを中心に流行したSARS（重症急性呼吸器症候群）の影響により海外渡航を控える動きが見られたため，出国日本人数が前年に比べ大きく減少した。

問2．②が当てはまらない。外国人観光客を集客して日本経済を活性化させる目的で，2016 年に統合型リゾート（IR）整備推進法が成立し，カジノのほかにホテル，劇場，ショッピングモールや国際会議場などを含んだ複合観光集客施設の建設が可能となった。しかし，国会議員の汚職事件や新型コロナウイルス感染症の影響などもあって，現在も IR は未開業である。

問4．A国とC国は買物代の割合が高く，買物目的で来日する観光客が多いアジアのタイ・中国のどちらかであり，特に買物代の割合が高いA国が中国，中国より遠距離のため交通費の割合がA国より高いC国がタイである。一方，アジアからの観光客に比べて滞在期間が長い傾向にあり，宿泊料金の割合が高いB国がアメリカ合衆国である。

問5．ゴールデンルートとは東京，箱根，富士山，名古屋，京都，大阪などを巡り，初めて日本を訪れるインバウンド観光客が日本を代表する観光都市をスポット的に体験できる広域の観光周遊ルートである。そして，ドラゴンルートは能登半島を龍の頭として南北の縦軸を龍の体に見立てて命名され，富山県・石川県・福井県・長野県・岐阜県・静岡県・愛知県・三重県・滋賀県の9県が含まれる。2015 年に観光庁が認定した広域観光周遊ルートのひとつであり，ゴールデンルートで日本の魅力を楽しんだ訪日外国人が2回目以降の訪日の際に選ぶ傾向がある。

問6．観光客により過剰な混雑状態となるオーバーツーリズムは，日本では特に京都や鎌倉などで問題が顕在化していた。観光地にとって集客は重要であるが，集客増加のための施策のみに集中すると，観光客が一度に殺到した際に対処が追いつかなくなる。

問7．⑤正文。2000年代半ば以降，日本人による海外旅行者数が横ばいの中，訪日外国人旅行者数が増加しているため，2015年以降，日本の国際観光収支は支出より収入が多く黒字となっている。2020年度以降は新型コロナウイルス感染症の影響による訪日外国人旅行者数の激減により，黒字幅も大きく減少している。

①誤文。アメリカ合衆国の国際観光収入は第1位であるが，国際観光支出は第2位である。

②誤文。国際観光支出の第1位は中国であるが，国際観光収入の第1位はアメリカ合衆国である。

③誤文。ドイツの国際観光収支は，収入より支出が多く，赤字である。

④誤文。フランスの国際観光収支は，支出より収入がかなり多く，黒字となっている。

問8．A国は国土面積が大きいため，大都市間の移動で航空機の利用が多く，3か国で最も航空の輸送量の割合が高いアメリカ合衆国である。C国は大都市間の高速移動や大都市圏内での通勤・通学時に鉄道が利用され，3か国で最も鉄道の割合が高い日本で，残るB国がイギリスである。

問9．⑤誤文。ダムはおもに山間部に構築され，図2に示されているような高低差がほとんどない河口部には見られない。

問10．④ドックランズはテムズ川に面したロンドン東部の再開発地域で，かつては造船所や倉庫などの港湾施設が見られた。1980～90年代にかけて再開発が行われ，オフィスビルやショッピングモール，高級住宅などが立地するようになった。

①グリニッジはロンドン南東部のテムズ川南岸に位置する港町で，グリニッジ標準時の基準となる本初子午線の通る都市である。

②ソーホー・⑤トライベッカはニューヨークのマンハッタンに位置し，かつては芸術家やデザイナーが多く住む町として知られていたが，近年は高級ブティックやレストランが立地するようになっている。

③デファンスはパリ西部近郊に位置し，1950年代後半以降，都市機能の

分散を図るために再開発が行われ，大企業の本部が集積して高層ビルが林立し，パリ市内の伝統的な景観とは対照的に現代的な景観を形成している。

問11. ⑤不適。晴海地区を中心とした地域では，ウォーターフロントの魅力を生かし，職住近接のまちづくりとともに，水と緑が調和した豊かな都市空間や個性ある魅力と賑わいの創出を目指し，生活の利便性向上を目的とした一掃型の再開発が行われている。そのため，歴史的景観の保全は重要視されていない。

問12. ③ジェントリフィケーションは，衰退した都市内部（インナーシティ）を再開発し，オフィスや高級住宅地を建設することで，高所得者が再び都心部に流入する現象で，ロンドンのドックランズなどで見られる。

①スプロールは，都市人口の増加に伴い，住宅や都市施設が無秩序に郊外へ広がり，農地や住宅・工場などが混在する土地利用となることである。

②インナーシティは，空洞化の進む都心部周辺において，低所得者や海外からの移民が老朽住宅に集住することで，治安や衛生環境などの悪化が進む地域のことである。

④区画整理は，土地区画の境界線などの状況の変更，公共施設の新設変更などを行うことで，良好な市街地を造成することである。

⑤ゲットーは，主として16世紀以降，ヨーロッパの都市内に設けられた，ユダヤ人を強制的に収容した居住地区のことである。

問13. ③誤り。都心部は生産的な空間から消費的な空間への様相を強めていることから，生産拠点となる工場団地の建設は不適切である。

問14. ⑤誤り。地すべりは山間部の傾斜地で発生する自然災害であり，海岸部の平坦な埋立地で起こることは想定されていない。

III　解答

問1．①　問2．⑤　問3．⑤　問4．②　問5．①
問6．④　問7．⑤　問8．⑤
問9．1)―①　2)―③　3)アグリビジネス　4)―④
問10．④　問11．1)―②　2)―③　問12．①　問13．ベネズエラ

◀解　説▶

≪南アメリカ大陸の地誌≫

問1．①が正解。南アメリカ大陸の西岸を南北に走るアンデス山脈は，海洋プレートのナスカプレートが大陸プレートの南アメリカプレートに沈み

込んで形成された。

問２．⑤が正解。アタカマ砂漠やアフリカのナミブ砂漠はともに低緯度の西岸に位置し，沖合を流れる寒流の影響で海岸部の地表付近の空気が冷却され，上昇気流が発生せず少雨となっている。アフリカの①カラハリ砂漠・③サハラ砂漠はともに南北回帰線付近に位置し，亜熱帯（中緯度）高圧帯の影響を年中受けて上昇気流が発生しないため，また，アジアの②ゴビ砂漠・④タクラマカン砂漠はともに海から離れた大陸内部に位置し，水蒸気が海から供給されにくいため，それぞれ少雨となっている。

問３．コロンビアの首都ボゴタは５か国の首都のうち，最も低緯度に位置するため気温の年較差が最も小さく，また，2500m を超える高地に位置するため気温の逓減の影響を受け，年間を通じて 10～15℃の気温となる①が当てはまる。一方，ウルグアイの首都モンテビデオ，チリの首都サンティアゴは高緯度に位置するため気温の年較差が大きく，④か⑤のどちらかが当てはまる。④は年降水量が少なく夏季に乾燥し，大陸西岸に位置するサンティアゴ，⑤は年降水量が多く温暖で，大陸東岸に位置するモンテビデオである。残る②と③のうち，②は沖合を流れる寒流のペルー海流の影響により降水がほとんどなく砂漠気候に属するペルーの首都リマ，③は雨季と乾季が明瞭なブラジルの首都ブラジリアである。

問４．②が正解。先住民は低地の暑熱を避けるため，年中温暖となる低緯度地域のアンデス山中に都市を形成した。ヨーロッパからの植民者は大西洋を渡り，南アメリカ大陸の大西洋沿岸に都市を形成し植民活動を展開した。

問５．①不適。中央アマゾン保全地域群は世界遺産となっているが，アマゾン河口の大湿原は登録されていない。②イグアス国立公園は世界最大級の滝で知られるブラジルとアルゼンチンにまたがる世界遺産，③ガラパゴス諸島は独自の生態系をもつエクアドルの世界遺産，④ポトシ市街は鉱山で知られるボリビアの世界遺産，⑤マチュピチュの歴史保護区はインカ帝国時代の遺跡で知られるペルーの世界遺産である。

問６．④が正解。カーニバル（謝肉祭）はカトリックが信仰される地域で催される祝祭で，仮装パレードなどが行われる。

①不適。南アメリカ大陸の国々のうち，北東部に位置するガイアナはイギリス，スリナムはオランダから独立した。また，ギアナは現在もフランス

領となっている。

②不適。15世紀末にスペインとポルトガルの間で結ばれたトルデシリャス条約が根拠となりポルトガル語圏となったのはブラジルで，ウルグアイはスペイン語圏である。

③不適。アルゼンチンの大土地所有制における大農園はエスタンシアとよばれる。ファゼンダはブラジルの大土地所有制における大農園をさす。

⑤不適。エクアドルのプランテーション作物としてはバナナが知られ，コーヒーは生産されているものの世界有数の生産国とは言えない。

問7．①ペルーは先住民やメスチーソ（先住民とヨーロッパ系の混血），②パラグアイ・③コロンビアはメスチーソ，④ブラジルはヨーロッパ系やムラート（ヨーロッパ系とアフリカ系の混血）の割合が高い。

問8．⑤が正解。1980年代半ば以降，南アメリカの経済不況と日本の円高の影響で，多数の日系ブラジル人やペルー人が日本に出稼ぎに来る現象が始まり，1990年の日本の出入国管理法改正により日系人労働者の法的身分が整備されると急増した。出稼ぎ労働者は工場労働者が中心で，特に自動車関連工業が発達する愛知県・静岡県などに多く居住する。

①不適。日本人の南アメリカ諸国への組織的な移住は第二次世界大戦後も行われたが，日本経済が復興した1970年代以降，次第に終結に向かった。

②不適。当時のブラジルでは，奴隷制度の廃止によって特にコーヒー農園での労働力不足が深刻化し，出稼ぎ目的に日本から集団移住が行われた。

③不適。南アメリカ諸国で最大の日系社会が存在するのはブラジルで，ペルー・アルゼンチンが続く。

④不適。南アメリカ諸国で日系人が大統領を務めた国はペルーである。

問9．2)①リャノはオリノコ川流域のサバナ，②パンパはラプラタ川流域の温帯草原，③セラードはブラジル高原のサバナ，④グランチャコはボリビア・パラグアイ・アルゼンチンにまたがるサバナ，⑤プレーリーは北アメリカ中央部の長草草原である。

3)アグリビジネス（農業関連産業）は，農作物の生産とそれに関連する農薬・肥料・農機具など生産資材の供給や農産品の加工・流通・消費，種子の研究開発など，食料供給体系（フードシステム）全体を統括する産業分野の総称である。

問10．①は火力の割合が高く，原子力の割合が低いことから中国，②は火力と原子力の割合が高いことからアメリカ合衆国，③は水力と原子力の割合が高いことからカナダ，④は水力の割合が高く，原子力の割合が低いことからブラジル，⑤は原子力の割合が突出して高いためフランスである。

問 11. 1)「イ」は大豆やとうもろこし，肉類が多いことからアルゼンチン，「ウ」は農産物や木材が上位を占めることからウルグアイ，「エ」は銅鉱や銅，ブドウなどの果実，サケなどの魚介類が多いことからチリ，「オ」は原油輸出への依存度が高いことからベネズエラ，「カ」は天然ガスや亜鉛・金・銀などの金属資源が多いことからボリビアである。

2) MERCOSUR（南米南部共同市場）によりアルゼンチン・ウルグアイ・ボリビアとの結び付きが強いAはブラジル，人口大国で世界中から資源や農作物を輸入しているB・Cは中国かインドのどちらかであり，Bは経済成長が著しい中国，Cはインドである。

問 12. ① MERCOSUR は南米南部共同市場の略称である。② NAFTA は北米自由貿易協定の略称で，2020 年に USMCA（米国・メキシコ・カナダ協定）に移行した。③ GATT は関税および貿易に関する一般協定の，④ SAARC は南アジア地域協力連合の，⑤ UNEP は国連環境計画のそれぞれ略称である。

問 13. ベネズエラでは政情不安と社会経済の混乱に伴って貧困と治安悪化が深刻化しており，南アメリカ最大の難民発生国となっている。

❖講　評

Ⅰ. 香川県三豊市と岡山県新見市の地形図読図と，関連して日本の地形・自然災害の特色が問われた。標準的な内容の出題が中心であるが，問 6 は日本の多様な自然災害が，問 9「い」ではやや細かい地名が問われ，日本に関する十分な理解が必要であった。地形図読図については，問 11 の標高差の計算，問 12 の凹地の数の判定，問 4・問 13 の論述問題で解答に時間を要すため，Ⅱ・Ⅲの解答時間を確保できるよう注意する必要がある。

Ⅱ. 日本の観光・交通，東京都心の特色について，グラフや統計表，空中写真や地形図を用いて多角的に問われた。観光の問題は新型コロナウイルス感染症と関連させた時事的な内容であるが，問われた内容はそれ以前の事象であった。問 1 のイラク戦争や SARS に伴う出国日本人数の減少は，受験生にはあまりなじみがなく，また，問５のドラゴンルートに関する問題は少し細かい内容であり，難しかったと思われる。東京都心の特色に関する問題は，正誤判定・語句選択ともに標準的な内容の出題であった。

Ⅲ．南アメリカ大陸について，自然環境や世界遺産，社会や民族，エネルギー，貿易の幅広い分野から特色が問われた。全体として地理的知識を直接問う問題が多かったが，正確な知識が求められ，地誌学習が十分かどうかで得点差がついたと思われる。また，問題中に地図が示されず，解答する上で国や都市などの位置関係をイメージすることも必要であった。

や易。問五は、前後の文脈にふさわしい古語を選択させている。選択肢はいずれも古文の基礎的な単語であり、見極めは易しい。問三は、和歌に関する内容説明問題。選択肢は、和歌に含まれている技巧と意味内容とを組み合わせて、巧みに作られている。選択肢の表現が和歌のどこを（＝何について）説明しているのかを理解するのに力を要する。標準レベル。問四は、助動詞「べし」の文法的意味についての基本的な設問。やや易。問六・問七は、内容説明問題。問六は【甲】に関するもの。「いぶかし」の意味をおさえた上で、文脈を把握してその対象を答えることを求めている。「いぶかし」は基本的な古文単語だが、選択肢は設問箇所に至る内容をうまく言い換えて作られている。慎重な見極めが必要。標準レベル。問七は、【乙】の文章に関するもの。「身をあはせたり」という、受験生があまり目にしない表現の解釈がポイント。ただ、設問箇所に至るまでの内容から判断がつく。消去法が有効。標準レベル。問八は文学史の設問。勅撰和歌集や八代集については頻出である。易。

㊂の漢文は、江戸時代の儒学者である岡白駒の『奇談一笑』が出典。あまり目にしない作者・作品だが、「猿に尾がなく、顔が赤い」理由を語った笑い話は、民話によくある。用語も易しく難解な句法も見あたらない。話の展開や登場する者（動物）たちの関係を理解するのに時間はかからない。設問も、語の読み・意味や返り点の問題が主であり、それに口語訳と内容真偽の問題がそれぞれ一問ずつ加わった程度で易しい。問一は、語の読みの問題。「良」は頻出の文字でやや易。「仍」は選択肢にはない他の読み方もあり、とまどう。問二は、再読文字に関わる返り点の設問できわめて易しい。問三は、設問箇所の漢字と「異なる意味」を持つ熟語を選択させている。消去法で対処すればよい。やや易。問四は、比較の句法を含む箇所の口語訳。含まれる指示語の内容も答えさせている。基本的な句法であり、指示語の内容も文脈から迷うことはない。標準レベル。問五は、本文全体に関わる内容真偽の設問。選択肢は本文の表現を変換して作られているが、話の展開がわかりやすいことから、見極めは容易である。やや易のレベル。

見極めの易しいものが多い。問一・問二は書き取り、読みの記述問題。「性癖」「履行」などのやや抽象度が高い語や「与する」などの文章語が出題されている。標準レベル。問三・問四・問八は、選択式の空所補充問題。問三は、空欄に至る文章の論理的な展開を把握すれば対処できる。やや易。問四は、空欄直前の語句がヒント。消去法で対処すれば間違いのない、易しい問題。問八は、前後の文脈にふさわしい慣用的な表現を選ぶ問題。これも消去法で対処すれば間違いはない。問五・問六・問九は、傍線に関わる内容説明問題。問五は、三つの段落にわたる長い論の展開を読み取らなければならない。正解となる選択肢も本文の表現を微妙に言い換えて作ってある。やや難のレベル。問六は、傍線を含む段落の読み取りが求められているが、傍線そのものの意味内容を検討するだけでも、選択肢の見極めが可能である。標準レベル。問九は、設問箇所の説明に「あてはまらないもの」を選択させる問題。傍線以降に筆者が述べた具体的な表現を抽象的な概念に置き換えて選択する必要がある。標準レベル。問七は、明治大学には必出の、指定字数に合った本文中の箇所を指摘させる設問。設問の趣旨が把握しづらい。また、指定字数に合った箇所を特定するのに時間を要する。標準レベル。問十は、内容真偽の問題。選択肢が、本文の論理や内容を巧みに組み替えて（＝言い換えて）作られており、一つに絞りづらい。やや難。

三の古文は、【甲】荷田在満の歌学論『国歌八論』と、その論の典拠である【乙】紀貫之の「古今和歌集仮名序」の二つが出典。【甲】では、紀貫之らの『万葉集』に関わる認識の誤りと、その起因について述べている。後半に論の展開がわかりづらい箇所があるが、江戸時代の作品であり、文体や用語が易しく、大意をつかむのにさほどの困難はない。【乙】では、柿本人麻呂などの歌人・和歌の伝統について述べた上で、『万葉集』の成立について説明している。縁語や掛詞などを含んだ技巧的な文章であり、細部まで理解するには多少の力を要する。語意、文法、和歌の技巧、文学史といった知識問題から口語訳、内容説明問題と幅広く出題されている。選択問題は、すべて四者択一である。問一は、口語訳の問題。基本的な文法事項および古文基本単語を身につけていれば対処は易しい。問二・問五は、空所補充問題。問二は、文脈に沿った古典常識に関わる語を選択させている。本文の主題が何であるかを考えれば誤ることはない。や

問四　「不若」は、「…に若かず」と訓読し、〝…した方がよい〟の意を表す比較の句法。「速」は「すみやかに」と訓読し、〝すぐに〟の意。「避之」は「之を避くるに」と訓読する。「避」は、〝逃れる、遠ざかる〟の意。「之」を「ここ」と訓読し〝この場所＝敝屋〟から逃れるとも取れるが、後に「群獣…屋漏の追躡すると為し」とあることから、「これ（＝屋漏（の暴））」から逃れる意であることは明らか。このまま暴雨の難を避けているよりは、すぐに恐ろしい「屋漏」の難から逃れた方がよいという意である。

問五　消去法で対処する。①は、「主人は…逃げ出した」が誤り。逃げ出したのは、「群獣」。また、「怪物の足音を耳にして」も誤り。「群獣」が耳にしたのは「主人」の独り言。

②は、「群獣は、逸馬に追われたものの」が誤り。群獣を追ったのは、馬を追い屋漏に間違えられた「主人」。

③は、「捕らえきれなかった」が、「尾を絶ちて纔かに逃る」と「猿」が尻尾を切って逃れたこと（馬を追っていると思っている主人からすれば、馬が尻尾を切って逃げたこと）に合致する。

④は、「群獣は、怪物に追いかけられて」が誤り。追いかけられていると「勘違いした」のであり、群獣を追っているのは「主人」。

❖講　評

現代文・古文・漢文各一題の計三題。試験時間は六十分。記述式とマークシート式を併用した解答方式である。

㊀の現代文は、法哲学者井上達夫の評論が出典。法と幸福との関係を根本に立ち返って考察すべきだと述べている。問題点を論理的に掘り下げていって徹底した思考に至ろうとする、哲学的な文章である。接続詞や指示語に注意して慎重に論の展開を把握する必要がある。文章量は普通程度であり、量・質ともに標準レベルの問題文だと言える。設問も、文脈の把握に基づいた、内容説明問題や内容真偽問題および空所補充問題を中心とし、そこに若干の漢字の読みや書き取り、慣用的表現の問題を交えている。マークシート式の問題は、すべて四者択一であり、選択肢は数問を例外として

が出てくるのを「雨漏り」が追ってくるのだと勘違いし、それぞれ我先に逃げ走った。そのとき猿が一番後ろにいて、そのうちに主人が追いついて尻尾をつかまれた。（猿は）力いっぱい逃れようとして、顔中を真っ赤にした。ややしばらくの間お互いに引っ張り合ったが、尻尾をちぎってようやく逃げることができた。これ以後、猿の顔はずっと赤く、尻尾も再び生えてこなくなったのである。

読み　群獣倶に往き、途に暴雨を敝屋の廡下に避く。主人内に在り、自ら訴へて曰く、「屋漏畏るべし、虎狼暴なりと雖も、未だ以て比ぶるに足らざるなり」と。群獣之を聞き、愕然として相謂ひて曰く、「我が輩常に謂へらく威力雄壮なるは虎狼に過ぐるは莫しと。図らざりき屋漏なる者此に在り、其の暴更に尚ふる有り。速やかに之を避くるに若かず」と。主人其の行響を聞き、逸馬の来たり過ぐると以為ひ、出でて之を追ふ。群獣主人の出づるを以て屋漏の追躡すると為し、各先を争ひて奔走す。而して猿最も後に在り、已に追ひ及びて尾を拿る。力を窮めて身を脱し、満面朱のごとし。相持すること良久しくして、尾を絶ちて纔かに逃る。是よりの後、猿が面仍ほ赤く、復た尾を生ぜず。

▲解　説▼

問一　a、「良」は、「久」と結んだ「良久」で〝しばらくの時間が経過したこと〟を表す。その場合、「やや」と訓読する。b、「仍」は、「よりて」と訓読して〝…に従って〟の意を表すことが多いが、選択肢にない。ここは〝依然として〟の意で「なほ」と訓読する。

問二　「未」は、再読文字。「未だ…ず」と訓読する。ここでは、最後の「也」に続けて「未だ…足らざるなり」となっている。「足」から「未」へ一文字返るから、「未」の下は「レ」点。また、「比ぶるに足らざる」と「比」から「足」へと二文字離れて返るから、「比」の下は「一」点。全体では「未レ足二以比一也」となる。

問三　「図」は、「えがく」の意と「はかる（はかりごと）」の意に大別できる。①のみ〝「版」＝戸籍と「図」＝地図〟、すなわち国の領土を表す語で、「えがく」の意になる。③は、〝さかんで大きなはかりごと〟、④は、〝後々のためのはかりごと〟の意。

をあはせたり」と言っている。つまり「身をあはす」のは、「歌」においてである。「身をあはす」で〃一心同体であること、同じこと〃の意。したがって正解は②。①は「神に祈っていた」、③は「優劣を競っていた」が不適。④は歌に言及していない。

問八　「勅撰和歌集」は天皇（院・上皇）の命に基づいて編纂された和歌集。平安前期の『古今和歌集』以降、後撰和歌集・拾遺和歌集・後拾遺和歌集・金葉和歌集・詞花和歌集・千載和歌集、そして鎌倉初期の新古今和歌集までのものを「八代集」と呼ぶ。②の『金槐和歌集』は、源実朝の私家集。

出典　岡白駒『奇談一笑』＜猿の面は赤く尾無し＞

解答

問一　a―②　b―③

問二　未レ比一

問三　①

問四　すぐに恐ろしい屋漏から逃れた方がよい

問五　③

◆全　訳◆

動物たちが連れ立って行き、途中あばら家の軒下で暴雨を避けた。（あばら家の）主人が中にいて、独り言で嘆くには、「雨漏りは恐ろしいものだ、虎や狼は猛々しいといっても、まだ雨漏りとは比べものにならない」と。動物たちはこれを聞いて、ひどく驚き互いに言い合うには、「私たちは常々力が強く勇猛なものとして虎や狼より上はいないと話していた。思いがけないことに雨漏りという者がここにいて、その暴虐さは虎や狼以上であるようだ。すぐに逃れた方がよい」と。（一方）主人は動物たちの足音を聞いて、逃げ出した馬が通り過ぎるのだと思い、外に出て追いかけた。動物たちは主人

問四　推量・意志・可能・当然（義務）・命令・適当（勧誘）といった意味を文脈に当てはめて判断する。二重傍線「べき」は、疑問の「か」の結びで連体形になっており、七代の天皇の中の〝どの天皇の御治世だと聞き知るのがよいか〟の意。したがって「べき」は適当の意である。④が正解。
①は、〝病気になって、気分は死ぬだろうと思われた〟の意だから推量。
②は、〝墓の前に掛けよとおっしゃった〟の意で命令。
③は、〝この一本の矢で決めようと思え〟の意で意志。
④は、〝そうであるのがふさわしい時期を見計らって〟の意で適当。

問五　空欄Ⅱの前の「さ」は、仮名序が人麻呂・赤人を平城天皇と同時代の人物だと誤って認識していることを指す。また、直後の「ずや」は、打消の助動詞と疑問の係助詞の組合せで〝…ではないか〟の意。空欄には、仮名序の誤りの程度が普通でないとの批判を表す語（の一部）が入る。〝ひどい（誤り）ではないか〟の意となる、③の「はなはだし（甚だし）」が正解。①は、「著し（いちじる）」で〝はっきりしている、明確だ〟の意。仮名序の間違いを批判する文脈に合わない。

問六　「いぶかし」は、〝不思議だ、疑わしい〟の意。傍線Bより前の「然れば」以降の二文の文末が、「けるにや」「けるやらん」と疑問の係助詞を含んだ形になっていることから、「いぶかし」は、直接的には、貫之が『万葉集』を目にしていないのではないかという疑念や訓読できなかったのではないかという疑念を表す語だとわかる。また、「然れば」は、それらの疑念を生む原因に、「『万葉集』を平城天皇の御宇に作る所とし、長歌を以て…」という「誤」った認識があることを受けた語である。以上の疑念とその原因をまとめて「紀貫之をはじめとする歌人たちが」「同時代の歌人・歌について…誤った認識をしている」とした①が正解。②・③は「後人の加筆」に触れている点で誤り。④は、「研究」が誤り。「理解・認識」となるべき。また、貫之の名を明記しているのは①のみである。

問七　「君」＝平城天皇が「歌の心」を理解していたことと、「人」＝柿本人麻呂が「歌の聖」であったことを指して、「身解なさっていたのであろうか。そのご統治の時代に、正三位柿本人麻呂は歌の聖（＝卓越した人）であった。これは、君主も臣下（＝人麻呂をはじめとする歌人たち）も一心同体で歌の道に精進していたということであろう。（中略）また山部赤人という人がいた。歌に際立って優れていた。人麻呂は赤人の上に立つことが難しく、赤人は人麻呂の下に立つことが難しかった（＝二人は同様に優れていた）。（中略）この二人以外に、また優れた人物も、呉竹の節（＝竹の節と節の間）のように時代時代に知られ、片糸を縒るように絶えず存在した。これらの優れた人物以前の歌を集めて、『万葉集』と名付けられた。

▲解　説▼

問一　1、「給は」は尊敬の補助動詞。「ざり」は打消の助動詞。「ける」は過去の助動詞の連体形。ここまで、〝…なさらなかった〟の意。続く「にや」は、断定の助動詞「なり」の連用形と係助詞「や」の組合せ。結びの語句「あらむ」が省略されていて、〝…であろうか〟の疑問の意となる。

2、「あやしく」は「奇しく」で、〝人知を超えている、神秘的だ〟の意の形容詞。「妙なり」は〝絶妙だ、優れている〟意の形容動詞。「けり」は過去の助動詞。

問二　冒頭に「歌書の中には『万葉集』より」とある。歌書である『万葉集』に関して、その成立年代、編者などについて論じたのが【甲】の文章。①は、古典文献の研究を通して日本文化を探究する学問。『万葉集』研究に限らない。②は、学問を学び始めること（人）。③は、学問のあることをひけらかすこと。

問三　「ならの葉の名におふ宮」の「おふ」は、「生ふ」と「負ふ」の掛詞。植物の「楢」の縁語となるとともに、上句は、「なら」の名を持つとしての「奈良」の都を導き出す序詞的な表現となっている。また、「ふること」は、「降ること」と「古言」の掛詞。「雨」の縁語となるとともに、「これ」すなわち『万葉集』を指す語となっている。ここは、「清和天皇」の「『万葉集』はいつばかり作れるぞ」という問いに対し、下句（後半部分）で「名におふ宮のふることぞこれ」と、倒置法を用いてその答えを述べている。④は、「後半部分も叙情性豊かに」が誤り。

編集したのは大伴家持であることは、万葉集の中の記載で明らかである。それなのに、『古今集』巻第十八に、

清和天皇の治世に、『万葉集』はいつ頃作ったのかと（天皇が）ご質問なさったので、詠んで奉った歌　文屋有季

神無月（＝十月）、時雨が降り注ぐ楢（なら）の葉ではないが、同じ奈良の名を持つ都の時代のいにしえの和歌集がこれです

とある。とすれば、清和天皇も万葉集をご覧にならなかったのであろうか。または、ご覧になっていても編者を（天平宝字の時代の人である家持と）理解なさらなかったため、天平宝字までの歌を後の時代になって編集したものなのだろうか、とお思いになったのだろうか。有季が「ならの葉の名におふ宮」とお答え申し上げたのも、（厳密さを欠く）大まかな返答であることよ。

平城京は、元明から光仁にいたる七代の間（の都）であるから、その七代のうちのどの天皇の御治世だと理解したらよいだろうか。貫之と淑望の手による古今集の序を見ると、有季が平城京と返答したせいで混同して、平城天皇の御治世に成立した書と考えているように見える。仮名序のとおりだとすると、人麻呂や赤人も同様にその時代の人であると考えていたのであろうか。そうだとするとこれもまたひどい間違いではないか。そればかりでなく、（『古今集』では）長歌を集めてその（部立の）端に短歌と題し、『万葉集』に載らない歌を集めたと前書きして、依然として万葉の歌を撰集している（のもおかしい）。ただし、その（間違いの）中で、（仮名序が）人麻呂や赤人を平城天皇の時代の人とした文章は（仮名序と同じ内容を漢字で記している）真名序と合致しないので、もしかしたら、人麻呂の名に冠せられた正三位の文字などと同様に、後世の人の加筆であるかもしれない。万葉に記載の歌が（『古今集』に「『万葉集』に載らない歌と称して）入集しているのもまた、後世の人が加えたのかもわからない。ただ、『万葉集』を平城天皇の御世に編集したものだとし、長歌のことを短歌と呼んでいる誤りからは逃れられない。だとすると、貫之も『万葉集』を見ていなかったのであろうか。あるいは見てはいたがまったく訓読できなかったのであろうか。たいそう疑問が残る。

【乙】（和歌は）古くから伝わるうちに、平城天皇のご統治の時代から世の人々に広まった。平城天皇は歌の本質をご理

④は、「正義（法）はなされよ。たとえ世界は滅びんとも」という格言に関して、第六段落二行目にカントの解釈が「人類が滅亡しても正義さえ実現すればいい、という意味ではない」とあるので、「人々の幸福よりも法と正義の実現を重んじる点で本末転倒」の部分が本文の記述と異なる。また、「法は法のためにあるわけではなく、…幸福な社会生活を営むための手段にすぎない」（第七段落）というのは「多くの人々」の意見であって、筆者は最終段落でそのような「幸福主義的法観念」に対する疑問点を提起している。

二

出典　荷田在満『国歌八論』〈古学論〉・紀貫之『古今和歌集仮名序』

問一　1、御覧にならなかったのであろうか。
　2、際立って優れていた

問二　④

問三　②

問四　④

問五　③

問六　①

問七　②

問八　②

◆全　訳◆

【甲】そもそも和歌集の中では『万葉集』より古いものはない。これを学ばない限り「歌学」と言うことはできない。かの（万葉）集は、天平宝字三年元日の歌までを載せているから、これを編集した時代を知ることができ、（また）これをが主義として人々の理解を得られるのに対し、「法のための法」という観念は「同様な理解可能性や魅力」をもたない、という文脈である。傍線Cは、人々の理解が得られない「法のための法」という観念、を表した格言として紹介されている。「法のための法」という表現に着目し、この観念を言い換えた語句を抜き出す。

問八　本来、「幸福な社会生活を営むための手段」であるはずの法律を「法は法のためにある」と、法そのものを目的化して運用するあり方をいう語句。後に「リーガリズム（＝法律尊重主義、役所的形式主義）」という表現もある。

問九　傍線Dに続く、「…か。…か。…か。」に込められた疑問・問題意識と選択肢を照らし合わせて検討する。

①は、「幸福以外にも法が奉仕すべき価値はないのか」に相当する。

②は、「個人の幸福と全体の幸福、…それぞれ相剋する場合、法はどうすべきなのか」に相当する。

③は、「個人が自らに不幸な結果を招く行為をあえて選択することを法は抑止できるのか」に相当する。

④は、「個人にとって何が幸福かを社会や立法者が決められるのか」と、「立法者」が個人の価値観に立ち入る範囲や是非を問題意識としており、「認識の齟齬（＝価値観そのもののくいちがい）」とするのは当たらない。よって④が正解。

問十　①は、「法と法以外のものを…分けてしまう発想には危ういところがある」が、不適切。筆者は「法と、法以外のものとの違いもここにあるように思われる」（第三段落）と、両者への人々の認識が異なることを前提に論を進めている。

②は、「…法を扱う以上は、徹底的な懐疑を基本とするのが方法論として正しい」が不適切。筆者は、デカルトの懐疑について、「私自身はこういう立場には与していない」とし「法の世界は、もはや疑えないものだけを前提にするというのではやっていけない」として徹底的な懐疑主義を否定している（第二段落）。

③は、第一段落の「人の和を引き裂くような異物を連想する」や「いまあるような法では人間を幸福にできないのではないかと問う懐疑」に相当し、正解。

い」」し、「優れた芸術は人間の感性を洗練し高めるもの（＝芸術は人の感性を喜ばせるためだけのものではない）」と捉えられている、としている（第四段落）。「幸福のための法」と「真理のための真理」・「芸術のための芸術」とを対比した①が正解。

②は、「（真理や芸術が）本当の幸福とは何かを追求する」が不適切。⑵の「真理至上主義」・「芸術至上主義」を認める意識に合わない。

③は、「（法は）情熱的なまでに幸福を守る機能を期待され」が不適切。⑴で言うのは、一般的に、「法」が「幸福（実現）」のための手段・方法と見なされがちだということ。

④は、「幸福を守るもの」が⑴の幸福実現の手段・方法に合わない。「変化させてゆく」「固定観念につながりやすい」も本文とは無関係。

問六　傍線Bの「たわごと」は「戯言」で〝ふざけた言い方〟、「無視されない」は〝肯定される、認められる〟の意。「芸術のための芸術」という観念に立てば、無数の奴隷たちの苦しみも「古代の芸術文化を象徴する一片の作品（＝フィディアスの一彫像）」のためのものにすぎない。だから、それを「必要な犠牲」だと済ませる『苛酷』なレトリック」も認められる、というのである。語句の意味をおさえた上で、「芸術至上主義」の観念に基づけば、奴隷たちの犠牲も必要なものだったとする残忍な言い方も認められるとした、④が正解。

①は、「極めて厳しい批判を免れない」が不適切。「たわごととして無視されない」に合わない。

②は、「目を背けなかった」が不適切。「たわごととして無視されない」に合わない。また、「古代ギリシャの芸術文化は…目を背けなかった」という句の係り受けも不明確。

③は、「救えたくらいの高値が付く」が不適切。「必要な犠牲」に触れていない。また「過言ではない」も「無視されない」の意味を反映していない。

問七　第五段落は「ところが」という逆接の接続詞で始まっている。前の「真理のための真理」や「芸術のための芸術」

いう格言で攻撃的な国家の自己主張を批判したが、「法は人間の幸福のためにある」というのが、やはり良識的な考えだと言える。しかし、この幸福主義的法観念は多くの問題を孕んでおり、直に、法を幸福実現の手段に還元してしまうと、我々は思わぬ罠にはまる。

▲解　説▼

問二　a、「与」には、「くみスル」と読む〝味方する、仲間となる〟（「与党」等）の意、「あずカル」と読む〝関わる、参加する〟（「関与」等）の意、といった読み・意味がある。b、「杓子定規」は〝形式にとらわれて融通が利かないこと〟の意。

問三　空欄［Ⅰ］にいたる文脈を読み取る。「二つの異なった次元の懐疑」が成り立つとし、一つは「『本来、法は人間を幸福にすべきである』ことを前提した」懐疑（問題意識）であり、もう一つは「前提自体を」疑う問題意識だとある。「法」は「人間を幸福にすべきである」という前提自体を疑って表現した、②が正解。第二段落にも「法はそもそも幸福の実現を自己の目的とすべきなのか」という同意の表現がある。①は「だけ」という限定の表現になっており、不可。③・④は「いかにして」という手段・方法を問う形になっており不可。

問四　空欄［Ⅱ］の直前に「数学や論理学とは違って」とある。また、その前には「疑えないものだけを前提にするというのではやっていけない領域」とある。「疑えないものだけを前提にする」「数学や論理学」の確実・明確なあり方とは反対のあり方を示した、③が正解。①の「迂闊さ」、②の「つめたさ」「非協調性」は、人間の心理や態度に関わる語であり、法のあり方としてふさわしくない。④の「いびつさ」「非対称性」も、法の属性を説明する表現としては不適切。

問五　傍線Aに続いて「ここにあるように思われる」とある。「ここ」の指示内容は、「(法は)人間を幸福にするためにある」という考えを「決まっているではないか」と受け入れる点。(1)「法」について、人々は一般的に、それが幸福の手段・方法だと捉えている、と言っている。(2)「法以外のもの」については、例えば「真理は幸福の手段ではな

国語

出典　井上達夫「法は人間を幸福にできるか？」（『現代幸福論』所収　東京大学出版会）

解答

問一　ア、性癖　イ、専心　ウ、履行

問二　a、くみ　b、しゃくし

問三　②

問四　③

問五　①

問六　④

問七　法至上主義の観念

問八　①

問九　④

問十　③

◆要　旨◆

「法は人間を幸福にできるか？」という問いは、さらに、「法は何のためにあるか」という問題意識にまで掘り下げて考察すべきである。法以外の分野では「真理のための真理」といった至上主義的な観念が成り立つが、法については、「法のための法」という法至上主義の観念は一般の理解を得ない。カントは「正義はなされよ、たとえ世界が滅びんとも」と

/////////////////// · memo · ///////////////////

教学社 刊行一覧

2025年版 大学赤本シリーズ

国公立大学（都道府県順）

374大学556点
全都道府県を網羅

全国の書店で取り扱っています。店頭にない場合は，お取り寄せができます。

1 北海道大学（文系－前期日程）
2 北海道大学（理系－前期日程） 医
3 北海道大学（後期日程）
4 旭川医科大学（医学部〈医学科〉） 医
5 小樽商科大学
6 帯広畜産大学
7 北海道教育大学
8 室蘭工業大学／北見工業大学
9 釧路公立大学
10 公立千歳科学技術大学
11 公立はこだて未来大学 総推
12 札幌医科大学（医学部） 医
13 弘前大学 医
14 岩手大学
15 岩手県立大学・盛岡短期大学部・宮古短期大学部
16 東北大学（文系－前期日程）
17 東北大学（理系－前期日程） 医
18 東北大学（後期日程）
19 宮城教育大学
20 宮城大学
21 秋田大学 医
22 秋田県立大学
23 国際教養大学 総推
24 山形大学 医
25 福島大学
26 会津大学
27 福島県立医科大学（医・保健科学部） 医
28 茨城大学（文系）
29 茨城大学（理系）
30 筑波大学（推薦入試） 医 総推
31 筑波大学（文系－前期日程）
32 筑波大学（理系－前期日程） 医
33 筑波大学（後期日程）
34 宇都宮大学
35 群馬大学 医
36 群馬県立女子大学
37 高崎経済大学
38 前橋工科大学
39 埼玉大学（文系）
40 埼玉大学（理系）
41 千葉大学（文系－前期日程）
42 千葉大学（理系－前期日程） 医
43 千葉大学（後期日程） 医
44 東京大学（文科） DL
45 東京大学（理科） DL 医
46 お茶の水女子大学
47 電気通信大学
48 東京外国語大学 DL
49 東京海洋大学
50 東京科学大学（旧 東京工業大学）
51 東京科学大学（旧 東京医科歯科大学） 医
52 東京学芸大学
53 東京藝術大学
54 東京農工大学
55 一橋大学（前期日程）
56 一橋大学（後期日程）
57 東京都立大学（文系）
58 東京都立大学（理系）
59 横浜国立大学（文系）
60 横浜国立大学（理系）
61 横浜市立大学（国際教養・国際商・理・データサイエンス・医〈看護〉学部）
62 横浜市立大学（医学部〈医学科〉） 医
63 新潟大学（人文・教育〈文系〉・法・経済科・医〈看護〉・創生学部）
64 新潟大学（教育〈理系〉・理・医〈看護を除く〉・歯・工・農学部） 医
65 新潟県立大学
66 富山大学（文系）
67 富山大学（理系） 医
68 富山県立大学
69 金沢大学（文系）
70 金沢大学（理系） 医
71 福井大学（教育・医〈看護〉・工・国際地域学部）
72 福井大学（医学部〈医学科〉） 医
73 福井県立大学
74 山梨大学（教育・医〈看護〉・工・生命環境学部）
75 山梨大学（医学部〈医学科〉） 医
76 都留文科大学
77 信州大学（文系－前期日程）
78 信州大学（理系－前期日程） 医
79 信州大学（後期日程）
80 公立諏訪東京理科大学 総推
81 岐阜大学（前期日程） 医
82 岐阜大学（後期日程）
83 岐阜薬科大学
84 静岡大学（前期日程）
85 静岡大学（後期日程）
86 浜松医科大学（医学部〈医学科〉） 医
87 静岡県立大学
88 静岡文化芸術大学
89 名古屋大学（文系）
90 名古屋大学（理系） 医
91 愛知教育大学
92 名古屋工業大学
93 愛知県立大学
94 名古屋市立大学（経済・人文社会・芸術工・看護・総合生命理・データサイエンス学部）
95 名古屋市立大学（医学部〈医学科〉） 医
96 名古屋市立大学（薬学部）
97 三重大学（人文・教育・医〈看護〉学部）
98 三重大学（医〈医〉・工・生物資源学部） 医
99 滋賀大学
100 滋賀医科大学（医学部〈医学科〉） 医
101 滋賀県立大学
102 京都大学（文系）
103 京都大学（理系） 医
104 京都教育大学
105 京都工芸繊維大学
106 京都府立大学
107 京都府立医科大学（医学部〈医学科〉） 医
108 大阪大学（文系） DL
109 大阪大学（理系） 医
110 大阪教育大学
111 大阪公立大学（現代システム科学域〈文系〉・文・法・経済・商・看護・生活科〈居住環境・人間福祉〉学部－前期日程）
112 大阪公立大学（現代システム科学域〈理系〉・理・工・農・獣医・医・生活科〈食栄養〉学部－前期日程） 医
113 大阪公立大学（中期日程）
114 大阪公立大学（後期日程）
115 神戸大学（文系－前期日程）
116 神戸大学（理系－前期日程） 医
117 神戸大学（後期日程）
118 神戸市外国語大学 DL
119 兵庫県立大学（国際商経・社会情報科・看護学部）
120 兵庫県立大学（工・理・環境人間学部）
121 奈良教育大学／奈良県立大学
122 奈良女子大学
123 奈良県立医科大学（医学部〈医学科〉） 医
124 和歌山大学
125 和歌山県立医科大学（医・薬学部） 医
126 鳥取大学 医
127 公立鳥取環境大学
128 島根大学 医
129 岡山大学（文系）
130 岡山大学（理系） 医
131 岡山県立大学
132 広島大学（文系－前期日程）
133 広島大学（理系－前期日程） 医
134 広島大学（後期日程）
135 尾道市立大学 総推
136 県立広島大学
137 広島市立大学
138 福山市立大学 総推
139 山口大学（人文・教育〈文系〉・経済・医〈看護〉・国際総合科学部）
140 山口大学（教育〈理系〉・理・医〈看護を除く〉・工・農・共同獣医学部） 医
141 山陽小野田市立山口東京理科大学 総推
142 下関市立大学／山口県立大学
143 周南公立大学 新 総推
144 徳島大学 医
145 香川大学 医
146 愛媛大学 医
147 高知大学 医
148 高知工科大学
149 九州大学（文系－前期日程）
150 九州大学（理系－前期日程） 医
151 九州大学（後期日程）
152 九州工業大学
153 福岡教育大学
154 北九州市立大学
155 九州歯科大学
156 福岡県立大学／福岡女子大学
157 佐賀大学 医
158 長崎大学（多文化社会・教育〈文系〉・経済・医〈保健〉・環境科〈文系〉学部）
159 長崎大学（教育〈理系〉・医〈医〉・歯・薬・情報データ科・工・環境科〈理系〉・水産学部） 医
160 長崎県立大学 総推
161 熊本大学（文・教育・法・医〈看護〉学部・情報融合学環〈文系型〉）
162 熊本大学（理・医〈看護を除く〉・薬・工学部・情報融合学環〈理系型〉） 医
163 熊本県立大学
164 大分大学（教育・経済・医〈看護〉・理工・福祉健康科学部）
165 大分大学（医学部〈医・先進医療科学科〉） 医
166 宮崎大学（教育・医〈看護〉・工・農・地域資源創成学部）
167 宮崎大学（医学部〈医学科〉） 医
168 鹿児島大学（文系）
169 鹿児島大学（理系） 医
170 琉球大学 医

2025年版　大学赤本シリーズ

国公立大学 その他

171 〔国公立大〕医学部医学科 総合型選抜・学校推薦型選抜※ 医 総推
172 看護・医療系大学〈国公立 東日本〉※
173 看護・医療系大学〈国公立 中日本〉※
174 看護・医療系大学〈国公立 西日本〉※
175 海上保安大学校／気象大学校
176 航空保安大学校
177 国立看護大学校
178 防衛大学校 総推
179 防衛医科大学校(医学科) 医
180 防衛医科大学校(看護学科)

※No.171～174の収載大学は赤本ウェブサイト(http://akahon.net/)でご確認ください。

私立大学①

北海道の大学(50音順)

201 札幌大学
202 札幌学院大学
203 北星学園大学
204 北海学園大学
205 北海道医療大学
206 北海道科学大学
207 北海道武蔵女子大学・短期大学
208 酪農学園大学(獣医学群〈獣医学類〉)

東北の大学(50音順)

209 岩手医科大学(医・歯・薬学部) 医
210 仙台大学 総推
211 東北医科薬科大学(医・薬学部) 医
212 東北学院大学
213 東北工業大学
214 東北福祉大学
215 宮城学院女子大学 総推

関東の大学(50音順)

あ行(関東の大学)

216 青山学院大学(法・国際政治経済学部－個別学部日程)
217 青山学院大学(経済学部－個別学部日程)
218 青山学院大学(経営学部－個別学部日程)
219 青山学院大学(文・教育人間科学部－個別学部日程)
220 青山学院大学(総合文化政策・社会情報・地球社会共生・コミュニティ人間科学部－個別学部日程)
221 青山学院大学(理工学部－個別学部日程)
222 青山学院大学(全学部日程)
223 麻布大学(獣医、生命・環境科学部)
224 亜細亜大学
226 桜美林大学
227 大妻女子大学・短期大学部

か行(関東の大学)

228 学習院大学(法学部－コア試験)
229 学習院大学(経済学部－コア試験)
230 学習院大学(文学部－コア試験)
231 学習院大学(国際社会科学部－コア試験)
232 学習院大学(理学部－コア試験)
233 学習院女子大学
234 神奈川大学(給費生試験)
235 神奈川大学(一般入試)
236 神奈川工科大学
237 鎌倉女子大学・短期大学部
238 川村学園女子大学
239 神田外語大学
240 関東学院大学
241 北里大学(理学部)
242 北里大学(医学部) 医
243 北里大学(薬学部)
244 北里大学(看護・医療衛生学部)
245 北里大学(未来工・獣医・海洋生命科学部)
246 共立女子大学・短期大学
247 杏林大学(医学部) 医
248 杏林大学(保健学部)
249 群馬医療福祉大学・短期大学部
250 群馬パース大学 総推
251 慶應義塾大学(法学部)
252 慶應義塾大学(経済学部)
253 慶應義塾大学(商学部)
254 慶應義塾大学(文学部) 総推
255 慶應義塾大学(総合政策学部)
256 慶應義塾大学(環境情報学部)
257 慶應義塾大学(理工学部)
258 慶應義塾大学(医学部) 医
259 慶應義塾大学(薬学部)
260 慶應義塾大学(看護医療学部)
261 工学院大学
262 國學院大學
263 国際医療福祉大学 医
264 国際基督教大学
265 国士舘大学
266 駒澤大学(一般選抜T方式・S方式)
267 駒澤大学(全学部統一日程選抜)

さ行(関東の大学)

268 埼玉医科大学(医学部) 医
269 相模女子大学・短期大学部
270 産業能率大学
271 自治医科大学(医学部) 医
272 自治医科大学(看護学部)／東京慈恵会医科大学(医学部〈看護学科〉)
273 実践女子大学 総推
274 芝浦工業大学(前期日程)
275 芝浦工業大学(全学統一日程・後期日程)
276 十文字学園女子大学
277 淑徳大学
278 順天堂大学(医学部) 医
279 順天堂大学(スポーツ健康科・医療看護・保健看護・国際教養・保健医療・医療科・健康データサイエンス・薬学部) 総推
280 上智大学(神・文・総合人間科学部)
281 上智大学(法・経済学部)
282 上智大学(外国語・総合グローバル学部)
283 上智大学(理工学部)
284 上智大学(TEAPスコア利用方式)
285 湘南工科大学
286 昭和大学(医学部) 医
287 昭和大学(歯・薬・保健医療学部)
288 昭和女子大学
289 昭和薬科大学
290 女子栄養大学・短期大学部 総推
291 白百合女子大学
292 成蹊大学(法学部－A方式)
293 成蹊大学(経済・経営学部－A方式)
294 成蹊大学(文学部－A方式)
295 成蹊大学(理工学部－A方式)
296 成蹊大学(E方式・G方式・P方式)
297 成城大学(経済・社会イノベーション学部－A方式)
298 成城大学(文芸・法学部－A方式)
299 成城大学(S方式〈全学部統一選抜〉)
300 聖心女子大学
301 清泉女子大学
303 聖マリアンナ医科大学 医
304 聖路加国際大学(看護学部)
305 専修大学(スカラシップ・全国入試)
306 専修大学(前期入試〈学部個別入試〉)
307 専修大学(前期入試〈全学部入試・スカラシップ入試〉)

た行(関東の大学)

308 大正大学
309 大東文化大学
310 高崎健康福祉大学
311 拓殖大学
312 玉川大学
313 多摩美術大学
314 千葉工業大学
315 中央大学(法学部－学部別選抜)
316 中央大学(経済学部－学部別選抜)
317 中央大学(商学部－学部別選抜)
318 中央大学(文学部－学部別選抜)
319 中央大学(総合政策学部－学部別選抜)
320 中央大学(国際経営・国際情報学部－学部別選抜)
321 中央大学(理工学部－学部別選抜)
322 中央大学(5学部共通選抜)
323 中央学院大学
324 津田塾大学
325 帝京大学(薬・経済・法・文・外国語・教育・理工・医療技術・福岡医療技術学部)
326 帝京大学(医学部) 医
327 帝京科学大学 総推
328 帝京平成大学 総推
329 東海大学(医〈医〉学部を除く－一般選抜)
330 東海大学(文系・理系学部統一選抜)
331 東海大学(医学部〈医学科〉) 医
332 東京医科大学(医学部〈医学科〉) 医
333 東京家政大学・短期大学部 総推
334 東京経済大学
335 東京工科大学
336 東京工芸大学
337 東京国際大学
338 東京歯科大学
339 東京慈恵会医科大学(医学部〈医学科〉) 医
340 東京情報大学
341 東京女子大学
342 東京女子医科大学(医学部) 医
343 東京電機大学
344 東京都市大学
345 東京農業大学
346 東京薬科大学(薬学部) 総推
347 東京薬科大学(生命科学部) 総推
348 東京理科大学(理学部〈第一部〉－B方式)
349 東京理科大学(創域理工学部－B方式・S方式)
350 東京理科大学(工学部－B方式)
351 東京理科大学(先進工学部－B方式)
352 東京理科大学(薬学部－B方式)
353 東京理科大学(経営学部－B方式)
354 東京理科大学(C方式、グローバル方式、理学部〈第二部〉－B方式)
355 東邦大学(医学部) 医
356 東邦大学(薬学部)

2025年版　大学赤本シリーズ

私立大学②

357 東邦大学(理・看護・健康科学部)
358 東洋大学(文・経済・経営・法・社会・国際・国際観光学部)
359 東洋大学(情報連携・福祉社会デザイン・健康スポーツ科・理工・総合情報・生命科・食環境科学部)
360 東洋大学(英語〈3日程×3カ年〉)
361 東洋大学(国語〈3日程×3カ年〉)
362 東洋大学(日本史・世界史〈2日程×3カ年〉)
363 東洋英和女学院大学
364 常磐大学・短期大学 総推
365 獨協大学
366 獨協医科大学(医学部) 医

な行(関東の大学)

367 二松学舎大学
368 日本大学(法学部)
369 日本大学(経済学部)
370 日本大学(商学部)
371 日本大学(文理学部〈文系〉)
372 日本大学(文理学部〈理系〉)
373 日本大学(芸術学部〈専門試験併用型〉)
374 日本大学(国際関係学部)
375 日本大学(危機管理・スポーツ科学部)
376 日本大学(理工学部)
377 日本大学(生産工・工学部)
378 日本大学(生物資源科学部)
379 日本大学(医学部) 医
380 日本大学(歯・松戸歯学部)
381 日本大学(薬学部)
382 日本大学(N全学統一方式—医・芸術〈専門試験併用型〉学部を除く)
383 日本医科大学 医
384 日本工業大学
385 日本歯科大学
386 日本社会事業大学 総推
387 日本獣医生命科学大学
388 日本女子大学
389 日本体育大学

は行(関東の大学)

390 白鷗大学(学業特待選抜・一般選抜)
391 フェリス女学院大学
392 文教大学
393 法政大学(法〈Ⅰ日程〉・文〈Ⅱ日程〉・経営〈Ⅱ日程〉学部—A方式)
394 法政大学(法〈Ⅱ日程〉・国際文化・キャリアデザイン学部—A方式)
395 法政大学(文〈Ⅰ日程〉・経営〈Ⅰ日程〉・人間環境・グローバル教養学部—A方式)
396 法政大学(経済〈Ⅰ日程〉・社会〈Ⅰ日程〉・現代福祉学部—A方式)
397 法政大学(経済〈Ⅱ日程〉・社会〈Ⅱ日程〉・スポーツ健康学部—A方式)
398 法政大学(情報科・デザイン工・理工・生命科学部—A方式)
399 法政大学(T日程〈統一日程〉・英語外部試験利用入試)
400 星薬科大学 総推

ま行(関東の大学)

401 武蔵大学
402 武蔵野大学
403 武蔵野美術大学
404 明海大学
405 明治大学(法学部—学部別入試)
406 明治大学(政治経済学部—学部別入試)
407 明治大学(商学部—学部別入試)
408 明治大学(経営学部—学部別入試)
409 明治大学(文学部—学部別入試)
410 明治大学(国際日本学部—学部別入試)
411 明治大学(情報コミュニケーション学部—学部別入試)
412 明治大学(理工学部—学部別入試)
413 明治大学(総合数理学部—学部別入試)
414 明治大学(農学部—学部別入試)
415 明治大学(全学部統一入試)
416 明治学院大学(A日程)
417 明治学院大学(全学部日程)
418 明治薬科大学 総推
419 明星大学
420 目白大学・短期大学部

ら・わ行(関東の大学)

421 立教大学(文系学部—一般入試〈大学独自の英語を課さない日程〉)
422 立教大学(国語〈3日程×3カ年〉)
423 立教大学(日本史・世界史〈2日程×3カ年〉)
424 立教大学(文学部—一般入試〈大学独自の英語を課す日程〉)
425 立教大学(理学部—一般入試)
426 立正大学
427 早稲田大学(法学部)
428 早稲田大学(政治経済学部)
429 早稲田大学(商学部)
430 早稲田大学(社会科学部)
431 早稲田大学(文学部)
432 早稲田大学(文化構想学部)
433 早稲田大学(教育学部〈文科系〉)
434 早稲田大学(教育学部〈理科系〉)
435 早稲田大学(人間科・スポーツ科学部)
436 早稲田大学(国際教養学部)
437 早稲田大学(基幹理工・創造理工・先進理工学部)
438 和洋女子大学 総推

中部の大学(50音順)

439 愛知大学
440 愛知医科大学(医学部) 医
441 愛知学院大学・短期大学部
442 愛知工業大学 総推
443 愛知淑徳大学
444 朝日大学 総推
445 金沢医科大学(医学部) 医
446 金沢工業大学
447 岐阜聖徳学園大学 総推
448 金城学院大学
449 至学館大学 総推
450 静岡理工科大学
451 椙山女学園大学
452 大同大学
453 中京大学
454 中部大学
455 名古屋外国語大学 総推
456 名古屋学院大学 総推
457 名古屋学芸大学 総推
458 名古屋女子大学 総推
459 南山大学(外国語〈英米〉・法・総合政策・国際教養学部)
460 南山大学(人文・外国語〈英米を除く〉・経済・経営・理工学部)
461 新潟国際情報大学
462 日本福祉大学
463 福井工業大学
464 藤田医科大学(医学部) 医
465 藤田医科大学(医療科・保健衛生学部)
466 名城大学(法・経営・経済・外国語・人間・都市情報学部)
467 名城大学(情報工・理工・農・薬学部)
468 山梨学院大学

近畿の大学(50音順)

469 追手門学院大学 総推
470 大阪医科薬科大学(医学部) 医
471 大阪医科薬科大学(薬学部) 総推
472 大阪学院大学 総推
473 大阪経済大学 総推
474 大阪経済法科大学 総推
475 大阪工業大学 総推
476 大阪国際大学・短期大学部 総推
477 大阪産業大学 総推
478 大阪歯科大学(歯学部)
479 大阪商業大学 総推
480 大阪成蹊大学・短期大学 総推
481 大谷大学 総推
482 大手前大学・短期大学 総推
483 関西大学(文系)
484 関西大学(理系)
485 関西大学(英語〈3日程×3カ年〉)
486 関西大学(国語〈3日程×3カ年〉)
487 関西大学(日本史・世界史・文系数学〈3日程×3カ年〉)
488 関西医科大学(医学部) 医
489 関西医療大学 総推
490 関西外国語大学・短期大学部 総推
491 関西学院大学(文・法・商・人間福祉・総合政策学部—学部個別日程)
492 関西学院大学(神・社会・経済・国際・教育学部—学部個別日程)
493 関西学院大学(全学部日程〈文系型〉)
494 関西学院大学(全学部日程〈理系型〉)
495 関西学院大学(共通テスト併用日程〈数学〉・英数日程)
496 関西学院大学(英語〈3日程×3カ年〉) 新
497 関西学院大学(国語〈3日程×3カ年〉) 新
498 関西学院大学(日本史・世界史・文系数学〈3日程×3カ年〉) 新
499 畿央大学 総推
500 京都外国語大学・短期大学 総推
502 京都産業大学(公募推薦入試) 総推
503 京都産業大学(一般選抜入試〈前期日程〉)
504 京都女子大学 総推
505 京都先端科学大学 総推
506 京都橘大学 総推
507 京都ノートルダム女子大学 総推
508 京都薬科大学 総推
509 近畿大学・短期大学部(医学部を除く—推薦入試) 総推
510 近畿大学・短期大学部(医学部を除く—一般入試前期)
511 近畿大学(英語〈医学部を除く3日程×3カ年〉)
512 近畿大学(理系数学〈医学部を除く3日程×3カ年〉)
513 近畿大学(国語〈医学部を除く3日程×3カ年〉)
514 近畿大学(医学部—推薦入試・一般入試前期) 医 総推
515 近畿大学・短期大学部(一般入試後期) 医
516 皇學館大学 総推
517 甲南大学 総推
518 甲南女子大学(学校推薦型選抜) 新 総推
519 神戸学院大学 総推
520 神戸国際大学 総推
521 神戸女学院大学 総推
522 神戸女子大学・短期大学 総推
523 神戸薬科大学 総推
524 四天王寺大学・短期大学部 総推
525 摂南大学(公募制推薦入試) 総推
526 摂南大学(一般選抜前期日程)
527 帝塚山学院大学 総推
528 同志社大学(法、グローバル・コミュニケーション学部—学部個別日程)

いつも受験生のそばに―赤本

大学入試シリーズ+α
入試対策も共通テスト対策も赤本で

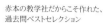

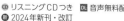

入試対策

赤本プラス

赤 PLUS+ 本

赤本プラスとは、**過去問演習の効果を最大にする**ためのシリーズです。「赤本」であぶり出された弱点を、赤本プラスで克服しましょう。

- 大学入試 すぐわかる英文法 DL
- 大学入試 ひと目でわかる英文読解
- 大学入試 絶対できる英語リスニング DL
- 大学入試 すぐ書ける自由英作文
- 大学入試 ぐんぐん読める 英語長文〔BASIC〕DL
- 大学入試 ぐんぐん読める 英語長文〔STANDARD〕DL
- 大学入試 ぐんぐん読める 英語長文〔ADVANCED〕DL
- 大学入試 正しく書ける英作文
- 大学入試 最短でマスターする 数学I・II・III・A・B・C
- 大学入試 突破力を鍛える最難関の数学
- 大学入試 知らなきゃ解けない 古文常識・和歌
- 大学入試 ちゃんと身につく物理
- 大学入試 もっと身につく 物理問題集(①力学・波動)
- 大学入試 もっと身につく 物理問題集(②熱力学・電磁気・原子)

入試対策

英検®赤本シリーズ

英検®(実用英語技能検定)の対策書。過去問集と参考書で万全の対策ができます。

▶過去問集(2024年度版)

- 英検®準1級過去問集 DL
- 英検®2級過去問集 DL
- 英検®準2級過去問集 DL
- 英検®3級過去問集 DL

▶参考書

- 竹岡の英検®準1級マスター DL
- 竹岡の英検®2級マスター CD DL
- 竹岡の英検®準2級マスター CD DL
- 竹岡の英検®3級マスター CD DL

CD リスニングCDつき　DL 音声無料配信
新 2024年新刊・改訂

入試対策

赤本プレミアム

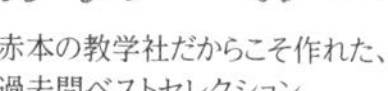

赤本の教学社だからこそ作れた、過去問ベストセレクション

- 東大数学プレミアム
- 東大現代文プレミアム
- 京大数学プレミアム〔改訂版〕
- 京大古典プレミアム

入試対策

赤本メディカルシリーズ

過去問を徹底的に研究し、独自の出題傾向をもつメディカル系の入試に役立つ内容を精選した実戦的なシリーズ。

- 〔国公立大〕医学部の英語〔3訂版〕
- 私立医大の英語〔長文読解編〕〔3訂版〕
- 私立医大の英語〔文法・語法編〕〔改訂版〕
- 医学部の実戦小論文〔3訂版〕
- 医歯薬系の英単語〔4訂版〕
- 医系小論文 最頻出論点20〔4訂版〕
- 医学部の面接〔4訂版〕

入試対策

体系シリーズ

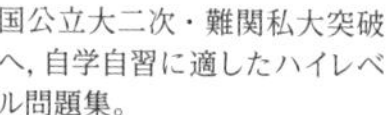

国公立大二次・難関私大突破へ、自学自習に適したハイレベル問題集。

- 体系英語長文
- 体系英作文
- 体系現代文
- 体系世界史
- 体系物理〔第7版〕

入試対策

単行本

▶英語

- Q&A即決英語勉強法
- TEAP攻略問題集 CD
- 東大の英単語〔新装版〕
- 早慶上智の英単語〔改訂版〕

▶国語・小論文

- 著者に注目! 現代文問題集
- ブレない小論文の書き方 樋口式ワークノート

▶レシピ集

- 奥薗壽子の赤本合格レシピ

入試対策　共通テスト対策

赤本手帳

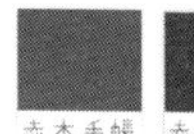

- 赤本手帳(2025年度受験用) プラムレッド
- 赤本手帳(2025年度受験用) インディゴブルー
- 赤本手帳(2025年度受験用) ナチュラルホワイト

入試対策

風呂で覚えるシリーズ

水をはじく特殊な紙を使用。いつでもどこでも読めるから、ちょっとした時間を有効に使える!

- 風呂で覚える英単語〔4訂新装版〕
- 風呂で覚える英熟語〔改訂新装版〕
- 風呂で覚える古文単語〔改訂新装版〕
- 風呂で覚える古文文法〔改訂新装版〕
- 風呂で覚える漢文〔改訂新装版〕
- 風呂で覚える日本史〔年代〕〔改訂新装版〕
- 風呂で覚える世界史〔年代〕〔改訂新装版〕
- 風呂で覚える倫理〔改訂版〕
- 風呂で覚える百人一首〔改訂版〕

共通テスト対策

満点のコツシリーズ

共通テストで満点を狙うための実戦的参考書。重要度の増したリスニング対策は「カリスマ講師」竹岡広信が一回読みにも対応できるコツを伝授!

- 共通テスト英語〔リスニング〕満点のコツ〔改訂版〕新 DL
- 共通テスト古文 満点のコツ〔改訂版〕新
- 共通テスト漢文 満点のコツ〔改訂版〕新

入試対策　共通テスト対策

赤本ポケットシリーズ

▶共通テスト対策

- 共通テスト日本史〔文化史〕

▶系統別進路ガイド

- デザイン系学科をめざすあなたへ

2025 年版　大学赤本シリーズ　No. 409

明治大学（文学部－学部別入試）

2024 年 6 月 25 日　第 1 刷発行
ISBN978-4-325-26468-2
定価は裏表紙に表示しています

編　集　教学社編集部
発行者　上原 寿明
発行所　教学社
〒606-0031
京都市左京区岩倉南桑原町56
電話　075-721-6500
振替　01020-1-15695
印　刷　太洋社